陶行知 著

中国陶行知研究会 组编

总主编 周洪宇

陶行知全集（新编本）

第十二卷 日志（1936–1946）

本卷主编 刘训华

副主编 柯文涛

华中师范大学出版社

陶行知全集(第十二卷)

TAOXINGZHI QUANJI

图书在版编目(CIP)数据

陶行知全集:新编本.第十二卷 / 周洪宇 总主编;陶行知 著;刘训华 本卷主编.— 武汉:华中师范大学出版社,2021.12

ISBN 978-7-5622-9641-6

Ⅰ.①陶… Ⅱ.①周… ②陶… ③刘… Ⅲ.①陶行知(1891—1946)—全集 Ⅳ.①G4-52

中国版本图书馆 CIP 数据核字(2021)第 269993 号

责任编辑:曾　艳　　封面设计:罗明波

责任校对:王　胜　　责任印制:刘　敏

编辑室:学术出版中心　　电话:027－67863280/7792

出版发行:华中师范大学出版社

地址:湖北省武汉市洪山区珞喻路 152 号

电话:027－67863426(发行部)

网址:http://press.ccnu.edu.cn

邮箱:press@mail.ccnu.edu.cn

印刷:湖北恒泰印务有限公司

开本:710mm×1000mm　1/16　　印张:35.5

字数:600 千字　　定价:178.00 元

版次:2022 年 11 月第 1 版　　印次:2022 年 11 月第 1 次印刷

青少年时期

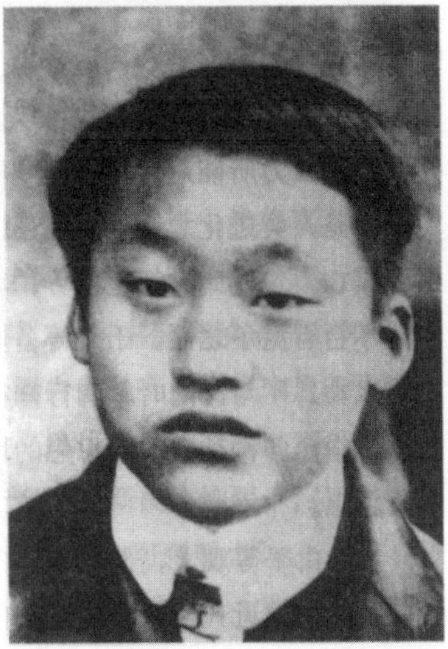
金陵大学时期

1914 年赴美途中与同学合影（前排左一为陶行知，后排右一为陈鹤琴）

1915年秋，转赴纽约哥伦比亚大学师范学院攻读教育学博士学位，在哥伦比亚大学本部校区侧门高台处与同学孙科等合影（中间为陶行知，左二为孙科，背后是哥伦比亚大学师范学院大楼）

与哥伦比亚大学同学合影（前排右一为陶行知，左二为胡适）

与哥伦比亚大学导师斯特雷耶合影

1915 年秋，获伊利诺伊大学政治学硕士学位（后排右二为陶行知）

与妻汪纯宜（右）、妹陶文渼（左）合影

1919 年 5 月，杜威应邀来华讲学，由史量才、陶行知等陪同
参观上海申报馆时的合影（前排右一为杜威，后排右二为陶行知）

1921 年，孟禄来华考察，陶行知陪同并任翻译（左三为孟禄，左四为陶行知）

1923 年，与长子陶宏和次子陶晓光合影

南京平民教育动员大会盛况

陶行知的妹妹陶文渼热心乡村教育，创设了晓庄农妇工学处

东南大学任教时期

中华教育改进社第一次董事会议，陶行知任主任干事（右一为陶行知）

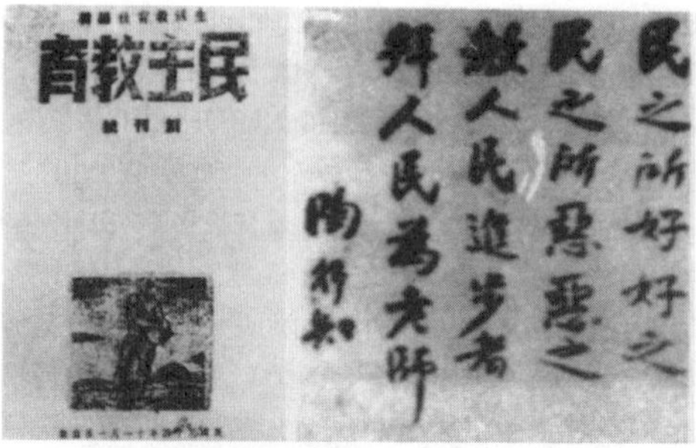

陶行知主编的《民主教育》

陶行知亲自设计的晓庄师范校旗

(100 颗星代表征集 100 万位同志，倡导 100 万所学校，改造 100 万个乡村)

陶行知在晓庄师范周年纪念会上讲话，讲话内容可概括为：主张教学合一，改造乡村教育

1928年秋，陶行知创办了第二所乡村师范——浙江湘湖师范，先后委派晓庄学生操震球、程本海、方与严、王琳、李楚材等赴湘湖师范办学

育才办学时期

出席世界和平大会期间与巴黎学生自治会代表合影（左三为陶行知）

1932年10月1日，山海工学团在宝山县大场成立，
取名“山海”，志在唤醒民众，收复东北失地，要日寇还我河山

1933 年 4 月，山海工学团各儿童自动工学团联合举行儿童节纪念大会，
陶行知在大会上讲话

1936 年 9 月，出席巴黎全欧华侨抗日救国联合会会议时，与钱俊瑞、陆璀合影
（后排左一为陶行知，左三为钱俊瑞；前排中为陆璀）

1936年11月，在英国伦敦海德公园（海德公园是当时的自由论坛，陶行知曾写有《海德公园》一诗，赞扬这里的言论自由，讽刺、抨击当时国民党政权的独裁与专制）

1936年11月，回访母校哥伦比亚大学，并发表演讲

1937 年，孩子剧团人员合影，陶行知鼓励他们勇敢地为抗日救国而斗争

1937 年，在温哥华与华侨合影（居中者为陶行知）

1938 年 8 月，陶行知回国途经香港，受到香港渔人协会平民学校师生的热烈欢迎，应邀在欢迎会上作《国际形势与中国抗战》的演说

1939 年，与吴树琴在重庆

1945年10月，中国民主同盟举行第一次全国代表大会（三排右四为陶行知；二排右三为史良，右五为鲜特生，右六为张澜，右七为沈钧儒；前排右六为李公朴）

1945年10月11日，毛泽东到重庆谈判后返回延安时，陶行知等到机场欢送(右一为陶行知，右二为陈诚，右四为张治中)

普及教育

社會大學開學

1946 年 1 月初，陶行知创办社会大学，在《普及教育》上刊登了《社会大学开学》一文

1946 年 6 月 23 日，陶行知在上海北站欢送人民代表赴南京请愿的大会上高呼："八天的和平太短了，我们需要永久的和平！伪装的民主太丑了，我们需要真正的民主！"

编辑说明

一、陶行知（1891—1946）是中国近现代著名的教育家、思想家、政治家和文学家，也是中国近现代原创力最强，真正形成教育学说体系，并具有世界影响的教育思想家。陶行知在国内外有着很高的地位，毛泽东称之为“伟大的人民教育家”，董必武誉之为“当今一圣人”，宋庆龄赞之为“万世师表”。习近平总书记也多次在不同场合提及陶行知，对陶行知思想、事业、人格与精神予以充分肯定。不仅在国内，陶行知在国际上也享有盛誉。日本知名教育史学家、中国研究所前所长、东京专修大学教授斋藤秋男指出：“陶行知不仅是属于中国的，也是属于世界的。”2007 年，美国知名学者、哥伦比亚大学师范学院哲学、教育学教授戴维德·汉森（David T. Hansen）在他主编的《教育的伦理视野——实践中的教育哲学》一书中，介绍了世界最具影响力的十大教育思想家，其中唯一的一位中国教育思想家就是陶行知，他将陶行知与美国的杜威、意大利的蒙台梭利等世界著名教育思想家并列，足见陶行知在国际学术界的巨大影响以及被国际人士的高度认可。学习、研究和借鉴陶行知教育学说和人格精神在新时代仍然有重要的现实意义。

二、陶行知的著作，生前曾以各种形式出版过专辑，在其去世以后，有关方面和人士也多次提出编辑出版全集，但终因条件所限，一直未能实现。党的十一届三中全会以后，陶行知研究走上正轨。1982 年，华中师范学院（后改名华中师范大学）在陶行知家属吴树琴、陶晓光、陶城和张健、戴自俺、楼化蓬、孙传华、苏辛涛等弟子们，以及一批国内陶行知研究专家的支持和指导下，由华中师范学院教育科学研究所所长杨葆焜和副所长董宝良两位教授分别担任正、副主编，与萧宗六、伍文教授一道，带领中青年教师夏德清、喻本伐、周洪宇、熊贤君、蔡靖方、李红梅等人编辑完成《陶行知全集》（8 卷本），并由湖南教育出版社从 1984 年初开始陆续出版（简称湘教版）。湘教版全集出版后，陶行知弟子，时任国务委员的张劲夫在1986年4月24日的《人民日报》上发表书评《中国近代教育史上的一座宝库》，高度赞扬了华中师范大学湘教版《陶行知全集》的编辑出版工作。湘教版《陶行知全集》先后荣获1988年全国首届优秀教育图书特别奖、1994年第一届国家图书奖。这套全集出版后，为弥补遗漏缺失，成立不久的中国陶行知研究会就组成编辑委员会，邀请张劲夫、钱伟长、孙起孟担任顾问，方明担任主任委员，戴自俺任主编，胡晓风任特邀主编，由陶晓光全面协调，在此基础上利用当时收集的一批新资料，在陶行知家属吴树琴、陶晓光、陶城及刘季平、方明、张健、戴自俺、陆静山、楼化蓬、徐明清、吴瀚、苏辛涛、孙传华、金成林等弟子们指导和参与下，组织郭笙、聂大鹏、张邦民、温致义、洪桥、储朝晖、庞曾漱、王超英等同志整理、编辑《陶行知全集》(12卷本)，丁丁、李能寿、龚思雪担任审稿，并由四川教育出版社金成林、伍尧、浦家驹、吴纪真、王屏汉、周良玉、罗智超、文龙、邹青等人组成出版工作班子，于1990年开始陆续出版（简称川教版），2005年之后又出版修订版。川教版全集第一版出版后，时任中顾委常委的张劲夫再次在《人民日报》上发表书评予以肯定：华中师范大学、中国陶行知研究会都为保存中华民族优秀文化遗产，推动教育改革，建设中国特色社会主义教育理论体系作出了积极贡献，得到了社会各界佳评。

这次华中师范大学及出版社之所以要编辑出版《陶行知全集》（新编本），一是为了纪念陶行知先生诞辰130周年和逝世75周年；二是近30年来又陆续发现了一批重要佚文，是时候重新编辑一套内容更为丰富、资料更为齐全、考订更为精准、卷帙更为繁富的《陶行知全集》了。这有助于推动当下和未来中国教育改革、发展与创新，对建设高质量教育体系，打造教育强国具有重要价值和意义。

三、基于陶行知是20世纪集教育家、思想家、政治家和文学家四大家于一身的综合型文化巨人这一新的历史定位，《陶行知全集》（新编本）力图创新原有的编辑整理理念、思路和分类。

《陶行知全集》（新编本）的第一个明显改进是建立了全新的分类体系：第一卷至第五卷为论文演讲，收录陶行知于1913年至1946年发表的论文、演讲等文章以及与正文内容密切相关的附文，新增篇目是论文演讲卷的一大亮点，同时考证、修订了以往两套全集中的部分错误。第六卷为论著，收录陶行知撰写出版的《中国教育改造》《教学做合一讨论集》《普及教育》《普及教育续编》《普及教育三编》《怎样做小先生》《中国大众教育问题》《育才学校手册》八本论著。第七卷为教材，收录陶行知撰写出版的《平民千字课》《儿童天文学活页指导（函授教材）》《老少通千字课》《算术课本编辑手稿》四套教材及《儿童科学读物》。第八卷为英文，该卷特点在于集论著、书信、诗歌等多种体裁于一卷，按照英文著述与翻译作品对篇目初次分类，继而以体裁二次归类，同一体裁内以时间先后编排，同时考虑到学位论文（硕士）的特殊性与重要性，在编排中予以单列。第九卷为小说、杂文、散文、儿童故事、儿童剧，采取全新的分类方式，将陶行知文学著作中的小说、杂文、散文、儿童故事和儿童剧（如《古庙敲钟录》《斋夫自由谈》以及《创造宣言》等）从原来湘教版、川教版教育著作类中独立出来并加以细分，实现了分类理念的创新。第十卷为诗歌，该卷将《知行诗歌集》《知行诗歌续集》《知行诗歌别集》《知行诗歌三集》《知行诗歌集》5本专集编排在前，然后将此之外的诗歌（包括中诗英译和英诗中译）依照时间先后编进集外诗歌，同时也将歌曲和对联细分，最终形成了由集内诗歌、集外诗歌、歌曲、对联四大类综合而成的诗歌卷。第十一卷为书信，收录陶行知以个人名义、职务名义以及作为集体一员所写的书信及相关来信或复信，同时该卷将呈文、电文等类似书信形式的通信也收录进来。第十二卷为日志，根据陶行知55本记事本的复印件整理而成，是陶行知著述的重要组成部分。第十三卷为自述，陶行知生前没有写过自传，只写过一批带有自传性质的自述。为了让读者对陶行知有更加全面的了解，参照目前市面类似自述的编辑方式，编者以陶行知本人所作《早期的经历和打算》《早期的人生信仰》两篇自述性文章为基础和线索，通过综合整理陶行知各种自述性质的资料编成此自述，给人们提供了一种了解他的新途径、新形式，这也是《陶行知全集》（新编本）编辑方式上的新探索。第十四卷为年谱，该卷内容均为原创，条目化呈现了陶行知的生活轨迹，客观公正地呈现了陶行知的人生，简单明了便于查阅。《陶行知全集》（新编本）14卷重新细分类型，形成了比较科学合理的分类格局。

《陶行知全集》（新编本）的第二个明显改进是新增了一批重要佚文。特别需要指出的是，《陶行知全集》（新编本）新增了陶行知英文硕士学位论文的原文及译文，合10余万字，系首次公开发表，它是研究陶行知早期思想发展过程极为珍贵的史料。此外，新增百余篇新发现的佚文，包括演讲、诗歌、书信、日记等，合40余万字，再加上新整理的自述和年谱，使全集新编本总字数将近900万。这说明陶行知本人实际撰译字数远超前述两套全集。

《陶行知全集》（新编本）的第三个明显改进是努力对照原文，考证查实了收文的标题、内容、出处、日期，对以往两套全集中存在的错误进行了修订。例如，经考证修订了文章出处及日期错误60余处、其他各类文字脱漏和标点错误等数百处。

《陶行知全集》（新编本）的第四个明显改进是新增了各卷的本卷说明，介绍了各卷的编辑原则、编辑范围、编辑体例、新增篇目、修订内容以及各卷的特点与风格，做到了全集与各卷之间的兼顾与呼应。

四、《陶行知全集》（新编本）的编辑工作，以“求全”“求新”“求真”为基本原则。（一）求全：将已知的文献尽可能地全部收入，尽量不留遗憾。（二）求新：增补了新收集的资料，并做了认真的校勘和考订。（三）求真：《陶行知全集》新编本收文，尽量保持陶行知著作原貌，所收文稿，均作慎重核查考订。校勘、考订工作主要以手稿或最早的影印本为依据，并参考湘教版、川教版等，对照比较，在出现表述差异的情况下，以“求真”为原则进行选择。

五、《陶行知全集》（新编本）的编辑工作，努力把握和处理好主体与全体的关系、整体与局部的关系、继承与创新的关系。（一）主体与全体的关系：陶行知著述丰富，涉及领域广泛，不仅在教育方面，而且在哲学、政治和文学多方面都有许多论述。教育著述是陶行知著述的主体，但不是它的全体。因此，《陶行知全集》新编本不仅在分类和内容上重点编辑教育著述，还努力将诗歌、小说、杂文、散文、儿童故事、儿童剧、歌曲、对联等文学作品与教材、书信、日志、自述等各类著述分类呈现。（二）整体与局部的关系：体现在两个层面，一是分卷局部与14卷整体的关系，在编辑本卷时努力放在14卷整体中来考虑；二是编辑本卷时，努力把每篇文章放在本卷整体中来考虑，做到统筹兼顾，相互协调。（三）继承与创新的关系：《陶行知全集》（新编本）一方面努力继承湘教版和川教版两套全集的精华与优点，另一方面在分类与编辑过程中大胆创新与突破。

六、在华中师范大学校领导以及中国陶行知研究会新任会长朱永新等人的高度重视和大力支持下，《陶行知全集》（新编本）由华中师范大学陶行知国际研究中心发起组织并协调，中国陶行知研究会组编，华中师范大学出版社出版。编辑机构分为顾问委员会和编辑委员会。顾问委员会名誉主任为张劲夫、钱伟长、孙起孟、吴树琴；主任委员为方明、张健、戴自俺、胡晓风、刘若曾、章开沅、朱永新、杨葆焜、董宝良、赵凌云、韩邦彦，副主任委员为丁丁、丁右涵、王琳、王世杰、王承绪、邓宗琦、吕长春、吕景星、伍文、任钟印、孙传华、苏辛涛、李冰封、李能寿、李楚材、杨应彬、杨明远、肖宗六、吴瀚、余洁生、张一诚、张邦民、张达扬、陆维特、陆静山、陈树新、陈贻鑫、罗明、周正章、庞曾漱、洪桥、祝德顺、聂大朋、夏德清、徐明清、徐春轩、郭笙、陶城、陶晓光、曹先捷、龚思雪、蒋秋芝、温致义、楼化篷、操震球、戴本博；委员包括王仁雷、王旭明、王超英、卢志文、申国昌、吕德雄、刘大康、刘有声、刘贵华、江长风、汤翠英、许森、李冬、李红梅、李祚明、杨东平、杨立义、张颖、张惠元、张德生、陈华、陈思、陈洛、金堤、周国彪、周晓平、赵振铣、胡国枢、姚启安、聂圣哲、夏青峰、徐成钢、陶侃、陶铮、韩忠祥、喻本伐、程红兵、程晋升、程翊德、储朝晖、鲁风、童兆玲、童富勇、窦桂梅、蔡靖方、裴未如、熊贤君。编辑委员会名誉主任是中国陶行知研究会会长朱永新；编辑委员会主任为中国教育学会副会长、中国陶行知研究会原常务副会长、中国陶行知研究会学术委员会主任、华中师范大学陶行知国际研究中心主任周洪宇，华中师范大学校长郝芳华，副主任为华中师范大学副校长彭南生。编辑委员会成员按姓氏笔画排序，包括于洋、王会波、申国昌、申慧宁、冯会平、邢欢、刘大伟、刘从德、刘训华、刘来兵、齐彦磊、杜小双、杜京容、李宇阳、汪亮、张汉敏、陈诗、周娜、周挥辉、赵婧、柯文涛、侯雅蓉、贺鹏丽、夏豪杰、黄国华、覃琳、詹淑兰、操太圣。编辑人员包括陈海霞、郑媛、李楠、王燕、刘明源、操若璠、余江涛、陈港、佀娅琳、赵美君、陈冰、潘亚东、产夏洪、安智诚、邓宇星、杨妮、刘利敏、王亭力、冯雯、唐仁凤、吴梦洁、胡晓涵、郑王怡、徐聪聪、励琳、方楹、金小骞、张好、李佳新、樊竣菲、韩旭帆、曾嘉怡。编辑委员会成员是这次编辑工作的主干，秘书长为周挥辉、刘从德、申国昌，副秘书长为刘来兵、齐彦磊、陈诗。

七、《陶行知全集》（新编本）总主编由周洪宇担任。第一卷分卷主编周洪宇，副主编齐彦磊；第二卷主编周洪宇，副主编王会波；第三卷主编周洪宇，副主编詹淑兰、李宇阳；第四卷主编申国昌，副主编夏豪杰、申慧宁；第五卷主编操太圣；第六卷主编刘来兵，副主编贺鹏丽；第七卷主编刘来兵，副主编贺鹏丽；第八卷主编周娜、杜小双，副主编侯雅蓉、张汉敏；第九卷主编于洋；第十卷主编汪亮、覃琳；第十一卷主编邢欢，副主编陈诗；第十二卷主编刘训华，副主编柯文涛；第十三卷主编周洪宇；第十四卷主编杜京容、刘大伟。

八、《陶行知全集》（新编本）的编辑工作，得到了中国陶行知研究会、湖北省图书馆、华中师范大学图书馆、南京晓庄学院图书馆、南京大学图书馆、南京晓庄学院陶行知纪念馆、伊利诺伊大学档案馆、中国第二历史档案馆以及各相关省市图书馆、博物馆、档案馆、陶行知纪念馆、出版社以及陶行知先生后人、生前友人和学生的热心赞助与大力支持，特别是喻本伐教授、何荣汉博士提供了一批重要佚文及信息，谨此致谢！

九、限于水平和时间，《陶行知全集》（新编本）中错漏之处在所难免，敬希读者教正。

《陶行知全集》（新编本）编辑委员会

2021 年 9 月

编辑凡例

一、《陶行知全集》新编本采取体裁加编年的形式作为编辑体例。按照体裁分类分卷，再于各分卷下以编年的原则编排。《全集》新编本分编为十四卷：第一至五卷为论文演讲；第六卷为论著；第七卷为教材；第八卷为英文；第九卷为小说、杂文、散文、儿童故事和儿童剧等；第十卷为诗歌；第十一卷为书信；第十二卷为日志；第十三卷为自述；第十四卷为年谱。

二、《全集》新编本的编年原则为：（一）文章写作、演讲时间与发表时间皆备者，以写作与演讲时间为据。（二）无写作与演讲时间而有发表时间者，以发表时间为据。（三）报刊上连载的文章，以第一部分的发表时间为据。

三、《全集》新编本的收文原则为：（一）收文以首次发表者为准。（二）专著以陶行知生前出版者为据。（三）未刊发者以底本为据。

四、《全集》新编本的注释原则为：（一）一律采用尾注形式。（二）注释从简。同一条目，在同一卷中，原则上只在首次出现时加注，在后卷出现时酌注。（三）注释序号，原注照旧。今注用①②③④等。（四）人物注释，只做介绍，不做评价，力求客观真实。（五）文章标题尽量使用原文发表时期的标题，对于部分原文没有标题的篇目由编者拟定，并以注释形式说明。原则上从原文中直接摘取代表性文字构成文章标题，必要情况下对原文文字稍加增减。（六）对于作者在原著重新发表时有所增删者，其增删部分用注释加以说明，或将修改文字以附录形式置于原著正文之后，以便对照。（七）注释中须说明写作或发表时间以及原著来源。

五、《全集》新编本的文字处理原则为：（一）按国家公布的《简化字总表》（1986 年 10 月），将原件的繁体字一律改为简化字。（二）按《现代汉语词典》，将原件中的异体字、通假字等一律改为规范字。（三）原稿及印本中有明显的漏字、衍字和错字，由整理者慎重校勘后斟酌订正；无从判断正误者，或发现数据有误者以注释存疑。（四）原著中因直排而出现“如左”字样，均改为“如下”。

《陶行知全集》（新编本）编辑委员会

2021 年 9 月

本卷说明

本卷编辑了陶行知1936—1946年期间的日志，本卷日志记录了陶行知生命的最后十年中，在参加抗日救亡运动、出访欧美争取国际援助、创办育才学校和社会大学等爱国民主运动的活动。这部日志的底本，是根据上海市陶行知纪念馆1989年提供的陶行知55本记事本的复印件经整理后而成。日志是陶行知著述的重要组成部分，是研究陶行知人生历程和教育思想的重要史料。

本卷以湘教版为基础，对照有关文集进行了必要的增添工作，使得日志内容更趋丰富完整全面，全卷累计增添内容近百处。

例如：增添1936年10月10日的日志内容；增添1937年1月6日的日志内容；增添1938年1月15日的日志内容；增添1939年1月7日的日志内容；增添1940年4月记事的日志内容等。

本卷修改以1992年湘教版《陶行知全集》第七卷为基础，保留1992年湘教版的格式，对照有关资料原图，发现原有编校的错误，全文共修改了五十多处。

例如：1936年4月21日的“知昧”应为“知味”；1938年10月27日的“刘华丰（中），里昂2人”应为“刘华丰（中），里昂工人”；1939年4月11日的“最少几百”应为“最少成百”；1939年4月16日的“莽太令来”应为“莽大令来”等。

本卷编辑体例如下：

1. 本卷“日志”编辑体例，按照年份分辑，按月份分篇。各月日志篇目，以月份为正题，以当月陶行知的行踪所至的国名、地名为副题。

2. 英文写作的日志，依照中文翻译入卷，英文原作不再收录。

3. 写作日期缺漏的文字，归入专辟的“记事”栏，置于编者推定的时段之后。

4. 记事本中所记相对集中的通信地址及电话号码录，均归入“记事”栏，并置于相应时段之后。

5. 他人代录的记事文字，除陶行知夫人吴树琴代录的外，也均置于相关各月的“某日志事”栏内。

6. 记事本中留下的他人签名，集中置于相关各月篇末的“人名录”栏内。

7. 记事本中所记一段日期的约会日程表，分别插入各该具体日期的日志中。

8. 记事本中表格形式的账目，从略。

9. 对不清晰地方，本卷进行了注释。

本卷分工：主编刘训华，副主编柯文涛，编辑郑王怡、徐聪聪、励琳、方楹、金小骞、张好、李佳新、樊竣菲。

编者

2021 年 9 月

目　录

一九三六年 ……………………………………………………………… (1)
四月(上海· 广州)……………………………………………………… (3)
五月(广州) ………………………………………………………………… (5)
九月(法国:巴黎) ………………………………………………………… (6)
十月(法国:巴黎;英国:伦敦) ……………………………………… (10)
十一月(英国:伦敦;美国:纽约) …………………………………… (16)
十二月(美国:纽约·波士顿) ……………………………………… (25)
一九三七年 ……………………………………………………………… (31)
一月(美国:纽约) ………………………………………………………… (33)
二月(美国:纽约) ………………………………………………………… (37)
三月(美国:纽约) ………………………………………………………… (39)
四月(美国:纽约·费城) ……………………………………………… (43)
五月(美国:费城·底特律·克利夫兰·布法罗·纽约) ………… (46)
六月(美国:纽约) ………………………………………………………… (49)
七月(美国:波特兰·俄勒冈·西雅图;加拿大:温哥华;美国:洛杉矶)
……………………………………………………………………………… (52)
八月(美国:纽波特比奇·旧金山;墨西哥:周城·墨西哥城)
……………………………………………………………………………… (61)
九月(墨西哥:图特瓦登;美国:休斯顿) ……………………………… (69)
十月(美国:休斯顿·新奥尔良·芝加哥·布卢明顿·华盛顿·迈阿密·圣保罗) ……………………………………………………………… (77)
十一月(美国:圣保罗·纽约·克利夫兰·华盛顿;加拿大:多伦多·渥太华·蒙特利尔) ………………………………………………………… (83)
十二月(美国:纽约) …………………………………………………… (93)
一九三八年 ……………………………………………………………… (99)
一月(美国:纽约;加拿大:威兰德·汉密尔顿·温泽·多伦多·蒂明斯·

威廉要塞;美国:圣保罗) …… (101)
二月(美国:圣保罗·芝加哥;英国:伦敦·爱尔兰·利物浦;荷兰:鹿特丹·海牙·阿姆斯特丹;比利时:布鲁塞尔;法国:巴黎) …… (111)
三月(法国:巴黎;美国:纽约·波士顿;加拿大:圣约翰·多伦多·苏尔特萨特伯里) …… (122)
四月(加拿大:温尼伯·里贾纳·穆斯乔·萨斯卡通·埃德蒙顿·雷德迪尔·卡尔加里·拉科姆·卡姆罗斯·温哥华·维多利亚;美国:西雅图·波特兰·旧金山) …… (128)
五月(美国:奥克兰·旧金山·洛杉矶·芝加哥·华盛顿·纽约) …… (137)
六月(美国:纽约;英国:伦敦;法国:巴黎;意大利:罗马;奥地利:达裴克村·萨尔茨堡) …… (143)
七月(捷克:布拉格;德国:柏林;法国:巴黎;奥地利:维也纳;匈牙利:布达佩斯;南斯拉夫:贝尔格莱德;希腊:雅典;埃及:开罗·苏伊士) …… (151)
八月(斯里兰卡:科伦坡;印度:马德拉斯·加尔各答·孟加拉·沃尔塔波尔蒲·瓦尔达·谢冈;越南:西贡;中国:香港) …… (161)
九月(香港) …… (174)
十月(武汉·重庆) …… (181)
十一月(重庆·桂林) …… (189)
十二月(中国:桂林·南宁;越南:谅山·海防;中国:香港) …… (200)
一九三九年 …… (209)
一月(香港) …… (211)
二月(越南:海防;中国:昆明·重庆) …… (221)
三月(古圣寺·北碚·重庆) …… (234)
四月(北碚·重庆) …… (242)
五月(北碚·古圣寺·金刚碚·重庆) …… (251)
六月(北碚·重庆) …… (256)
七月(北碚·古圣寺·重庆) …… (261)
八月(北碚·古圣寺·重庆) …… (267)
九月(北碚·重庆·永川·古圣寺) …… (270)

十月(北碚·古圣寺·重庆) …………………………………………………… (276)
十一月(古圣寺·北碚·重庆) ………………………………………………… (281)
十二月(北碚·重庆·古圣寺) ………………………………………………… (285)
一九四〇年 ……………………………………………………………………… (289)
一月(草街子·北碚·重庆·古圣寺) ……………………………………… (291)
二月(北碚·古圣寺·重庆) …………………………………………………… (294)
三月(重庆·土主场·古圣寺) ………………………………………………… (297)
四月(重庆·北碚) ……………………………………………………………… (300)
五月(重庆·北碚) ……………………………………………………………… (303)
六月(重庆) ……………………………………………………………………… (306)
七月(古圣寺·重庆) …………………………………………………………… (308)
八月(重庆·北碚) ……………………………………………………………… (315)
九月(北碚·古圣寺) …………………………………………………………… (317)
十月(古圣寺·北碚) …………………………………………………………… (319)
十一月(北碚·古圣寺·重庆) ………………………………………………… (321)
十二月(重庆) …………………………………………………………………… (332)
一九四一年 ……………………………………………………………………… (343)
一月(重庆) ……………………………………………………………………… (345)
二月(重庆) ……………………………………………………………………… (352)
三月(重庆) ……………………………………………………………………… (355)
四月(重庆) ……………………………………………………………………… (359)
五月(重庆·北碚·古圣寺) …………………………………………………… (365)
六月(古圣寺) …………………………………………………………………… (376)
七月(古圣寺) …………………………………………………………………… (382)
八月(古圣寺) …………………………………………………………………… (387)
九月(古圣寺·北碚) …………………………………………………………… (390)
十月(古圣寺·北碚·重庆) …………………………………………………… (395)
十一月(北碚·古圣寺·重庆) ………………………………………………… (403)
十二月(重庆) …………………………………………………………………… (409)
一九四二年 ……………………………………………………………………… (413)
一月(重庆) ……………………………………………………………………… (415)

一九四三年 …………………………………………………… (417)
三月(重庆) …………………………………………………… (419)
五月(重庆・合川・古圣寺・北碚) ………………………… (420)
六月(重庆) …………………………………………………… (426)
十一月(重庆・北碚) ………………………………………… (428)
十二月(重庆) ………………………………………………… (429)
一九四四年 …………………………………………………… (431)
一月(重庆) …………………………………………………… (433)
二月(重庆) …………………………………………………… (434)
三月(重庆・北碚・古圣寺) ………………………………… (435)
四月(重庆) …………………………………………………… (445)
五月(古圣寺・北碚・重庆) ………………………………… (450)
六月(重庆) …………………………………………………… (453)
七月(北碚・古圣寺・重庆) ………………………………… (456)
八月(重庆) …………………………………………………… (458)
九月(重庆) …………………………………………………… (462)
十月(重庆) …………………………………………………… (464)
十一月(重庆) ………………………………………………… (466)
十二月(重庆・古圣寺) ……………………………………… (475)
一九四五年 …………………………………………………… (481)
一月(重庆) …………………………………………………… (483)
二月(重庆) …………………………………………………… (489)
三月(重庆) …………………………………………………… (493)
四月(重庆) …………………………………………………… (495)
五月(重庆・北碚) …………………………………………… (497)
六月(重庆・古圣寺) ………………………………………… (499)
七月(重庆) …………………………………………………… (500)
九月(重庆) …………………………………………………… (501)
十月(重庆) …………………………………………………… (503)
十一月(重庆) ………………………………………………… (505)
十二月(重庆) ………………………………………………… (508)

一九四六年 …………………………………………………… (513)
一月(重庆) …………………………………………………… (515)
二月(重庆) …………………………………………………… (517)
四月(南京・上海) ……………………………………………… (520)
五月(上海) …………………………………………………… (522)
六月(上海) …………………………………………………… (527)
七月(上海) …………………………………………………… (529)

一九三六年

四　月[1]

（上海·广州）

4月15日　五，大通里，沈[2]。

4月16日　七，“知味”[3]。

4月17日　十二半，老三[4]。

4月18日　十二半，冠珍〔真?〕。二时，会唐冠真。三，“助”[5]。六，“中国”[6]，杨易之。六，中行别业。8:30，“助”。

4月19日　八，早，徐家汇虹桥路187。晚，杨。

4月20日　8:00，“知味”。9:00，“福禄寿”[7]。1:30，清。3，“沙利文”[8]。

4月21日　“南”[9]。

2，杨。4，“福禄寿”。5，“知昧〔味〕”。

4月22日　766，强。张敏初。

下午，17，马，73364。

4月29日　10，“中大”[10]。12:30，候电话。6，李。

4月30日　1:30，候“中山”[11]。6，张。

本月记事

中法，73057[12]　柳，85693；环，78　职，84817　生活，97117　马赓伯，94166　钱，30130（澳门路戈登）　吴耀宗，30596　陈鹤琴，20948（公园别墅63）　李，36052（西华门头条24）　马相老，70301　董，20853（愚园新村14）　黄汉良，20249（愚1055）　陈（维稷），75594　杨，鸿宾11号　张，拉都永安别业26号　成均安，35100（造币厂）　吴清友，交通大学　郑淑兰，怀集县（中小学教员及机关办事员），国语、国音、公民　吴恒勤，新华艺专（斜徐路打铺桥）　沈律师，20997、31712　瓦特（Watt），84259（巴黎新村173号）　欧阳予倩，02，77049、71832、74272　陈克定，85786　熊秉三，82667　（“辣”[13]475）　郑通和，02，68144、68145　李公朴，20061、95062　李大超，622487　罗又玄，

37269(胶 263.8)　亚东,93662　白,76113(亨 19,147)　魏,13690、41600
关,中环利源东街 6,安生书店　杨贵雄,广州,韶关富国煤矿公司机电股
孙简斋,香,跑马地奕荫街 14 号二楼

W. T. 罗森(W. T. Rawson),世界新教育同志会第七届年会,伦敦地址:切尔滕纳姆,格兰洛特郡,塔文托克广场。

黄乃华,70301,广州东山保安新街乐民园 11 号。上海胶州路胶州村十号楼下高一芝,王子铎收,潘宜民。

【注释】

①本月所记文字,见于陶行知现存记事本的第一本。该本扉页写有:“上海、广州;25,4”;实际包括 5 月 1 日—4 日活动。

②“沈”,指沈钧儒;他时住上海大通里,与陶交往甚密。

③指 7 时前往上海市知味观点心店赴约。

④指 12 时 30 分晤陈维稷;“老三”,即陈维稷。

⑤“助”,指普及教育助成会。该会由陶行知发起成立,设会于上海。

⑥“中国”,似为中国银行的简称,也简称“中行”。

⑦“福禄寿”,上海市一家餐馆名。

⑧“沙利文”,上海市一家西餐馆名。

⑨似指南京饭店、南京餐厅之类的场所。

⑩“中大”,中山大学的简称。此日陶行知已由沪抵穗。

⑪“中山”,指中山大学。是日下午,中山大学校长邹鲁,邀请陶行知前往该校演讲《粉碎日本大陆政策》。

⑫“中法”,系机构或社团名;5 位数码,系当时上海市电话号码。后面每项所列,居前者或为姓氏,或为姓名,或为机构、社团名称;括号内文字均为地址;居后的数字均为电话号码。

⑬“辣”,指当时上海市辣斐德路。

五　月

（广州）

5月1日　12,□北,教育会,厅①。

6,吴②。

5月2日　5,"中大"。

7,陈。

12,教厅。

3,勷勤。

5月3日　1,戎欧。

5,廖③。

5月4日　教育厅。

8,"新亚"④。8:30,新亚。

【注释】

①"会",指广东省教育会;"厅",指广东省教育厅。

②"吴",似指陶行知的故友吴涵真。

③"廖",似指廖仲恺夫人何香凝。此后的日记中,也曾多次出现"廖太太"或"廖"。

④"新亚",似指旅店或饭馆的名称。

九 月

（法国：巴黎）

9月14日 星期一，七，下午，“万花”，陈[1]。

9月15日 星期二，午后三时，“特利阿农”旅馆，旅德华侨代表团；一九二五年，“九·一八”前四天，旅德抗日联合会：黄琪祥、朱江户。七，下午，学生会、妇女会；发起“妇女”[2]。

9月16日 星期三，比兰考特(Billancot)。

9月17日 星期四，下午五时六分，圣拉扎尔(St. Lazar)车站上车，到柯迈尔(Cormmeil)。

“妇女”，正式筹备会，七人。

9月18日 星期五，晚八时半[3]。

9月22日 星期二，三时，学生会、妇女救国会。“妇女”，罗恒起草宣言。

八时半，学生会(法)欢迎会。

9月23日 星期三，巴比塞委员会[4]。

9月26日 午一时，“北京”……〔见〕张忠保。

9月29日 午，学生会。

《枉自称男儿》。

8—9月记事

只指定一秘书，俟正式会成立后再定其他国之秘书(当然要包括小国)；要有一位秘书代表西班牙语之民族。(1)是否另举会长？原人连任？(2)是否要第一秘书？(3)他提议自己做Cot的副会长，另请多利佛(Doliver)做秘书第一；(4)艾伦(Allen)先生经管千万文件，必须被举为秘书，使会务不致中断；副会长六个月。

(1)贝克被举为副会长，六个月；(2)多利弗赞成做副会长；(3)秘书选举多利弗和艾伦维持会务；执行委员十八或十九人，八代表国，九代表国际和平。

(1)十二国,八国际组织,20 人;(2)离日内瓦近之国际组织,会址——日内瓦,如瑞士同意[5]。

英国:(1)国际联盟;(2)和平大会;(3)反战宗旨;(4)民主管理同盟,类似于反战反法西斯联盟。主要政策:在英国和德国之间,达成既不得罪法国又能让德国控制东欧的协议。法国:争取和平与自由联盟。美国:增强军备,国家与各州的武装力量联合;商业与政治紧密配合;上次国会通过和平时期数额最高的预算,在经济方面花大力气安排,以便为军事服务;国家加强对经济的控制,加强行使国家的职能。加拿大:3 000 人向渥太华进军示威;国庆节,一位医生一天内取出 42 粒子弹。

反法西斯力量:(1)反对战争,教育与宗教;(2)反战与反法西斯联盟;(3)全国和平运动。

社会主义政党分裂,劳工党分裂。民众同仇敌忾。人民联盟公约。

1921 年末,1 000 法郎存领事馆。150 000 存款。领 100 法郎要两封保信;死了二三个,要款,不能领。中国人欺老百姓,放暗探。张兆领事很好,回国。

华工:参战华工,法国结婚 60 家(30 家非法,共 360 小孩,1935=500 小孩)。小孩教育,关门两年;身体比法国好,知〔智〕慧优等。宾库(Bianku),150,30 有工,7 法郎一天,70〔法〕郎半个月。饭馆,1929〔年〕开,60 000 多法郎欠账;200 000 法郎债;10 000〔法〕郎空。3 000+2 000,1 小孩贺十九〔路〕军。

(1)饭馆;(2)小学;(3)官;(4)中国的工人;(5)华侨会;(6)捐款。化反动为正动,引落伍以向前。

一九三六年七月:增进工人切身的利益,达到救亡图存的志愿。——旅法华工联合总会。

一九三六年三月:反对凶魔的战争,抵抗横暴的强权——旅法参战华工总会成立大会宣言书。

> 为布告事案奉:外交部电令闻,限令存款华工七月底以前到馆登记,请求书粘贴相片并证明存数,送部核对,以便呈院核办,等因奉此,令行布告。二五.五.廿九。

全欧华侨抗日会常委:陈铭枢、何肇绪、汪海镜、何德鹤、李济时〔深〕、胡秋原、王礼锡、雷子声,德国一名、比国一名。

8—9 月人名录

洛森 · 齐利亚库斯(Lausin Zilliacus) K.E. 齐利亚库斯

(K. E. Zilliacus) 福克斯夫人(Mrs Fox) 艾塞·库里(Isai Kuni) 卡洛斯·马奇(Carlos March) 巴拉荷·赫鲁比(Blaho Hruby) 约翰·费什尔(John Fisher) 海伦·斯尼德(Helen Snider) 奎尔·莱德(Quil Lederer) F. L. 雷德菲(F. L. Redfer) 瑞安·W. 卡森(Ryan W. Carson) G. G. 梅尔威(G. G. Melvim) 伦纳德·波格丹佛(Leonard Bogdanoff) 约翰·L. 弗克兰(John L. Frank) 罗森菲尔德(Rosonfeld)博士 恩斯特·科恩菲尔德(Ernest Kornfeld) 梅翊强 赫德利·瓦里(Hedley Warr) 约翰·斯特雷奇(John Strachey) H. 拉斯基(H. Laski) 齐默恩·阿尔弗列德(Sir Zimmern Alfred)爵士 弗赖伊·玛杰里(Frymiss Margary)小姐 A. J. 林奇(A. J. Lynch) 埃里克·戴维斯(Eric Davis) G. 劳森威尔(G. Lansvary) 马利(Marley) 爱德华·史密森(Edvard Smithrm) 黄逸光 黄志坚 孟昭赞 周兆元 张似旅 何艾龄 罗明铣 熊式一 王礼锡 王光照 陈光润 方振武 奈都(Naidu) A. K. 昌德(A. K. Chanda) B. B. 波米克(B. B. Bhommik) S. M. 锡尔卡(S. M. Sircar) R. N. 瓦格(R. N. Vagare) M. U. 帕特尔(M. U. Patel) R. 奈都(R. Naidu) 克利什那·梅农(Krisna Menon) M. T. 皮里斯(M. T. Pieris) 默尔克·拉·阿朗德(Muek Ray Anand) 路易·多里维特(Louis Dolivet) 詹姆士·克鲁格曼(James Klugman) A. 蒙塞(A. Moncel) 张仲皋 马格特(Magnette) 沙伊尔(Scheirer) 米歇尔·富克斯(Mirshel Fuchs) 陈柱天 林德(Linde) 特列季艾科夫(Tretiakof) 博伊·敏(Beu Min) 布朗宁·希尔达(Browning Hilda) C. Y. 杨(C. Y. Young) 艾寒松 董奉然 哈特里(Hartree) 乔治·H. 格林(George H. Green) 穆利尔(Muriel) 多丽丝·莱斯特(Dorris Lesta) B. L. Q. 亨利凯斯(B. L. Q. Henrigues) J. J. 马隆(J. J. Mallon) J. L. 霍奇金森(J. L. Hodgkinson) 阿德莱德·列文斯东(Adelaide Livingston) S. 夏绿德·波奇里斯(S. Charltte Poggiobis) 柯雷斯(Collets) 温广真〔?〕 J. Y. 依森特(Jry Yim Ysentesz) 卡利·阿迈特(Karry Amat) 列昂纳德·科威(Leonard Kwai) 吴兵男(W. Bing Nang) 雷·克登(Lay Kedeng) 罗西·扬(Rosie Young) 乔西·哈得逊(Joyce Hodson) 伯明·逊(Bmyan Tson) 塞舌尔·容克(Cecil Yonkee) D. L. 义伯(Dmald Leslu Yipp) 凯·萨姆逊(Kay Samuelson) 袁冠新 王海镜 蒋彝 陆晶清 黄素舫 敬幼如 李赣章 胡秋原 普拉斯蒂·费特斯(Placede Fetes) 吴亮夫 韦从序

G. 詹姆士·乔伊斯(G. James Joyce) 加文·格林李(Gavin Greenlees) 李钧 M. 艾麦(Madame Aymar)夫人 威尔福特·罗伯特(Wilford Roberts) C. W. 赛尼斯(C. W. Synes) 台勒斯·艾米利(Delus Amile) 彭克·塞曼(Pinc Simar) 罗兰德·多盖(Rolande Toguer) 王粲 孙鸣 汪曼铎 詹姆士·克鲁格曼(James Klugman) G. 卡瑞特(G. Carit) 冯希勃 郝郁文 范文调 伊·斯符力克(U. Shvunik) U. 卡克里斯(U. Caclis) 科比特·阿什贝(Corbett Ashbey)夫人 陈延强 赵尚志 谢文东 李华堂 王乎 林浚时 雷子声 陈柱天 梁丕功 孙文明 陈责 方炳文 秦国献 武承尧 吴康 于道泉 汪亚兰 阎汶玉 杨赓陶 丁树藩 靳自重 刘义光 梁守恒 杨之翁 万泉生 李健余 田龙 张德禄 周全光 王孟有 周希毅 程雁成 张孟闻 王深秋 秦丰川 陈明章 朱汪户 温康蔚 曾庶凡 黄琪翔 赵一店 范拯民 周竹安 朱圣白 张邦珍 李漱六 陈凤章 曾静英 侯素方 蔡葵 陈雨仁 马霁玉 张贤范 罗衡 黄若瑛 张贵友 赵标 张景芳 宁成修 吴敦孝 李情斋 蒋崧 徐杰 单子文 王炳麟 吴吉人 吴思贤 金福奎 何肇绪 林薪 周凤飞 邱永盛 楼亦良 苏拯 罗伯特·古斯曼·阿洛尼(Robert Guzman Arany) 罗伯特·库克(Robert Cook) 马塞尔·戈达尔(Marcel Godary) E. K. 谢尔德(E. K. Schield) 吕西安·马雷特(Lucian Marytf) 维克多·巴赫(Victor Barch) 让·维克多·莫内(Jean Victor Meuner) 江珊美 钱品松 曾竹韶 朱伯奇 李植初 徐福生 费子衡 沈德骥

【注释】

①“万花”,指巴黎万花楼;“陈”,指陈柱天。

②即华侨妇女救国会。

③指参加巴黎的中国留学生学生会组织的纪念“九·一八”五周年大会。

④全称为国际互助合作会巴比塞委员会。该会会址在巴黎圣维克多路。

⑤以上数则记事,均为1936年9月3日—7日,陶行知参加在比利时首都布鲁塞尔召开的世界和平大会期间所记。陶行知时为中国代表团主席,会上被推为主席团成员,会后被推为该会执委会的中国执行委员。

十 月

（法国：巴黎；英国：伦敦）

10月1日 星四，学生会。晚9时，家。

10月2日 星五，1，午，学生会。

巴里〔黎〕。筹备赴美：(1)写信给方振武；(2)写信给美国各埠抗日救国会；(3)写信给各报；(4)写信给美国朋友；(5)写信给清华。

10月3日 巴里〔黎〕。穷苦小孩暑期教育：巴里〔黎〕，6 000小孩参加；附近者，10 000。父母失业，6—14岁；入籍外人，实7—13。去年在学校内及城内名胜，市政府供给午饭茶、义务戏及体育场收〔门〕票，晚饭回家吃。七区：男女分每40人一指导。9—10时，校玩；10:30，总；票10郎来回。11:15坐车去；11:45到郊外运动场；12—1，树荫休息；1，球类、跳绳；2，6—8岁吃牛奶；2:30—3:30，柔软(专)；3:45，茶点、面包、可可；5:20，上车回来，6:30，回来。下雨，电影：《让·苔隆墨》(Jean Delhomel)

华工，1916年来，15万人。未血向日本流。60家①。

梁士殆：以工代战，合同五年，每工友尚存1 200方〔法郎〕以备回国，在领事馆买自由②。

孟：1921年来20 000，有死数，欧战五六千。

现华工参战调查：403人(1931)，总数600人。一、成家者80(1932)；二，未成家者。合法者一半③。325小孩(1932)，现在有500小孩。

(1)乡下结婚者好：工厂，轻；租房阔。管丈夫严，小孩进〔?〕个个进学校。

(2)乡下没有结婚者：3方(乡下每小时)；6方(城里每小时)。

许士九：有工者，工厂无。每小孩1郎一天。无工者，301个半〔半月〕；603一月。两礼拜给7公斤；每月(冬五个月)100公斤炭。光棍失业，每天7方，现长1郎到2郎；小孩长半个。30一小孩，80二小孩，200三小孩，400四小孩，600五小孩。200，总，比因古④。150失业，20无补助。

孟先生：(1)做事不周到，自我批评；(2)谣言不管；(3)黄河洲；(4)口选，工人选举自己的人；(5)监察；(6)钱、力、才。

王庆元：(1)换选名单；(2)党部不能压我；(3)说我反对谁就谁；河水管河水，井水管井水。

陈真如先生：日内瓦第一次送三等客人。

王先生：华工总会成立一个多月，国内外联合。

何先生：《中法互惠条约》。

医院：波兰没要钱。

居留证：5 年波兰，10 年中国。

领事：我们用什么资格取得优待。

10 月 5 日 巴里〔黎〕。

钱俊瑞早 9 时回国。

与新教育同志会约 9 号止转信 23 号。演讲：C. 索柏(C. Soper)。与黄同仇约 12 号见。

10 月 6 日 星期二，参观“巴斯德”(Pasteur)[5]。J. 迈达尼可夫(J. Metalnikov)：一块小可可□[6]，120°〔华氏〕可烧死，牛、蚕桑、鸡、疯狗、葡萄，发明年代。卡介苗，预防，卡尔梅特(Calmett)[7]。肺菌喂蜡虫，半腊半死菌喂，脂肪消化素长在虫血里，再拿血做血清。虫，四星期一代。李洁民：痨，花柳、狗、果、疯、虎列拉[8](传染)。3 处[9]，600 人；经费 1 000 一月。每礼拜三次演讲，编报、书。

晚，劝中国学生会大事化小。

10 月 7 日 巴里〔黎〕。买书：(1)《世界政治》；(2)杂志；(3)看书。

10 月 8 日 巴黎。鲁佛宫[10]。

10 月 9 日 准备双十字演说[11]。

10 月 10 日 方贤旭；土木工程；唐俊怀，司徒刘；社会[12]。

10 月 11 日 凡尔赛。

纽约报纸：(1)《商报》；(2)《民气报》(林伯雅)；(3)《纽约公报》；(4)《先锋》[13]。

10 月 12 日 刘〔吴〕半农，谈话。陈光润，美国华侨[14]最熟，报消息。徐永英、余辛日、陈其瑗，纽约《中国先锋报》。

美国报告注：(1)中国硬，美国高兴；(2)民族解放与〔于〕美国有益；(3)人民阵线；(4)忌讳：张博士；(5)右倾爱国者收取《民气报》，要联络林伯雅。(6)王正廷大使。

江知勉；陈伟璋；朱生勤；金景星[15]。

7时，"北京"，张德宝。11时，李先生。李栋（上海新同程□委员会），施梦元（上海四行储蓄会）[16]。

10月14日 衣馆与中华会所和会堂对立，现合作。餐馆、反帝大同盟（学生），以上共〔产〕党领导。《先锋报》徐永英（学生，不大联），从〔提〕前关门。共与宪现不合作[17]。宪政党：伍宪子；共：陈其瑗。北美学生会。海员救国会："皇后""打来"，2 000。海员不能上岸，中国人不能上船，土生华人能上岸上船。坎〔加〕拿大也重要。抗日与教育并重。失业海员也多。关门得利〔厉〕害。

10月15日 2时，看张先生[18]之实验。

10月17日 下午，"北京"。

"诺曼第"（赴美定船），11月4日；"玛丽皇后号"，11月11日。3等舱109美元；2等舱144美元。

10月18日 和璀[19]同来伦敦。熊宅晚餐。璀寓胡宅。我租南山公园43号B房。

10月19日 尤斯顿，1890（新教育同志会），雷订小姐（Miss Redding）。黄同仇，66，赫尔克德公园。访杨格夫妇；访黄少谷夫妇。杨先生说：世界和平会执行〔委〕会十一月十六日开会，在埃斯克斯大厅。

10月20日 黄同仇先生，21，下午7时，"顺东楼"。

10月21日 诗：作者克鲁（Clool）侯爵，《七年》第788页，牛津版《维多利亚集》；H. F. 莱特（H. F. Lyte）；《埃格尼斯》第265页，《金库诗集》。

10月23日 《和平与战争》（原无题）。

切斯特路19号，卡尔·马克思墓，斯威恩巷。

10月24日 7，上午，拜访尹、江二先生[20]。

何荫桥，茅伯笙，第22街，西3号。

《回忆上海工友夫妇》（原无题）。

40镑，房租，卅礼拜；6镑，饭，每月。75镑，学费，每年。八礼拜，每星期至十时不归，二个铜板；十二时不归，留级。27以上，高年级，除上课、吃饭外，不穿[21]。27研（高年级）：借十本以上，借书不限时间；硕士有优先权，先一天得，后一天还。大学教授，600镑，不能给儿子进大学。大的，1 000。教管人员，每星期见一次，导师制[22]。300镑，派定一年，每年换一次。3年毕业，再3年没考文科硕士[23]……

10月26日 尹[24]。

10月27日 9:00,美。熊,1:30[25]。"顺东",夜7时。

10月28日 8:00,王。熊,9:30。2,演说。

10月29日 2:30,家。3号下午6时,向君交捐[26]。

威廉·莎士比亚先生:《喜剧、史剧及悲剧》(伦敦伊萨克·拉加德印刷,布朗特1623年),1英镑。14 500英镑,读书桌,1806年以250英镑卖与一屠户,请人写字;白朗宁、拜伦、卡莱尔,500年历史的古宅。——爱迪丝·M.布朗(Edith M. Braun)于莎士比亚故居[27]。

英骂苏。美,100;犹,支100;苏,支500,取100。

苏换血付钱。不付钱。英"帕月格",爱歌曲,苏收钱。

波特街25号,T. 库克。电话:5043,中国领事馆。

10月30日 11时,燕妮·冯·威斯特华伦:卡尔·马克思挚爱的妻子,1814年2月12日生,1881年12月2日卒。卡尔·马克思:1818年5月5日生,1883年3月14日卒。哈利·龙格:他们的外孙,1878年7月4日生,1883年3月20日卒。海伦娜·德穆特:1823年1月1日生,1890年11月4日卒。墓号:24748[28]。

行李寄托处:(1)夏帽:M. U. 帕特尔(M. U. Patel),伦敦贝尔赛公园30号;(2)夏衣:李(Lee)先生,巴黎交通路7号;(3)书、夏衣:文森特(Vincent)夫人伦敦布拉赫斯公园11号之一;(4)书:王礼锡或杨太太,伦敦上公园路50号。

本月人名录

2日:周安生 3日:边振华 张玉发 许士九 王庆元 6日:韦永成 布吉戈特(Bougigaut) 鲁埃(Roue) 洛厄伦(Loweran) 10日:方贤旭 卢俊恺 司徒创 黎贤鼎 黄守卿 林谟 马维垣 曾禾生 黄宝勋 陈省身 李星可 汪德昭 汪李惠年 拉什夫妇(Lahy、Lahy Hollebague) 曾竹韶 陈芝秀 杨玉清 谢戊生 刘义光 吴半农 刘驭□ 凡尔雷·劳什利(Violeh Laushily) 赛尔马·梅厄(Selma Meyes) 布鲁姆(Blume)夫人 陈翰笙 12日:马卿 潘楚基 陈其瑗 戴克光 江知勉 陈传璋 朱法勤 金景星 李干 施济元 14日:郑揆 15日:张廷蛟 陈炳炎 程韫 于德纯 21日:辜庆鼎 张宗良 罗宝册 吕叔湘 向达 沈同洽 周鸿经 唐培经 汪沅 苏拯 尹世增 江珊美 李遇安 王宝桓 库麦拉曼格奈(Kumelamangalam) 24 日:王振 李国鼎 吴征铠 张文裕 张宗□ 王竹溪 华罗庚 初大告 黄作霖 李旭旦 K. I. 威海姆(K. I. Uewham) 克劳福斯·吴(Clowfos Wu) 郑庭侯 李宗义 陈伯骥 吴文晖 杨宪益 温广彝 李赣鹏 陈汝麟 汤象龙 富静岩 孟广厚 邓和黄 杨继翘 万异 胡瑛 李孟和 何思可 林咸让 库克(T. Cook) 29 日:马杜·托塞(Madun Tolsaid) 许道夫 韦从序 马少助 胡昌骐 马志振 鲍必荣 30 日:胡南湖 杰拉尔丁·杨(Jeraldine Young) 钱歌川 A. 文森特(A. Vincent)夫人 吴为霖 康米提·巴本斯(Comite Barbonsse) 吴方求(Fang Chau Wu) 托汉·泰勒(Tohang Telon) 施麦塔 尼科夫(Smetalnikof) 海奥德·布朗(Heyound Brown) 贝赫尔(Beahl) 杰克·克林(Jack Kling) 吉尔·格林(Gil Green) 吉福德(Giffod)女士 默特尔·鲍威尔(Myrtell Bowell)女士 琼·卡登(Joe Cadden)女士 乔·拉斯(Joe Lash) 罗丝·泰罗林(Rose Tiroling) 梅翊强 梁琼玉 李贝克·哈斯(Libyk Haass)女士 露丝·布罗(Rutt Borlow)女士 吴亮夫 许道夫 吕叔湘 朱坚白 岳功贤 季士伟 向达 沈同洽 孟昭瓒 周鸿经 杨植 韦经序 谢明山 胡秉正 苏拯 吴联辉

【注释】

①指参战华工在法国结婚的共 60 家。此数应为 1932 年前的统计,因后文有 1932 年“成家者 80”的记载。

②中国当局对于在法华工,要求余款应存当地领事馆,并规定存款须达到一定数目,才能办理归国手续。

③指合法结婚者。据前此统计,在 60 家中,非法婚姻者为 30 家。

④即宾库(Bianku),法国地名。

⑤指参观法国巴黎的巴斯德研究所。巴斯德是细菌的发现者、微生物学的奠基人。

⑥“一块小可可□”中“□”应为糖,可可糖,旧时的一种糖果。

⑦卡尔梅特是巴斯德的门生,曾与 C. 介兰一起发明了卡介苗,为防治传染病作出了巨大贡献。

⑧即霍乱。虎列拉是英文霍乱单词的音译。

⑨在“3 处”前加入“空 30 000 000”。

⑩通译鲁佛宫，法国国家博物馆，收藏博富精美。现译为卢浮宫。

⑪“双十字”指中华民国的国庆（十月十日），即为次日的国庆纪念会准备演说提纲。

⑫据该日日记所述，陶的意思应是：方贤旭的地址和所学专业；唐俊怀的地址；司徒刘的地址和专业。

⑬“二番”。

⑭应为“纽约华侨”。

⑮⑯此处为新增加内容。

⑰“共”指共产党，“宪”指宪政党。

⑱似为张廷焕，因同日日记中写有其人名、地址。

⑲即陆璀。时代表中国学联与陶行知等一行在海外宣传抗日救亡。

⑳“尹”为尹世增，“江”为江珊美。

㉑指除上课、吃饭外，可以不穿校服。

㉒导师制为英国高校所创立的一种教育管理制度，始于14世纪。导师不仅对学生的学习负有指导之责，且对学生生活、行为和就业等负起家长般的责任。

㉓所记为中国留英学生所谈的情况。参加这次谈话的有华罗庚、杨宪益等留英学生20余人。

㉔即尹世增先生。

㉕“美”指江珊美；“熊”指熊式一。

㉖同页记有许道夫、韦经序、马少助诸人名，似系其中之一的允诺。

㉗所记为参观莎士比亚故居的所见所闻。

㉘所记为拜谒马克思墓时所见。“24748”为马克思的墓号。

十一月

（英国：伦敦；美国：纽约）

11月1日 海德公园。杰尔罗（Jarrow）[①]被船运及钢铁联合企业置于死地。这个最好的船坞如同最好的坟场一样。

F. 雷迪弗（F. Redefer），新教育同志会，进步教育协会（美国），纽约西90街310号。

11月4日 （1）发电；（2）签支票；（3）存书在杨宅；（4）买皮鞋、毛衣；（5）寄信；（6）付房租。

南安普顿学院。

斯泰洛德（Stallord）保证6：15上船。遇换两次车，遇警察。他说七分钟可以走到，走走身体好。到门口，送客无票不能进。远得很，跑死人。不但6：15的船误了，6：40的船如果准时开，也没有我们的份了。行李不在船上。璀在小船上写信。"诺曼第"[②]伟大：红色烟囱，用灯光反照，如火红。

詹姆士（James）来信，在"南安普顿"，璀交给我，他称璀为我的暴虐之女。我说，她是优待大家，暴虐一人。

11月5日 全天晕船。饭后行李送进房，璀的好东西都失光。她信我，我信英国绅士，连行李脚夫的号头也没写。

托詹姆士寄印度纸给我。他从飞机寄来，今天在船上交到。

11月6日 中饭璀等给我，在外舱吃。璀在将晚时落帽大海中。璀在外舱写《渔光曲》，谱给"剑桥"友人，并将词翻成英文。

11月7日 今天风平浪静。同璀在外舱，全天。我看《欧洲内幕》，璀夺去；我只好看海，看天。下午我拿《词选》看，璀又要去，我于是得看《欧洲内幕》。雷德（Rider）送之帽已失，围巾犹在，在箱中代她取出当帽戴。

11月8日 1922年后，国家安定。海岸线长350英里，面积42 000平方英里，2 000 000人。1847年，美国殖民者的社会。宣告独立，解放黑人。1816年到内战爆发时，有18 000人归国。1905年延伸到离海岸200英里处。《美国的缩影》，埃德温·巴克莱（Edwin Barclay）。利比里亚：拒付债务并实行奴隶劳动。费尔斯通(Firstone)种植橡胶树 100 平方英里;白人有 50—70 人,余为吉西人、班地人、布西人、托马人。自己缝制衣服。埃及的影响。在撒哈拉以南。从东方来。妇女以纹身为美。泥土筑房,房中间生火,床位于两旁。草屋顶。铁币,一英尺长。盐块当钱用,值五磅铁。40 个盐块为一个先令,800 个盐块为一个英镑[③]。4 000 个盐块一个老婆。说英语。丛林。图腾。木制品。陶制品。棉花。没有轮子。蓝靛。武器。喇叭,竖琴,鼓,打击乐器。包裹尸体。石头坟墓。舞蹈。生活中的秘密:一夫多妻制;结婚嫁妆;契约不严格,男女滥交。整年气温 85°(华氏)[④]。

24.11.7[⑤],清华出第一张壁报。25.5.1,学生呼声? 18.9—20.7,振华考燕京未去。21.4—22 冬,东吴,15 小过;晚念书;该校某负责人为职员赵某(恋爱),平思赵;赵一夜未与散步,他无奈,查房间,见瓘深夜念书,记小过 15,出气。“九·一八”,母病,休学半年;东吴后,又休学半年;考清华、燕京同取。清华,玫瑰生活,自行车在花丛中行。米。1923 年秋入清华。1918 年春,晏摩氏三个月,自杀念。1924 年春,戴来,陆绥远去。24.1.29,救国委员会书记。2 月 29 来校捉人。1924〔年〕秋,蒋恩钿,好友之姑做女生指导生,女生革新组织,茶话,提议,被女生打销(消)。签名,清华女同学会成。当选执行委员兼学术部主任。壁报,流通图书馆,时事讨论会。《静齐壁报》——报头自由女神,意为正义的召唤,辛克莱一手拿火把。执笔写纪念“11.7”[⑥],偶合。10 岁,2 根小辫,湖州旅沪。公学,看《红楼梦》,偷哭。出国[⑦]:25.7.31;27 晚,世联电报[⑧]。28 早,知道通过,说免费票办好就去,未努力。29,一切无希望(早);29 下午 2 时,房东要她提早搬家,让给清华同学住。娘预备她 20 日回家,因助清华同学写报告,并等燕京李君等常委通过,把秘书处交代;28,正式介绍。29,气。跑旅行社问船期,一上午。照相“雪鸿”,顺便买茶叶送房东。到,回。下午理东西搬家。环救学生会,无失望。到法国要两星期。4 时,电安生(Ansen);12 时,电钧儒,不在。请来时电。2 时再电沈,他向社捐钱。沈子〔兹〕九在。安生,李公朴。电李,候在“环球”。晚又约公朴谈。环球有表,就在等候电话时填好。6 时拿相片,再到功德林;沈、刘、林、李都在座;李公朴说不成,很难有望。公安局办,又签字。请沈先生捐钱。安生说,抬举李公朴,坐汽车办护照。30 早,见沈先生。沈先生说,林、刘都说不必;有 700 元,先垫。等公朴洗澡 1 小时。摸胡,烦,问船是否延迟,或在大沽坐。船延至 6 时开。公安局,表、照都有。格兰茨(Granich),50 元买东西。沈先生写信托四明银行。朋友担保,5 分钟前走了。4 时再托安生找志华写信。再同子〔兹〕九等到国货公司。理东西。睡格兰茨家。格瑞司(Grace)陪到李宅,李先生 10 时下楼,拿到护照。法须两星期,须 4 000 法郎,无人言。先到德、波,得过境;护照再想法。灰心,尽人事,已 11:20 分,夏天 12 时办完。李友在德领馆,照理没有法照不得过境。电,11:45,途中,沈先生在家,拿 700 元(1 000,也夫说要不了,700 够了)。船公司电俄、波领事,候签字。两部汽车分去,1 时前办好。在船公司写信给娘。回 g〔格瑞司〕家吃饭已 2 时。国货公司送货来,付不出;候稿费来付。高呆送箱来,而 g〔格瑞司〕叫候,3 时半才来。学联信及材料,3 时半,误写林云女士,拿图章。4:30,上"腾达",大风大雨。g〔格瑞司〕太太病,飙风过沪,雨中找"腾达"、安生、林德、公朴和 2g〔格瑞司夫妇〕送上大船⑨。

11 月 9 日 到纽约。

定的日程:(1)哥伦比亚师范学院教育俱乐部,礼拜六,2—4;12 月 21?疑是 11.21。(2)学生抗日会,国际大楼,6,3—5;美国广播公司,14 日 7 时,帕特路市政厅。(3)纽约侨胞抗日会,7,下午;12 月 22,下午,2 时。(4)罗格(Rugg)教授,11.11(10 时)。(5)克伯屈教授,11.11(3 时)。(6)柏克赫斯特 11.17(星期二,晚 7 时)。(7)杜威教授,东 72 街 320 号,11.14,星期五,12:45。(8)斯特拉格(Strager),5,9,15〔9:15?〕。(9)麦柯尔(McCall),20 日,下午 2 时。

11 月 14 日 晚,"旅顺"⑩。

11 月 15 日 星期日,上午 11 时,家健⑪、左熙章、张宗元。下午 2 时半,在旅社候杨先生。下午 3 时,"衣联"⑫。

11 月 16 日 星期一,1:30,塔夫脱(Taft)。

《先锋》:刘克勉、伍邑安、李湛礼、彭莱、徐永瑛、杨机。

11 月 17 日 星期二,下午 6 时,"旅顺"。

柏克赫斯特。

11 月 18 日 10:00,"人民之友"⑬;纽约西 22 街 168 号;领事馆会齐。J. 罗布、高尔·芬斯廷(Gorle Feinstin)、约翰·安东尼(John Atonley)、E. 戈尔(E. Gauoel)。

7:30,"旅顺",成志会。

星期二,17,下午 2 时半,"旅顺"。

11 月 19 日 星期日,15,下午 2 时半,在旅社候杨先生。

下午 9 时,广东村 49 号;伍焱聪(联春号)、甄子祥(广源盛)、谭仲甫(华侨互助会)、伍于乾(万家春)、陈孟枢(新源盛)、赵旅荣(纽约市……街 821 号)、梁肇天(纽约……街 22 号)、邓杰(禺山信局)。

《以为歌》(原无题)。

11 月 20 日　2 时,麦柯尔。

11 月 21 日　星期六,哥伦比亚师范大学,怀特堂,下午 2—4 时,罗格。

(1)何种义务教育可以救国?(2)学校怎样办民众教育?(3)学校教师怎样指导学生运动?(4)师范生应受什么训练,怎能做现代的教师?(5)什么是民众永久的力量?(6)因爱国运动被开除的学生应怎样办?(7)新文字。

哥大师范院:曹秉国、俞秀文、陈积、齐泮林、萧元忍、萧薛艺、袁保珠、黄玉莲、任清玉、何中中(广州岭南大学)、戴惠琼(岭南大学)。

委员会:林语堂、李国钦、陈翰笙、司徒美堂、周培源、陆璀、陶行知、梅翊强。

11 月 22 日　星期日,15,上午 11 时、12 时。

星期日,下午 2 时,华侨学校[14]。

妇女会:李叶(Yee Lee)、周罗密(Nomi Chow)、海仑 · 义柏(Helen Yip)、龚荣(Wong Goon)、龙成春(Chin Chan Lom)、梁梅坚(May Jan Lang)。

11 月 23 日　2 时半,T. C. 福赛斯(T. C. Forsyth)。下午 6 时,致公堂[15]。

孟禄教授。

11 月 24 日　9 时半,林语堂。12 时半,进步教育协会,雷迪弗(Redefer)。下午 3 时,“中华”“联成”[16]。下午 6:30,克伯屈教授。

星期三,25,6:30,“南京”。

11 月 25 日　下午 3 时,斯坦利(Stanley)。(1)拜访各团体,下午 3 时。(2)印刷,吕先生。

4:30,贝威尔(Begwell)小姐。

6:30,南京学生;南高、东南、中大[17]:沈青囊(应用电化学、电气冶金,东中)、张钟元(教育,东中)、蔡荫恩(东中)、裴锡恒(中大商学院,中国银行)、戚报三(东中,经济)、胡家健(南、东,教育)、陈积、左敬子(南中,教育)、曾炳均(政治)、杨西孟(统计)。

11 月 26 日　商会会长请客,其未陪[18]。梅宝莲、梅宝娟、梅煌乃、梅伍瑞英、梅陈亦欢、伍葆初、梅新。

11 月 27 日 成志会，6:30，“旅顺”。

刘全忠、齐泮林、于焌青、林侔圣、戚报三、张树德、左敬子、陈广藻、赵不凡、崔爱华、汪令鹏（浙江嵊县）、孟治、汪郭兴超（湖南）、沈璞、李潮草（江苏吴县）。

11 月 28 日 7:30，国际楼。

11 月 29 日 上午 10 时，怀特堂。6 时，潘。李，7:30。

11 月 30 日 J. C. 安德鲁斯（J. C. Andrews）。

本月记事

南区道德会秘书，威廉礼堂，关于中国问题，F. P. S. G，秘书，牛津街 475 号。

华侨：（1）国民：汪、胡[19]；（2）致公堂；（3）共[20]。报纸：（1）《民气〔报〕》（汪）；（2）《三民晨报》（胡）；（3）《少年中国晨报》（胡）；（4）《纽约商报》（各党各派）；（5）《先锋报》；（6）《纽约公报》。《三民晨报》死后抗日主张未变[21]。《少年中国晨》。

中华公所，绅士；总商会；安良工商会，美东；协胜堂，全国；联成公所，除台山；宁阳会馆，台山，1 000 分之 999（粤），70%—80%（台山）；崇正会（工商会），客话[22]；中山同乡会；妇女爱国会：陈仲芳（联），雷家昂（台）；衣馆：（1）衣馆联合会（多、进），（2）衣馆工会，（3）衣馆工会整理委员会；餐馆：餐馆工会（无甚活动）；华侨学校：李卓山，台，200 人（公立后）。

国民党部：（1）胡，驻美；（2）汪，驻美国。汪未到宁承认胡，《民气〔报〕》批评拥护政府。

方振武，急〔激〕烈，反蒋抗日。致公堂反对。安良……协胜，衣馆工会、国民、《民气报》、崇正：不在内。致公堂反中山，陈炯明做首领[23]。宪政党……

12 月 22[24]，抗日会举 5 人，筹备全是国民党员。李洁明（安良堂），交卷时未交；伍宪子，反对一党专政、包而不办。另举四报馆起草，《民气报》不参加。（1）抗日会做成政党类似。（2）统一名称之下，中华民国国民抗日救国会，从西到东；反蒋要改。纽约全侨抗日救国会。（3）另外召集人组织，劝阻，筹备员渐不做，休止。

“安良”：美东二十九分会，一万至二万人，安良到处都有抗日会。

中华会馆，西 57 街 119 号，电话 7—3772，纽约。

(1)土生在国内的学额;(2)学〔华〕侨学生 150 人太少。

1932,《商报》攻击中华公所拿衣馆钱,主席 10 000 元每年;3 000多家联合;朱先生发起。

美国生活:房租连烧饭 $8。

纽约学生会,执行委员:汪澈、卢孰镜、谭文玉、陈来盟、黄卫青、苏挺、柳无垢、李任公、周之廉;抗日委员:侯璠、周之廉、朱丽来、陈东原、盛芳。

中华公所、《民气报》(黄卫青)、中华总商会(李爙乃)、安良总工商会(李圣策、雷家捷)、致公堂(梅友启)、协胜公会(陈正珀)、禺山信局(邓杰)、妇女会(雷家捷的夫人)、梅氏公所(梅乃鉴)、宪政党(谭文照)、联成公所(李功煜)、宁阳会馆(梁民凤)、崇正会、纽约华侨抗日会、鹤山公所,联义社、《纽约公报》、《先锋报》、《商报》,翻译者? 十九团体。

谈会:宁阳梁民夙提议:(1)电;(2)接济傅作义。

联成李公煜:扩大抗日运动。

商会李爙乃:(1)响应傅;(2)整顿抗日会;(3)联合问题。

前中华会馆雷芳:请"中华"主席介绍代表与未到会者接洽。

陈庆云(抗日救国会委员):(1)联合海内外;(2)扩大纽约组织进行,未来工作。

台山主席梁民凤:绥远立刻援助。李圣策(安良):即声援傅将军。雷家捷(安良):联合战线。

《先锋报》陈其瑗:(1)全侨大会通电响应傅抗日;(2)致政府电促抗日,动员全国海陆空军作战;(3)联合参加全各救联。

"商"陈光润:(1)援助傅、绥;(2)联合国内国外大联合。

陈孟枢(商会):(1)开总会救国大会;(2)援助绥远;(3)要求政府抗〔日〕;(4)要求各埠声援。

吕超然:即交主席付表决:(1)通电援助绥远;(2)请求政府出兵抗日。

赵鼎荣:打电:(1)傅;(2)政;(3)"全联"[25]。

李圣策:(1)傅;(2)政;(3)各国联;(4)中华公所。

名义中华公所,全埠华侨通过,一致。共捐一七六元电费;又捐三七元;又十三元;又二十三元;共二四九元。

民凤(梁):注重充实,加入无问题。

决议:(1)加入"全联"。(2)联络委员会:甲,练〔天德〕;乙,雷芳;丙,李爙〔乃〕;丁,李公煜;戊,梁民凤;己,赵鼎荣。三代表,全体抗日会决定。

金兰公所：主席梁歧科、黄色歧、文惠锡、邓佑章、梅宗理、陈孔满、李亮南、黎南善、董茂光、雷龙驹、陈轩良、梁耀淦、黄作权、李奕宝、江世煐、伍煦勋、陈金裕、余申和、朱长寿、李希南、司徒畴栋。

“我们的官员趋向虚伪和贪婪；群众则是冷漠麻木；成年人愚昧且腐败；青年人变得堕落和放纵；富人变得挥霍与奢侈；穷人则变得目无法纪。”——《时代周刊》，1936 年 11 月 1 日。

癸卯闰五月，梁启超：“要演炼石补天手段；须下卧薪尝胆工夫。”康有为：“天下兴亡，匹夫有责。”

本月人名录

1 日：Y. 哈里·华特森（Y. Harry Walterson） 汉斯·兑尔（Has Dayal） 徐愈 3 日：蔡旺 陈运 梁九 陈六 张秀 陈东 黄容端 赵娇 熊贵全 黄林欢 刘安 曾福稳 蔡全 邓发 季为 文启南 黄少良 黄炳 张乃琼 林海 杜安 冯球 陈稳 钟祥 黄剑风 陈恒丰 邱华 张祖 樊七 张朝 钟震 黄发兴 林成达 郑子真 王桂昌 王德丰 吴发 徐愈 赵邦鍱 4 日：伊斯沙白·斯塔耒德（Elisabeth S. Stallard） 韦基恩 D. B. 奎因（D. B. Quinn）博士 汉森·U. 克瓦威尔（Hason U. Cvawell） 爱仑·斯蒂尔（Eleen Still） 米亭·比尔（Maytin Bill） A. N. 多林（A. N. Dolin） 8 日：大卫·卡罗（David Karoe） 爱尔文·安生（Irving Ansons） 玛丽·安德森（Mary Anderson） 9 日：曼勒·罗杰斯（Manerl Rodgers） 简·斯坦利（Jan Stanley） W. A. 麦柯尔（W. A. McCall） 哈里·W. 常（Harry W. Chan） 陈庆云 吕超然 陈东原 侯璠 苏挺 胡家健 左熙章 李俊龙 盛芳 本月：伍锐勋 李培圣 曹龙叙 李功煜 林伯雅 陈光耀 雷家捷 伍洪学 司徒美堂 李圣策 梁民凤 李爙乃 陈正柏〔珀〕 李培 高休 吴发作 李卓山 江慕聃 杨天孚 李滋汉 周鸳湖 仇东（Chew Tong） 林侔圣 陈佩月 陈广廉 克伯屈 汪澈 罗格（Rugg） 郑定南 诺尼·贝尔福德（Nony Belford） 奥伦·D. 菲尔兹（Allan D. Filds） 乔奇·R. 斯鲍勒（Gorge R. Spaner） 邹觉之 裴锡恒 赵镈 赵望 王德崇 周之廉 戚报三 陈来盟 戴世光 陈久敬 朱丽来 李任公 焦宗领 周世正 王绵善 冯咸复 刘得 余敬礼 阮星本 胡轶群 雷卓峰 郑克明 孙平 秦维焯 雷□ 袁郁生 陈耀华 陈德炎 余宏耀 廖显肇 谭后植 梁祝如

陈宽 陈新 谭威 李湛 赵石□ 陈大谋 陈德 陈仙 琼·A. 勃劳迪(Jow A. Brody) 倪煊 梁歧科 陈文亮 伍松 廖保 林镜 麦臻 凌原生 陈成治 陈国浓 许雁文 蒋振乐 刘廉和 李宏 李圣学 蒋荣 刘希匀 雷家驹 曾玉珊 伍耀循 司徒华 李友 黄世湛 邓鸿恩 梅保兴 纲平 梅叶乃 伍添 黄芹生 司徒有城 吴朝晋 朱士赏 刘痴白 雷震白 朱松巨 吴超然夫人 梁奕钟 张满理 苏醒之 姚叔来 霍奇(Chorles & Nora Hodges)夫妇 N. E. 特雷塞(N. E. Tracy) 利奥帕特·斯多科夫斯基(Leopold Stokowski)夫人 景逸民 恩冠 梅乃鉴 梅煌乃 李爙乃 雷芳 刘恩初 谭文玉 雷赵兰英 李功煌 梅友启 李圣策 伍耀如 黄剑农 秉舟 伍卓山 陈崇圣 李向培 谭文照 李世珍 陈祥鼐 曾应梅 刘衷光 黄卫青 梁世磷 伍葆初 吕瑞南 徐永瑛 练天德 李洪辉 张思让 伍福林 蔡滋田 刘锦生 林毓德 古德温·华生(Goodwin Watson) 詹姆斯·门德波尔(James Mendenball) 艾登·楚特(Addrion Cutter) 乔治·康茨(Geoge Counts) 约翰·茨尔德(John Childs) 南多夫·史密斯(Randolph Smith) 李锡标 雷灿瑞 陈华灼 刘怡启 伍辅准 江世全 陈耀明 江昌济 黄灿贤 游嘉焕 张沾凤 杨天孚 苏厚彬 杨邓昭度 梅新 冯国桢 陈宗尧 张意良 陈婉华 陈绮华 陈卓华 约翰·杜威

【注释】

①杰尔罗是英格兰港口,18 世纪末在造船业中发展起来,经过 20 世纪 30 年代的经济大萧条逐渐衰退。

②“诺曼第”,船名。陶行知是日由伦敦赴美国纽约。

③按英国旧制货币,20 先令为 1 英镑;每先令 40 盐块,1 英镑即为 800 盐块。

④所记为《美国的缩影》一书的摘引,该书为介绍非洲利比里亚的专著,由埃德温·巴克莱著。

⑤此系中华民国纪年。下同。

⑥指执笔写作纪念 1917 年 11 月 7 日俄国十月革命的文章。

⑦指陆璀本人此次出国的经过。

⑧“世联”,世界(万国)学生联合会的简称。

⑨本段所记,系陆璀在海轮上向陶行知所谈的生平及此次出国的经过。

⑩即“旅顺楼”，是纽约华侨的聚会场所。

⑪即胡家健，是南京高师、东南大学毕业生。

⑫即衣馆联合会的简称，是纽约华侨洗衣工的组织。

⑬全称为美国中国人民之友社，是美国共产党人发起、组织的民间社团，当时支持中国抵抗日本的侵略。

⑭是日，在华侨学校召开了纽约华侨19团体负责人的座谈会，议决支持傅作义将军抗日，并决定集体加入全国各界救国会。详情参见“本月记事”中“中华公所……”段。

⑮致公堂，全称美洲洪门致公堂，华侨帮会组织，早年曾支持孙中山的革命活动，抗战期间又声援和捐助国内的抗日运动。此处所指为美国纽约的致公堂，司徒美堂是该组织的领袖，陶行知与其私交甚笃。

⑯“中华”，指中华公所；“联成”，指联成公所，均为纽约华侨的社团。

⑰指会见南京高师、东南大学和中央大学在美国纽约的毕业生。中央大学的前身为东南大学，东南大学的前身为南京高师。陶行知早年任教于南高、东大。

⑱商会系指纽约中华总商会，该会会长为李爙乃。

⑲“国民”，指国民党；“汪”，指汪精卫，对日主和派的总代表；“胡”，指胡汉民，对日主战派的首领。

⑳即共产党，指受共产党影响的华侨社团。

㉑指胡汉民去世后，该报并未因失去领袖而改变主张。

㉒即客家话，汉语方言之一，分布于两广、福建、江西的部分地区。

㉓“中山”指孙中山。广东军阀陈炯明1922年6月发动反对孙中山的军事政变，1925年被击溃后逃居香港，与海外的帮会组织多有联络。

㉔系指1935年1月22日。“一二·九”运动爆发后，海外侨胞也发起成立了抗日会。

㉕“傅”指傅作义，时在绥远抗日；“政”指中华民国政府。“全联”指全国各界救国会联合会。

十二月

（美国：纽约·波士顿）

12月1日　星期一。12:00，安德鲁斯(Andrews)。5时，安良堂。阮快亭、陈崇圣、谭文照、梁世麟、陈文钧。

下午3时，孟禄教授。

12月2日　上午11时，旅馆。

下午4时，基督教女青年会。

12月4日　11时，陈翰笙；余、赵博士，"旅顺楼"。

李洪辉、胡玉田、哈瑞·李(Harry　Lee)、J. C. 王(J. C. Wong)、N. S. 陈(N. S. Chun)、韩镇、罗维斯·秦(Lovise Chin)、吴耀宗、李信慧、周李兰(Lillan Chew)。

12月5日　星期六。1:00，斯坦利(Seanley)[①]。

下午7时，"联成"。

12月6日　雷湛、罗仑斯·J. 伯斯滕(Iawrance J. Burnsteen)、丽底亚·伯左左(Lydia Bezozo)、魏卓(Som Way)、雷德弗、陆璀、J. L. 伯左左(J. L. Bezozo)、陈翰笙、胡家健、陈均杰、余维焯、谭志芳、彭世超、熊宗椿、谭祥、黄湘立、朱德安、朱立柱、陈科、李孤鸿、廖显肇、陈三才、雷卓峰、耀祖、钟惠棠、陈仙、朱郁生、赵石炽、陈禹、陈洽、梁祖岳、陈宽、陈锡昌、钟高、钟椆、和浓、陈理棠、吕炯、陈烈智、陈树仁、杨日、谭景新、陈灼、陈一如、方家尔、谭瀚、谭鲍迟、郑克明、汉铭、容荣、阮颂平、余焕、陈彰、黄舜、□福、陈业、林德煜、陈秀珊、李旺、李湛。

星期日，下午5时，"衣联"。

12月7日　下午7:30，杜威家，东72街320号。

12月8日　12:00，麦迪逊大街44巷374号604室；从时代广场到中央火车站。下午6:00，华侨学校：刘恩初、李思敬、江慕聃、李卓山、陈佩贞、孙寄尘、谭文玉、黄剑农。

12月10日　华侨学校演讲(对土生女子)《中华景象》：

(1)地图;

(2)彩色图;

(3)江苏:①中山陵,②苏(75),③沪(79);

(4)浙:①西湖(86—7—9),②雁荡山(106);

(5)安徽:纸(114);

(6)江西:①牯[2](122—4),②赣江(桥126—7),③瓷(130);

(7)湖北:①铁(136),②武汉大学(137);

(8)湖南:①湘粤路(151),②湘绣;

(9)四川:①悬桥(156),②栈道(156),③竹桥(158),④怪船(163),⑤峡(164),⑥拉缠〔纤〕,⑦倮倮[3](168—9),⑧川边女(171),⑨水车(172);

(10)河北:①天坛(180),②颐和园(190),③图书馆(198),④观象台(200),⑤清华(202),⑥长城(208),⑦明陵(210);

(11)山东:①孔陵(222),②灵岩(236),③千佛山(241),④陶瓷(246);

(12)山西:①云岗(250),②煤(265);

(13)河南:①龙门(273),②浮桥(276);

(14)陕西:①华山(282),②古塔(285),③古道(286),④山田(288);

(15)甘〔肃〕:①黄河铁桥(291),②穴(293),③皮筏,④山地;

(16)青海:①打鬼(299),②贵人(301),③牛脂雕像(302),④骆(303);

(17)宁夏:①蒙文(307),②内蒙喇〔嘛〕(309);

(18)福建:①万寿桥(315),②鼓山(316),③石径(317),④漆器(318);

(19)广东:①陶器(339),②山中〔中山〕(343),③椰刻(350);

(20)广西:①山水(358、362),②路(370);

(21)云南:①滇越路(379),②罗汉(384);

(22)贵州:①悬桥(391),②苗舞(392);

(23)东三省:①抚顺煤(404),②铁(405),③满铁(406),④农产(408),⑤木(409),⑥花生(410),⑦海盐(417);

(24)新〔疆〕:回(417);

(25)热〔河〕:①香木佛(429),②羊(435),③路(439),④雕刻(494)[4]。

8:00,华侨学校;10:00,布劳特(Brawder)。

12月11日 下午4:00,福斯迪克(Fosdiek)。

下午7:00,42街列克星敦;旅馆,康莫都。克伯屈。

12月12日 波士顿。中华公所:周镜墀主席、陈树梧、余和信、阮本万、黄才适、梅宗根、冼金添、梅卫南、李汉泉、梅雪俦、黄朝桢、洪九英、黄子健、梁佛夫、余仲玉、余茂中、克伯屈。

12 月 13 日 波士顿。“协胜”：刘杏、黄文正、余仁在、余芳、余璞斋、伍英亮、陈伯清。

12 月 14 日 10:30，麦柯尔。

6:30，安德鲁斯。

玛丽皇后号轮。克伯屈。

12 月 15 日 璀，5 时，5 次下。

12 月 16 日 8:00，麦迪逊广场。

6:30，西 115 街 415 号，所罗门(Solomon)夫人约晚餐。

12 月 17 日 上午 8:00，华侨学校。10:00，树丝街 23 号。克伯屈教授、肯尼兹·贝纳(Kennith Benne)、艾尔赛·J. 贝莫尔(Alsie J. Beymour)、丹尼尔·F. 莫汉(Danil F. Mohan)、克劳伦斯·R. 福特(Clorence R. Ford)、J. 拉马特·费斯科(J. Lamart Fisku)、威尔斯·哈林顿(Wells Harrington)、威廉·斯坦利(William Stanley)、克伯屈、玛格里特·克伯屈(Margaret Kilpatrick)、弗郎赛斯·柯本斯(Frances Coppens)。

7 时，12:30 时，阿姆斯特丹哲学俱乐部。

12 月 18 日 上午 12，列克星敦 600 号，卡潘哈佛尔(Capanhaver)。

下午 4:00，克拉尔蒙特(Clarment)⑤。

12 月 19 日 中午，57 街凡登公园。夜 11 时，梅、吕、陈三先生陪到南京公园晚餐。园主陈仕槐、陈喜南二先生因我们为抗日来，不肯收费。

12 月 20 日 星期日上午 11 时，东 72 街 320 号，安德鲁斯(Andrew)夫人。

蒂里哥·里佛拉(Drego Rwera)，1934 年列宁画像被毁。洛克菲勒大厦，献艺，反对。

12 月 21 日 中午，斯派勒(Spirer)。“衣联”。

12 月 22 日 11:15，柏克赫司特学校。

下午 4 时，电影，菲利普斯(Philips)。

12 月 23 日 7:00，南京公园，陆、陈、林、林伯雅。

12 月 24 日 10，俱乐部。下午 4 时，克兰恩(Crane)夫人。

12 月 25 日 中午，孟禄教授。晚上谢志一。

12 月 26 日 下午 6:30，周(T. Y. Chew)、陈宗尧。

12月28日 下午7时,罗格(Rugg)教授。□街600号。

国际大厦,《千字课》,教师F. L、W. D. 卡特(W. D. Carter)。

12月29日 7时,陈翰笙宅。

本月记事

马赛林诺·多明戈(Masselino Domingo),前教育部部长,现西班牙驻法大使,到任方两月。伊沙贝尔·帕伦西亚(Ecabel Palencia),驻斯德哥尔摩西班牙使节。

克勒德·R. 米勒(Clyde R. Miller),哥伦比亚大学师范学院教育学教授。凡沃雷·爱德华兹(Violet Edwords),米勒教授助手,哥伦比亚大学师范学院。查理·A. 赛德尔(Charles A. Seidle),哥伦比亚大学研究生,原中国广州岭南大学英语教师。

本月人名录

哈里曼(Mrs. Harriman)夫人 冀朝鼎 V. 塔什吉安·登蒂斯特博士(V. Tashjian Dentist) E. E. 帕内特(E. E. Barrets) P. 拉什尔(P. Lasall) 克兰(Crane)女士 斯坡奈(Sporer)夫人 班格威尔(Bagwell)女士 M. E. 福赛斯(M. E. Fosyth)女士 R. S. 格林(R. S. Green) K. C. 李 乔治·H. 布莱克比(Gorge H. Blakube)教授 比尔(Buell) J. G. 麦克唐纳(J. G. Mcdonald) W. H. 马罗里(W. H. Mallory) C. W. 张(C. W. Chang) W. A. 莱萨(W. A. Lessa) 林普雅(Ling Po Ya) Y. E. 楚笛克博士(Y. E. Trudick) Y. G. 常(Y. G. Chan) 高君终 本森·布哈雅(Benson Buhara) 克伯屈教授 林语堂 陈翰生 海仑·帕克赫斯特(Helen Parkhurst) 格兰尼特(Granitte)夫人 小史密斯(Smith JT.) 伊夫林·杜威·史密斯(Evelyn Dewey Smith)夫人 格林·卡斯尔(Green Castle) 欧文(Owen)小姐 斯普林·赫克·罗齐(Spring Heek Rouch) 沃尔夫根·勃兰登纳(Walfgang Brandauer)夫人 特莱西恩努(Theresianum)盖斯七世 弗莱特·阿·杜威(Fred A. Dewey) J. A. 赖斯(J. A. Rice) 卫斯理·米切尔(Wesley Mitchell) 萧振鹏 谭荫清 路威·狄凡因(Reve Divein) 约翰·根泰尔(John Gintaer) A. A. 麦克劳(A. A. MacLeod) C. A. 赫什威(C. A. Hathaway) 约瑟夫·帕斯(Joseph Pass) 路易斯·沙拉夫拉(Luis Saravola) F. M. 杨(F. M. Young) 罗杰·鲍德温(Roher Baldwin)

罗伯特·帕多克(Robert Pattock) W. 马赛洛(W. Massello) 伊达·弗什尔(Ida Focher) 沙洛温(Solowen)夫人 G. R. 郭索尔(G. R. Goheasor) 陈洽 乔治·E. 拉斯(George E. Rath) 巴萨·麦斯克(Bartha Masck) 沃尔特·斯特鲁特(Walter Strodlt) 克雷尔·M. 布朗(Claer M. Brawn) 艾麦·N. 加德纳(Emme N. Gardner) 玛丽·安德鲁斯(Mary Andrews) 奥贝尔·英吉利(Otbell English) 斯图沃特·张伯伦 (Strool N. Chanboling) 奥龙·吉伯(Auron Gerber) 阿伯拉罕·塞金(Abraham Sirkin) H. G. 阿尔恩斯多尔夫 (H. G. Arnsdorf) 比阿特丽丝·海兹·奥康尼尔(Beatrice Heath O'Connell) 斯宾塞·海兹(Spencer Heath) 威廉·D. 卡蒂(William D. Caty) 赫拉尔·吉斯高德(Harrard Guistgaord) G. H. 里格(G. H. Reake) 鲁丝·梅兹(Ruth Messe) J. 福什·R. (J. Folch R.) 珍妮·艾丽斯(Jane Ellis) 米德雷·翁斯多夫(Miedred Aursdof) 马丁·哥德沙尔(Mardin Gatehall) 纳达·朗杰威彻(Nada Langewitch) 乔治·法恩(George Farne) 弗朗赛斯·柯本斯(F. C. Cobens) 黄万耀 W. L. 荷兰德(W. L. Holland) 利连·赫德森(Lillaan Hudson) 汉斯·史蒂芬(Hans Stefan) 克罗凡丁·克尔丘巴尔·弗德特(Crovetian Cultuball Federd) 理查德·布劳斯顿(Riehard Browsten)夫人 谭烈 C. B. 罗兰德(C. B. Roland) 谢志一 谭尧蒉 永裕源 赵伯强 谭直平 黄雨初 苏云飞 朱松钜 陈厚父 菲立浦·J. 杰夫(P. J. Jaffe) R. P. 纳格利(R. P. Negre)夫妇 朱利亚·罗夫曼(Julia Roffman) E. H. 诺曼(E. H. Noman) 林惠康 陈月湖 萧信如 谢仁剑 伍竹一 唐纳德·科特雷尔(Donard Cottrell) 苏开明 E. 谢弗(E. Schaefor)

【注释】

①斯坦利为《今日中国》杂志的编辑。

②"牯"指江西庐山上的牯岭。

③"俉俉",也称卢鹿、罗罗、倮俉、罗落、落落等,系旧时对四川大凉山一带彝族的贱称,现不沿用。

④本段所记系演讲要点,每项要点后的数码,疑为参考书的页数。

⑤指克拉尔蒙大街14号陶行知暂居的寓所。

一九三七年

一 月

（美国：纽约）

1月1日 容启荣：巴尔的摩，约翰·霍普金斯大学卫生学校转。梅卓生：华盛顿外科服务社助理，脱莱特惠（W. L. Treddway）医师转；上海天通庵路722号，鸦片戒毒者医院。

1月3日 下午5:30—6:00，在怀特堂会见罗格（Rougg）教授。纽约《民气日报》：陈次乔，伊丽沙白街20号。金贤藻：纽约中国领事馆转。朱其清：国际大厦。弗雷德·迈耶（Fred Mayer）。

1月4日 上午7时，莫宁小道88号。星期六，9—11时，麦柯尔的课堂。下午6:30，男教职员俱乐部。

1月5日 4，梅。

1月6日 上午10〔时〕—〔下午〕1:30，护士中心俱乐部，东45街132号。

下午7时，吉恩（Jeen）：西24街470号12号公寓。

基督教女青年会：（1）远东。（2）被大陆政策所搅乱的权力平衡。（3）何谓大陆政策：①劳务市场的垄断；②资源的垄断。（4）列强均势的破坏：①门户关闭；②无视国际联盟；③《华盛顿公约》的破坏。（5）英、苏、美三国的姿态。（6）对法西斯主义的影响：①为争取和平的协同努力；②中国和平的阻力①。

1月3—6日 美国广播公司，国际大厦。

1月8日 下午2时，俱乐部。

1月9日 外交协会。

1月10日 4，约克（York）小姐。7:30，克兰恩（Crane）夫人。

1月16日 下午7时，坎德尔（Kandel），克莱尔利街21号。

1 月 17 日 下午 4 时,约克小姐。

埃利贝斯· 托巴斯

查理·弗雷士·波普斯地址

哈瑞德·巴格尔·伦敦大学[②]

1 月 18 日 妇女联盟。基督教女青年会。国际研究所。

8:15,(1)历史背景。(2)中国人对于和平的态度。(3)中国的青年运动。(4)学生运动;大学现状如何。(5)书籍:过去,现在;中国、日本和西方;第二代欧洲籍的菲律宾人和中国人[③]。8:15,约克小姐。

1 月 20 日 上午 10 时,俱乐部。

1 月 11—25 日 比克曼山区居民。比克曼大楼 5 大街 49 号。

1 月 25 日 比克曼山,比克曼大楼,8:05。

1 月 26 日 8:45,克友花园演讲。下午 6:45,俄罗斯饭店。8 时 5 分,到"克友"。

1 月 27 日 2 时,俱乐部。

1 月 28 日 12:00,《纽约公报》印捐册。

1 月 29 日 下午 6:30,"旅顺楼",成志会。

1 月 31 日 下午 2:00,华侨学校,纪念"一·二八"[④]。

本月记事

狂歌走马遍天涯,斗酒黄鸡处土家。

江城如画一倾盆,乍合仍离倍可哀。此去孤舟明月夜,排云谁与望楼台。

死生契阔君莫问,行云流水一孤僧。无端狂笑无端哭,纵有欢肠已似水。

偷尝仙子唇中露,几度临风拭泪痕。日日思乡令人老,孤窗无奈近黄昏。

本月人名录

伍瑞荣　朱玲·C. 柯勒(Julin C. Kolan)夫人　雷巴·杰夫(Reba

Jeffe) 詹姆斯·柯斯(James Kolar) 石垣荣太郎 久保田干夫 诺尔曼·菲力浦(Norman Phillip) 理查德·艾勒(Richard Eilers) 戈比·邱斯廷(Goebie Qewsteen) 卢尼亚·罗沙斯基(Lunia Rososky) 贝弗·弗里·萨(Beafia Free Sa) J. S. 达莫斯(J. Shrmeby Dalmos) 保罗·莫里斯(Paul Maurrice) 吉恩·斯坦利(Jan Stanley) 伊伦纳·霍威尔(Jraner Howell) 卡·霍威尔(Ka Howell) L. 特纳(L. Turner) 薛唯珍 余辛日 朱利叶·勒布(Julies Loeb) 撒母尔·M. 左克曼(Samvil M. Zukerman) 魏璐诗(Weiss) 李洪辉 陈其瑗 松井治 顾博达 安萨尔(M. S. Ansarl) 绥尔文(B. I. Seilwen) 爱尔斯伯利(A. Elsbree) 西仑斯(P. Syrans) F. 依提布(Frunlin Iteeb) G. P. 蒙台卡洛(Gualamel Pignavellias Montecaluo) P. B·威廉姆逊(Pauline B. Williamson) 依达·格兰赫(Ida Glyde Glarhe) 马克·京彻尔(Mak Jingcel) 蒙台克莱(Montclair) G. T. 安诺克尔(Grace T. Anllocl) M. J. 哈特今斯(M. J. Hutchuins) E. L. 奥斯古德(Ellin L. Osgood) 小司蒂芬·哈佛(Stephen Haff Jr.) 拉尔普·布罗斯基(Ralph Brodsky) 韦尔哈·福德(Withal Faud) 赫拉斯·菲耶斯(Horace Fress)教授夫妇 伊丽莎白·托马斯(Elizabeth Thomas) 查理·弗雷士·波普斯(Charles Fauees Bopes) 哈罗德·巴格尔(Harold Borger) 艾丽丝·约克(Alies York) 米尔特雷·杰斯伦德(Miltred Jesslund) 菲列斯·卡卢伊尔(Phyllis Coluille) C. 乔(C. Chew)小姐 玛丽·B. 秦(Mary B. Chen) 路易斯·秦(Louise Chen) 王际真 B. 基恩(B. Keen)小姐 德雷克·德凯(Drake de Kay) 伊丽莎白·唐宁(Elizabeth Downine) 马克斯·叶尔干(Max Yergan) 亚瑟·怀利(Arthur Wely) 列昂尼尔·吉尔斯(Leonel Giles) 塔那克那尔克·达(Taraknatk Da) F. 阿聪(Florence Alcongh) 埃丝特·卡洛尔(Esther Carroll) 斯特莱·福赛斯(Starley Forsyth) 陆璀 菲尔德(Field) M. 格兰尼奇(M. Granich) 豪麦尔·史蒂克勒尔(Homer Strickler)

【注释】

①此系在基督教女青年会的演讲提纲。

②以上三行为新增内容。

③似为应约克小姐之约，在妇女联盟或国际研究所的演讲提纲。

④即“一·二八”事变。1932 年 1 月 28 日夜，日军偷袭上海，中国军民奋起抵抗，坚持淞沪抗战一月有余，使日军受到沉重打击。

二　月

（美国：纽约）

2月1日　FBTS。

2月2日　FVTS。

2月3日　中华公所[①]。

2月4日　下午6时，纽约东52街135号，基督教女青年会。

2月5日　下午6：30，西89街285号中央公园，卡兹（Kats）夫人，HVTS。下午8：30，西64街2号。

2月6日　下午3时，《今日中国》。

2月7日　6：30，陈宅，水饺[②]，5：00，HVTS。

2月10日　6：15—6：45，第57大街，洲际广播电台6楼，演讲《远东危机》；巴特·安特列斯（Bat Andress）。

2月11日　霍尔姆斯·邱奇（Holmos Chuch）博士。

2月14日　所罗门（Solomon）夫人请吃晚饭，西115街415号52室。

2月17日　哥伦比亚大学师范学院教职员俱乐部，"国际关系"[③]。伯爵的演讲——《今日欧洲》：

（1）紧张的局势——极度紧张。我们虽身处局外，但并非隔绝，党派制。

（2）战争似乎不可避免：①扩军，英国一年的军事预算，为1914年预算总和的2倍。②局势暗淡的一面：抛弃政治的，而赞同技术的。第一次世界大战后。③三次侵略行为：a. 占领满洲；b. 埃塞俄比亚；c. 西班牙，外国军团调动，始终怂恿，不予干预。下一步是捷克斯洛伐克、拉脱维亚、奥地利。④战争，革命思想的传播，力量在增长，340 000 000，25年计划。⑤意大利法西斯主义的出现。唯物论者与唯心论者，国际主义与民族主义；反对私有制与捍卫私有制；任何一方均不会放弃他们的要求。解放，民主，议会制。历史：种族之间的斗争。日尔曼民族到哪里，哪里就有侵略。

（3）另一场危机即将来临，现已证明，尚未为将来临的另一场危险作任何准备。和平：①大英帝国需要和平；②苏联需要促进和平；③日耳曼人和意大利人之间在奥地利问题上存在着猜忌，我们希望信赖，墨索里尼举棋不定；④法西斯国家内部也存在分歧，德国人难以承受；⑤国际共产主义运动更加分裂；⑥《凡尔赛和约》撕毁。德国、日本和英国对原料和市场的斗争日趋激烈。

2月18日 上午11时，埃斯特·卡罗尔(Oster Carrol)。

2月19日 上午8时，司徒美堂。

2月25日 "衣联会"。

2月26日 4:30，西117街410号，女教职员俱乐部，福赛斯(Forcyth)。下午11时，俱乐部。

2月28日 下午4时，培尔大街21号，李梅英，4—7000—235。西120街501号。

【注释】

①中华公所，中国旅美华侨有影响的社团。

②指去陈翰笙家吃水饺。

③似指在该俱乐部所举行的国际关系研讨会。

三 月

（美国：纽约）

3月2日 4:30，第5街150号，外国教士会。

3月3日 上午10时，卡兹俱乐部。

3月4日 所罗门（Solomon）。

3月5日 下午7时，“旅顺楼”。

3月7日 星期天。4，布罗迪斯基（Brodsky）夫人家，西57大街205号。

3月8日 7:00，“宪政”。穆巴里街1号。

中国宪政党党纲：（1）以孔教培养国民道德；（2）以道德建立民权基础；（3）以民权拥护宪政权利；（4）以宪政组织强固国家；（5）以国家保障世界和平；（6）以和平促进世界大同。

3月13日 6:30，米切尔广场3号，比克曼大楼，“日本”[①]。

3月14日 下午2时，“新学校”“世界联合体”[②]。

3月16日 12:30，玉器商人。

3月17日 6:30，“旅顺楼”，“成志”。

3月18日 下午7时，李国钦，“旅顺楼”。

3月21日 下午2时，教育会开会。

下午5时，璀。

3月22日 6:45，伊希莫托（Ishimoto）男爵夫人。

3月24日 7:00，胡家健，西118大街417号。

下午3时，王。

阿朗左·I. 勃瑞斯科（Alonzo I. Briscoe），哲学博士，哥伦比亚大学学者俱乐部。

3月25日 扶轮社[③]，奥斯卡·A. 罗斯基哥洛斯（Oscar A. Russkigolos），东7大街64号。

3月26日 高炳春（柳桥），江苏泰县陈家桥西，金陵大学政治学系马博厂先生转;李金滢,中国领事馆转;叶士义;高敦磐;徐君佩。

3 月 27 日 杨吉喜、杨南山、杨国渠、梁连登。

3 月 29 日 下午 8 时,“司徒”④。6:30,在《公报》晚餐。

3 月 30 日 下午 6:30,戈尔贝登(Goldberg),83 大街西尽头街 490 号。

3 月 31 日 星期三,12 时。

下午 6 时,洪考布(Honcau Bough),靠近 53 街、第 6 街 1313 号。W. Y. 翁(W. Y. Wong),纽约西 118 街 400 号。

1 月—3 月 将自作《镰刀歌》(4 节)译成英文。

1 月—3 月记事

新安旅行团:12 月 12 日《时事新报》,1 木炭汽车,17 自行车;演《小伍父》,捐车以姓名纪念。

弹词,石王夫人(陆语冰撰,沈玉英):“江山回首黯斜阳,绝塞西风草树荒。最可叹千里中原凭牧马,嗟嗟鸟雀竟登堂。而今是洒泪南观风景罢,侧身东望海尘扬。大厦同胞四万万,谁拼一死卫边疆。英雄不料出巾帼,戚瑾芬,义勇绝伦镇朔方。她是弃柔乡,上战场,抛脂粉,冒风霜;持桴鼓,习刀枪;英姿飒爽岂寻常。拔剑歌成思斫地,蛮乡志欲射扶桑。因记得起梁红玉、聂隐娘,容华如玉剑如霜。姓名赫赫留青史,凛然万丈生光芒。君不见南渡君臣盟白马,中原父老戚红羊。今日金瓯将破碎,匹夫有责管兴亡。试看,烽火烛天逼汉阙,鼓鼙动地起渔阳。因此我,权歌时事当霓裳。”

麦克米兰出版公司:《原料的战略》(布鲁克斯·艾默尼著,1936);《列强的战略形势》(哈夫洛克·艾利斯著);《新精神》,蜜蜂,蚂蚁,合作——幼年期,工具——武器,野蛮人死一人即罢,向败者报仇。

西安事变:(1)12 月 16 日,第三次大会,张学良演讲。(2)12 月 15 日,10 架飞机轰炸渭南、三原。(3)12 月 19 日,20 架飞机 28 次,被炸死 1 000 人。(4)18 日,广西商会赞同。(5)17 日,新闻界、纺织工人、学生。(6)保护外人,广播。(7)伊利诺州学生,赞同。(8)张、杨宣布抗日第一军成立。(9)25 日,放蒋。要求:①所有中央政府的军队,立即从甘肃及陕西潼关以东撤退。②南京政府必须重新改组,清除所有亲日分子。③南京政府必须支持武装抗日的统一战线纲领,至少必须推迟旨在反对共产党人的任何战争。④必须立即释放上月在上海被捕的全国救国会的爱国领袖,保证中国公民应有的言论、新闻、集会、结社的自由。⑤南京政府必须改变外交政策,必须遵循孙逸仙博士的遗嘱，必须联合国内各民族及全世界以平等待我之民族共同奋斗，以求民族解放。⑥西北的政治及军事事务，应委托张学良元帅、杨虎城将军处理。

蒋介石："从12月12—25日，内战的责任应由你们负责；12月25日后，内战的责任由我承担。我不需要任何内战，不需要任何与共产党人发生的内战。"

12月10日，共产党："(1)南京政府所有的武装力量，必须开往绥远及山西抵抗日本军队的侵略。(2)停止对红军的内战。(3)保障人民的公民权利。(4)释放一切政治犯。(5)召开全国所有反对日本帝国主义的救国代表大会。"

12月24日：代表们、共产党代表们及革命派，带来了社会的变革和民主的权利。"双十二"是抗日先锋们戏剧性地社会表演的一幕。木匠、瓦匠都组织起来了。

P. A. 阿劳若(P. A. Arauo)，华盛顿、墨西哥，《马雅人》的作者，哥伦比亚大学；95%类似蒙古人与尤坦卡人之间。拉雷多，得克萨斯；新拉雷多，塔毛利帕斯[⑤]。

1月16日报载：史良已投江苏高等法院。

1月17日，日方驻华特务机关。冀、察、鲁、晋、绥、宁、青七省，陆海军22处：(1)关东军：通州、北平、山海关、嘉卜寺、多伦、张北、额济纳旗、天津、平凉、青海；(2)华北驻屯：天津、平、通州、太原、济南、青岛、张家口、绥远；(3)海军：津、平、青岛；(4)伪满、天津。大内兵卫，5%的故意。12年度预算1 065 000 000；国民生活安定费53 000 000；等于5%。

1月19日《申报》，16日吴铁城："扩大统一救国运动的展望"：(1)三统一的可能：民族的质素；历史基础；民众的心理；时代的需求；交通。(2)统一的阻碍：联省自治；阶级斗争；人民阵线。(3)统一的途径：恢复民族自信力；确立中心思想；发展经济建设；拥护最高领袖。

2月22日《申报》：徐聚康采用北方话拉丁文编成速记法，一分钟能记150字。上海东靶子路193号。

24日下午8时，第8街。25日下午8时，第2街144号。

种瓜黄台下，瓜熟子离离。一摘使瓜好，再摘使瓜稀；三摘尚云可，摘绝抱蔓归。

2月—3月人名录

拉伊尼·帕克尔(Nayne Parker) 赵夫人 余世郊 余若陶 A. J. 赫兹(A. J. Hertz)博士 B. L. 施皮泽(B. L. Spitzer) 伊西多尔·拉撒路(Isidor Lazarus) 赫克默斯·贝利(Hokmes Baly) J. 科夫曼(J. Kaufmann) 莫西翁(D. Moseion) 胡家健 伍利特尔(Wurlitrer) 克兰恩(Crane)夫人 荼福恩 威尔麦特(Wilmett) 陈业勋 詹文浒 雷宜泮 鲁歇·阿里夫(Ruescl Arify) 克莱因(C. Clein) 黄一梦 W. F. 霍金(William Ernest Hocking)夫人 爱默斯特·O. 豪斯(Eomest O. Hawser)博士 梅思德 梁南夫 朱其清 陈桥 韦德 张兆麟 黄荣 印惠民 埃默·J. 哈斯特(Emma Jam Hoster) 瓦格纳·U. 奥尔丁格(Wagner U. Aldinger) 梅友卓 赫伯特·H. 杜尔罗(Herbert H. Duenow)牧师 N. B. 努古斯(N. B. Noguth) 陈庆云 伊丽莎白·K. 莫里森(Elizabeth K. Morrison)小姐 恩斯特·B. 普敕斯(Ermnest B. Price) H. D. 拉斯韦尔(H. D. Lasswell)

【注释】

①“日本”,似为此次演讲的主题。

②“新学校”和“世界联合体”,似为演讲的题目。

③“扶轮社”亦称国际扶轮社或扶轮国际,是资产阶级性质的国际社团。

④即司徒美堂,美国纽约致公堂领袖。

⑤拉雷多,美国城市,在得克萨斯州;新拉雷多,墨西哥城市,属塔毛利帕斯。两市隔河相望。

四　月

（美国：纽约·费城）

4月1日　6:00，罗布（Loeb），纽约第57大街227号。

4月2日　12:30，加锡德（Garside）先生，第5大街11街150号。下午6:30，克利奥尔（Clyole）。

3月31日—4月2日　6:30，克利奥尔（Clyole），西58街145号，环形交叉路口，7—7HHD。

4月5日　图书馆论坛。

纽约西115街203号。A. M. 锡尔金（A. M. Sirkin）、利亚·莱文森（Licil Levinson）小姐。

4月6日　迪米特里·雪利叶夫（Dmitri Shiraeff）女士。亚力山大里亚·佛达斯基（Alexandrina Vodarsky）夫妇。

4月7日　费城。

犹太父病，子许每人送10元。死后，大子出支票10元入棺，次子出20元，换长子10元支票[①]。

草成诗歌《四川天灾》。

4月8日　亲日派操纵。下午4时，姜镛记，纽约大学英文系。大都会艺术博物馆。9:30，吴。

4月9日　费城30街：卓牟来、朱宝镇、孙浩然。

4月10日　《今日中国》《星光晚报》，欧文广场东17号。钱模生[②]、多罗利·费尔（Dororly Fear）、钟朴生、拜伦·凯森（Byron Kaysen）、李毓秀。

4月11日　星期日，哈莱姆[③]。三月初二。安良堂：李圣策总理、余和信；俄亥俄州克利夫兰洛克韦尔大街2150号。

“如果这样是犯罪，情愿犯罪犯到底。”

4月12日　《今日中国》，罗布、冀朝鼎、陈翰笙、邝部锡、王、陶。

4月13日　陆璀的生日。

4月14日　李的汉普斯德宫，长岛汉普斯德大街36—38号。奥尔加·

E. 戈勒(Olga E. Goehler)女士,汉普斯德圣保罗路 64 号。梅波·施瓦茨(Mabel B. Schwarz)。吴,女性化的男士。你是女士还是男士?

4 月 15 日 下午 12:15,扶轮社。30 分钟座谈,围绕中央的政治与社会现状。

上午 10:30 至 11:44 到达;9:30 离开这里。

4 月 16 日 下午 9 时,布罗迪斯基(Brodisky)小姐,西 57 街 205 号,电话 7—5420。

收:33.90 美元,“两联”[4]。

4 月 17 日 下午 6 时,克兰恩(Crane)小姐。

4 月 18 日 星期日。下午 1 时,衣服,每周 25 美分。下午 8 时,陆璀。普里莫·卡斯特里洛(Primo Castrillo)、G. 吉梅内斯·里韦拉(G. Jimenes Rivera)。

4 月 19 日 格兰特号海轮下午 7:30 到西雅图,5 月 11 日到沪,14 日到香港。阿伯特·威尔斯(Albert P. Wills),数学物理。

4 月 20 日 草成诗歌《四万万》。

4 月 21 日 等陈庆云。晚 9 时,南京饭店,电话:Wo2—7485。

上海汉口路中国银行蔡承新[5]。T. 史密斯(Tredred Smith)博士,纽约,克来玛特(Claremat)街 49 号,道尔顿学校。

4 月 22 日 星期四。下午 7 时,李氏饭店顶层。“清一色”[6]。

“潘兴将军”号轮,经波特兰市,5 月 17 日到上海,21 日到香港。

4 月 23 日 电影观众协会,西 57 街 250 号 1331 房。电话:Co5—0904。威廉·C. 霍尔(W. C. Hale)夫人,美国妇女俱乐部,西 57 街 353 号。

4 月 24 日 晚 6:30,南京皇家饭店请福赛斯(Forsyth)小姐。露丝·詹森(Ross Jelson),基督教女青年会;多罗赛·安德鲁斯(Dorothy Andrews),基督教女青年总会。

4 月 25 日 下午 2—5 时,“衣联”,旅顺楼。四周纪念。

玛丽·爱麦·法玛(Mary Emma Farmer)小姐,圣路易斯女青年会。

麦特(Matt):卡拉尔(Caral)路 72 号。41—8 街 633 号:金兰公所。

4 月 26 日 晚与陆璀谈鸿仪事。发 7 人节食收据。

4 月 27 日 写信与云五、藕初、组坤、中林、同炳、宏、“新小”[7],由中国航空寄,璀父信同寄。

4 月 28 日 下午 8:30,华工中心。周宇凡:《三民晨报》,芝加哥。

4月29日 7时,"旋顺楼",吴莲园:帮孙中山,抗日,遍游美洲,蔡;"安良",33为侨;"致公",为国[8];15岁来,孝母,三子,认人(在,易认)。

陆璀的威利斯(Willis)夫人。

4月30日 12:00,"致公",克拉·博迪安(Clard Bodian)。

5月15日以前,除了2日下午、4日中午、8日晚上,每天四五时以后、10时以前讲课。5月5日开始。

本月记事

南宁《国民〔民国〕日报》,26.4.2:"第二次学联会代表大会。广西代表,沪流会;何宝鼎、漆仍意为学联募捐。三月廿八日,议决由常务委员会草拟办法,呈请省党部核准施行。"

墨西哥致公堂:墨西哥城,邮政信箱2716号;纽约致公堂:纽约莫特大街20号;芝加哥致公堂:芝加哥西塞尔麦克路211号;旧金山致公堂:旧金山斯波福德巷36号;洛杉矶致公堂:洛杉矶阿帕不拉萨街315号;费城致公堂:费城雷斯街919号,梁茂孚(正),钟美乐(副),谭子裳(书记)。

【注释】

①所记为幽默一则。

②"钱模生"为新增加内容。

③"哈莱姆"即纽约黑人区。

④"两联",全国各界救国联合会和全国学生联合会的简称。陶行知以"两联"名义募得33.90美元。

⑤蔡承新,中国银行上海分行负责人。陶行知在海外募得的捐款,多半通过他秘密转交"两联"。

⑥"清一色",似为华侨在纽约开设的餐馆名称。

⑦"云五",即王云五;"藕初",即穆藕初;"组绅",即李组绅;"中林",即张宗麟;"同炳",即胡同炳;"宏",即陶行知长子陶宏;"新小",即新安小学。

⑧"安良",即安良堂;"致公",即致公堂。皆为旅美华人社团。

五 月

（美国：费城·底特律·克利夫兰·布法罗·纽约）

5月1日 早，九，陈。十，陆。五，“致”[①]。七，“旅顺楼”。

KFRW 在密苏里州哥伦比亚。《抗日周报》，加拿大温哥华，朋达东街108号。

5月2日 费城。雷百川、陈全、陈锦洲。

5月3日 我发现：美国妇女有两条腿，日本妇女有两个脚趾[②]。埃默·J. 哈斯特（Amma J. Hoster），伊塔学院；瓦格纳·U. 奥尔丁格（Wagner U. Aldinger）。

5月4日 赵继玉、刘快治、钟伟、周益湘。

5月12日 （1）公元前1350年之天文仪，图特安哈门（Tutenkhamm）国王制作，挂在庙宇的屋顶上，确定子午线；（2）图特安哈门王塑像；（3）那雷台德（Naeretete）王后像。

（1）致函哈斯特（Haster）；（2）22号去墨西哥[③]；（3）超然准备。

5月13日 星斯四，12，哈罗德·D. 拉斯威尔（Harold D. Lasswell），芝加哥大学政治学副教授，大约6月26日离开。

5月14日 底特律。余健斋，翻[④]；“安良”书记：余宝和；梅宗蔚、梅桢祥。“致”：余镜中、林举让、许炳昌（第一人翻译）。

5月15日 福特·罗泰登（Ford Rotadum）：（1）铜；（2）硅；（3）铝；（4）锌；（5）橡胶；（6）棉花；（7）铁；（8）羊毛；（9）大豆；（10）软木；（11）玻璃[⑤]。

福特汽车制造厂与物质材料供应地较近。里奥型汽车，1906年。底特律的价值：40 100—379小时[⑥]，一个引擎，18 410英里，192.24小时。雪莱牌——布鲁克联合汽车制造公司，1928。

爱迪生研究所：最小的电灯，0.17瓦，0.11安培，1.5伏特；最大的马自达灯，50 000瓦，115伏特，1 500 000流明光[⑦]，直径20英寸。

达瓦特·查登（Dawatt Chaden），1831。雷普里加（Repliga）——重造，1893。汽车：波普哈特·福特（Popehart Ford），约1904年。波普汽车制造

工厂,1903年创立。福特型F:1904—1905年,1 200美元,福特汽车制造公司。福特第二代汽车,1898,2个汽缸;戴姆勒,旧式敞蓬车,1894。德国:奔驰敞蓬车,1892—1896。

克利夫兰[⑧]。余敬礼(外来,胖);陈培(唯一知识分子),翻译;方富杏,抗日会员,主席职;黄孙荣、陈荪显、胡祥。陈凤扬,“致”。陈永生,“协胜”,抗日会主席。建筑:188 000美元,土地:85 000美元,合计273 000美元。安良商会:俄亥俄州克利夫兰。邝治、黄任政、雷宏淮、林举板、邝修絅、汤名裕。

5月16日 布法罗[⑨]。曾广泰;黄经善,送粉盒;黄芹波,翻译;李社则,李翼堂;万星和,会长;黄赶快,钟镶,李钦,李恭奕,李鎏奕,李俊德,李凤荣,李良杰,黄早棣,黄碧霞,黄碧珍,黄景榆,黄果梁。

5月17日 收入:(1)芝加哥76(57+19);(2)底特律83.00;(3)克利夫兰90.65;(4)布法罗42.55;(5)海员(纽约)56.75+3.00=59.75;总计:351.30。付出:(1)寄“学联”101.20,寄费0.70;(2)寄“全联”“学联”202.70,寄费0.70;(3)一周学联,0.70。

5月18日 寄信:同盟通信社,纽育〔约〕支局内,大竹贞雄。

5月19日 星期六晚,22日,陈天柱,巴黎法兰克路46号。

5月21日 晚商公报计划。波士顿募捐。

寄100美元与陈,托交宗麟,纽约市银行支票第162212号,由“杰弗逊总统号”航空寄去。

买书:《墨西哥》。

5月22日 看书。与吴耀宗谈。

5月23日 “新文字”第一班成立,13人。

弗洛斯(Fellows)夫人,电话4—5100,西118大街400号。

5月24日 朱芳,电话2—5858。威廉·斯坦利夫人(W. Stenley),西121大街509号。K. D. 贝米(K. D. Bemi),哥伦比亚大学。

5月26日 星期三。下午2:30,雷迪弗(Redefer)。

5月27日 10时,胡宅会陈。

包迪什(Bogdish)小姐勒布(Loeb)的旧居,纽约东a街眺望。为新来者播放唱片。

5月29日 游熊山,1.20美元来往。404A,约勒车站。

陈国平、莫克吉(Mukerjea);P. G. 克里希纳雅(P. G. Krishnayya)。印度马德拉斯,马德拉斯大学。

5月30日 下午，衣联“五卅”纪念；拆“五卅”[⑩]。

晚12时会，“致”大会，早到4时。

罗伯特·E. 豪厄尔(Robert E. Hower)。本杰明·格林德克(Benjamin Grindrok)。

5月31日 《香港新闻》，香港邮政信箱第817号。

介绍克拉拉·韦尼克(Clara Wernick)小姐给林曼·斯基德罗(Lyman Skidnore)，俄亥俄，1106；堪萨斯，劳仑斯(Lawrence)，堪萨斯演讲。

安东尼奥·P. 阿朗佐(Antonio P. Aranjo)，墨西哥D. F. 阿姆斯特丹街55号。邱平季(Chu Pinggy)小姐，上海龙康(Lung Kiang)路127号。《香港新闻》，香港温得豪(Wyndhaw)街79号。

本月人名录

梅友卓 李信慧 梅兆年 余祁章 梅友炳 余锡朋 陈克振 余焯杰 余炯礼 梅友森 余中柏

【注释】

①“陈”即陈翰笙，“陆”即陆璀，“致”即底特律致公堂。

②似就美日两国妇女走路的姿态推断而来；就意蕴层面而论，实指美国妇女解放，而日本妇女保守。

③指1937年8月22日陶行知将去墨西哥。

④“翻”，即翻译。此种翻译似为既通晓粤语或客家话，又通晓国语（普通话）。

⑤所记为参观福特汽车制造厂时，该厂接待人员所讲述的生产汽车所需的基本原材料。

⑥意指379小时可生产出40 100辆汽车。

⑦“流明”，光学名词，表示光流的强度单位。

⑧克利夫兰，美国俄亥俄州东北部的工商业城市。

⑨布法罗，美国纽约州东部的港口城市，世界性港口，华侨聚居地之一。

⑩指拆解“五”和“卅”二字。

六　月

（美国：纽约）

6月2日　吴耀宗，电话2—7100，6月3日12时，请吃午饭。魏璐诗（Weiss）[①]。

6月5日　美国作家大会。大卫·格林胡德（David Green hood），小说家；杰罗姆·拜尔（Jerome Bayer），舞蹈评论家与戏剧家；格兰·朗德（Glen Rounds），《非凡的伐木工保尔》的作者。

6月9日　星期三。下午8：30，纽约东34街155号。国际职业大厦，每周；美国作家同盟，韦斯利·威廉（Wesley Williams）；W. L. 里维（W. L. Rive），美国作家联盟；奥伯特·贝因（Albert Bein）；赫里·哈特（Herny Hart）；格雷斯·伦普金（Grace Lunpkin）；康奈·西（Counne Hee）；V. 柯柏利（V. Cooparu）。

（1）留学生，2便士（S，两角，法；N，两毛，美）。（2）先生与老妈：老妈，你带孩子；我也带孩子。（3）大人向左转，大人向右转（京师大学）。

总统夫人一年之内共收105 000封来信。

美国作家同盟：爱德华·F. 加汉（Edward F. Gahan），全国书记。罗莎·普兰利（Rosa Prangle）。

6月10日　哈里·杜哈姆（Harry Dunham）、利昂纳尔·伯曼（Lionel Berman）、弗利达·哈里斯（Freda Harris）、罗斯·斯篷（Rose Sporn）、鲁丝·罗伯兹（Ruth Roberts），青年组。

7月5—15日；16—23日，西雅图；23—31日，洛杉矶；8月1日，约塞密蒂；8月3—18日，旧金山[②]。

莱昂·H. 埃里斯（Leon H. Ellis），前美国驻北京公使馆工作人员，华盛顿大学，西雅图；去西雅图时由罗伯特·罗敦（Robert Rorton）介绍。

6月12日　上午10时，在家会面，13日去看罗伯特·斯德宾斯（Robert Stebbins）。

17日1时后，纽约西47街30号。

下午 3 时，女儿、女儿、女儿[3]。

亚历克斯·诺斯(Alex North)，西 16 街 19 号。

6 月 17 日 下午 3 时，纽约西 47 街 30 号。

6 月 18 日 柯迈尔(Kumneel)小姐。

6 月 23 日 柯迈尔小姐。

6 月 25 日 星期五。12:30，本地的家。

6:30，所罗门(Solomon)。晚。

勒布(Loeb)请吃晚饭。

6 月 26 日 6:30，"清一色"……

6 月 27 日 舌头——"利头"；读书——"读赢"；慢吃——"快手"；喝汤(剀)——"饮顺"[4]。

6 月 28 日 5:00，邝[5]。

6 月 29 日 下午 7 时，孟治。

本月记事

威斯康辛，8 月 20 日到师范学院；斯坦利(Stanley)，电话 5—3076。

印第安人：犹他州、亚利桑那州、新墨西哥州、加利福利亚州[6]。

棕榈泉：从洛杉矶去 2 小时。约塞密蒂山谷，地质树。从洛杉矶至旧金山 500 英里；洛杉矶至旧金山 19.30 美元，不是卧铺。旅行者乘坐的普尔门式客车，3 个晚上 1 美元，饭 5—10 美分。

进步电影名星：(1)弗里德雷克·马奇(Frederich March)；(2)弗伦奇霍·托恩(Frenchot Tone)；(3)琼·克劳福特(Jone Crawford)；(4)詹姆斯·卡纳(James Cagney)；(5)罗伯特·蒙哥马利(Robert Montgomery)；(6)路易斯·雷纳(Louise Rainer)；(7)吉恩·穆尔(Jean Mair)。

中国文艺协会上海本会，五月廿一日二次理事会(简又文、傅东华、郜洵美、赵景深、陈子展)。

华北走私：1935—210 000 000 元；1936—300 000 000 元。占洋货输入 30%；国税损失，年 50 000 000。

裴锡恒：久保十二子，上午 10 时，莫特街 11 号 3 楼，刘成基；墨西哥工作：(1)华侨困苦解除；(2)"致公"抗日；(3)公报招股。

行李交由火车托运：行李被短时间扣押，行李号为 21 组 594764；行李在波特兰的提取号为 247438。

本月人名录

胡莱特·M. 威尔斯(Flulet M. Wells) 詹姆斯·威斯(James Wes) 林毓德 沙拉·B. 库梅尔(Sara B. Kummel) 吕班·戈登(Reuben Gordon) 朱民声 卡洛尔(Carroll) 吴泽霖夫人 H. J. 梅特卡弗(H. J. Metcalf) R. J. C. 沃恩(R. J. C. Owen) B. 乔·路易斯(B. Joe Lorus) 温锡华 刘奴 黄求 帕西·埃里克(Percy Elic) 威廉·哈特(William Hart) 马库斯·冈西(Marcus Gancy) 戈登(Gortdon) 鲁德(Rud) 克拉克(Clark) 布赖恩特(Bryant) 所罗门·哈帕(Solomon Harper)

【注释】

①魏璐诗,波兰人,时在美国;抗日战争中后期,与陶行知在重庆有交往。解放后,入中国籍,任外文局专家。

②本段系对未来两月内的行程计划。“约塞密蒂”,即加利福利亚州的国家公园,也是美国名胜之一。

③指陆璀,陆当时称陶为“爸爸”。

④所记为汉语或某些方言中避讳的语言习惯。如“舌”与“折”(Shé)音谐,因而用“利”或“赚”替代;又如“书”与“输”音谐,因而用“赢”代。

⑤“邝”,指华侨领袖邝炳舜。

⑥后文也写作“加利福尼亚”,为保持原貌,未作统一。

七 月

(美国:波特兰·俄勒冈·西雅图;
加拿大:温哥华;美国:洛杉矶)

7月5日 下午8时,里德学院演讲。

7月6日 波特兰。下午4时,波特兰图书馆演讲。

安尼·M. 默什龙(Anne M. Mueheron),波特兰图书馆协会。玛丽·秀柏登(Marie Supoorton)。

波特兰华侨妇女俱乐部成员:玛格丽特·赛特·黄(Marqaret Seit Huang)夫人、爱德华·R. 丁(Edward R. Ding)夫人、温·H. 李(Winge H. Lee)夫人。

爱德华(Edward)姊妹,英文歌;沃尔特·菲什尔(Walter Fisher),英文歌,"我到过中国五次";左学礼。

罗伯特·达姆(Robert Damn),俄勒冈州立学院;维克多·P. 莫里斯(Victor P. Morris),俄勒冈大学;P. 诺勃尔(P. Noble)夫人、斯拉特·舒洛克(Stella Sworock);玛格丽特·怀曼(Magret Wyman),俄勒冈;鲁丝·希弗纳(Ruth Haefner),妇女和平协会,妇女工作者;玛丽·奇廷(Marry Giddings)夫人,俱乐部和平工作者;吉恩·理查德森(Jean Richedson),教师;阿尔他·布朗(Alta Brown)夫人,俄勒冈"格兰奇"领袖。

7月7日 早10:50—11:10,1/10听众,教堂讲台,30人没有到。12:00,基督教女青年会午餐。图书馆演讲,重复。

W. G. 比阿蒂(W. G. Beattie),俄勒冈暑期训练班;J. A. 冯,纽约城大学;玛格丽特·W. 夏普(Magret W. Sharp),波特兰电话分机中心。

劳工权利问题:1869年,一人受伤害,众人会关心;阶级意识,建立政治和经济利益相关的互助合作团体。600 000理想主义者,美国劳工联合会,1886年;优点:缩短工时、增加工资。世界产业工人工会,1905年;全世界工人,1912年;解放所有劳动者,反对世界大战;非共产主义者,拒绝参加"第三国际"[①]。产业工会联合会("产联"):沿着工业路线,没有经济哲学;高工资与短工时,迅即达到目标[2]。

7月8日 上午9时。(1)日本人的宣传:①政府津贴;②没收土地;③朝鲜人;④官员;⑤鸦片商人;⑥400 000(苦力),火炉,加入团体,20 000 000。160 000—90 000 殖民地剥削。(2)建设现代化的重庆:①为谁建设;②如何建设。7 000 亿元,其目的:商业;反苏战略(失去生命);获得丰富资源;人口出路。(3)铺筑铁路5 000英里。(4)和平与秩序:富足,教育,青年士兵(土匪),教育是什么?

(1)满洲国;(2)管理,傀儡式;(3)鸦片;(4)义勇军;(5)没收土地;(6)农民;(7)工人;(8)利用土匪侵犯蒙古;(9)公民:日本人、满洲人。

(1)日本不放弃(27 000 000),1895年,日本、俄国[3];(2)中国:民族自决,阿尔萨斯—洛林[4];(3)物质丰富、资源和劳动力,日本的资本占居领导地位,赌博与侵略[5]。

7月9日 阿勒塞·斯坦迪(Alletha Standish),宾夕法尼亚州约翰镇林肯街335号,美国大学妇女协会演讲。

伊萨佩尔·卡利克尔(Isabeller Carlicle),历史系主任,华盛顿州,埃弗里特夜校演讲。

下午7时,丁与王。

鲁丝·希弗纳(Ruth Hefner),星期日上午10时通电话。

夏威夷:56 000;400 000[6]。1900年:中国人160;日本人220。1925年:中国人837;日本人6 186。1935年:中国人518;日本人3 575。

(1)1925年的排外;(2)土生子女血统不纯;(3)高标准;(4)节制生育;(5)失业。职业:受限制;政治:不能参与选举,严重[7]。

想回祖国。日本人有1/5已加入美国籍。夏威夷人、中国人展开激烈竞争[8]。在纽约遇到困难。

(1)日本人想要什么?有思想的人民?1927年的“济南惨案”[9]?(2)日本将如何维持其对占领区的统治?继续控制俄国的保护国。(3)中国的抵抗可能导致战争吗?中国必须考虑抗战,1931年“汪”被赶走[10]。(4)如果发生中日战争,那么抗战至上:①上海之战;②贸易禁运;③内部革命;④抵抗;⑤游击战;⑥交通不足以成为障碍。

日本需要原料、市场、经济合作。同化:危机过去[11]。

7月11日 苏森(Thussen)演讲[12]。

下午6时,俄勒冈,奥尔巴尼,希尔斯伯勒镇。1873年,俄勒冈山区人口

20 000。1867—1868 年，华盛顿，哥伦比亚特区；农村中农民生活条件的改善⑬。

7 月 13 日 3:00，科尔曼(Coleman)。

6:45，经济与社会研究理事会演讲。斯达克(Stark)街 12 号。

7 月 14 日 12:00，塞勒姆，妇女和平协会演讲⑭。印第安学校。

7 月 15 日 上午 10:00，艾利森(Allison)。下午 1:00，黄夫人。

下午 4:20，去西雅图，晚 11:30 到。

7 月 16 日 西雅图。华盛顿大学学生：郑成坤、李爱望、汤美兰、伍耀波。福雷斯特·威廉斯(Forrest Willams)。克拉克·斯夸尔(Clark Squire)，西雅图明星。认识肖特上尉(Seottle)的母亲。

晚，"中文"。

7 月 17 日 下午 6:00—6:15，无线电，"基洛"⑮：(1)合作；(2)道路；(3)共产主义者无影响；(4)劳工，替代。

7 月 18 日 人民教堂⑯。

7 月 19 日 下午 7 时。陈水星(麻夫)，中国外贸公司；陆士寅，西雅图领事；锡特尼·斯特朗(Sydney Strong)，安娜·路易斯·斯特朗的父亲；骆东永。

赫斯特夫人(Hester)汽车送我上船⑰。

7 月 20 日 温哥华。下午 6 时，晚餐。下午 8 时，开会。晚 12 时，维多利亚⑱。

中华会馆主席，林焕廷；黄文甫，精力充沛；《大汉公报》：王华进、刘孔正、林翰元、阮宗豪、林明心；达权社即致公堂：盟长李希襄、谢志如、李灼南、陈治安、林三合；工人保障会：刘□亮、李希襄；中华会馆中华民国国民抗日救国会：广东人黄少波、雷根、郑池、林三合、李孤；农会：容月池、刘耀祥、曹端令、蔡冠英、陈飞燕、黄才；谭荣光。陶行知＝衡直(致)图⑲。

温哥华。中国农民：1 000 农民 200 农场；土豆、莴苣、胡萝卜、包心菜；3 个月不能生长，一年总收入 600 美元；土豆 2 000 磅 25 美元(1936 年)，市场价 50 美元；莴苣：5 打(60)2.5 美元，市场价 6 美元；包心菜：2 000 磅 35 美元，市场价 75 美元；29 户农家拥有土地，一户有 150 英亩；租金：5—80 美元一年，大部分为 10—25 美元；3—9 月，1 500 农业雇工，除供食宿外每月 35 美元；莴苣农场 40 美元一月，每天工作 14 小时；土豆农场 30—35 美元一月，每天工作 12 小时；莴苣、葱头、胡萝卜、青豆、紫菜头、菠菜、花菜、包心菜、西红柿、土豆[20]。

许传经，安徽合肥，船上遇；李英、李女乔，船上遇。

7月21日 维多利亚。(1)林筱鹿，书记(总堂)；(2)周延绵，达权总社社长；(3)李晃，总堂正外交；(4)林铁郎，总堂副会长；(5)邓云章，抗日会主席；(6)曹善智，总堂会员。

抗日会，400会员；致公堂，400会员；人口：男3 000，孩800，女300。

下午1:45，离维多利亚。6:30，温哥华，中华会馆抗日会宴会。8:00，开会。

黄景仁，《抗日周报》；黄寄生，抗日会总支部常委；曹美定、黄文甫、叶求铨、黄俭传；彭光，工人保障会；黄昭玄、刘伯显、叶广畴、郑坤培，致公堂；谢志如，最后送我者。

7月22日 西雅图。陈德法、骆介绍、冯昆协，车上遇。

7月23日 邝耀，车上遇。

现在我经常祈祷：愿上帝为我而保你平安[21]。

7月24日 洛杉矶。凡沃赛·沃卡杰明。

7月25日 9—11时，璀。亨利(Henery)，下午8时，开讨论会。

7月26日 午餐，比伯曼(Beberman)。塔什克杰恩(Taskjian)博士。

璀，下午2—5时，妇女大会。晚，路易丝·雷恩纳(Louis Rainer)。

7月27日 星期四。教师协会，晚8时。7:45，在我住的旅馆会面。璀，教师协会，晚。

7月28日 11:30，R. 基奥(R. Keo)工作室。

哈里·马克斯(Harry Max)，中国剧院经理；卡尔·盖恩(Carl Gaen)，中国剧院副经理。

7月29日 晚8:30，电影艺术公司好莱坞妇女俱乐部；盖伊·安多尔(Guy Endore)："中国为西班牙说话。"

罗伯特·兰恩(Robert Lane)，星期四下午1:15，教育董事会：中国人总数为3 009人，入学儿童747；日本人总数21 081人，入学儿童7 794；中国人中，50成人入学；日本人中，319成人入学；1 100名教师中，250人组织起来。

璀，8:30。

7月30日 晚，卫生局宴会，诺尔曼·白求恩(Norman Bethune)向西班牙人民之友致敬[22]。

7—9时，学生会。

下午 3:30,休默(Humer)夫人。

杨虎城:洛杉矶胡佛南街 2600 号罗莎旅馆[23]。

璀,1—6,露营。

《芬克和旺根哈斯》《罗克科同义词字典》。

7 月 31 日 晚,赫尔伯特·比伯曼(Helbert Biberman)。

上午 11 时,会见新闻记者。

璀,比伯曼,晚。

本月记事

桥本秀男:俄勒冈州,塞勒姆(Salem),340 信箱,1.7。9 月 14 日后,在纽约西 122 街 14 号见面。

印度人:3 000—(2—5);菲律宾人:56 000—3 500;中国人:40 000—8 500;日本人……;100,佛教寺庙;80,基督教堂;40,Pm:5 000,20 000;佛教徒:20 000、15 000;19 000,中国人在旧金山波特兰。

福特 T 型汽车,6—10 美元。杨先生说,100 美元的汽车,3 人旅行7 800 公里,3 星期,花去 150 美元,包括一切。他不知道,还有没有汽车的农民。

《华盛顿传》,沃特瓦德著;《林肯传》,鲁德威克著。

我到墨西哥的目的,是考察研究该国的教育现状。初步计划在那里逗留一个月。我在该国的地址是……我的情况介绍是:暂时访问者。里德学院电话 1641,埃利奥特电话 4442。

陶行知:1893 年 11 月 10 日生于中国安徽,中国公民,持有第……号护照,1936 年 6 月 5 日于广州签发,有效期的下限为 1939 年 6 月 4 日。我抵达美国后的固定住处是……目的是研究教育状况。我的职业:教授和编辑。

陆璀,美国密尔沃基。护照:广东公安局长官 1936 年 6 月 5 日签发,第 302958 号。护照签证第 5375 号,1936 年 10 月 29 日,伦敦。1937 年 11 月 9 日,3 个月。1 月 28 日,6 个月—1937 年 11 月 9 日。

(1)《民主》、燕京社;(2)《远东观察》。

《我们,人民》里奥·休伯曼;《人的一生》,希恩。

冰:上海市中心区黎平路,市府第三宿舍 328 号,吴树琴。

本月人名录

6 日:玛格丽特·怀曼(Margret Wyman) 冈丰 安·汉姆比德(Ann

Humbird) A. 比德(A. Beed)博士 葛笃德·哈维尔(Getrude Haver) Jr. E. 小马比(Jr. E. Malrby) R. 拉洛尔(R. Raroe) 维拉·威美特(Veelar J. Nimet) 7日:萨博尔德·E. 赵(Chao E. Sebold)先生及夫人 约瑟·里兹(Josie Reetz)夫人 左拉·格鲁丝沃尔德(Zula Grusvold)夫人 马斯·霍德逊(Mathe S. Hodson) 简·R. 锡尔弗(Jane R. Silver) 8日:叶露德 里丝·贝阿尔(Rayes Beall) N. P. 阿特金森(N. P. Artkinson) 伊丽莎白·B. 波尔(Elizabeth B. Paul)小姐 艾丽丝·B. 普林敦(Alice B. Plympton) 伊丽莎白·鲁威尔(Elizabeth Ruwell) W. W. 斯诺(W. W. Silow) M. 鲁道尔(May Raudall) 9日:托拉·劳伦斯(Thora Lawrence) 奥利弗·S. 卡西亚夫人(Olive S. Karser) L. D. 格里菲夫人(L. D. Griffee) 安·L. 底更斯尔(Ann L. Dkyasl) G. W. 苏森夫人(G. M. Shussen) 西夫·艾里克森(Seef Erickson) 索尔·霍尔佩恩(Saul Halpern) 苏尚骥 竹林 秦女士 S. C. 苏女士 帕克·秦女士 李冰公女士 李新女士 B. P. 李女士 罗伯特·露茜(Robert Luch)女士 C. 杨女士 G. 张博士 关万 朱求财 陈琪爱 陈仙爱 刘新夫 骆南荣 巫理唐 巫衣燕 黄仁俊 雷弦秀 哈里·杰克逊(Harry Jackson) H. M. 依斯铁尔(H. M. Esterl) 贝德(Heweff Beird) 桥本秀男 帕丝那·阿里森(Patriela Allison) O. R. 克班本(O. R. Cbambern) 梁秀贞 C. N. 唐 11日:荷尔斯波罗(Hillsboro) 查尔斯·J. 依克威尔(Charles J. Likwerer) J. E. 利福道(J. E. Levton) 雷·L. 屋特隆(Ray L. Autron) 阿梅尔德·N. 波德生(Armeld N. Bodther) 约翰·E. 塔米奇(John E. Tarmich) 贝尔巴·J. 别克(Berba J. Beck) 马尔科巴·科帕贝尔(Malcoba Canpbell) 奥斯卡·英格兰姆(Oscar Inglam) 罗依·R. 赫维特(Roy R. Hervitt)夫人 利塔·H. 科普斯(Leata H. Coaps) 英兹·坎帕贝尔(Inez Campbell)夫妇 格那斯·康茨(Glass Coats) 马布尔·布那兹内尔(Mabrel Blazrer) L. 怀德尔·泰勒(L. Weadell Tayler) S. 努布尔(S. Noble) 查拉·B. 君克(Chara B. Drike) 雷·波利(Lai Poymly) 格拉第·波伯兹(Gladip Poeptz) 黄照佑 E. B. 布什(E. B. Booth) K. 坚尼(Keam Jamny) 17日:尤金·V. 丹尼特(Eugene V. Dennatt) 霍华德·G. 科斯蒂根(Howaid G. Costigan) 威廉·J. 彭诺克(William J. Pennock) 霍米德·科斯拉根(Houmrd Costigan)夫人 科斯拉根(K. Costigan)小姐 伯顿·W. 詹姆斯(Burton W. James) 米克·史密斯

(Mike Smith) 欧纳斯特(Ernest) 埃斯鲁·泰特(Eslu Tate) 佛劳尔·B. 詹姆斯(Flower B. James) 18日:Z. 科利尔(Z. Kelir) 恩威特·毛(Ervet Mao) J. O. 乔尔登(J. O. Golden) 哈锐特·豪依格(Harriet Haiyeg),马登 21日:林南 余超平 关祝善 赵安国 刘希祝 李振雄 李卓明 周荣顺 马超 林士珍 乔才 23日:唐锡朝 詹姆斯·弗拉密斯(James Vlamis) 尤永增 何少汉 黄瑞瑜 布鲁尔·黄(Bruel Hong) 詹姆士·黄豪(James Wang Hows) 萨洛拉·伯勃(Sanora Babb) 扎加利·里勃曼(Zachary Liebman) 方维洛(Wylog Fong) 邝乐 松法·德布(Sonfa Dabe) 鲍拉·威廉(Paula Wialliam) 哈雷德·J. 沙勒姆森(Harold J. Salemson) 梁松台 皮尔·佩尔(Pialopell) 查尔斯·巴扎(Charles Paza) 25日:朱健香 朱世爵 本月:S. G. 康(S. G. Kan) 尚明(Sam Mig) 马太凡(Ma Tai Fan) 叶文佐(Ye On Co) 邝炳舜 C. Y. 陈 R. S. 格特尔(R. S. Gettell) W. W. 克尔普(W. W. Kerup) 安托尼奥·阿劳若(Antonio Araujo) 梁亦金 黄宽绰 潘祖武 乔治·H. 列奥(Gorge H. Leon) 韩春(Han Chun) 门齐(Meng Chi) 赫德利·渥尔(Hedley Warr) 鲁布(Lob) 卡莱尔(Carrell) 克兰(Crane) 斯佩克勒(Specrer) O. Y. 哈逊(O. Y. Hanson) 雷底弗(Redefer) 乔西·M. 荷姆斯(Jose M. Homs) 杨合康(Youang Hill Kang) 吴树琴 方琴(Fan Chin)博士 所罗门(Solomon) 库麦尔(Kummel)小姐 约翰·泰勒(John Tayler) 卡特(Carter) F. W. 泰勒(F. W. Tayler) 莫(Mo)先生 罗淑梅(Lon Sueh Mei) 胡南湖(Hu Nan Hu) 陆璀 高桥要 筑野 邱永和 朱星 杨月馨 梁翘欢 拉塞尔·赫恩(Rursell Hearn)将军 薛锦绥 刘函生 施友忠 陈锡恩 刘奕祥 倪张美锡 宋毓芬 黄惠珠 陈叔元 陈叔圭 郭尚英 何昌庆 熊仪 关柳婉 雷梅 利克·曼努埃尔(Lic Manuel) R. 帕拉西奥士(R. Palacios) Y. E. 邓 利利·K. 哈斯(Lily K. Haass) 科姆苏雷特(Comsulate) 杨洪昌(Yong Hoe Chang)将军 尤永增 张庆余 张砚田 L. T. 张 杰麦·泰勒(Jelm Taylor) 罗伯特·莱因(Robert Lane) H. K. 马丁(H. K. Marding) 齐坤同(Chee Kang Tong) 列内·李(Lerog Lee)博士 梅·仑(Mayive Lung) 关何昌朴 郑焕林 唐·阿西班(Don Ashbangh) 肯斯同(Keystone) 约翰·泰勒(John Taylor) 荷马·施方特(Helma Sfant) F. 洛德(F. Lord) 弥尔德(Milared)夫人

【注释】

①第三国际,亦称“共产国际”,全世界工人阶级政党或社团的国际联合组织。1919年3月2日成立,1943年解散。前身为“第二国际”。

②本段所记,系陶行知对美国劳工运动的历史及现状所做的调查。

③1895,疑为1905之误。1905年,日本在日俄战争中战胜沙俄,俄国在中国东北享受的特权为日本承袭。

④阿尔萨斯,法国地名,著名的重工业基地;洛林,法国地名。这两片法国领土,在普法战争后失败割让给德国,第一次世界大战后收回。此处暗喻:中国也必将收回东北和胶东半岛。

⑤以上三段,均为陶行知准备的演讲提纲。

⑥似指夏威夷40万人口中,土著居民有5.6万。

⑦所记似为1925年后造成华侨人数下降的原因。

⑧以上所记的三段,似为会见夏威夷大学叶露德时,听他所介绍的当地情况。

⑨济南惨案,亦称“五三惨案”。1928年(并非1927年)5月3日,日军突袭济南。

⑩原文“Wang”疑为“汪”(汪精卫)。汪在“九·一八”事变后,曾散布对日主和言论,有妥协投降倾向。“被赶走”,系指汪被排挤而辞职,后又出国养病,不过,这已是1932年10月22日之事。

⑪以上两段所记,系为专题演讲所拟的提纲。

⑫指应G. W. 苏森夫人之约前去演讲。

⑬此段系陶行知参加该地农村讨论会时做的笔记。

⑭是日的演讲对象是塞勒姆的缝纫女工。当陶行知得知女工梅迪亚·利柏学而不厌、诲人不倦的事迹后,即喻她为“美国的朱冰如”(朱冰如为中国上海的纺织女工,能即知即传)。

⑮指在基洛无线电台发表演讲。

⑯指在人民教堂发表演讲。到会者参见“本月人名录”。

⑰指乘船离美国西雅图赴加拿大温哥华。

⑱指连夜乘船赶赴加拿大维多利亚市。

⑲似为“行知陶”的“洋泾浜”英语的谐音。

⑳所记为温哥华的华侨农民所述。

㉑此系对恋人吴树琴的遥祝。1935 年 7 月,他们初识于上海。

㉒白求恩曾参加西班牙抵抗德、意法西斯武装干涉的战争,此时他正筹组医疗队,准备奔赴中国,为中国的抗日战争服务。

㉓西安事变后,张学良被软禁,杨虎城也被迫交出兵权出国考察,此时正在美国。

八　月

（美国：纽波特比奇·旧金山；
墨西哥：周城·墨西哥城）

8月1日　3，新港海滩[①]。曹醒民、赵宝光（“中华”）。

8月2日　乘车去旧金山。广东楼：朱世爵、朱健香。

没有什么比“生”〔?〕更坏的事，也没有比“死”〔?〕更好的事；人总是要死的。

8月4日　旧金山。下午1时到达。2时，致公堂。4时，加利福利亚。6时，基督教青年会。7时，晚餐。8时，“下”[②]。

下午1时，杨太太。

8月5日　上午10时，记者招待会。下午2时，中华会馆。下午2:30，“五新闻”。记者招待会：

(1)中国人的团结；(2)日本的继续进逼；(3)门户开放政策的终止；(4)中国政府应以人民的意志为转移。人民的意志是抵抗。

下午1时，杨太太[③]。华盛顿街1076号。

新闻，记录，联盟的意志，检查者，公报发表。

8月6日　上午11时，日本新闻社记者。下午2时，42号码头。下午5:30，42号码头。

阿尔·卡彭（AL Capone），阿尔卡特拉斯岛，原芝加哥著名歹徒和犯罪集团首脑。

谢先生、杨太太[④]。华盛顿街1067号；电报挂号2912。

8月7日　上午10时，基督教青年会等待。下午7时，抗日会执委会。墨西哥领事馆：市场路112号，唐拉斯1356号。马里泰书店，因拉卡德斯街22号。

陈伯通：“远东”——面条；“杏花楼”——宴会；“香亚”——点心；“陶园”——点心。

8月8日　下午1—4时，大中华戏院。

8月9日 下午1时,汤姆森(Thompson)先生来基督教青年会看我。

约瑟夫・王(Joseph Wang),11岁,可爱的男孩。

上午9时前,桑德斯・奥德韦(Saunders Ordway)先生,1140。

(1)情节发展;(2)电影开演。

8月10日 下午1时,谢。下午8时,反战讨论。下午10:30,"裕安"⑤。瓦列霍城。

翁国信,马斯大厅,马克特大街20号。

8月11日 上午11时,访陈、赵二先生。下午2:45,访周先生(广东银行)。

下午8时,杨宅,海运业。

邝光林、陆养成、刘展伯(约翰街,韬奋)。

大埠小学生唱歌:唐朝雄、唐朝强、郑旺、黄怡和、郑华。

华侨合作储金社。宗旨:储金抗日;80社员,1 002元。瓦列霍首府街217号;知行学校,吴北海;社长方佩文。

圣玛丽学校:梁秉彝。协和学校,罗特伊图街925号;400学生,9教师,美国天主教会。

浸信学校,葛都尔街。

8月12日 下午2时,加利福利亚大学教授。下午2—4时,"伯克利"⑥。下午5时,"协和""孔教"⑦。下午5—8时,中国学生。下午8时,基督教女青年会。8:30,"裕安"。

伊拉・李,塔荷湖。为加利福尼亚杂志写中文文章。

郑启恩,加利福尼亚帕洛阿尔托,342号,电话:22624。

保罗・雷丁(Paul Radin)博士伯克利,德伊特路27311/2号。

8月13日 下午1时,中国学生集会;金包仑学校100人,中华学校400人。

8月14日 下午1时,教育协会⑧。下午8时,华工。

方声洞,七十二烈士之一;方声涛,福建主席。高新意,"中华";圣公会:陈枚、谢淑美、伍温藉真、李瑞、黄炳坤、朱中存;朱仲缉,中华学校;雷文韶,浸信学校;郭育之,南侨学校;梁韬云,协和学校;余河,"圣玛利";雷坚磐,"圣玛利";黄贵荣,"金巴仑";梁秉彝,协和学校;黄恒。

8月15日 10—12时,中国学生。下午6时,杏花楼,"裕安"。阿什黑里9340,17日下午6:30,星期四,B. E. 王。

马骝摵茶王。猴子采茶。

8月16日　上午11时,赵先生。12时,国际楼,专业午餐,长滩工人。

8月17日　为联合奔走。唱歌队开始。抗日会开到午夜。

6时,邝请客,王先生。6:30,华盛顿街2370。8时,对产业工人演讲。

唐·加菲尔德(Tong Ganfield),2189,中国的太阳。

8月18日　璀病。飞信汇款不出。代璀写信。

3时,送桔。下午4—5时,圣公会学校。4:30,"圣公会"。5时,唱歌会。7时,黄领事[9]请客,领事号召华侨联合。8时,货栈仓库。

8:30,招待会,冯子寿(孜修学舍)、郭克心、郭洪惠卿、詹德伍。领事号召华侨联合。

埃文斯登,10月5日或13日,可能演讲。

8月19日　晚,汤普森(Thompson)。

8月20日　旅美华侨统一义捐救国总会成立。

万国工人会,星期六,下午8时。8月21日,格兰特街725号。

下午8时,"反法西斯"[10]。

8月21日　上午10—12时,中华学校。

渔业公司调查:6:25—7:25,开放捉鱼;星期一、三不许捉;放蛋;三年,3Lbs;网孔大小;300人、十多个罐头厂;阿拉斯加多斯伯罐头厂最大;300—500,公司负担旅费、膳宿;中国人包工,被工会打倒;工头包赌,担负600,取200;暂时减少;日人60人,美人60人,斐利滨〔菲律宾〕500—600人,西班牙语人1 000人,中国人300人。

万国工人会,2 000分会,100 000会员;保罗·奥尔(Paul Orr),万国工人会主任。

8月22日　请黄宝珍、王少兰送璀过海到纽约。

写字[11]。

语论:26.7.16民华的日记。

空军英雄:刘昌(君)、黄新瑞。

8月23日　下午3时,"万国工人"[12]。

下午8时,长滩。

斯卡特礼仪堂,钟高厚311;尤永增332。

1921年建立同业工会,1934年所有餐馆侍者重新组织;斯伯里(Sperry)、鲍尔多(Bordoise)被杀后,更加壮大。1936年,经99天不流血罢工取得胜利，会员达 3 600 人，为太平洋沿岸的领导力量[13]。

8 月 25 日 洛杉矶致公堂黄家暖先生：5 年内花费了 1 372.29 美元；告诉纽约[14]。

盖洛普：印第安人保留地。从埃尔巴索到温泉 124 英里，从温泉到掌柯诺 85 英里，从阿尔布开克到盖洛普 107 英里；共计 432 英里，路长未去。

8 月 26 日 赴墨西哥的旅行路线：

（1）梅里达飞往墨西哥城；（2）霍奇米柯，星期日；（3）查普尔特帕克；（4）圣胡安，泰奥地瓦根；（5）托卢卡，圣安琪尔；厄尔得锡尔到得罗斯、雷翁；（6）普埃布拉，从墨西哥城去需 3 小时；（7）乔比拉；（8）瓜达卢佩；（9）格尔纳瓦卡；（10）塔斯科（格尔罗山）；（11）阿卡普尔科（从塔斯科去 7 小时）；（12）帕特兹库卢（从墨西哥城去 280 英里），（13）乌尔纳彭；（14）瓜达拉哈拉，圣佩德罗，埃尔萨托，两次沦陷；（15）玛兹特雷；（16）台宛太白地峡（人间天堂）；（17）拉雷多、蒙特雷、弗拉克鲁斯；（18）瓦哈卡，蒙特阿尔班山；米尔泰文化遗迹的圣玛丽亚，圆周——160 英尺；（19）阿米卡麦卡，距墨西哥城 40 英里。

8 月 27 日 （1）1 时 10 分坐车上车站；（2）墨国检查员要我到移民局去办交涉；（3）坐汽车到移民局；（4）移民局要我交 500 墨镑到墨国银行；（5）坐汽车到银行交金元，140 元押柜；（6）中途海关查行李；（7）到银行久候；（8）回来移民官已走，下午 3 时；（9）一怒而有办法；（10）马尔多纳多（Maldonado）为我打电话办交涉；（11）坐汽车上车站；（12）又查行李；（13）不能买票到拉雷多；（14）只好买埃尔巴索来回票（头等来回 54 金，二等只要 30 金），因天气热极，只好买头等；（15）付汽车钱三金，过路费二角金，验行李五角金，搬行李二角五金，搬行李二元五角墨元，护照费 10 金，通过证 1 金 50 分，电报费 5 金。

夜 11 时到奇瓦瓦城，寓皇宫饭店。

拉扎诺·马尔多纳多（Lazaro Maldonado），墨西哥官员。这位小官不错。

8 月 28 日 奇瓦瓦又名周城。

5 时半，墨国周城华侨团体会。9 时，墨国周城致公总分堂。

8 月 29 日 《墨西哥史前期》：从加利福利亚西部，从亚洲，人种学，原始玛雅人，从挪威来。

埃尔巴索到托雷 19 小时，过托雷半小时。棉花、玉米，驰驴，泥砖房，平顶，红衣服，四围几棵树、几只鸡，红衣白巾，绿衣黑巾，马、狗，红土，房子大，仙人掌 500 品种,"金枪鱼"(仙人掌品名),拍照,斗牛。

8 月 30 日 到墨京。

阿达旅馆,阿安达柯尔 11 号,电话:30671。行李托运到墨西哥城。

吴邦植、赵松、余秀中、陈祖杖、胡荣照、余林中、朱进元、朱广祥、李枢南、林寿、李善兴、蒋添平、钟良、金天一、赵朝亮、韩宗源(朝鲜)。

8 月 31 日 弗兰西斯科·佐迪加(Francisco Zeudyas),东方社会学研究所。问题,坦戈(Tanco)。

卡他·勃兰卡。

霍奇米柯:距墨西哥城 20 英里,墨西哥的威尼斯,花卉和蔬菜,风景优美。

9 月 8 日 星期三,中国人民之墨友委员会,晚 8 时,阿姆斯特丹路。

今晚见阿尔贝兰(Alberran),拟定中国人民之墨友;又见《民族》杂志主笔马丁内斯(Martinez)。

本月 22 日记事

出国一年,得到一个好爸爸而同时为奋斗途程中的好同志!这的确是我最大的喜悦!——女儿,璀。廿六.八.廿二,临别时。

本月 23 日记事

来美已有一年,独自就像是迷途的小羊在黑暗中摸索着,现在幸得陶先生给我正确的指导,使我得了一线的光明!我实在不知道要如何说法,才能表示我内心的敬仰、感谢!——自认是您的一位学生:方君璞。廿六.八.廿三日。[15]

十年奔波的途程中,才得到了一个意志想〔相〕同的同志陶先生。望陶先生以后继续奋斗,把我们正〔整〕个的同胞领导着,走上最后的光明大道。——同志:葆真。八.廿三。[16]

本月记事

4 日下午 5 时:白带 15 人与蒋会餐;宋的 29 军交冯治安;克复杨柳青消息[17]。

中国民众唱歌团:

"中华"——陈如常、宋安琪、赵士才、丁碧珠、潘秀芳、陈用好,林凤琼、陈玉琼、方润丽、梁伟男、方瑞屏、黄莲凤。

“浸信”——王少芳、黄宝珍、郑绍楣、郑金桃、王少兰。

“圣公会”——伍若梅、胡瑶姬、伍若慈、张苏玲、郭来群。

“协和”——林琼玉、关凤颜、伍坤仪、唐小贞。

“阳和”——缪炳南、蔡玉梅、卢英、蔡雨就。

“南侨”——邝定华。

“金巴仑”——王锦梅、李绣芳、赵杏梅、黎桂珍、郑积善。

“圣玛得”——周月颜、余坤玉、司统仙、胡纽芳、李妙兰、李少兰。

执行委员：王少兰（浸信）、周月颜（圣玛利）、林琼王（协和）、王锦梅（金巴仑）、郭来群（圣公会）、蔡雨就（阳和）、陈用好（中华）、李少兰（孔教）。

职员：主席陈用好、副主席王少兰、书记周月颜。

顾问：邝炳舜、陈中海、方君璞。

（1）契约公开；（2）墨西哥人的偏见；（3）日本人愿意帮助墨西哥；（4）400华侨中半数失业；（5）墨西哥人失业可依靠救济；（6）美国人雇中国人做厨师；（7）4 年前，有三个中国人被杀死，5 名墨西哥人却逍遥法外；（8）同大使馆谈；居留墨西哥的期限。

1906 年招山东人（墨西哥索诺拉修铁路），1 000 人，300—400 留下。造了三年铁路，没钱回来。墨西哥锡那罗亚，王五：46，14 来，说伍元一天，给1：50一天，白吃饭；做完，吃完，用完。三两个回国，来此四年，驴马没收。前总统普鲁塔科・伊利亚・卡列（Plutalco Elia Calle）及其子反华。

山东东昌府文登县，一乡十三保，李家庄；父：王振邦，已死；母：韩大；哥：王殿元、王殿明；妹：王大。

两联捐款寄华：4. 21，全联 10 000；4. 30，印刷品、电报费：13 900，5. 20，学联（世界青年大会）：2 000；5. 20，学联（102）、两联（204），30 600；6. 24，两联平分（300）；7 月，日寄世界和平会（50），35 000；8 月 11 日，两联平分（华571，42）17 0000；8. 18，两联平分（华 421. 80）12 675。

（1）邝炳舜经手，375；（2）翁国信、李瑞玉手，27；（3）翁国信、甄锡坤手1 675，共 41 875。

两联大埠捐款收：邝炳舜先生交费 17 000；陈敦朴 5 000；何少汉 3 000；甄锡坤经手 1 675；赵峻尧 2 000；唐锡朝 500；司徒俊惠 500；陈文洽（未发收据）2 000；李有栋（未发收据）500，李云煦（未发收据）2 000；李瑞玉、翁国信经手(尚有 5 元未收)2 600;翁国信经手 100;挪拉·赫尔根(Noro Hellgan)3 600;M. 内尔(M. Peel)10 400。96+50,交陆璀。

本月人名录

4 日:邝炳舜　司徒俊惠　陈其栩　尤永增　欧阳寿全　何少汉　周锦朝　林康惠　黄金德　黄景华　王孙卓　谭浩全　黄伯英　钟高学　邝光银　周瑞安　陈文驻　陈文洽　李伯传　李邝达真　叶益影　李作昌　陈国新　陈铁民　邓祖萌　梁瑞彬　5 日:朱如丰　乔治·希契科克(Gorge Hitchcook)　邓惠泉　司徒有惠　黄恒　李立生　李扬圣　郭育之　明炽林德用　马典如　吴忠黄　黄炳坤　黄社经　陈中海　朱仲缉　余铸秋丁佐唐　胡亦桐　周惠民　邝邦显　6 日:周卓德　谢先生(杨太太)　7 日:佩德罗·勒特齐匹尔(Pedro Letechipia)　阿丰里尔(Afonale)　郑启愚　蒋默掀　赵峻光　陈敦朴　翁秀民　邵炳昆　聂瑞杏锦　8 日:李有栋陆军　9 日:林圣五　黄仲杰　约瑟夫·王　梁拭尘　雷家安　雷家谅　10 日:甄锡坤　周崧　邝光银　邝瑶普　赵峻尧　陈敦模　翁国信　12 日:萧天奕　伊拉·李　诺里克·埃克达(Noriks Ikeda)　玛丽·傅菊(Mary Fuji)　黄恒　林冠群　方景云　邱国魂　林铁航　欧阳全汉　翁秀民　李云熙　陈柏　13 日:方君璞　黄贵荣　14 日:雷五之　马式娴　15 日:马式娴　李国兴　16 日:维克多·李滕斯坦(Victor Lichtenstein)　伊丽莎白·莫顿(Elizabeth Motoh)　贝奇卡·科克德(Bechica Kurkead)　谢葆真　杨拯中　18 日:L. 佛兰克(L. Frank)夫人　A. L. 罗福尔德(A. L. Laugfeld)夫人　C. 谢普科玛(C. Ceppunkumar)夫人　理查德·佛兰克(Richard Frank)夫人　西德尼·约瑟夫(Sydney Joseph)夫人　萨姆·卡格尔(Sam Kagel)　维拉德·帕勒(Willand Paler)　19 日:熊廷柱　20 日:李泮林　瑟露丝·汉格鲁斯(Selurce Hagluns)夫人　21 日:多恩·M. 蔡斯(Don M. Chase)　陆璀　关士俊　22 日:冯丙初　26 日:林桂湘　赵泽霖伍子铭　黄国芳　赵善章　余荣超　余松龄　赵天爱　赵华　赵李　赵炎光　赵增　马慕灵　胡金星　余蔡敬德　余定守　胡炜乐　雷家连　陈偶焦　卢春荣　余朝锡　马爱群　陈炳　28 日:龚稳　雷纯　陈亮　刘祥邓尧　梁球　方千　方焕儒　梁社章　马月池　王芳　李彪　赵享　张贺　胡皆　周松灼　30 日:赵先生　关崇毅　本月:邝尧　吴北海　余喜中

杨启聪 刘益多

【注释】

①即纽波特比奇，美国加利福利亚州西南沿海城市。

②“下”似指下榻。

③④即杨虎城将军的夫人谢葆真，当时旅居美国。

⑤即裕安公司，由华侨经营。

⑥指访问位于伯克利的加利福利亚大学。伯克利位于加州西部，离旧金山不远，加利福利亚大学于1864年迁此。

⑦“协和”，即协和学校，“孔教”，即孔教学校，均为华侨子弟学校。

⑧似指旧金山华侨所组织的教育协会。

⑨即黄朝琴，时任中华民国驻旧金山总领事。陶行知曾写《黄朝琴总领事空手扣敌船》一诗，歌颂他的爱国举动。

⑩指参加反法西斯侵略的集会。

⑪指陆璀在陶行知笔记本上题字，见本月22日记事。

⑫即所有旅美外籍工人所组织的团体。

⑬此段系调查在餐馆饭店中工作的外侨的情况。

⑭“花费”似指捐献，因此有必要将此经验通报纽约致公堂。

⑮此段由方君璞题写于陶行知的日记本。

⑯此段由杨虎城夫人谢葆真题写于陶行知的日记本。

⑰系中国国内消息。“白”指白崇禧，“蒋”指蒋介石，“宋”指宋哲元；杨柳青，河北地名。

九　月

（墨西哥：图特瓦登；美国：休斯顿）

9月1日　米盖尔·勃斯托斯·塞尔塞多（Miguel Bustos Cerecedo）。

上午9时，教[①]，《民众》主笔，公共教育部2楼。下午6时，在旅馆会见记者。

9月2日　库卡·加西亚先生（Cuca Garcia）。上午10时，妇女人民阵线。

咖啡馆，林荫散步道，关侯佑：1910年，合抵抗资，妇女工作好过男人，6万会员；尤卡坦在一年内由200发展到3 000；贫女25—8美元一月。金银矿、煤油、花旗、电，30 000 000。1910—1927，新工人，27；新倒，取回失利。

中国总领事，张天元。

9月3日　米盖尔·勃斯托斯·塞尔塞多（Miguel Bustos Cercedo）、马里奥·格罗尔期（Mario Glores），教育图书馆。

9月4日　上午10时，妇女人民阵线。12:30，"中华"校长。下午3时，致公堂欢迎会。

《墨西哥女性》：

(1)革命前。妇女在封建制的桎梏之下：

①初夜权，封建法规。②妇女及儿童是领主的财产。③进步妇女与妇女大众联合斗争。④1907年纺织业妇女的斗争。⑤1910年，妇女在城镇与战场的战斗。巾帼英雄：多明哥的约瑟法·奥狄丝（Josefe　Ordiz）与列奥娜·维卡里奥（Leona　Viear io）。一个世纪前，还有许多不知名的女英雄。1913年，卡拉加：妇女与男子并肩参加工会活动。战斗到1917年。

(2)革命后。①1917年宪法第27条及23条规定，土地只限于寡妇及女家长所有，仍要为全体妇女的权益斗争；②第23条给予工人有组织工会之权，但资本家拒绝遵守法律，拒绝将此权利给予妇女；妇女还在为争取产假而斗争；③纺织业中男女平等，但其他工业部门则不是这样；④有两种妇女：向后看的；进步的；⑤外国帝国主义：油井、矿场、土地；⑥进行反对美国、英国之外国帝国主义的斗争;⑦1923 年,美国与英国争夺墨西哥油田,两国要求墨西哥政府所做之事,为墨西哥所拒绝,油井被封闭,去委内瑞拉,失业;⑧只要资本家存在,女工永远是受剥削的,指望政府作为解决妇女地位提高问题的机构,并不理想;⑨妇女所有、妇女所治、妇女所享之阶级意识;⑩妇女联合阵线;⑪200 名妇女曾三次停工;⑫一夫只可娶一妻;⑬承认私生子;⑭未满 18 岁的男女不得结婚;⑮政府批准卫生部的提案,允许妓女存在,宜通过议案禁止纳妾;⑯政府官员、部长,无妇女议员等,亦须通过同样的议案予以解决;⑰种族偏见;⑱6 万人中只有 4 000 名纯印第安人。

下午 10 时,商会陈先生。

中华校长:余俊之;抗日会:张巨贤、严万里、廖颂扬。

辛那罗亚,莠草;索诺拉,野蛮;1931—1932 年,墨国排华。

9 月 5 日 格鲁塔饭店:30 余桌,跳舞,洞中茶室;金字塔、太阳、月亮;龙,狮子抛球;露天舞台,图特瓦登[②];华侨乐班在教部。

劳瑞(Lowry)和米勒(Miller)先生,多列斯咖啡馆,下午 8 时。干德,9 月 16 日。

9 月 6 日 诺德·格里格(Nord Grieg),挪威人,劳瑞先生的朋友。

中午 12 时,中国公使馆。

上午 10 时,朗巴多·托莱达诺(Lombardo Toledano):赫雷拉(Herrera),教师,逝世;民族先锋队 100,8 月 31 日,30 工人出席;社会民主党,中产阶级的联盟,民族青年取代了“金衫”。今天的葬礼,C 和 M 起来保卫,20 人受伤,50 法西斯分子被捕,教育工作者联合会 71 000 人。

9 月 7 日 星期二,下午 4 时,中华小学。

320 家咖啡馆。全墨 10 000,京 2 000,坦比古 2 000,明加里 1 000,美里达 700,辛那罗亚 1 000(农人),奇斯 600,奇奇 600[③]。

9 月 8 日 星期三。下午 3 时,抗日救国会执行委员。

9 月 9 日 妇女人民阵线座谈 30 分钟。

5 000 铁路工人。

9 月 10 日 下午 8 时,工人大会。

9 月 11 日 墨西哥国民党。

9 月 12 日 早上或晚间,妇女人民阵线。下午,华侨。

9 月 13 日 重抵图特瓦登。

L 上午回来。下午 8 时,贝拉斯宫。

9月14日 7:30,墨西哥共产党建党18周年。

9月15日 墨西哥127周年独立纪念。

9月16日 3时,华侨妇女抗日救国会、商会茶话会:郑永桥、蔡文英、苏百爱、麦丽颜。陈华姬、李赐仙、梁影雪、高碧玉、麦晓颜。

关荣珍,五小孩(铁路工人);李祥(汽车夫),七小孩。70洗衣馆,300咖啡馆;2 000男性成人,1 600墨西哥妇女生活;1 600×3=4 800小孩。

救国公债(九月份):余爱和1 000,陈新龙500,黄祥福10 000,致公堂1 000。

9月17日 科利马州曼萨尼约港,出口废铁到日本的唯一港口。委员会亲华。墨西哥工人联合会属下的专业协会联合会。

中国人民之友社:7位秘书,7种行业;墨西哥工人联合会工人、农民。

9月20日 下午1时,见总统[④]。

团体:(1)墨西哥工人联合会;(2)墨西哥国民革命党;(3)墨西哥农民联合会;(4)墨西哥共产党;(5)墨西哥艺术家作家联盟;(6)社会主义者律师阵线;(7)律师联合会;(8)墨西哥青年社会主义者同盟;(9)争取妇女权利阵线;(10)革命退伍军人先锋联盟;(11)墨西哥教师联合会(70 000)。

9月18日 "九·一八"六周〔年〕纪念。

上午到银行收回入境保证金500元(140美元),银行推内部,三翻〔番〕五次,很难。正是来难去也不易。

9月19日 普埃布拉[⑤]。新蒙特雷咖啡馆。

9月20日 阿曼多·佛兰克(Armando Frank)。

9月21日 大秦景教流行碑[⑥],石膏碑,复制品781号,C.B.韦特(Waite)照片。

埃里松(Errison),6—30—30,农民旅馆,工农有优先权见总统。辛普森(Simpson):合作化农场是墨西哥的出路。

访问特勒兹(Tellez),他坚信:中国必胜。

C.奥地亚加(Odiaga),秘鲁,美洲人民革命联盟代表:"与中国人民的事业紧密相连。"

9月23日 下午1时,会见记者。下午2时,阿尔巴伦(Albarran)。阿门多拉·里维斯塔·霍伊(Omendella Revista Hoy,16022—28564,1529)。

9月24日 礼五。8—10时,乔治·德里格(Gorge Dereg),琼斯·S.

赫洛安(Johns · S. Heroanre)教授,M. P. 费希尔(M. P. Fisher)教授、莱因·E. 本哈咯兹(Lain E. Beharoz)。

朋友告别午宴:(1)在这里如同在自己家里和亲戚家里一样。(2)感谢大家的盛情款待。(3)四次革命,图特瓦登(Teotehuacan)。(4)矮人与巨人之争,日本人民。(5)我们在诸多方面是朋友。(6)我们能从墨西哥学到什么。(7)希望:①中墨结成兄弟;②停止武器[7];③联合一致,贸易禁运。(8)友谊的开端:面对共同敌人而战。(9)依依惜别,欢迎来中国作客。(日本人民:①社会主义青年;②民众战线;③对中国友好的社团;④妇女阵线;⑤共产党;⑥印刷与制图的技术工人;⑦住在中国农村的人;⑧宣传社会主义或共产主义的报业人员。)

民主的理想:农民旅馆;合作农场。访问的爱好:帝国主义压迫下的自我解放。对中国友好之社……

9月25日 离开墨西哥。

送行者:赵松、陈锦稳、余受之、张巨贤、李子祥、萧新昌、黄焜振、庞洪业、严万里、张天元、廖仲雅、鲁蒂利奥·利斯特拉(Rutilio Riestra)、关礼勋。

9月26日 火车至埃尔巴索。6时到查考梯考。12:50到奇瓦瓦,没人来[8]。

9月27日 9时到贾雷斯[9]。拿保证金。拉雷多(Laredo)钱未汇到;要等到何时,没人知道。

9月29日 下午8时,基督教女青年会;康翰(Kahn)夫人,旧金山,反对碎铁[10]。

6时,晚餐。10时,华侨。

9月30日 下午8时,加尔维斯顿,公共汽车。“加尔维斯顿”:1.5英里长,2层楼高,100英尺宽;政府不接受,挪威船卸此,向西[11]。

全国海员联合会,海员联合会礼堂。下午4时,“灰狗”[12]。米兰与鲁斯克。精、粗:洛杉矶、圣彼得罗、长滩、旧金山的大部分,碎铁每吨7—9美元,碎钢每吨24美元;信贷不佳,正常情况保持水平。钢铁工会约翰·路易斯(John Lewis):12月第一周,钢铁会议。

(1)日本的征服,使人民畏惧;(2)汽车涨价,每辆70美金。菲力浦·默里(Phillip Marrey),钢铁工人组织委员会主席[13]。

永安咖啡馆敖文煊,新绿热咖啡屋敖光连;敖文暖,7.43美元[14]。

休斯顿女诗人：罗伯塔·米塔格(Robert Mittag)女士、埃拉莱·潘尼克(Earline Pinick)女士、多洛士·汉普曼(Dorothy Hanptman)女士、玛乔里·尼克松(Margorie Nixson)女士、雷法·鲁卡西亚(Rifa Locascio)女士、伊夫尔姆·克雷格女士(Evelynm Kreger)女士、多洛士·洛麦斯(Dorothy Lodmes)女士、玛林·弗拉纳根(Marion Flanagan)女士、埃斯塞·斯贝恩塞(Esther Spencer)女士。

9 月 29—30 日 休斯顿演讲。

本月记事

上海，五日，日商"公大纱厂"考工股日籍贞木自杀，二子在津死难，己又被征。1934 年，冈本驾军火车入义勇军地。

5 英亩土地租金 500 美元；4 家中国人的公司；10 名墨西哥工人，每人每天 2 比索；8 个月，4 个月付 3 200 美元；1 分，镑；卖给墨西哥人，然后运往埃尔巴索。

"农神"：塞迪罗(Cadillo)。农业部长：圣路易·斯波托西(Sanluis Potosi)。

20 000 农工和私人军队，8 架飞机、2 辆重型坦克、4 辆轻型坦克、14 架快速商用飞机，50 万比索的税款来自美国石油公司。军事学校。8 月 2 日，国防部证实；3 日起诉。总统发电制止起诉。参议员反对左派，总统的秘书支持左派。秘书被罢职。总统下令塞迪罗辞职，他拒绝。总统说给予警告、停发工资。不久，一些德军军官、参谋长、德军上校便出现。

墨西哥友人：查维斯·奥罗兹科(Chavez Orozco)，公共教育部；埃尔南多·拉合德(Hernando Lahorde)；赫克托尔·佩雷斯·马丁内斯(Hector Perez Martinez)；隆巴尔多·托莱达罗(Lombardo Taledano)；恩顿奎·顾特曼(Enrique Gutman)；李·曼纳·R. 帕拉西奥斯(Lic Mannel R. Palacios)，公共教育部秘书；R. 翁先生(R. Ang)；圣路易斯·波托西(Sanluis Potosi)。

本月人名录

2 日：瑞弗吉奥·加西亚(Refigia Garcia)　库卡·加西亚(Cuca Garcia)　何怀远　李伟栋　5 日：萧新昌　吴铁汉　黄焜振　朱远潮　谭以开　黄召荫　6 日：黄威和　谭春葵　梅芳　陈焕能　钟逢春　陈新龙　赵璧汉　甄颂芳　8 日：布拉沃·曼内奎(Blao Manriove)　格拉西奥·列什(Gracio

Leth） 弗坦罗·查里奥（Ftanlo Carreno） L. A. 布列芒茨（Lic Alberto Brenaontz） L. J. R. 阿尔巴兰（Lic Jose Rirera Albarion） T. G. 奥里克那（Tesuo Gerer Oclira） S. J. 通奥（Seuador Jore Teneo） 欧根尼奥·维利（Eugenio Wiley） 9日:罗斯·坎第（Rose Cantic） 科米特·纳塞洛尔（Comite Naeional） 10月:谭超秦 22日:G. 阿洛克斯约兹（Guadalupe Alxoz） 莫路尔·Z. 戈麦兹（Monuel Z. Gomez）教授 13日:阿尔伯丁诺·康斯坦丁诺（Albertino Constantiro）女士 费利伯托·维拉斯哥（Filiberto Velasge） V. S. 赫乌托（V. S. Hiuto） 马丁斯诺·俄西亚（Matisno Ercia） 14日:苏明J. 索米菲尔德（S. John Sommerfield） 邓壮 胡保罗 16日:张百维 17日:甄业 赵松 佛朗科·卡内诺（Franco Carreiro） 乔多·卡罗斯基（Julro Kaloceky） 约瑟·M. 阿奎弗尔·可罗拉多（Jose M. Aqoivre Colorado） 赛那多·伊格纳西奥·里梯奎拉（Senador Igracio Litigwera） 拉米罗·阿拉加（Lamilo Arraga） 乔治·费尔南德兹（Jorge Fernandez） 乔西·内维罗·阿尔伯隆（Jose Rivero Alberron） J. U. 波罗（J. Unto Pro） R. P. 维内加里（R. P. Wenegri） R. R. 佩德罗斯（R. Ramos Pediuse） J. C. 内格鲁（Jmro Cerde Ae Negri） E. R. 皮德门佐（E. Ramo Pedmezu） N. B. 塞维多（N. B. Ceuerdo） 赵连胜 马丁内斯（Engenio L. Martines） 19日:余演 黄立华 科姆斯蒂威尔（Comsidewer） 贝蒂（Betty） 阿米利卡（Amyrlica） 20日:冯一新 冯庆 21日:西蒙·波利伐（Simon Bolivar） 圣·马丁（San Martin） 弗朗西斯科·莫拉森（Francisco Morazan） 阿里亚德罗·彼蒂安·海蒂（Alefandro Petian Haitti） 乔西·曼那·莫利诺思（Jose Mana Morelos） 马他·阿斯卡尼奥（Martha Ascanio） 路易斯·索地（Luis Saudi） 阿尔弗佐·加西亚（Alfonzo Carcia） 马里奥·萨索（Mario Sasso） C. 奥地亚加（C. Odiaga） 哈里·辛格·贝斯拉（Harri Singh Besra） 霍拉西奥·赛拉诺（Horacio Serrano） 沃利·威克威第（Warye Uiquidi） 23日:邓壮 胡保罗 伍德（A. B. Wood） 曼内尔·方（Mainel Fang） 27日:余荣煦 黄关福 余毓源 劳爵 赵滋延 方如云 陈瑞栋 雷梓森 关荣业 黄兆槐 方拔洲 方如云 黄□ 蔡军 陈松均 黄华 陈龙 陈煜 黄思祥 方洪中 奕勋 关荣雅 29日:何蕙邻 汪清沧 30日:敖安 敖文验 朱宗显 余享女 朱林 朱汝桢 朱荣柱 朱兼三 余爵礼 周朝礼 朱荣溪 李珍眉 特罗伊·福斯特（Troy Foster） H. A. 拉斯默森（H. A. Rasmessen）

C. 弗因伯格(C. Phlumburg) 阿尔塞尔·迈谢尔(Orthur S. Marrshell) 罗伊·B. 赛休斯(Roy B. Sessious) 弗兰克·L. 怀特(Frank L. White) P. F. 肯尼迪(P. F. Kennedy) J. C. 柯依特尔(J. C. Coulter) 拜伦·T. 派克尔(Byron T. Parker) 弗兰克·邓劳威(Frank Delauy) 哈里·格林伯格(Herry Grenberg) 弗雷特·海雷斯拉普(Fred Halastrap) 本月:吴亦生 胡南湖 林筱唐 董如川 曾桂友 B. Y. 叶 乔西·里维拉·阿尔贝兰(Jose Rivera Alberan) 梁奕金 黄绰宽 方振武 陈翰笙 达拉西奥斯(Dalacios) 奥龙兹科(Orozco) 赫姆洛克(Hemlock)小姐 欧弗朗(Overland)小姐 安特尼斯·安肯爵(Antinis Ankijo) 巴拉西奥斯(Palacios) 赫伯特·M. 随恩(Hebert M. Sein)教授 C. C. Y. 阿若贡(C. Caodoza Y. Aragon) R. 卡内罗(R. Carrillo) G. 基拉斯科托(Gustan Jilaskodo)

【注释】

①指墨西哥教育家米·勃·塞尔塞多。

②图特瓦登系墨西哥古城,旅游胜地,陶行知曾到此处参观太阳月亮金字塔。

③指墨西哥华侨的总数及其分布。

④指会见墨西哥总统。此系时间预定,20日似无专门记载,究竟会见与否,未详。

⑤普埃布拉系墨西哥地名,位于墨西哥城东南。

⑥景教,系唐代传入中国的基督教聂斯托利派的中国名称。大秦,系该教在中国长安(今西安)所建的寺名。大秦景教流行碑即该教于781年所立的“大秦景教流行中国碑”。

⑦指停止销售武器给日本及其他法西斯政权。

⑧奇瓦瓦又名周城,陶行知曾于8月28日在此访问,与当地的华侨社团建立了联系。可能行前电告过此地有关人士,望能来车站月台一晤,因夜半或其他原因,没人来。

⑨贾雷斯系墨西哥边境城市,出入境旅客须在此办理有关手续。

⑩指反对将废铁出口日本。

⑪加尔维斯顿系美国得克萨斯州南部的海港。所记为废铁所堆成的铁

山。“向西”，指船运经巴拿马运河，然后再运往日本。

⑫“灰狗”，美国一家公共汽车公司名。指乘坐该公司的汽车。

⑬本段系菲力浦·默里解释为什么卖废铁给日本的原因。

⑭似系华侨敖文暖捐给“两联”7.43美元。

十月

（美国：休斯顿·新奥尔良·芝加哥·
布卢明顿·华盛顿·迈阿密·圣保罗）

10月1日 休斯顿。

T. S. 肯尼迪（T. S. Kennedy），5 英亩，3 000 000 吨废铁停在运输途中[①]。

南麻省大学，圣·希尔伯恩（Sam Hilborn），14 年，95％的日本人反对战争。

10月1—2日 新奥尔良，演讲。

10月2日 中国领事馆。华盛顿：Y. F. 刘，中国大使。

美国“劳联”，会员 4 000 人。与 J. L. 路易斯(J. L. Lewis)联系。米尔斯先生(Meers)，“产联”；下午 3：30，米尔斯。

中国难民救济会。安良堂：陈燊德、朱裘炳。

10月3—4日 杰克森(Jackson)。

行李运抵休斯顿。

新奥尔良中国领事馆：李自修。

10月5日 芝加哥。谭赞、陈昆楼、余琴和、甄光沾、钱乃文、甄金香、胡伯堂：(1)签定抵制誓约；(2)你买日货的每一元钱，都会用来屠杀中国人[②]。

印第安纳波利斯(Indianapolis)捐至总部[③]。

10月6日 印第安纳大学，印第安纳州布卢明顿，鲁宾森（Robinson），哲学系，9 时 40 至 10 时 20。

布卢明顿：马克斯(Max)先生，教育；耶伦斯（Yellens）先生，英语；本斯(Benns)先生，历史；(海格兰德女士)；(向鲁宾森致敬)[④]。

2：30，公共汽车到印第安纳。4：50，到波利斯。5：40，去华盛顿。下午 1 时，到。

10月7日 华盛顿。中国大使馆。墨西哥大使馆。

地峡界线，有刺的网。

10月8日 华盛顿国家银行。

费城，换火车3、4，星期日晚，星期一晨[⑤]。

"产联"高级职员，星期日下午，9〔10〕月9日。

9月2日 美国学生联合会安纳伯分会[⑥]。8月30日，中国海员工会，"联义"[⑦]。9月2日，王大使转总统及海员公〔工〕会[⑧]：上海市商会、地方协会、银行业同业公会、钱业公会、轮船同业公会致美国海员电。

C. P. 陆(Chung P. Luin)观点：社会，为……而战。

挪威的斯蒂伯·温德(Stip Wind)等17名船员，拒绝去日本，被行政司法长官拘捕(10月8日)。

10月9日 4:30，艾默逊(Emerson)办公室[⑨]。晚，记者招待会。墨西哥大使馆。

与王使谈[⑩]：(1)学生会电；(2)救国会电；(3)演讲内容；(4)海员额外津贴；(5)飞机踪迹；(6)行业；(7)中立问题；(8)苏联；(9)美国"产联"；(10)墨西哥。

下午2:00，联合车站，4:43，费城；1:30，在旅馆候艾默逊；10月10日，离华盛顿[⑪]。

全美黑人大会：10月15、16、17，费城。

10月10日 胡敦元、梅、陈会谈。致抗日会祝词。访应家朋友[⑫]。

(1)工会组织的光辉；(2)中国民主的进步；(3)工人的作为，造就了工人自身；(4)过去的工人制造轮船、铁路、机器；(5)今日的工人制造联合、民主及永久和平；(6)真正的朋友：当我们处于患难之时，在我们尚未提出要求之前，就知道怎样帮助我们。

10月11日 海伍德·布朗(Heywood Brown)，《美国新闻导报》《世界电讯》社长；约瑟夫·柯兰(Joseph Curran)，全美海员同盟总干事；策特尔(Zettel)；威廉·欣克雷(William Hinckley)，美国青年大会；锡特林先生(Citrine)，参加1937年美国"劳联"年会的英国劳工代表。

> 鉴于日本政府已向中国人民不宣而战，鉴于成千上万的男子、妇女、儿童正在惨遭屠杀，鉴于目前反对中国人民的战争，也是对世界和平的威胁。为此，特作以下决议：我们要继续报道，以抗议对中国人民的蹂躏及野蛮杀戮；还要进一步呼吁：在反抗日本的战争中，给予中国人民以一切可能的援助。进一步决议是：将上述两个决议的副本送交卡德尔·赫尔及日本大使馆特别专员。再次决议：抵制一切日货。[⑬]

美国中国人民之友社：每月所需捐助575美元，收入355美元，赤字220美元。

(1)确定举行听证会，讨论禁运事宜；(2)禁止进口日货；(3)《九国公约》签字国带头执行；(4)所有工会联合起来，拒绝购买，拒绝！

美国学生联合会：塞勒斯特·布拉克(Celeste Brack)女士，马莱·亚德(Melly Yard)女士。9月11日：(1)呼吁抵制日货；(2)反对中立；(3)抑制战争。9月，全国执行委员会[14]。

10月13日 参观柯切兰青年劳动就业基金会。驯狗为盲人引路，伊丽莎白·苏利文(Elizabeth Sullivon)女士。海伦·凯勒(Hellen Keller)，120 000盲人，10 000盲人可用狗引路，受过训练的狗；300学生，每小时3.5英里，来回。詹姆斯·吉林斯(James Killins)，柯切兰学生会主席，沃尔特·C. 戴维斯(Halter C. Davis)，校长；玛丽·洛卡特(Mary Lochard)女士，柯切兰初级中学。

10月14日 迈阿密大学，上午10时，A. K. 莫里斯(A. K. Moris)，校长助理。W. J. 海尔(W. J. Hail)博士、L. A. 洛布基(Lee A. Rorbke)。

罗伯特·戈什(Robert K. Gorcher)，基督教青年会。

10月15日 芝加哥。严仁荫。西59大街，1114号。

10月17日 第七次宣传演讲：(1)愿为国死；(2)知为国死；(3)能为国死；(4)可为国死。

10月18日 致电贺筹饷总局。

寄同志信：7.13，8.11，8.24，9.27，9.20，9.11，10.5[15]。

10月19日 威廉斯(Williams)，市政办公室长官，10时或11时电话，《芝加哥论坛》。

吉恩，斯温霍塞尔(Jans Swenhuyser)，美国反战反法西斯联盟。

莫里斯·塔普柴夫斯基(Morris Topchevsky)，芝加哥林肯中心。

王恭年、卿汝辑、我三人演说。

H. 布莱特(H. Bright)，中国人民之友；鲁丝·米勒(Rose Miller)、玛丽·戈登(Mary Gordon)、A. C. 亚当斯(A. C. Adams)，电影摄影联盟。

10月21日 迪尔伯恩(Dearborn)，6902，罗克(Rocke)。

10月22日 艾·亨德利(A. Hendry)，美国芝加哥反战反法西斯联盟。

诺尔曼·白求恩大夫(Norman Bethune)，舒尔曼(Sherman)饭店1407室。

上午11时前，我讲《中国与西班牙》。下午8时，交响乐厅，卡拉兰(Canarlan)去西班牙。

10月23日 2:00，“柏宁”(Bernin)⑯。

10月24日 蒋德麒：明尼苏达州圣保罗农业大学农学系。下午2:30，摩里逊饭店，拉尔夫·贝茨(Ralph Bates)演讲。

10月25日 罗拉·熊⑰。鲁丝·奥特斯基(Rose Oltersky)，鲁丝·艾德逊(Rose Edelson)夫人，在哥伦比亚大学。

舒尔曼饭店，原住的房间⑱。

10月26日 英国士兵麦克高文(Mcgowan)，上星期日(10月23日)被杀。日本占领太原，切断了南北铁路交通。

10月27日 写文。

10月28日 帕默会堂，进步教育协会，雷迪弗(Redefer)、罗格(Rugg)⑲。

10月29日 “小阳春”。

G. C. 特雷恩(Tryon)，因巴利(Bari)的意大利宣传引起阿拉伯人之骚动，也要用无线电播各国话，但说他们不是宣传。这和胡适否认宣传一样。

10月30日 圣保罗。

10月31日 演讲《算命》，用算盘算中日胜败。

本月人名录

1日：J. E. 克劳斯兰(J. E. Crossland) J. A. 本森(J. A. Benson) J. J. 赫克曼(J. J. Hickman) M. L. 布朗宁(M. L. Browning) M. M. 洛德(M. M. Lord) 佛兰克·扎拉扎(Frank Zarraza) E. J. 伯明巴(E. J. Burmingba) J. K. 高尔生(J. K. Garson) 爱德华·史密斯(Edward Smith) P. F. 肯尼迪(P. F. Kennedy) 2日：拉尔夫·艾默逊(Ralph Emerson) J. L. 路易斯(J. L. Lewis) 约翰·布罗菲(John Brophy) 杰克·柯克(Jack Cook) 罗伯特·米尔斯(Robert Meers) J. E. 克罗内(J. E. Croney) D. D. 麦克克兰姆卡(D. D. MacClamce) 菲德里克·米尔斯(Frederrick Meers) 李昆 A. A. 英加格斯(Ass Amicale Engages) 埃默里·J. 伍德尔(Emery J. Woodall) 萧信如 谢仁钊 汪竹一 王礼锡 D. F. 安东尼奥·阿郎佐(D. F. Antonio Aranjo) R. 肖特(Rev. Shorter) 杰拉尔丁·杨格(Geraldine Young) 康斯坦斯(Constance)夫人 C. Y. 陈

严宝珠 詹姆斯·莫依切克(James Moycheck) 乔·卡登(Joe Cadden) 乔·拉希(Joe Lash) 帕德·雷亚(Pard Reia) Y. T. 吴 E. 埃斯曼(E. Eisman) W. J. 宾克利(W. J. Binkeley)小姐 蒙特雷(Monterey) 冯·屈克(Foon Chuck) 卡洛斯·桑切斯(Carlos Sanchez) 何默·布鲁克斯(Homer Brooks) J. C. 希斯比(J. C. Shisby) 6日:丘日兴 洪应灶 谭双铨 甄京希 甄廷稳 甄京晃 甄圣惠 甄奕振 甄忠 郑碧山 刘星张培灿 7日:拉尔夫·艾默逊(Ralph Emerson) 马琴 吴有荣 约翰·布罗菲(John Brophy) 8日:拉尔夫·赫兹尔(Ralph Hetzel) 约翰·珍魁(John Jenkui) M. 达菲(M. Duffy) J. 劳瑞·辛克莱尔(J. Laury Sinclair) 亨利·左(Henry Zou) 9日:E. 冈萨雷斯(E. Ganzalez) 胡敦元 杨玄泊 克来德 曾国荣 应惜芳 克莱尔·赫斯克利菲尔德(Claire Heisclifield) 菲利斯·安德逊(Phyllis Anderson) 贝蒂·乌兰逊(Betty Uranson) 11日:杰克·布因(Jack Bruin) 卡法尔(Calvar)夫人 余金满 查尔斯·叶(Charlce Yee) 高尔·叶(Gar Yee) 内尔斯·叶(Nellce Yee) 22日:马斯尔·海蒙得雷杰(Marcel Heimerdride) 埃塞尔·曼斯菲尔德(Eathel Mansfield)

【注释】

①“5英亩”,指废钢铁堆占的面积;因联合禁运,废钢铁只有堆放在美国港口,而不能运抵日本。

②此誓约和宣传口径是美国华侨社团联合制定。

③指印第安纳州波利斯市的华侨将捐款送至总部。

④鲁宾森系印第安纳大学教授,是他约请陶行知前来该校演讲。估计陶来时他不在校,故托人致意。

⑤似为预定的行期。

⑥指1937年9月2日,美国学生联合会安纳伯分会发表宣言,要求抵制日本侵略一事。

⑦“联义”似为联合名义。

⑧“王大使”,即中国驻美大使王正廷,“总统”,即美国总统罗斯福;“海员公会”,即美国海员的组织。

⑨艾默逊是美国“产联”海员工会的负责人。

⑩指与中国驻美大使王正廷谈。

⑪所记为旅行日程表。

⑫指访问应惜芳一家。

⑬所记为美国新闻报业组织所发表的宣言内容,似由海伍德·布朗转告。

⑭所记为美国学生联合会 1937 年 9 月 11 日所议决的内容。

⑮数码系日期,似为来信的日期。

⑯“柏宁”似为饭店或餐厅的名称。

⑰即熊希龄的女儿熊罗拉,她时在美国。陶行知与熊希龄及其夫人朱其慧熟识,并曾共同发起过平民教育运动。

⑱指拜访诺尔曼·白求恩于舒尔曼饭店 1407 室。

⑲雷迪弗和罗格均为进步教育协会成员,与陶行知熟识;指他们邀请陶于帕默会堂演讲。

十一月

（美国：圣保罗·纽约·克利夫兰·华盛顿；
加拿大：多伦多·渥太华·蒙特利尔；美国：纽约）

11月1日 午夜从克利夫兰启程——12日下午5时。

E. 怀王(E. Wai Wong)。劳林斯(Rawlings)先生，电话2100。

美国石油研究所：11月8—12日，芝加哥斯蒂文斯旅馆举行第8届年会，2 000石油业人员。

11月2日 美国青年大会15 000 000；美国反战反法西斯同盟3 500 000；美国“劳联”3 500 000；美国“产联”4 000 000；以上小计26 000 000。黑人大会14 000 000。总计40 000 000。

11月3日 西北大学。文碧贞，福州华南大学；克伯屈教授，西北大学；陈矜赐、程锡康、张香兰。

12时，凡拉·麦高温茶叶店。

哈里斯楼107室，埃文斯顿。C. 加雷特(C. Garret)先生，圣经研究会。

(1)卫理公会全国青年理事会；(2)埃普沃史联盟；(3)基督教女青年会。

11月5日 纽约市。

11月6日 教“中华”[①]学生唱歌，看土星、木星。

霍纳曼(Honeyman)先生，“南京皇家”[②]。

11月7日 中国筹饷总局成立。

赫斯特·斯波瑞(Hester Spolrer)，业务电话号码4—4980。

找赫斯弗·洛里斯(Hesfer Loris)小姐。

魏璐诗(Rose Weiss)，东12大街224号。纽约。

11月8日 “两联”、国教寄款：(1)陆璀由陈先生转来176.65；(2)存我处140.00；(3)那特市银行17.00；共333.65。寄300；还印刷20；电费……

下午8:30，星斯一，西23街168号。

11月9日 下午6:20，芬莱(Finley)先生，列克星敦大街1号。

马丁·P. 卢塞斯(Martin P. Russes)，纪念日组织副主席[③]。

11月10日 10:30—11:25,11:55—12:00;12:30,C. Y. 陈。下午3时,纽约大学演讲:"学校教育管理"。

11月11日 克利夫兰。第一次世界大战停战纪念日。

米洛·W. 拉塞洛普(Milo W. Lathrop);1937年12月2日:(1)80%中等收入;(2)起重工人;(3)降低工资。

11月12日 上午10:20,离克利夫兰。下午10:40,到华盛顿哥伦比亚特区。

11月13日 去加拿大的护照。

早1时,告别B和O;4:37,到达费城和韦恩交接处;6:07,离开此处;8:29分,到达伯利恒。上午4:25,离开宾州;上午7:17费城;上午8:20,雷丁车站;上午10:33,到达阿伦敦。

11月14日 布法罗。通过理发师宣传孙中山④。巴尔的摩。

11月15日 上午10时,大使馆纪念周演讲⑤。上午11时,瓦尔德隆(Waldron),H. N. W1421号731房。甫西尧(Pu HsiAo)一时请我。2时,见《华盛顿邮报》H. W. 多诺万(H. W. Donovan)。4时,与王儒堂大使谈⑥。晚9时,H行〔街〕607室。

11月16日 约会:移民办公室,上午10时;贷款银行,上午11时;海军将军俱乐部,下午6时。

下午6:30,海军将军俱乐部。菲拉伯·巴路斯(PheRubbor Barus)、马瑟·约瑟芬(Mather Josephine):印第安生活。议员:亨利·泰根(Henry Taigan)。西尔伯(Silber):(1)人民支持战争⑦;(2)扩大市场;(3)无领土野心。

林霖,华盛顿布鲁金斯研究所学习。请陶孟和所长指定研究题目⑧,准予暂留美京研究,按月或三个月报告成绩一次。

中华经济研究社于1937年11月17日12:30在洛特斯饭店成立。林雨苓、林霖、胡敦元、陶行知。

11月17日 阿伦敦。赫瑞·D. 马斯艾(Hiees D. Matheas),宾夕法尼亚州阿伦敦,牧师,依曼努尔教堂;P. T. 堪勒克(P. T. Chylack);哈里·吉尔伯特(Harry Glbert),美国商业俱乐部主任;查斯·柯林(Chas Kline),美国商业俱乐部音乐指挥;帕利·B. 路赫(Perry B. Ruhe),早晨舞会;哈里·A. 泽戈(Herry A. Geiger),早晨约会;卡尔文·H. 赫克塞尔(Calvin H. Hactzell),克拉曼内衣公司;厄尔·康斯坦丁先生(Earl Constantine),全美内衣制造公司总经理。

11月18日 加拿大多伦多。

驻都城安省[⑨]华侨抗日会代表欢迎：黄镜凤、司徒俊椿、刘光祖、张子田(国民党常务委员)、张星辉、黄寿如、罗振觉、黄心炳、杨启民、黄卫青(《醒华报》)、李瑞门。

5时；教儿童。

汉密尔顿60英里，伦敦180英里，蒙特利尔340英里。

加拿大运往日本的金属，《多伦多星报》11月15日：1936年，铝12 000 000元；其中，加拿大71.7%，挪威6.6%，美国4.1%。1936年，铜33 000 000元；加拿大97.11%。1936年，石油，美国64%，荷兰东印度公司25%，英国5.5%。运往日本的原料：英国30%；美国32%。

泰德·阿伦(Ted Allan)；理查德·莫斯曼(Richard Musman)、《多伦多星报》；贝尔纳·穆勒(Bernard Muller)，多伦多学生和平行动委员会主席。

11月19日 1:30，大学，西大厦；15分钟后，又在哈特大厦演讲，30—40分钟[⑩]。

晚8:00，加拿大国会，维多利亚剧院：(1)致敬；(2)中国的和平与民主；(3)因为我们要和平，所以我们要民主。

(1)要和平。你们享有和平，我们却被迫卷入战争。

(2)我们要什么样的和平？我们要自由的和平，我们要真正的和平，我们要平等基础上的和平。生与死的争斗，自由与奴役的搏斗。

(3)怎样得到和平？①和平必须靠争取。它不会像下雨一样从天而降，也不会像吸烟吐气那般喷涌而出；我们为争取和平就必须付出代价。②必须通过合作去争取和平。③争取和平应当与谁合作？民主力量联合起来！被侵略国家的联合抵抗；侵略国国内的民主力量对当权者采取不合作态度；全世界民主力量的相互沟通与携手。

(4)东方和西方可以殊途同归。

(5)世界一体。①战争孕育战争；②侵略鼓励侵略；③全人类无所不在的自由；④警惕不可帮助民主与和平的敌人。

11月20日 1:30，"岭海"[⑪]。下午7时，演讲"犹太人布道"[⑫]。

11月21日 爱德华旅馆，2时，"中国"[⑬]。3时，卡西诺剧院，华侨集会。6时，晚餐。晚8时，基督教青年会。

《中国的战争》：

(1)日本是怎样的一个国家?
(2)日本人民被剥削到什么程度?
(3)日本会停止对华的侵略吗?
(4)以人口作托词的用意何在?
(5)以反共作托词的用意何在?
(6)"向中国输送文明"的用意何在?中国的过去,共产主义的借口。
(7)西安事变的意义是什么?
(8)共产党在目前的战争中发挥什么作用?
(9)资本家在目前的战争中发挥什么作用?
(10)妇女在战争中发挥什么作用?
(11)中国人民将抵抗多久?
(12)和平的条款是什么?仍是满洲问题吗?
(13)如何保证我们抵抗的胜利?
(14)中国除去民主外,还有其他的出路吗?
(15)强加给中国的战争,是否仅局限于中国?
(16)英国援华将达到何种程度?注意!
(17)加拿大可以怎样援华?
(18)华人在加拿大的状况如何?你们将给予何种帮助?

11月23日 渥太华。L. H. 杰金(L. H. Jerkins)。

"培英"[14]初见:陈保罗、司徒一平(副领事)、周在彦、黄昂接、余云中、谭华敦、周材、龚君琏(青年会长,宪政党领袖)、陈荣照(秘书)、方其振、谭复奕、周锦添(培英中学)、H. C. 艾丽丝(H. C. Ellis,中国布道团及基督教协会主席)、查特安・兰斯耶(Chartean Lansier)、梁少强。

22家菜馆,40多家洗衣馆,3家杂货店,2家商店,2家中国餐馆;300—350成人:6人娶中国人,5人娶法国人,2人娶苏格兰人,生22个混血儿、30个中国血统孩子[15]。

11月24日 蒙特利尔。2时,学院,教学生唱歌。下午3时,中华会馆。下午6时,晚餐。

11月25日 12时,"同盟"。

护照:自1937年11月16日延长到1938年5月9日。

11月26日 纽约市。星期五,下午8时,美国中国人民之友社,纽约,拉斐尔特街30号;纽约布鲁克林音乐学院,第7街至大西洋路,星期五上午

8时。

(1)中美友谊。

(2)中国民主处在危险之中。

(3)烟幕:(1)人口过多;(2)防共;(3)不合作;(4)输送文明。

(4)以美国的方式想象中国的处境。

(5)中国人民团结一致抗日。妇女、儿童、农民都行动起来了。

(6)美国人民的作用:①作为《九国公约》的签字国之一;②作为贸易者;③作为民主的人民;④作为一个真正友好、理解中国、帮助中国、支持中国、表达中国的心声的社会团体,通过支持这个社会团体的方式来支持中国。a. 绿叶飘落在母亲大地;b. 危机正潜伏着;c. 银铃般的歌声。

一个教师眼中的中国文化:

(1)文化是劳动的成果。双手创造了头脑,创造了文化。

(2)产生文化或使文化成为可能的双手,则被剥夺了文化成果。

(3)中国文化和西方文化汇合。

(4)在巨大变革的旋涡中:①学者再发现双手;②工农再发现大脑;③重新发现文化是进一步解放的工具,而不是可供戏耍的玩具;④重新发现文化是可供所有参与创造它的人共同享受的,而不是供少数人享受的;⑤重新发现文化是进一步创造的基础,而不是一旦创造后便停滞不前的东西。

(1)理解:《纽约时报》上海特派记者阿本德(Abend):未经充分训练的士兵们,为了拯救国内及国际和平,面临着:生与死的斗争,自由与奴役的斗争。

(2)支持公约。

(3)禁运。

(4)抵制。

(5)援助,通过援助中国之友社援助中国。

(6)黎明前的黑暗,一个新的生命必将伴随着流血而诞生。

(1)为战斗而干杯与为写作而干杯。

(2)在烹调时歌唱与表演歌剧。

(3)鼓励巧取豪夺与乐善好施;给予与索取。

(4)士兵至尊与士兵位卑。
(5)用枪杆输送文明还是用亲善输送文明。
(6)控制潮流还是为潮流所控制。
(7)两个脚趾还是五个脚趾。
(8)先恋爱后结婚与先结婚后恋爱。
(9)必须做的与容易做的。
(10)左还是右。
(11)戴上帽子还是脱下帽子。
(12)名字放在头衔之前还是放在头衔之后。
(13)女士与男士。
(14)遭磨难而死还是对准野蛮人的头颅。
(15)黑漆板凳与赶走丈夫。
(16)美丽的与中国。
(17)由快到慢与由慢到快。
(18)世界中心与世界之外。
(19)月好还是女移民好。
(20)握手与挥手。
(21)用嘴唇跳舞。
(22)有双腿与双脚趾。
(23)迟半小时与早半小时。
(24)青年与老人。
(25)小脚与高眼。
(26)樱桃。
(27)怀疑医生与信任医生。
(28)信仰上帝释罪或相反。
(29)浪费与节约。
(30)不同的上帝。
(31)更有礼貌些。
(32)尊重文化。
(33)家庭成员的关系。
(34)会议程序。
(35)友善对敌。

(36)内容。

(37)食不语。

(38)李鸿章过节。低水平的厨师与美味佳肴。它能使人们强健。

(39)外地来的阴阳先生与牧师。

(40)海军与颐和园[16]。

11月27日 吴耀宗，午餐；陈翰笙，晚餐。

11月28日 8:30，所罗门(Solomon)。11:00，哈里森·布朗(Harrison Brown)。宋·坦恰诺尔苏斯(Song Tancharorsuth)，普林斯顿大学研究生院；内务部长，班能·西亚姆(Banguen Siam)；米仓三清郎。

11月29日 写文[17]。"衣联"，张小姐。

11月30日 星期二，下午8时，赫斯特。

译天津来信。写飞信与小孩朋友[18]。

本月记事

1914年世界大战：3 000亿美元，2 600万生命；为和平而战，战斗的和平主义者为和平而战；无袖手旁观的可能，国内的和平取决于国际的和平；爱好和平的国家，保卫西班牙和中国的民主道义，并将经济力量联合在世界民主阵营一边；10亿人民为国家领土完整，抵制贸易或帝国主义。

1937年10月16日，《我们应否封锁日本》："诺曼·戴维思(Norman Davis)，促使亨利·L. 史汀生(Herry L. Stinson)支持罗斯福—赫尔的动议。美国国务院和英国外交部：总统和国务卿及海军首脑，在上海冲突发生后进行了讨论。罗斯福总统要求海军对日本采取战略封锁。海上封锁由国际联盟或《九国公约》签字国授权。两支舰队分别以新加坡、巴拿马为基地。石油——原属荷兰皇家壳牌石油公司管辖的东印度石油公司，转由英国海军管辖——尚未经历战争。罗斯福总统认为：公众舆论尚未形成。国务卿赫尔认为：人们可期待日本犯错误。英国犹豫：整个舰队在波罗的海和地中海，最后同意派2艘重型巡洋舰、2支驱逐舰中队、2或3艘战列舰；意大利潜水艇；英国海军部犹豫，期待美国能够带头。"

1937年10月2日：日本对外贸易入超，6个月内640 000 000日元。日本丝绸的55%用于出口；其中85%供给美国；美国用丝，97%以上来自日本。"雷马斯"替代素色"里尔线"；里尔线织的袜子可能买到。瓷器、电灯泡、服装饰物、花托盘、家用机电设备、鱼、蟹肉、地毯、玩具、圣诞树装饰品；不得购买丝制品。

中国作战资金：

(1)①“四行”发行额14万万，广东2万3千万；准备金六成，计合共10万万；只须35%，可增发13万万，共30万万。②27 000 000镑借款(英)。③统制汇兑，以国币换回国外存款。

(2)①华北侵略用去4万万余元。②银行准备金，从前十余万万，近只有5万万，将改为13万万准备金；四成发钞，可发32万万；现已发14万万；尚可增发18万万；今年现金外送3万万；因此增发钞券20万万时，生活费必狂升，现金必大流出。

(3)统制汇兑。1月17日，每月输入在3万以上者要许可证；现在在1千元以上者要许可证；日本在外国已无存款。

(4)日本六厘公债售价为82；五厘公债为75；中国四厘半公债为99。其他130 000 000私人的不在内。

日本在华北：1 100 000 000元以上；借款730 000 000；投资183 000 000；企业242 000 000。日本在东北：1 400 000 000元。日本在上海：400 000 000元以上；170 000 000，纺织；150 000 000，输出入；23 000 000，金融；18 000 000，航运；15 000 000，杂制造；5 000 000，文化；2 000 000，其他。

中日捐款之比较：130 000日人，70 000在大埠，捐100 000金元；75 000华人，30 000在大埠，捐1 400 000。

中共与国民党：九月十日，朱德就任“八路”；二十二日，中共宣言，蒋谈话[19]。

“雅丽丝”“摩拿纶”西人大伙〔管轮〕、二伙〔管轮〕及华船员47人，拒运煤赴日。——九月廿五日。法国海员拒运。——十月廿一左右。

印度甘弟〔地〕倡“全印度中国日”，在加尔各答、孟买。仰光、马达拉士拥护中国抵制日货。——九月廿九日。

新西兰列杠尔顿电：起落货工人已决一致拒绝运输日本为目的地之军用品。

联合抵制日货：克雷斯吉600家商店抵制日本瓷器。康斯蒂冈先生(Constigon)，丝绸街；生丝59 419 000元(截止到7月30日的7个月中)。棉布3 607 000元，每天工作14—18小时，每周8元，廉价劳动力。玩具1 092 000元(7个月)。——美国蒙大拿州个体零售商协会建议：纽约杂货商人协会抵制日货。

晚上9:16,阿伦敦;上午5:28,尼亚加拉瀑布;上午8:10,多伦多;白天1:30,阿伦敦;下午9:35,布法罗;上午8:10,多伦多。

1936年9月:铜4 000美元? 镍110 000美元;1937年9月:镍337 000美元。三矿的出口。全部铜矿,英一加合同三年;国际镍公司,80%的股份是外资。1.2亿美元储备,外加4亿。

本月人名录

2日:约翰·艾尔登·卡本托夫人(John Alden Carpanto) 约塞夫·瓦特塞拉(Joseph Watsella) 贝尔内斯·鲁斯(Bernice Ross) 威廉·辛克莱(William Hinckley) 6日:霍纳曼(Honeyman)先生 7日:赫斯特·斯波瑞(Hester Spolrer) 沙拉·休尔瑞(Sara Schuere) 汉那·约瑟夫(Harnah Joseph) 乔治·C. 斯夸亚尔(Gorge C. Squir) 罗依·奥格林(Roy O. Creene) J. 纽曼(J. Newman) 比阿特里斯·弗里曼(Beaterce Friedman) 11日:余标 12日:严金爱 谢明 朱索翰(朝鲜人) 董承光 13日:张仲敏 谢迪安 李圣寿 李秀南 林语堂 C.Y. 陈 所罗门(Solomom)夫人 门(Meng)先生 杜威教授 高先生 14日:罗伯特·泽维尔·吉辛(Robert Xauir Giesing) 阮宗鸿 刘孔嘉 刘修 李兆泉 温沾利 赖有太 刘润东 谢淮羡 陈祀穆 西多弗洛·帕脱尔(Sgdueflo Porter) 贝尼什(Ballis)夫人 G.C. 罗宾逊(G. Canly Robison) 理查德·古德曼(Richard Goodman) 大卫·柯克(David Coker) 埃利森特·吉尔曼(Elisoltt Gilman) 15日:陈超 16日:马·贝尔(Ma Baer) 19日:郑建国 张瑞均 张雪岩 董候芳 杨艳馨 颜春辉 余荣润 罗景耀 刘永福 吴月英 麦翠爱 刘振安 黄恩华 王有信 李家荣 黄泽权 李燕胜 李青兰 希尔达·沃登博士(Hilda Werden) 鲁丝·贝费斯(Ruth Bevis) 21日:布图斯·吉姆女士(Butuce Thim) 雷云玛(Lai Yen Mach) 弗兰西斯·穆尔(Frances Murr) 黄高耀 赵卫平 麦保罗 吴伯虎 特洛德尔(Troadale)夫妇 G.P. 马克(G.P. Mark) 舒尔茨(A.D. Schurtz) 肯尼兹·伍德屋斯(Kennith Woodsworth) S.W. 米切尼尔(S.W. Michener) 内森·J. 内梅兹(Nathan J. Nemetz) 李维沛 李礽泽 钱玉琴 李云龙(Li Yun Lun) 王金树(Wang Gin Shoeh) 24日:黄鼎南 叶永 李仁林 周家烺 李希融 谭文兰 谭文铣 谭裔聪 谭世和 谭礼休 方逢庆 罗超然 谭文赞 阮庚唐 黄超萍 罗彩娟 陈

典镇 黄远逢 李殿崇 李期焜 25日:约翰·D. 如安(John D. Ruan) 26日:多力斯·鲁本斯(Doris Rubens) J. A. 马库斯(J. A. Marcus) 欧内斯特·穆勒(Ernest Moorer)夫人 30日:赫丝特·乔治(Hestol George)

【注释】

①即中华学校,纽约华侨所办。

②即纽约南京皇家饭店,华侨办理。

③指担任纪念第一次世界大战停战日活动组织委员会副主席。

④11月12日系孙中山诞辰,宣传似与此有关。

⑤"纪念周",国民政府机关组织的纪念孙中山的仪式,每周一举行,内容为背读总理遗嘱等;"大使馆",指中国驻美国大使馆。

⑥指与中国驻美大使王正廷大使谈话。

⑦意指人民反对中立,支持反抗法西斯的战争。

⑧陶孟和时任中央研究院社会调查研究所所长。

⑨即加拿大安大略省多伦多市。

⑩"大学",指多伦多大学。是日陶行知在该大学演讲两次。

⑪人名,即钱玉琴。

⑫"犹太人布道"似为演讲的题目。

⑬指作题为《中国的战争》的专题演讲。

⑭即渥太华市培英中学,系华侨子弟学校。

⑮本段所记系调查渥太华市华侨的工作、生活情况。

⑯本段及上两段所记,均为在美国纽约演讲而准备的提纲。

⑰文章内容参见12月1日的日记。实为是日开始构思,12月1日完成。

⑱"飞信",即航空信。

⑲朱德就任八路军总指挥的时间是1937年8月25日,此处所言"九月十日",恐系外报的披露时间。"中共宣言",即1937年9月22日国民党中央通讯社正式发表的《中国共产党为公布国共合作宣言》。"蒋谈话",指1937年9月23日蒋介石发表的承认中共合法地位和两党合作的谈话。

十二月

(美国:纽约)

12 月 1 日 上午 11 时;下午 4:45。

(1)民众运动未开展;(2)空军;(3)蒋的决定[1];(4)汪的关系[2];(5)民主;(6)断绝外交关系[3];(7)苏联的政策;(8)上海如同经济上的杠杆;(9)利用此地呢抑或退回[4];(10)孙夫人与蒋之未来[5];(11)《四强公约》;(12)现在禁运;(13)哈里逊·布朗(Harison Brown)[6]。

12 月 2 日 上午 11 时,于。下午 2 时,西 11 街 150 号。

卢心畲、海伦·麦勒利(Helen Mallery)、海伦·G. 霍尔曼(Helen G. Helman)、铃木文治、山崎近道、玄彼得。

12 月 3 日 星期五。H. 包,6—7,"清一色"。

12 月 4 日 星期六。上午 11 时,杜威博士。1 时,乔伊·法路(Joy Farlow),皮尔街,下午 2:30,教友派会堂,琼斯博士(Refus Jones),纽约东 15 街 221 号,下午 6 时,张博士。

(1)约翰·杜威;(2)王[7]允诺提供 1 000 美金给中华经济研究社[8]。

12 月 5 日 霍尔曼(Hollman)要资料。

下午 2 时,……学校。下午 6 时,巴哥达(Pegoda)[9]。

下午 2 点至夜 12 点,苏世庭,纽约皮尔街 22 号。

12 月 6 日 星期一。下午 5 时,巴哥达。

发电与甘地、罗兰、罗素、爱因斯坦四先生。杜威先生同意信、电稿[10]。

12 月 8 日 纽约。李信慧来见。

草拟墨西哥讲演。草拟杜威先生等宣言。

12 月 9 日 星期四。上午 11 时,孟禄。

12 月 10 日 上午 10:30,布朗(Brown)。12 时,雷迪弗(Redifer)。

伊凡林·西尔弗(Evelyn Silef),纽约东 33 大街 350 号(山姆利交斯的一位修女)。广告部阿拉约(Arango)。

下午,"新汉口",讲演:庆祝北京学生运动[11];为和平建绿色乡村。

12月9—10日 加西亚(Garcia)。

12月11日 星期六。30街,来星顿。

S. C. 莫克吉(S. C. Mukergi),西108街320号。

下午1—2时,布朗·巴哥达。下午8:30,中国青年会国际楼,关于墨西哥的演讲。

12月12日 午12:00,欢迎墨西哥友人。下午2时,中华学校。下午4:30,R. 布卢迪斯基(Ralph Brodsky),西57街205号,电话:Ci7—1344。

12月13日 发"四先生宣言"[12]。寄钱。还布朗钱。

12月14日 下午5:30,所罗门(Solomon);晚,所罗门。

写信与汉口韬奋、小桃,屯溪姚文采[13]。

大学演讲[14]。

12月15日 16日下午8:30,派克威湾犹太会堂[15]。

12月16日 午12时,纽约市立学院。下午8:30,和平同盟,论坛,"派克威"。

复制罗曼·罗兰先生函件。

蒋氏在汉口:"中国将来成功之基础是在全中国之农村及中国人民之坚决意志。吾人之武力抵抗,是民主政治对帝国主义狂暴武力之战。"

12月17日 依曼纳尔(Emannel和休斯Schurs),公园路11号。下午2时,杰伊·依曼纳尔(Jay Emannel),西23街168号。

寄航空信有:中林、蔡承新、鸣珊、彬和。

12月18日 下午6:30,"旅顺楼"。

伊凡吉林那·安特·伏汉(Evangelina Antay Vaughan),美国莫日尔联盟主席,百老汇多芬旅馆。

12月19日 上午10:30,"南京"。下午1时,中华学校,苏先生[16]。下午4时,费什尔(Fisher)。下午6时,"南高""东南""中央"[17]。

下午5—8时,皇家温莎舞厅,六千人。

12月20日 下午2:30,东44商业街155号,哈里逊·布朗(Harrison Brown)与我,共同会见约翰·T. 博比特(John T. Bobbit)编辑。

下午8时,《今日中国》杂志社。

撒母耳·纽特迈尔(Samuel Nutermyer):巴尔的摩反纳粹同盟抵制日货。

12月21日 下午4时,克莱尔蒙特140号。下午7时,"中国",巴哥达。

寄飞信与沪“中”、汉“晓”、“白”及全体同志[18]。

12月22日 上午11时半，在大学访杜威教授。印度来电与杜威先生(尼赫鲁)[19]。

下午5时，为日本人举行露天会。

寄汉口“电”，600美元，“家”“公”用[20]。

12月23日 国际妇女争取和平与自由联盟：多罗西·德兹尔(Doroth Detzer)女士、诺尔曼·托马斯(Norman Thormas)。

12月25日 约翰·W. 柯尔佛夫妇(John W. Culve)。威斯康星州麦迪逊(Madisson)，恰伯林(Chainberlain)2548。

12月26日 12时，大使[21]。下午2时，中学〔华〕学校。下午6:30，马尔沙特·E. 弗里斯(Marsatret E. Fnies)。

12月27日 12:30，宴杜威先生家。下午8时，朱发云。

12月28日 12时，蒙宁街106号。

下午3时，大中央车站；下午8时，彭基皮埃(Pongh Keepsie)讲演《教育在中国为自由而斗争中的地位》。

12月29日 纽约泰瑞·列文高级中学讲演：

(1)集体安全。①帝国主义者并不争取集体安全，他们所力保的是个人安全；②防备对战争贩子采取中立态度，国际安全才是消弥战争的可靠保证；③没有富兰克林的集体安全，你们也不会有美国的自由；④使你们的政府倾听人民的呼声，要宪法的权利、革命的权利。

(2)“牛津誓约”。①逃避现实；②中国人不签字——为我们的自由而战、为他人的自由而战。让中立法案滚到中性动物一边去！让牛津誓约滚到牛那儿去！

拉什迪的三处表决[22]：第一处，129赞成，39反对；第二处，138赞成，46反对；第三处，217赞成，1反对。

高级中学表决拉什迪决议：(1)替代的决议，13票赞成，70票反对；(2)83票中8票反对拉什迪决议。纽约教师联盟：以1 800票赞成、40票反对通过类似拉什迪决议的决议。

《裙子》(英文诗歌，原无题)。

《波涛》(英文诗歌，原无题)。

传播福音的火车上，没有禁止黑人的规定。小范围议会：

(1)左派 175,(2)中间派;(3)右派。

致西塞·沃蒂兹(Sesar Ortiz)先生:在你 22 岁生日之际,“牛津誓约”该还给牛。什么时候我将说:我们能抓住纳粹狐狸,把法西斯主义关进笼里,将日本的天花瘟疫隔离。

12 月 30 日 下午 3:44,去车站。下午 5:55,30 分钟。下午 7:20。

本月人名录

4 日:贝尔·贝克尔(Belle Becker) 萨法·卡姆纳(Safe Communer) 6 日:洪兴 林泉 哈里逊·布朗(Harrison Brown) 7 日:周来弟(Letty Chow) 韩寿萱 刘大荣 10 日:伊夫林·西尔弗(Evelyn Silver) 阿拉约(Anaujo) 11 日:S. C. 莫克吉(S. C. Mukerji) 12 日:梁庆廉 苏世庭 13 日:郑通腾 14 日:张冰轩 J. 伊利奥特·费希尔(J. Elliott Fisher) 詹姆斯·韦斯特(James West) 王苍 W. F. 巴克姆(W. F. Barkm) 波蒂特·詹姆哈拉尔 (Poerdit Jamehalal) 阿拉哈巴德·洛拉(Allahabad Lora) 阿兰达·本茨曼(Aluda Bhceman) 尼克(Vesly Nyc)博士 沃勒尔(Frank Waler) E. 哈图(Elawe Hartou) B. 维巴(B. Weba) 15 日:卡洛林·J. 帕尔特(Caroline J. Porter)女士 17 日:门都萨(Mendosa) 哈里逊·布朗(Harrison Brown) 19 日:希拉利·内维特(Hilary Newitt) 弗里德斯(Leonerd V. Firdes) U. F. 奥米特(U. Feminas Omitt) 22 日:H. C. 涂王弘 23 日:罗伯特·路维兹(Roberta Lowitz) 吴经昌 曹明昌 29 日:约瑟·路易斯·皮尔斯(Jose Lowis Perez) 西塞·沃尔兹(Cesar Ortz) 乔治,贝尔纳德(George Barnard) 查理·弗兰卡(Charles Flank) 斯坦利·米考斯基(Stanley Milkouski) 贝尔纳·迈尔斯(Bernard Myers) 朱利叶·史密斯(Julia Smith) 科美利亚·布劳格曼(Comelia Braugman) 吉恩·霍内(Jean Horie) 安娜·V. 瓦索尔(Anna Verenla Vassor) 菲利斯·弗雷德里克·雷底弗(Phyllis Fredrick Reddiffe)

【注释】

①指蒋介石承认中国共产党的合法地位,开始第二次国共合作的决定。

②指汪精卫与蒋介石及国民政府的关系。

③指断绝与日本及其他法西斯国家的外交关系。

④“此地”似指上海。1937 年 8 月 13 日日寇进攻上海,即是为了“利用”

此地的经济实力。

⑤孙中山夫人宋庆龄与蒋介石向来存在歧见,指抗战开始后两人关系的变化。

⑥本段系论文的写作纲要。参见11月29日的日记。

⑦即中国驻美国大使王正廷。

⑧中华经济研究社是民间学术团体,由陶行知筹创。当时主要研究美国军用物资的输出与日本军用材料的购买之经济关系,为对日禁运提供了理论依据。

⑨即布朗·巴哥达,人名。

⑩指以杜威先生的名义,函电甘地等先生,邀约他们共同发表反对日本侵略中国、共同抵制日货的宣言。

⑪指庆祝北京学生"一二·九"运动两周年。

⑫指杜威、爱因斯坦、罗兰和罗素四先生所发表的宣言。印度的甘地回电同意稍晚,因而未能在宣言上署名。

⑬即汉口的邹韬奋、陶晓光;陶行知的三子陶刚当时由陶行知的老友姚文采代为监护。

⑭指到纽约大学演讲。

⑮系次日预约在此演讲。

⑯即士工音乐研究所的苏世庭。

⑰指南京高师、东南大学、中央大学在纽约的毕业生。

⑱"中"即中国银行(上海);"晓"指陶晓光,"白"指戴白桃(伯韬),他们当时与生活教育社的同志均在汉口。

⑲指尼赫鲁代甘地致电杜威,同意发表共同宣言。

⑳"电"指电汇,"家"指家用,"公"指生活教育社费用。

㉑指会见中国驻美大使王正廷。

㉒据内容分析,似系拉什迪所提出的议案,该案要求美国放弃中立立场,参加反抗法西斯的战争。

一九三八年

一　月

（美国：纽约；加拿大：威兰德·汉密尔顿·温泽·
多伦多·蒂明斯·威廉要塞；美国：圣保罗）

1月2日　布卢姆费尔特公司，第3、4大街，东14街。克拉克(Clark)，第7号大街波罗街89号。

1月3日　英国领事馆，百老汇25号。哈里森·布朗(Harrison Brown)，东28街第4号拉姆饭店。

下午6:30，"旅顺楼"。

1月4日　工人书店，新百巷汇，东13街50号。

下午4:30，鲁本(Ruben)。下午6时，罗威特(Lowitt)。

1月5日　上午9:30，大使馆会议厅。

新星第7大街723号203室。

"起来，饥寒交迫的奴隶！起来，全世界的穷人们！满腔的热血已经沸腾，这是最后的斗争。旧世界打得落花流水，奴隶们，起来，起来！莫要说我们一钱不值，我们要做天下的主人。（众和）这是最后的争斗！团结起来到明天，这英特纳逊纳尔苏维埃，这是一定要实现！"

1月7日　(1)回形针与针；(2)温莎(Windsor)；(3)摇篮欲动；(4)劳工舞台。

1932年2月，日本100万人选举社会民众党。

莫托(Moto)先生，中文的"抗日"不是"反日"。

1月8日　刘成基先生，莫特街11号3楼。

洛杉矶；桑·彼德罗；长滩；旧金山。

上午8:30，威兰德(Welland)。9:15，大中央车站。9:25，第125街。

下午4时，西8街52号，本日大卖出。

1月9日　C. T捐《今日中国》300美元。

送别会[①]。苏·爱克斯坦(Sue Echstein)，纽约第5大街57号。

1月10日 寄800金洋与D.G.罗(D.G.Law)。交《今日中国》300美元。

三赴加拿大,郑领事电报之效。

1月11日 加拿大威兰德城。加拿大尼亚加拉瀑布:瀑布小姐弹水琴,唱歌。在克利夫顿人酒店午餐。两兄弟:名叫英格兰。汽车夫喊我"中国伙计"。

1月12日 汉密尔顿。12:55,午餐用15分钟,麦克马斯特大学。2:30,CHML广播电台,10分钟。4:30,与乔治·米克拉欣·布朗(George Mclasen Brown)爵士一起用茶。6时,华人晚餐。8时,群众大会,第一联合教堂主日学校。

1881年,建筑加拿大太平洋铁路,100 000华工。

萨姆·劳伦斯(Sam Laurence),汉密尔顿地区工商理事会康特罗尔市理事长。

1月13日 圣·凯瑟林[②]。中午12时,吉瓦尼斯俱乐部,"我们建造"[③]。下午2时,重游尼亚加拉瀑布。

1月14日 乘车计划:上午6:18,离圣·凯瑟林。上午9:35,经汉密尔顿。下午2:10,抵温泽。

1月15日 乘车计划:上午10:10,离温泽到汉密尔顿。下午2:20,C.N.R。乘出租车到C.P.R。下午3时,离汉密尔顿。下午4:25,到尼亚加拉瀑布。早5:53,离尼亚加拉瀑布。上午8:10,抵多伦多C.N.R[④]。

下午1时,岭海。

洪钟,Ad3957;黄镜风,Wa5708;司从,Ad6674;林,Ki0959;C.Y.M.C.A,Ad4739;岭海,Ad6674。

1月16日 多伦多。J.W.布克雷(J. W. Buekley),多伦多工会理事会书记;伯西·雅菲(Percy Yaffe),工会和平民主联盟及多伦多地区执行工会理事会主席;维京尼亚·麦克劳(Virginia MacLeol),加拿大和平联盟。

马塞会堂,4 000人到会[⑤]。

1月17日 圭尔夫[⑥]。佛兰克·W.施菲尔德(Frank W. Schfeeld)博士,《海牙法庭秘闻录》。麦克卢恩(Mclune)博士,芝加哥摩迪圣经学校。

1月18日 柯克兰湖。下午1时,文学艺术俱乐部,诺尔曼·麦克利安(Norman Mclean);诗人:查尔斯(Charles)、Q.D.罗伯茨(Roberts)、A.N.

斯特芬斯(A. N. Stephens),温哥华。

《重返多伦多》最后一段:“艺术最美好,激起心湖无垠波涛;无拘无束,无边无际,非形非声地倾诉奥妙。”[7]

亚瑟·希斯默(Arllsser Hirmes),多伦多艺术陈列馆。

多伦多,今天零下 4°。

1月19日 蒂明斯。1:30—4:00,两学校[8]。下午 6:30,李氏饭庄。晚 8:15,协和会堂,第 4 大街。晚 10:30,华人俱乐部,第 2 大街。

巴特里克·蒙克(Patrick Mouk),安大略省蒂明斯市中国之友委员会主席;J. 佩斯特(J. Pester),工人合作委员会;埃特里亚·科帕斯(Etenia Copps),《蒂明斯日报》;W. W. 唐纳(W. W. Tanner),蒂明斯市高级职业学校。

海伦·E. 卡西(Helen E. Career),蒂明斯市高级职业学校要有关中国书的篇目。

霍林格矿:3 000 矿工,250 英里地下运输线,2 小时路程。

183 华人,妇女 5 人[9],蒂明斯制鞋工。

巴内·罗斯克(Barney Roscal)先生,使我落泪。

协和会堂 350—400 人;晚餐 66 人;10:30,汤姆(Tom)寓所,100 中国人。

W. S. 柏雷克(W. S. Blake),高级中学,安大略。

1月20日 130 学生;蒂明斯高级学校:昨天 450,今天 400[10]。

下午 2:05,离蒂明斯市,下午 5 时到科切兰。汽车到科切兰。

安大略科切兰皇家饭店:菲利普·方、李玛利、朱查理。

科切兰:3 000 人的小镇,4 家中国咖啡馆,以前是铁路干线交会处,现在只有支线经过。

茶会:40 人,参加者广泛,有镇长、银行家、部长、工人等。最受爱慕的名星李玛利主持茶会,会后用出租车送客人回家。

8:15,圣公会教堂,130 人参加,主教主持。

1月21日 早 6:30,离科切兰赴斯瓦斯迪卡。上午 10 时,到斯瓦斯迪卡。

温瑞鸿,矮瘦,爱德华国王饭店。

柯克兰湖:J. 康贝尔(J. Campbeel)、查尔斯·斯密斯(Charses Smith)。

1937年12月28日:“竹笠丸”及“二见丸”船员罢工——“吾人不为侵略者张目”。

詹姆斯. E. 格鲁哈姆(James E. Gruhum)夫妇,格鲁哈姆夫人曾在中国成都生活过。

圣三一会联合教堂,250人,140美元[11]。

道·瓦尔登(Dau Worden),柯克兰湖《北方新闻》编辑[12]。

去B. C. 饭店。对马克一家的印象很好。

1月22日 上午9:00离开;去诺斯贝[13]途中。

爱得利克·苏库(Eduric Suku),《瓦浦斯报》发行社经理;此报是加拿大唯一的芬兰文报纸。

16 000:9家华人咖啡馆,40华人;4家洗衣店。

下午9:25,到萨德伯里。

1月23日 2:30,对华侨演讲。8:30,教堂,800人。

铜崖,镍最先提出;290 000吨,每磅0.35分,盈利15 000 000美元;世界95%的镍在乔治湾的柯尔伯恩港出口,镍在柯尔伯恩和英格兰被精炼。存储量,200年。用途:(1)汽车;(2)飞机;(3)家用;(4)莫涅尔合金[14]。以上数字不是谎言,而是事实。

乔·C. 麦克威蒂(Geo. C. McVitty);M. 麦克拉克伦女士(M. McLocllan),护士,台尔曼大夫的助手。(1)牧师——圣·维欣(St. Vrsion);(2)护士想到中国去——白求恩(Bethune)。

矽肺——金矿的危害;去年获纯利2 600万美元。

1月24日 星期一。早6:30,离湿布里[15]。

1月25日 亚瑟港。2时,亚瑟港及威廉要塞市长。3:15,技术学校;500人在技术学校。8时,会议。

桑德拉·巴顿·艾伦(Thudne Burton Allen),亚瑟港的《新闻年鉴》;拉尔夫·P. 杨格(Ralph P. Young),《时代》杂志,加拿大威廉要塞;C. M. 罗斯(C. M. Rose),威廉要塞市长。

上午9时,威廉要塞技术学校[16]。W. A. 麦克威廉(W. A. McWilliams)。

叫T. T. 朱致信弗里曼(Freeman),加拿大安大略亚瑟港卫维瑞街349号。李亨利,威廉要塞,圣保罗咖啡馆,靠他访问所有中国人。

《凤阳歌》。

《开路先锋》:"轰轰轰……哈轰,我们是开路的先锋。哪怕你关山千万重,几千年的化石,积成了地面的山峰。前头没有路,人类不相通。是谁障碍了我们的进路,障碍重重。大家莫叹行路难,叹息,无用,无用,我们,我们要,要引发,地下埋藏的炸药,对准了它,轰、轰、轰、轰,看地塌山崩,天翻地动,炸倒了山峰,大路好开工,挺起了心胸,团结不要松,我们,我们是开路的先锋。"

《农夫歌》。

1月26日 豪·帕斯隆(Howe Parslon)要诗。

威廉要塞技术学校840学生;W. 格林(W. Green),威廉要塞技术学校校长。

M. 约恩森(M. Jorgensen),大湖纸业公司,年产11万吨,北美最大的纸厂(英格兰有一更大的);此处纸宽304英寸,英格兰为320英寸。硫化纸浆的需求来自日本,价格由65美元降至50美元。

造纸:(1)圆筒木。(2)沙〔砂〕石机磨木成粉,用水冲,80%是纯纸浆,20%是磺化纸浆。2 000马力,9条生产线,18 000马力。(3)清粗片每天22 000加仑。

3—4 000平方米,1柯德[17]本料=100立方英尺微密木=128立方英尺柴堆。每英亩3—10柯德。黑云松,110年,直径3—4英寸,砍伐。将来对木材要付出更多的代价。

每卷1 600磅,40美元。《芝加哥每日新闻》年需求量15 000吨;《底特律新闻》年需求量30 000吨。全厂10 000 000。

24小时生产380吨,每周6天。400工人,每小时54美分—2.1美元。使用的机器,是纽约沃特敦(Watertown)的贝雷(Bayley)和赛瓦尔(Sewall)提供的。从纸浆到成品装上火车,4小时。N. S. 格兰特(N. S. Grant),中国工程师。

佩特森有限公司,私营。由代理商购进谷物,时机合适便出售。购销能力400 000蒲式耳。小麦60磅,黑麦56,大麦48,燕麦34,每车装1 500蒲式耳。更为现代化的谷仓:萨斯喀彻温省的7号仓库;最大容量为7 000 000。35,通常;18,现在;1 250马力;每小时运送、装卸谷物1 500。4个最高等级,不允许混装。依靠剧烈转动使其半干燥。提高蛋白质及葡萄糖含量。使用罗格威机器。1 500 000美元资本[18]。

(1)在加拿大,工人〔年〕收入低于 1 000 美元;(2)人均纯利润则为 3 000 美元。

下午 8 时,市政厅,安德逊(Andersen)。

俄国汽油用于日本汽车危险。司机靠左行驶。全国退伍军人协会举行大会,全城彩灯华丽壮观。

1 月 27 日 温尼伯[19]。6 时,基督教青年会。

1 月 28 日 戈登・卡姆费尔(Gorden Camphel)博士,成都华西联合大学;W. J. 林达(W. J. Lindal)博士,加拿大妇女俱乐部主任;M. 艾来德・道格拉斯(M. Elled Douglass)博士。

1 月 29 日 下午 6—9 时。加拿大国际事务研究所,麦克基邦(McGibbon)博士。

温尼伯华侨抗日救国会刘维炽。

1 月 30 日 加拿大布兰登。5 家洗衣店,3 家华人咖啡馆,40 中国人。

城市人口 18 000 人下降至 15 000 人。

布兰登印第安人寄宿为校:179 名学生,年补助金每人 161.50 美元。对学生讲话,从幼儿园到 10 年级。

白人娶印第安姑娘,可得 150 美元及 320 英亩土地。这一法律七八年前废止。

十二月三十晚,夏历[20]。

圣保罗联合教堂,布兰登,1 000 人出席。布兰登学院:贾斯・艾奇逊先生(Jas Aitheson)、R. 麦克格里哥尔・弗雷塞(R. MacGregor Freser)。

"亲爱是弥合种族和血统的纽带,亲爱是生育我们的大地的情怀。但更亲爱的还是兄弟般的情谊,它是联合起全球赤诚的纽带。""忍受压迫的悲哀和痛苦,戴着奴役的锁链高歌。宝贵的血虽将流尽,但自由终将属于我。——伯恩斯(Burns)作""上帝护佑我们仁慈的君主,万岁!我们高贵的君主。上帝保佑君主,赐给他胜利的幸福与荣誉。永远统治我们!上帝保佑君主!"[21]

1 月 31 日 火车下午 6:35 离开,2 月 1 日下午 3 时到芝加哥。恩特・埃默森(Entre Emerson),车费 30 美元。飞机 2:45 离开,当日下午 11:50 分到达芝加哥,费用 29 美元,返回 30 美元[22]。

离开温尼伯,2:45;到达彭比纳,3:25;到达芝加哥,晚 11:54;火车,上午

8:30;纽约,上午6时。

零下40°,冷!

本月记事

12.9:上午11时,孟禄;12.10:上午10:30,布朗;上午12时,雷迪弗;下午,新汉口;下午,演讲。12.11:下午1—2时,布朗·彼哥达(Brown Pegoda);下午8:30,中国青年会国际大楼。12.12:午12时,欢迎墨西哥友人;下午2时,中华学校;下午4:30,R. 布卢迪斯基(R. Brodsky)。12.14:下午5:30,所罗门,晚,所罗门。12.16:午12时,纽约市立学院;晚8:30,"论坛"。12.17:下午2时,杰埃门纳尔。12.18:下午6:30,"旅顺"楼。12.19:上午10时半,"南京";下午1时,中华学校,苏先生;下午4时,弗什尔(Fisiher);下午6时,汤姆和李。12.20:下午2:30,东44商业街155号;下午8时,《今日中国》。12.21,下午4时,克莱尔蒙特140号;下午7时,中国"彼哥达"。12.22:上午11:50:在大学访问杜威教授;下午5时,为日本人举行露天大会。12.26:12时,大使;下午2时,中学〔华〕学校。12.27:午12时半,杜威先生家;蒙宁街106;下午8时,朱发云(Farin Chu);下午3时,大中山车站;下午4:30,彭基比塞。1.3:下午6:30,"旅顺楼"。1.4:下午4:30,鲁本(Ruben);下午6时,罗威特(Lowitt)。1.5:上午9:30,大使会堂。

本月人名录

3日:哈里逊·布朗(Harrison Brown)　7日:查理·克鲁姆宾(Charles Krumbein)　8日:刘成基　11日:黄益　黄伦德　黄宽　甄盛　胡慧　谭照　邝李荣　李美玉　黄成　12日:约翰·D. 翰斯通(John D. Johnstone)　乔治(George)爵士　布朗(Brown)夫人　托米·高姆凡(Tommy Gomvon)　乔治·萨瓦·李(George Sawa Lee)　梅红(Mae Hong)　依格·霍恩(Ing Hoan)　李·G. 约翰(John G. Lee)　布莱德·弗莱明顿·李(Bred Flamilton Lee)　13日:圣·凯瑟林(St. Catherine)　瓦尔登博士(Worden)　吴汉杰　14日:李剑侠　李叙东　吴津池　李惠文　王美丽　15日:威廉·斯特朗(William Strong)　艾伦·诺博斯托(Allen Noblstor)　约翰·斯摩勒(John Smaller)　洪钟　黄镜凤　岭海　醒华　何彭国惠　刘希之　梅尔·马克斯(Mewyr Max)　C. K. 陈　C. H. 燕　H. W. 洛锐

(H. W. Lore) 弗洛仑斯·彭(Florence Pen) 焦耳·英那克思(Seore Enaumx) M. 哈什甫(M. Haspel) 莉妮·扬(Lily Young)小姐 16日:芬涅·巴雷特(Fannie Barrett) P. S. 克婉(P. S. Kwan)女士 埃得娜·巴雷特(Edna Barnelt)女士 朱梅姆(May Mo Thu) 路易斯·帕伦诺(Lewis Palernuo) 莱米(Laimi)小姐 M. J. 柯德威尔(M. J. Coedwell) J. B. 萨尔斯伯格(J. B. Salsberg) 圣·玛丽王 麦全信 曾凤仪 麦丽贤 麦翠爱 曾凤毛 李素凤 麦贞梅 高瑞兰 马淑清 麦保罗 18日:R. G. 斯特鲁绎斯(R. G. Struthess)博士 19日:温瑞琪 方文燎 刘孔衢 李大卫夫人 F. W. 辛普森(F. W. Simpson) 卫恩·昆内斯(Warne Kunes) 罗杰斯(Rogers) 罗灼 威廉姆·文(Willian Wun) 方白蒂 威灵顿·奥尔乌斯托利(Wellinton Arwstory) 洛拉·麦克劳德(Nona MacLeod) 贝蒂·冯(Betty Fong) J. L. 托恩斯(J. L. Torrence)博士 李洪尼(Lee Homey)博士 阿姆斯特朗(Amstrong) 20日:R. R. 布来台德(R. R. Blerted) A. G. 马克劳德(A. G. MacLeod) 21日:卡尔门斯(W. R. Calements) R. 特拉斯尔(R. Trussler) 兰达夫·帕坦(Randoph Pattan) W. R. 布莱克(W. R. Blacks) 克里斯·史密士(Chris Smith) 李·麦吉利锐(Lee Megellivray) W. 舍恩(W. Shane) 周查理(Charles Chow) 郭成(Geo Chin) 22日:梁三携 杨旌学 杨继吾 李学韶 龚乾初 伍振鹰 李崇三 甄刚伯 伍碧梧 李买 李春 林郁 林淡 彼得·卡皮什(Peter Karpish) S. 索楚克(S. Sauchuk) J. H. 吉达特(I. H. Jeldart) 杰·比灵格斯(Joe Billings) E. 汤姆逊(E. Tommsion) 拉维托(P. Ravretto) C. 克利弗(Copper Cliff) 25日:林·司图尔特(Lin Stewart) 威廉·伊普(William Yip) 阿利·特雷尔(Aley Tlerr) 刘·W. 李(Leo W. Lee) 威廉·福特(William Fort) E. T. 霍特基斯(E. T. Hotekkiss) 威廉·马歇尔(W. Marshall) J. C. 罗宾逊(J. C. Robinson) 福雷德·O. 罗宾逊(Fred O. Robinson) 黄文 李长 黄正 笪山 M. 约恩森(M. Yorgension) 王·克勒布 洪·利特 阮洪 刘振魂 叶卫民 黄恭任 黄华见 叶振达 钟玉堂 钟美针 黄荐章 黄锦祥 黄深 黄瓒彰 林近第 杰尼·麦克斯基(Jeeny Mckoskg)女士 雷娜(Leina)女士 凡渥莱特·帕基(Feuled Pagi)女士 亚历克赛·吉博森(ALec Gibson) 26日:S. T. 麦克·卡佛尔(S. T. Mc Cavour) 布克(Burks)女士 李崇殿 27日:

王益　28日：M. J. 福金（M. J. Forkin）　E. 约翰斯顿（E. Johnston）夫人　M. 普兰（M. Pullan）夫人　L. M. 戈尼克（L. M. Gonick）夫人　R. B. 亨特（R. B. Hinter）　M. 艾来德·道格拉斯（M. Elled Douglass）博士　W. M. 麦克劳克尔（W. M. McLuaker）夫人　C. J. 波麦克（C. J. Bermak）夫人　30日：黄显逢　梁松生　贾斯·爱瑟生（Jias Aitheson）　高斯（Goth）　31日：洛仑兹·威廉斯（Lonenz Willams）　N. 达克·朋比那（N. Dak Pembina）

【注释】

①指美国纽约陶行知的友人为他赴加拿大而召开的送别会。

②圣·凯瑟林，加拿大城市名，距离尼亚加拉瀑布较近。

③似指该俱乐部为中国人所建造。

④此段被框去的两项为：下午4:45，离汉密尔顿到多伦多，下午5:40，到达多伦多。最后两项也与所记有所不合：下午1:10，离尼亚加拉瀑布；下午3:25，到多伦多。

⑤指陶在多伦多马塞会堂讲演，到会者有4 000人。

⑥圭尔夫是加拿大安大略省东南部城市。

⑦此诗原系英文，由编者译出。

⑧指加拿大蒂明斯市的高级中学和高级职业学校。

⑨指蒂明斯市183位华侨制鞋工中，有5位华侨妇女。

⑩“130学生”似指高级中学在校或到会的学生；“高级学校”即高级职业学校；看来，陶是日又到该校考察或演讲。

⑪指250人募捐得140美元。

⑫道·瓦尔登在陶行知的日记本上写了如后的话：“介绍中国陶行知博士给《温尼伯论坛》萨斯卡通的兰达夫·帕坦先生和W. R. 比兰克，或克里斯·史密士，或李·麦吉利锐。”

⑬指离开斯瓦斯迪卡，途中在诺斯贝停留；诺斯贝，安大略省南部城市，尼布辛湖东北岸。

⑭即用镍、铜、铁、锰所冶炼出的一种合金。

⑮“湿布里”，陶行知手迹；通译萨德伯里。

⑯似为预约次日9时到该校演讲或考察。

⑰“柯德”，加拿大的木材计量单位，即8英尺长、4英尺宽、4英尺高的木

料;1 柯德为 128 立方英尺。

⑱以下还有三段类似的文字记载,约 200 字,略。

⑲温尼伯是加拿大马尼托巴省省会,世界最大的谷物市场之一。

⑳即中国农历除夕夜。

㉑本段从笔迹分析,系他人题写或抄录。

㉒本段内容为旅程计划。

二　月

（美国：圣保罗·芝加哥；英国：伦敦·爱尔兰·利物浦；荷兰：鹿特丹·海牙·阿姆斯特丹；比利时：布鲁塞尔；法国：巴黎）

2月1日　在微风中由圣保罗抵达芝加哥。

2月2日　J. 罗布(J. Lorb)致陆璀的信[①]。

中国运动委员会，伍德曼(Woodman)女士；国际联盟，基尔伯特·莫利(Gilbert Murray)爵士；国际和平运动，柯尔·贝克(Keel Baker)先生；郑康旌，由中华学会转，《英国对日本侵略的观点》一文抄件。

2月3日　同几位美国朋友在切尔西(Chelsea)餐馆吃快餐。"他们将永远忘不了他们亲爱的陶行知博士。——埃斯特(Esther)。"[②]

在"贝伦加里"号船上[③]。

罗布(Loeb)、埃斯特(Esther)，陈翰笙、所罗门(Solomon)、陈领事及所罗门的朋友[④]。

宏、华、季平、白桃，十二月廿七信收到[⑤]。

2月4日　狂欢之夜。

2月5日　艾迪·A. 阿克洛德(Addy A. Acklowd)，西伯利亚斯维尔特洛夫斯克人；肖洛伦·阿拉赫姆(Sholemn Alachem)，"祝你安宁！"[⑥]

2月6日　"在你死后，可进天堂。幸福将至，全是撒谎。"——一工人作。诗是像我这样的笨人写的。但只有上帝能创造生命之树。南方的说法是："但上帝只会创造生命之树，剪刀比笔杆更有威力。"

2月7日　学习俄文[⑦]。保罗·N. 琼格逊(PaulN. Ghongssion)。瓦坦(Varten)，马米戈里安(Mamigohian)，2 000年之前，中国放骡兜，美国？

2月8日　鲁丝·台尔林(Rose Terlin)，瑞士日内瓦，世界青年大会，世界基督教学生联合会。马德里未爆炸的炸弹是荷兰工人制造的。马龙(Marron)遇到一个人，拿着一个大包，"我的房子被炸了，这是修理用的墙纸"。

2月9日　下午3时，切尔伯里(Cherberny)。下午7时，普茨茅斯海军基地。花两天半时间整理行装，昨天扔掉了一皮箱。9时将到南安普敦。早晨得到登岸卡。下午7:10，到移民局盖章，5分钟便完事，在美国恐怕得花5小时。

2月10日 700代表，女修道院花园剧院及阿道夫剧院举行群众大会[⑧]。执行会，15G. C[⑨]。

皇家饭店，胡教授，卢梭广场。

日内瓦代表：吴晓峰、李平衡；巴黎代表：李石曾、吴玉章、王海镜、钱端升、谢寿康；伦敦代表：王礼锡、王景春、李德璠、张彭春、朱宝贤、林咸让，熊式一；柏林代表：戴鸣钟、程其襄、刘锴。

2月11日 下午1:15，"新探花"，梁鋆立、程沧波。

汉口[⑩]：□□主席，5 000人；77，名誉主席团，孙夫人名誉主席团主席；邵力子主席，后改宋子文主席、邵副主席；150理事；钱俊瑞副主任，宣传部；李石曾，首席代表；英：林咸让；法：徐岭海；中：朱宝贤。宋，开会词；李璜、郭，闭会词；顾，群众演讲。

曾宪猷，中国驻意大利使馆代表：伦敦到罗马，"三等"，来回约8镑。

下午4时，大使馆茶会：王礼锡报告：历史，布鲁塞尔；中国分会[⑪]；欧洲局；扩大运动。中国汉口大会，150理事、77名誉主席。讨论：推主席；报告；代表团组织；代表与联络；提案，经费；演讲；委员会。

2月12日 下午3时，委员会[⑫]。下午7:05，中华学会。8:30，国际联盟。10:30，牛津街英国工业大厅：21国，1 000代表，贝克(Baker)主席。西塞尔(Cecil)、吉尔(Chilel)、克里什曼(Chrishman)、儒欧(Jeruhaul)，麦克劳德(Mcleod)。

技术委员会：(1)劳工掌管战争物资；(2)英国及荷兰的油轮及石油；(3)抵制货物品种：丝和棉织物；(4)对政府运作施加影响；(5)对集体安全施加影响。主席：(1)禁运；(2)抵制运输；(3)信用。

(1)美国监视巴拿马；(2)英国监视新加坡；(3)其他更快的禁运办法。支持南安普敦的码头工人拒运贝伦加利亚号轮的货物[⑬]。乌特利(Utley's)女士：在经济和政治上抵制货物和原料。

(1)和平时期6个月储存的油量，等于战争时期1—2个月的用量；(2)粮食可以自给，但肥料不够。技术问题：(1)美、英政府；(2)美国装运货物量60%为挪威；(3)贷款，战争的核心；(4)工人的力量随时可能释放。

(1)买什么与不买什么；(2)良好的组织；(3)存户对于向日本投资的银行怎样处置；(4)对损失者的补偿；(5)经济封锁有别于抵制；(6)共同努力可

将战争的危险降到最低限度；(7)新的中立可以改变；(8)战争所用的原料。

卡西奥(Cascio)：(1)货物的产地(来源)；(2)失业问题；(3)与受损者交易以制造舆论。

劳工理事会主席史密斯·斯奎尔(Smith Sguarl)；支持码头工人强制实行禁运。

下午6:00，零散而闭；开150人，散30人。

2月14日 下午3:30，麦克劳(MacLeod)，饮茶。

牛津街，中华学会，大使馆。吴玉章，泰戈特(Turgot)旅馆，巴黎特里格斯大街76号。

2月15日 卡尔·马克思墓，切斯特路斯威恩思巷；墓号：24748[14]。

中山蒙难纪念室：1896，龚照瑗(使)，邓廷铿(诱)。馆役柯尔之力，由其妻密投书于康德黎商曼生爵士。10月11—23日[15]。用具：(1)洗脸木架一；(2)圆椅一；(3)圆藤桌一；(4)小铁床一；(5)破椅一；(6)破木桌一；隔壁天花破窗与窗户近。

海尔·弗拉奥(Heer Flayoz)，教育博物馆；英国国际和平协会，电话2161；D. B. 柯鲁洛(D. B. Clulow)，英国国际和平协会。

2月16日 吴文晖，伦敦经济学校；鲍尔·吉也比(Paur Geheeb)，人文学校，日内瓦。

2月17日 到爱尔兰自由邦。

晚6:05，奥斯顿车站；9:40，抵利物浦；10:15，离利物浦；18日早6时，到都柏林。到牛津，11—1:30=2.30。维多利亚；白金汉宫，0—6—0，在路上。

2月18日 爱尔兰，都柏林。“曼斯特夫人”号轮。约翰·吉利冈(John Gilligan)是我遇到的第一位爱尔兰人。

早六时半到。三等与头等隔开，拿行李不便。昨半夜吃“冷狗”[16]。陶寅，中国领事馆。

爱尔兰朋友：鲁谢·布利克(Rosie Burke)、塞安·木尔利(Sean Murry)、埃利斯恳·H. 契尔德恩(Erskin H. Childern)、梯德尔·O. 奥都耐尔(Teader O. Doanell)。

爱尔兰从日本进口情况：1936年总额为408 427英镑；丝棉〔绵〕混纺品：40 189英镑；丝织品：25 182英镑；玩具及游戏器具：23 287英镑。出口到日本的废钢铁总数：1933年1 662吨，1934年6 260吨，1935年1 507吨，1936年157吨。1937年进口517 037，出口1 046。

警察辞职。领头——被击。看不见的军队，袭击官员。社会生活限制优秀分子工作。

巴龙·凯特(Baloon Kite)，单纯。爱尔兰出版社，都柏林，1938 年 2 月 8 日。

2 月 19 日 曼林(Manning)夫人，工党医务助理；默瑞(Murry)先生，搞宣传的；米歇尔·奎尔(Michale Quill)，纽约；约瑟夫·埃里斯(Joseph Ellis)，爱尔兰海员与港口工人联合会。

约翰·斯威夫特(John Swift)，面包工人联合会。面包师每周工资：(1)桌面操作工人，4 英镑 9 先令 6 便士；(2)烤炉工人，5 英镑 2 先令。

《为爱尔兰自由而战》，丹·布瑞恩(Dan Bran)；《另一个人的创伤》，艾里克·奥哈雷(Eric O' Halley)；《爱尔兰共和国史》，多罗赛·麦克奥多(Dorothy McArdle)。

J. N 博蒙特(J. N. Beaumont)先生：都柏林，人口 3 000 000；学生(6—14 岁)500 000；工会会员 120 000；农业工人 500 000；雇工 130 000；欠租者 600 000。

船长，抵制：索尔卡·尼·奎里姆(Sokca Ni Quairim)、埃斯特·威斯利(Esther Wisely)。

弗兰克·罗宾斯(Frank Robbins)，《从爱尔兰历史确定我们的道路》。演讲人：约翰·布鲁曼(John Bruman)。

康特斯·马基维兹(Countess Markievicz)，组织男女青年武装，1915 年。爱尔兰妇女领袖，训练青年放枪。

2 月 20 日 J. 康威(J. Comvay)：爱尔兰海员及码头工人联合会在都柏林有 8 000 会员。3 月 10 日向约瑟夫·埃里斯(Joseph Ellis)表示祝贺；爱尔兰海员及码头工人联合会。

去利物浦。

2 月 21 日 利物浦。致公堂，刘昌报；黄济，国民党；英国利物浦黄云山公所，书记黄轩秀，黄宏；利物浦，华侨抗日救国后援会，刘复康主席。黄兴、彭联就。

400 大人，300 小孩；五分之四中英结婚，30 华妇。洗衣馆十之七八，杂货 10 家，餐馆 3 家，古玩 1 家；100 华工失业；每周 17 先令一人；9 女，3 小孩。

海军建筑学校、利物浦大学。留学生 20 人，内有：医生 5 人，桥梁 1 人，渔业2人，地理2人，地质1人，造船2人；英庚款8人，省费2人[17]。

利物浦华侨抗日救国后援会：(1)每星期一镑抽四便士。(2)工人每周抽六便士。(3)每四周开全体大会一次，特别捐每次100镑。

七月至现在，共五千镑，连救国公债(另外)占全欧1/3。失业工人也捐。

去牛津[18]。

2月22日 彼得·布朗(Peter Brown)夫妇，中华学会。

晚9:30，离利物浦车站。

2月23日 早7:23，到鹿特丹。

旅和〔荷〕华侨会馆：张振英、钟正畲、何措宜。侨胞300人，荷兰婆19个，小孩50个，中国女人无；来德400人[19]，共700人。会馆，民十一年[20]。抗日会后援会("济南"[21])，反日救国会("九·一八")，救国后援会(37.1.21)；36人职员。

2月24日 早9:18，离开鹿特丹。9:40，至海牙。

从海洛塘华侨会馆到海牙中国使馆1:45钟。桥梁之城，自由车，前门。

海牙游戏会，1月22日，700人到，在公主剧院，共募得1 200盾、2 000华币。乌德列支2月14日，1 000人捐1 000盾。鹿特丹，2月26日，华侨5 500古仑药品；另外，七月起至一月底，2 000镑。外人方面5 000古仑，游艺会2 000古仑。荷兰政府(国联防疫募金2 000 000瑞士法郎，三个单位)，和〔荷〕代表说不够，捐5万古仑(海牙25 000，东印度25 000)。

海牙华侨救国后援会：朱直轩(宣传)、陈彬、金梦经(总务)、张国桓(交流)，浙江人100，广东人20。

和平宫，下午3时，郑弗廷(天锡)领看。下午6时，海牙100多人到。晚10时，洽塘，130多。

淮北，死农民1 000；清化，死矿工2 000；南京俘虏死500。

晚11:56，离海牙。

韦克普利兹。(1)工作；(2)语言；(3)地球；(4)数学；(5)物质世界；(6)人与社会；(7)精神世界。

买糖、山东绸，绣花品。

孙兆元，起初做船工来。

2月25日 凌晨12:44，到阿姆斯特丹。

下午8:45，杨茂林、王克真在"广兴"晚餐，200人集会。

袁领事[22]：八月召集全荷侨胞，九月十五以前成立三个：鹿特丹在"绥远"

时成立[23];海牙和阿姆斯特丹加上。联席会议五次,2 000 多磅〔镑〕、550 国币(已汇),5 000 和〔荷〕币(药)。住者:600,小商;400,海关;来往者,1 000。每人已捐 1 磅〔镑〕多。

鹿特丹 300,阿姆斯特丹 200,乌得勒支 50,海牙 100,来往 1 000,共 1 720[24]。

领事袁惕估计:住者 1 000,来往 1 000,共 2 000。警厅:1 300(廿七年)。

上午 9:22,离阿姆斯特丹。上午 10:09,到乌得勒支。下午 2:12 离开。下午 3:16 分到安特卫普。

安特卫普:邝金华、富华济、高士忠、伍清、黄荣、蔡英龙、郑金华、徐栋……30 多人。救国会在布鲁塞尔。

米迪站到王宫街 43 号,20 法郎。

下午 7:20 离安特卫普,7:51 到布鲁塞尔。

布鲁塞尔。文书:蔡遇寿、王寿魁;宣传:周日宾、艾颜根、何家诚、王寿魁;监察:熊瀛西、夏宏谟、周执敬、章强璘。"你不能直接去抗日,但可为中国说话。"比京:学生 20,商人 40,海员 10。旅北〔比〕华侨抗战后援会会员:安特卫普——商人 50,学生 40,海员 10;布鲁塞尔——商人 50,学生 40,海员 10。八月廿三成立,半年 6 000 法郎=700 国币;另救济 1 500 法郎。青田 70,广东 10,山东 2,陕西 1,河南 1,江西 1,福建 1[25]。随便捐,另有领事馆捐;第一次,2 400 法郎,第二次,3 200 法郎。中国之友社天主教会员说"后援会"是"共"。(1)安特卫普归领事馆;(2)布鲁塞尔归后援会;(3)自由。布鲁塞尔第一次捐款交大使馆,第二次交"中行"[26]。

失业 3—4 人。商人(古骨、山东绸)2 人,贩 100,学生 65,海员(居)22;饭馆 3,救国会 7。

援助委员会,比国 750 000 法郎,中国难民。总理外交银行界组织、中国之友社未捐。天主教、自由党、中央党一致助华[27]。

昨电:津浦守,新乡打,游击,山西压迫。(1)不一定军队好能胜;(2)无设防也可守;(3)三面被围而不怕。

周月宾:无线电二次,三月又一次;社会党、国联同志会、自由党;公开演讲:67(周),共 10(艾),3(何),3(张),共 83[28]。

中国之友(比人)社,各党各派,天主教;中国之友社不是中国人民之友;150 人执行,2"天",2"自",2"社",1"共"。

援助中国战争伤亡者委员会,捐上海中比医院 800 000。宣传,抵制日邮卡(明信片)。社会党拟承认阿国。(1)自由党;(2)社会党;(3)日本,少数助中国。

天主教赞成日本者有三:(1)共,嫌;(2)资,投;(3)天主教徒。

比利时两民族:佛兰芒族(源于德国);瓦隆族(源于法国)。佛兰芒族反对中国。也到法国里尔、朗比昂、多尔宽去演讲。暑假多做,现在多读。

小贩前卖日货,现改卖领带(比货)。刊物出五十期,停止。比京大学700学生,在日本大使馆示威。

2月26日 11:00—12:00,办公。凌晨12:15,离布鲁塞尔。6:45,到巴黎北。

新月旅店,伯罕吉尔街20号;共和广场,档案馆3859。

美国大使馆。办护照:9:30到巴比伦大街,迁移到乔治路。10时到大使馆。中国总领事馆,奥克大道5号,黄正领事。情报处:SUP问事;INF新闻。李石曾先生、学生会、雷子声、王海镜、王庆元;巴黎中国学生会:陈柱天(汉)、晋增、何德鹤(云南)、袁冠新、罗衡、张邦珍(昆明)、朱伯奇(长)、王燊(陕)、李青山。

2月27日 詹姆士·汤姆(James Tom):4月29日乘"多梅总统号"轮离哥伦坡,5月11日抵香港,5月12日到广州;14—15日,汉口:(1)接触青年及学生;(2)全国青年大会,8月16—25日;(3)材料:①写信给教授们;②救国会职员名单。

比兰考特:参战华工[29],法国400多人。有工的出钱,每星期无工的津贴10法郎。每月出10法郎,每月一次。开会。

2月28日 中华民国领事馆签证。50法郎。

季志仁,融五先生之子。

美国领事馆因伦敦为办原护照之处,通信请他们允许巴里〔黎〕美国领馆……办理;电话费6先令(50法郎),费时间3小时。星期六,中国使馆、领馆、美国领馆奔走3小时。前在伦敦奔走2小时;又因华盛顿生日不办公,改在巴里〔黎〕办理。车费:为美国护照车费共费30法郎;在巴里〔黎〕;4先令,在英国,等于30法郎,共60法郎。

一位美国小姐办理护照,弄得天昏地黑,请我坐远些,使她头脑不致弄乱。我是没有吃早饭,一直等到1时。她叫我吃了中饭再来。我说,不办好,饭也吃不下。我忍心迫她赶好,再去吃饭。当然我自己也是挨饿。美国啊美国,你们的护照办法,真是害人又害己啊!

张南，12:30，巴黎上海饭店，吃饭。1时，会见俞斌。

巴里〔黎〕学生会：(1)对工人宣传每星期两次；(2)对自己学术演讲；(3)中国国际大学互助社；(4)《抗日战讯》一张，每周三次。

学生：(1)法华教育会想法；(2)盛大的晚会，卖票。

德国：(1)学生400人意见纷驰；(2)小商200—300人；(3)小商人卖些日本货；(4)商人并无纷驰。

抗日联合会、抗日后援会(学生)。《抗战报》编了《一二·八》(抗联会、后援会)。援助中国代表团消息：蒋百里与日武官见希特勒。商人：捐款热心。

巴里〔黎〕：巴黎救济中国学生公债：1 000法郎以上，100法郎以下；30法郎、25法郎；经济困难180人，全巴里〔黎〕。

抗联：法、意、英、德、荷、比，15团体会员，3 500人；个人会员取消，消除误会；与学生会事实联络，工商都有组织；青田抵制仇货，组织起；侨商组织也有；意国抗战委员会80多人(天主教、商人、学生)；注重国际宣传，巴里〔黎〕中国之友社(名人)；抗联有代表与他们接洽。

工会、妇女会、文化团体请演讲。“抗联”新年刊物题词。

马赛工人，250 000张抵制；工人月捐，日人来飞机，工人在厂罢工。民众团体与官吏接近。归国代表团，西班牙参观团。五十万传单，耶苏圣诞；20 000小册。“抗联”推动比国代表团，“九国和平”。

对内工作：演讲、通讯、情报(800份)。经济：第一年3 000法郎；宣传15 000法郎，邮费1 500法郎，现余500法郎；情报：80法郎+50法郎=130，每期；每天一期，星期不出。救济箱：第一次150法郎，第二次426法郎。公债：40 000法郎。颜太太400 000法郎。领事馆200 000法郎。

本月记事

陶行知　关秀峰　王礼锡　李煜瀛　林咸让　吴玉章　张彭春　王海镜　李德璚　谢春康　王景春　钱端升　熊式一　张似旅　朱宝贤　梁鋆立　胡适　李国铭　陈沧波　刘楷　李平衡　李泰华[30]

全欧抗联：雷子声、程其襄、戴鸣钟、朱江户；罗马抗日救国会：曾宪猷；赵建生、刘楷、游建文、顾菊珍、陈泉利、胡天石、陈灿、苏拯(代谢)。

鹿特丹卡坦得里克特隆波克街5号。

(1)鹿特丹德里街42号。

(2)旅和〔荷〕阿埠华侨救国会,金梦仙、郭南齐:阿姆斯特丹巴恩德街5号。

伦敦朋友通讯录:希宁、S. I. 里彭保罗尔德,PRI,电话4283

伦敦国际和平协会:□□□□□,SLO,电话:2161　中华学会:哥温街91号,E. U. S,电话:4648　中国战争协会:巴特兰德49号,WEL电话:5794　克苏尔·格恩德:新卡文迪希79号,Lan,4101　中国大使馆:塔乌茨特克基29号,W. C. I. E. U. S,电话:1890　林:TER,电话:4430　爱伦麦:电话:7474

2月[31]:17日,下午6时,离恩斯顿车站;9:40,到利物浦。18日,上午6时,到都柏林。20日,到利物浦。21日,到牛津。22日,下午9:30,离利物浦车站。23日,上午7:23,鹿特丹。24日,上午9:18。离鹿特丹;9:40,到海牙;11.56,离海牙;晚12:44,到阿姆斯特丹。25日:上午9:22离开阿姆斯特丹;上午10:9,到乌特列支;下午2:12,离开;下午3:16,到达安特卫普;下午7:20,离开;下午7:51,抵布鲁塞尔。26日,上午6:54,到巴黎北;12:15离开。

“玛丽皇后”号轮[32]:3月:纽约8、9、10;华盛顿:11、12。渥太华:12。都柏林、利物浦、奥特兰、阿姆斯特丹、科隆、日内瓦、汉诺威、里昂、柏林、巴黎、布拉格、维也纳。

是处[33]救国会之组织:总务股主任张振英;文牍股主任何措宜、劝指股主任刘金;财政股主任吴海威;交际股主任蔡健民;调查股主任周桂;宣传股主任陈荣;日常会务由总务股秉承本会议决案分法〔发〕各股工作。

捐款方法有:(1)每一月捐款一次;(2)每半月捐一次;(3)每星期捐一次;(4)随时捐款;(5)航海捐(有侨胞所做之船抵此,派人到船募捐);(6)商店捐。

本会之刊品:旬有《侨声》刊之版;到第三期,田斯间工作太忙,现在暂停。每月捐款人名字,有《征信录》出版登载;第一期一千三百余元,中国银行;第二期壹仟元;第三期壹佰磅〔镑〕,第四期□□□镑;第五期□□□镑;第六期1 670和〔荷〕元;第七期1 445和〔荷〕元;第八期1 003和〔荷〕元。

旅和〔荷〕日程:鹿特丹:2月23日下午10时。海牙:2月23日下午6时。阿姆斯特丹:2月24日下午9时。乌德列支:2月24日下午6时。

乌德列支,希尔维萨姆救国后援会:100人(11广东,余浙江);詹安石,总务;留健男,文书(浙江青田)。陈玉兴,零货;王志南,船工;孙兆元,买〔卖〕糖、山东绸、绣花品,起初做船工来。

1单位,500伤兵用一月。X光机械,1 000多;药品,800;剪刀800,运费250;绷带、纱布,100;另加药费150,药加一月。海牙救济会:5 000。

“玛丽皇后”号轮,2号晚12时29分开船。圣·拉扎多尔地铁站,5月17日。冬季205美元,夏季211美元。日本绸,1928.25.9;1935.25.6,米迪站到王宫站,汽车费20法郎。

本月人名录

2日:赵华枢　7日:保罗·N. 琼格逊(Paul N. Ghorgesion)。12日:F. 乌特利(F. Utery)　布汉德·鲁卢(Barhand Ruru)　F. L. 柯兰(F. L. Korian)　B. M. 恺姆费尔德(B. M. Camfield)　S. D. 贝尔纳(S. D. Berna)　亚历山大·库诺西(Alexander Kunosi)博士　阿诺德·福斯特(Alnord Forster)　李佩林　宁嘉凤　卢嘉锡　C. F. 吉尔顿(C. F. Glden)　模特·锐·柯兰(Muld Ray Krand)博士　E. R. 胡斯(E. R. Hughes)　詹姆斯·克鲁格曼(James Klugmann)　伯拿德·弗劳德(Bernard Floud)　陈泉利　陈灿　15日:克来尔·索普尔(Clare Soper)　16日:亨·K. 博克(Henn K. Bocke)　唐炳亮　昂觉民　陈尧圣　李泰华　胡秉正　何荫椿　刘永福　文鲁　17日:帕蒂(Patey)先生　18日:鲁斯·道(Ruth Dow)　康诺尔(Cannol)夫人　西马斯·戴文(Seames Dewin)　弗兰那·费特(Flana Fait)　19日:克里斯·奥苏里文(Chris O'Sullivan)　曼林(Manning)先生　塞安·瑞默(Sean Murray)　弗兰克·爱德华(Frank Edward)　莫尔恩(Marn)夫人　23日:邓挺生　全咸彬　陈彬　王庭珊　王思澄　王以康　华胜　方炳文　24日:袁惕(刚中)　王孟清　赵耀海　吴仲凯　马永琪　崔东楷　王国璋　25日:王经珂　周月宾　27日:任光　28日:王冠儒　于志忱　朱法勤　余正起　王富祖　郑揆　李健　林志超　曹载治　张仁　金马顿　米赛士　马绮　朱芸　陈费多　亨利　本月:刘树镜　艾毅根　王经珂　保罗·格赫布(Paul Geheeb)

【注释】

①此信写在陶行知的日记本上。

②引号内的文字是美国友人埃斯特的临别赠言。

③陶行知乘此轮由美国纽约赴英国参加国际和平大会。

④所列诸人,为到码头为陶行知送行者。

⑤即陶宏、丁华、刘季平、戴白桃(伯韬)。

⑥指向苏联人学习俄语“祝你安宁”。

⑦此页还有陶行知抄写的俄语字母。

⑧指国际和平大会(世界反侵略大会)所举行的全体大会。

⑨指世界和平大会执行委员会15执委的会议,陶行知是代表中国的执行委员。

⑩指此前在中国汉口召开的反侵略大会。

⑪指1936年9月3日—7日在布鲁塞尔召开了第一次世界和平大会后,中国国内成立了分会。

⑫指世界和平大会下设的技术委员会,其职能是研讨反侵略的对策及方案。

⑬此句为新增加内容。

⑭马克思的墓号为“24748”。是日,陶行知再次拜谒马克思墓。

⑮1896年10月11日至23日,孙中山曾被囚于此。

⑯“热狗”,快餐品名。因放置较久,戏称“冷狗”。

⑰指留学生的经费来源:8人是英国退回的庚款;2人是中国各省拨付给该省留学生。

⑱指参观考察世界著名学府牛津大学。

⑲指德国纳粹掌权后,由德国来到荷兰的华侨人数。

⑳即中华会馆设创于1922年。

㉑指1928年日本制造了济南惨案后,创立了“后援会”。

㉒即中国驻鹿特丹领事,名袁惕,字刚中。

㉓指1936年8月傅作义在绥远抗日时成立。

㉔总数存疑,应为1 650。

㉕所记为布鲁塞尔华侨的籍贯和人数。

㉖即中国银行。

㉗指比利时的教会和政党。

㉘所记数字为演讲募捐所得钱数,括号内为募捐者的姓。

㉙指到法国参加第一次世界大战的中国工人。

㉚所列为参加世界反侵略大会中国代表的名单。

㉛以下文字为陶行知抄录的列车时刻表。

㉜以下文字为陶行知抄录的“玛丽皇后”号轮船期。

㉝指鹿特丹港。

三 月

（法国：巴黎；美国：纽约·波士顿；加拿大：
圣约翰·多伦多·苏尔特·萨特伯里）

3月1日 等候查明护照，费两小时，美国领事馆。

王海镜，巴黎书报社，巴黎凡尔泰（Vallete）大街21号。

克拉里支旅店，香榭丽舍大街。

N. J. 克鲁格曼（N. J. Klugmann），5月11—13日，皇后大厦。贝尔纳德·弗劳德（Bernard Flond）先生，世界青年代表团。4月28—29日，科隆坡王子大街罗伊德楼。

3月2日 写成"送西班牙前线中国战士"诗及"天军游击歌"，寄与涵真[①]。

在璀处午餐。赵、吴、雷、周送我上车。

查尔博尼（Cherbony）医生检验眼睛，一根铝丝验数十人，不合卫生之理。

3月3日 山西失十余县。海病[②]。

3月4日 海病。

3月5日 "玛丽皇后"号轮，洗澡，学唱歌。

纽约要做之事：（1）发电与爱尔兰工人；（2）中国乡村论文；（3）大众教育十一周纪念告华侨同胞[③]；（4）找"晓庄歌曲"；（5）找大众歌曲；（6）找顾子仁歌曲；（7）寄信与雷，告华侨领袖地址；（8）问西班牙宣传主任；（9）写信与宋子文；（10）改"天军歌"；（11）写信给吴涵真与杨彬华，请寄歌谱；（12）致函克拉特里（Cratry）。

3月6日 海病。全天不能做事，只能想；想出种种计划发展大众教育。

3月7日 到纽约。地区主任，移民局。

纽约中华公所通事梅乃鉴。西班牙之中国战士[④]：陈文饶、戴先锋（1938. 1. 13）、刘华封（巴里）、林济时（瑞士，八人）、严家治（国际义勇军骑兵团团长）、张纪（美国）。

一月二十七日《先锋》载：张一麟先生在苏殉国；汉口一月三十电，30 000妇女军。

3月9日 A. G. 希特昂(A. G. Hitchon)夫人请求演讲。

圣约翰，纽布鲁恩斯维克。入境地点：米顿；离境地点：凡斯波罗。下午3时离中央火车站。下午9:30离波士顿。上午11:10到圣约翰。

3月10日 纽约市。所罗门(Solomon)对国际大厦的看法。

12:30—1:00，张彭春[5]来访。下午7时，"中华民国"[6]，宴。上午10时，去加拿大护照。

3月11日 霍奇斯(Hodges)教授，纽约第□大街79号。……顶楼。在7:30。〔电话〕AL4—1129。索价6.45。

房上房，鸽(Pigeon)，父母均劳。许士尼格，一夜下台。三方失败：奥、西、中之消息[7]。

3月12日 克里斯泰·富切斯(Kristel Fuchs)，斯沃斯莫尔学院。

下午7时，张惠文寓。

3月13日 星期日。《中国乡村社会与乡村教育》：(1)中国乡村：①人口；②土地；③[8]……

下午7时，会诺尔顿(Norton)于西118大街400号。上午7时半至下午1时，在领事馆及"广东楼"与张彭春谈三要点：(1)所有国家的军队从中国撤出；(2)海军限制；(3)经济重新调整。

阿特金森(Atkinson)先生，教会和平联盟。艾克尔伯格(Eichelberger)，国际联盟协会。

6:15，"旅顺楼"。

3月14日 从海湾南站返回，未停留即步行至大西洋大道北站。答应康德尔(Kandel)教授：文章将于本周内交稿。格雷斯·李(Grace Lee)帮我从领事馆拿到电报。撒莫尔·张(Samuel Chang)带1.5美元去麦迪逊广场大道347号。

冒雨前往圣约翰。

3月15日 加拿大，圣约翰。有35 000—40 000人口，有浸信会教堂；华侨40，无集会。

H. L. 斯图尔特(H. L. Stewart)博士，广播电台。E. 斯蒂德(E. Stead)，公共事务部。

贝尔德(Baird)曾在中国河南省多年，晚11时在他的住处饮茶。每平方英里森林 250 美元，6 个孩子。

3 月 16 日 弗雷德里克顿。

记者 S. W. 格瑞尔斯(S. W. Greers)，《每日邮报》。

11 时 30 分，金斯台德(Keenrstead)。

12 时，新不伦瑞克大学，学生 400 人；与帕克(Park)先生共进午餐。晚 10 时，华侨 12 人。晚 6 时，托勒(Toole)博士。晚 8:15，省立师范学校。下午 1 时，国际事务研究所。4:45，前往蒙特利尔⑨。

星星咖啡厅，哈里·李；吐鲁西·李，大咖啡厅。省立师范学校，600 人出席群众大会。

3 月 17 日 中午 12 时，与 95 名约克人聚餐。下午 1 时，国际事务研究所，20 人。下午 4 时，离田园旅店去蒙特利尔。

3 月 18 日 下午 3 时，华侨王先生。下午 9 时，英语演讲，75 或 80，"20 年"。3 月 19 日下午 5 时，茶会，《中国与抵制》。下午 9 时，哲学俱乐部，25—30。22 日，星期二，晚 8 时半，皇山旅馆，20 日下午 5 时。22 日下午 6 时⑩。

华侨捐款：旧金山及其附近小城 5 000 000 美元。加拿大 3 000 000 美元；西雅图 300 000 美元；芝加哥、纽约 2 000 000 美元。

沃特雷蒙学生联盟，成员 50，主席：路易斯·戈德海尔(Lewis Gottheel)。

收到宏、白、冰、中、晓之信，日新改名刚⑪。陶宏：中国重庆北碚中国科学社。

3 月 19 日 下午 9 时，雅可比(Jacoby)先生，在汉密尔顿会面。

3 月 20 日 中国青年会，讲《中国之过去、现在、未来》。

蒙特利尔市华侨不到 2 000 人；洗衣馆 1 000，衣馆联合会；饭馆 500；35 女人，华侨；30"老番"太太；100 非法太太；300 人失业；每周 3 美元。有夫人及家庭者，易于得到救济。

学生：青年会学校 20 人；王先生学校 30 人。

3 月 21 日 早 8:30，大卫·路易斯(David Lewis)。

中国总领事馆：渥太华查雷特街 278 号。

渥太华：380 人华侨；30 000 华币，本期共 40 000。满〔渥〕城李道轸认购 16 000；做牙菜发行生意；后加 5 000，共 21 000。

3 月 22 日 8:30，皇山饭店。中午 12 时，罗斯福(Rutherford)茶会。

3月23日 H. Y. 张，安大略多伦多维多利亚大学。有关“小先生”的资料。

华莱士（Wallace）[12]处相会，27日晚8:30。

3月24日 6:30，“南京”。路易斯·约翰·哈维（Lewis John Hawey），李连·雅楼（Lillian Jaalow）、瑞吉诺·C. 哈维（Reginolo C. Hawey）、斯迪纳·加尔迪那尔（Stina Gardiner）、圣·维特斯滕（St. Wetstern）。

基督教士与犹太教士：(1)唱三次；(2)唱三次；(3)唱二次，再唱一次[13]。

3月25日 多伦多。保罗·加德纳（Paul Gardner），《多伦多明星报》。多伦多大学，怀履光。安大略皇家博物馆，明义士（子宜）。

维多利亚饭店：慕学消、熊美容、熊奕潮。

3月25日 东京电：墨西哥油500 000。

《中国妇女和她们的解放斗争》，鲁依·戴维斯（Roy Davis）。海伦·格拉斯（Helen Glars）。

3月26日 华莱士多伦多皇后公园71号。

安省驻都〔多〕城华侨统一抗日救国总会：黄卫青，中文书记；黄镜凤，英文书记；李瑞门，救济股主任；麦素一，公债股主任。

张子田、麦保罗、黄寿如。二月十五日成立：全体社团代表约四十五人为当然执行委员，由代表大会就侨界中选出十名合并为执行委员，又选九名为监察委员。

3月27日 5:30，华莱士校长。

九月八日，六十岁，李瑞门。6:30，李瑞门、岭海。

3月28日 下午3:30—4:00，高级中学：(1)青铜时代的机弩，周或西汉（公元前1120—前100年），16世纪欧洲的弩，粗糙；(2)金文，公元前550年（鲁襄公三年）[14]。孔子生于公元前551年。韩国公子的11座坟墓；(3)秦瓦（大）；(4)左元义墓石（和平元年，150A. D）；(5)东周（公元前770—前255）灯；(6)唐朝（618—906）：陶器骨灰坛，夫妻火化之灰；(7)越窑（618—960，唐），白瓷，6—7世纪；(8)柱毯，14世纪；(9)寺庙的壁画，道教12世纪，佛教13世纪。

用铁制成夹住头的架子，有一铁条插入口中，不让舌头动；17世纪，英国人惩罚脾气坏的或多嘴多舌的女人的刑具。

联合教堂在卡尔登街。李家培，李瑞门之侄，开汽车送我者。

前往苏[15]。在车上遇黄盘运（广东台山人）。

曲棍球，90年前，约翰·罗斯·罗伯特逊(John Ross Robertson)首创于加拿大，在美国推广已15年。运动场3 000 000美元，可容纳15 000人。每队15人，各6人在一边打。场地200英尺×100英尺，亦可在冰球场上作赛。J. W. 柯伦(Curran)苏之明星[16]。

下午5时，晚餐。下午6:30—6:45，广播电台。8:00，"哥伦比亚"[17]。3月29日上午9时，技术学校，20分钟。

苏尔特大学学生社团，800人，J. E. 亨吉逊(J. E. Hrdgson)。厄尔·维克斯(Earl Weeks)，人民联盟主席。E. L. 马丁(E. L. Martyn)，苏尔特中国人民之友社秘书。市长：约翰·鲁德(John Rudd)。

3月29日 萨德伯里。

毕加特利旅馆：李崇三。巴尔莫罗咖啡馆伍振强处，伍碧梧。

3月30日 威廉要塞。住爱德华皇家旅社。

王慕恩，安大略省亚瑟港斯坦利咖啡馆。见着黄正、李亨利、黄振明，帕格·雷诺(Page Leino)已下工。

3月31日 李永均，最后送我者。

赴温尼伯途中，下雪；阿伯塔，大雪，风。

本月人名录

7日：苏雅·布兰亭(Souya Branting)夫人　叶果　李琳　康斯坦斯·张(Constance Chang)　13日：马克斯(Max)　格雷丝(Grace)　戴维斯(Davis)　15日：劳雷斯·W. 阿瑟崔格(Nawrese W. Arssetroug)　汉姆·洛恩(Hum Luon)　K. A. 倍德(K. A. Baird)　H. L. 斯图加特(H. L. Stewart)博士　豪塞尔(Dal. Housie)　约翰·史密斯(John Smith)教授　A. W. 墨锐(Andren W. Murray)　乔菲·赫德(Geophy Head)　谭昌贺　S. S. 甫尔(S. S. Poole)　16日：B. H. 赖特(B. H. Wright)　约翰·林顿(John Linton)　拉尔夫·阿尔本特(Ralph Albert)　霍雷斯·A. 汉森(Horace A. Hanson)　F. W. 帕克(F. W. Park)　K. H. 盖尔丁(K. H. Gelding)　17日：菲力普·W. 奥兰德(Philip W. Oland)　18日：M. C. 肯尼迪夫人(M. C. Kennedy)　R. 麦克卡琼(W. G. Mc Cutcheon)　焦耳(Le Jour)　W. G. 麦克卡琼(W. G. Mc Cutcheon)　哈里·S. 雅可比(Harry S. Jacoby)　伯纳德·罗宾逊(Bernard Robinson)　谭礼休　19日：H. 维特斯坦因(H. Wetstein)　埃什尔·奥斯特雷(Ethel Ostry)　20日：

黄连兆　谢朝业　郑丁酉(书记)　21日:朱昌烈　23日:莫利尔·J.华莱士　27日:麦文　28日:甄祥伟　李猷舜　甄光量　甄美香

【注释】

①在收入大孚版《行知诗歌集》时,前诗易名为《敬赠西班牙之中国战士》,后诗易名为《游击歌》;"涵真",即吴涵真,时在香港。是日离巴黎去瑟堡登船赴美。

②指坐海轮晕船。此次是由英赴美。

③"大众教育"是陶行知用中文写出,实指乡村教育或生活教育,其创设纪念日为1927年3月15日(晓庄师范开学)。

④即参加西班牙抵抗法西斯干涉战争中的中国战士。

⑤张彭春时为中国驻美国纽约领事馆的总领事。

⑥"中华民国"似指饭店名,如民国饭店之类。

⑦指奥地利、西班牙、中国。

⑧此系论文或演讲的大纲,系未完稿。

⑨去蒙特利尔系次日的计划或安排。

⑩此段的后面诸项为近期的活动安排。

⑪即陶宏、戴白桃(伯韬)、吴树琴、张宗麟、陶晓光;"日新"为陶行知第三子陶刚的曾用名。

⑫华莱士时为加拿大多伦多大学校长。

⑬指教唱《锄头舞歌》和《凤阳歌》,此后记有两歌的英文歌词。

⑭疑有误。鲁襄公三年为公元前570年;公元前550年是鲁襄公二十三年。

⑮指苏尔特。

⑯指苏尔特的曲根球明星柯伦。

⑰"哥伦比亚"似指下榻的旅馆名。

四 月

（加拿大：温尼伯·里贾纳·穆斯乔·萨斯卡通·
埃德蒙顿·雷德迪尔·卡尔加里·拉科姆·卡姆罗斯·
温哥华·维多利亚；美国：西雅图·波特兰·旧金山）

4月1日 2:30，CKCK广播电台。12:00，加拿大俱乐部。3:15，师范学校。8:00，市政厅。

4月2日 2:30，中华公所。

里贾纳：有华侨270人，城市人口50 000。

帕姆·怀路斯·利米台特（Palm Wairus Limitet）中国红十字会；余绪昌，中华民族同盟秘书；曾郁，中国红十字会。

（1）尼亚加拉瀑布；（2）致教师的信。

演讲：（1）朝鲜人民持有最后的发言权；（2）满洲问题；（3）加拿大所能做到的；（4）借口；（5）可能的结果；（6）权益的保证——忠诚；（7）政府的形式——民主；（8）换去日本货商标；（9）西安事变；（10）游击队事件；（11）香港的地位。

市政府以7比4，劳工理事会获胜。市长：A. C. 艾力森（A. C. Ellison）。联合运动。加拿大联邦福利合作联合会。社会信用运动。个体发展。社会主义市长，律师兼海员。城市以生产农业机械闻名。批发商，皇室加拿大人，骑警队——早在殖民主义拓荒时期就存在。

大哉孔子。

53 000人口；10 000依靠城市救济，2 500靠其他补助，25%依靠救济，每年125 000美元；无经济收入者，政府提供住宅12个月。

4月3日 穆斯乔。8:30，首都剧场，825人出席。

下午3时，175华侨在皇家剧院集会（该剧场免费）：宋雅铃、黄炳琪、黄巨传、关令宗、周齐初（能弹中西音乐）、关以鸿、崔罗玉琼、崔环芳、蔡社光、周如贞、陈谢淑贞、周南山、黄宗富。

4月4日 儿童节。离穆斯乔，经里贾纳到萨斯卡通。

6:15,加拿大俱乐部集会。8:00,来基昂会堂,群众大会。晚11时,中华民族同盟。

余常中在中饭时与我相遇,为我会东[①]。

纳尔森·克拉克(Nelson Clarke),和平同盟秘书。

4月5日 1:30,500学生在城市公园;安德森(Anderson)校长;教师弗利斯(Frith)为我开车。

40 000人口,260华侨。致公堂、国民党合作组成抗日会[②]。马擢,抗日会会长;马才咏,执行委员;余荣润,英文秘书。

4月6日 星期三。埃德蒙顿。

8 000人口,500华侨,同盟成员200;30个组织,成员总数1 000;A. M.赫德(A. M. Herd),同盟主席。

上午11:30,艾伯塔学院。上午9时,《新闻导报》。12:30,午餐。下午8时,纪念馆,700。

4月7日 星期四。12:10,离埃德蒙顿,3:25到雷德迪尔。

晚9时,华人集会;300人出席,皇家咖啡厅。伍伯禧(燕京毕业)、陈秉乾、周有喜(若有琴谱请寄交);马灼、余文、余和风、邝庭、林寰举、黄明章、余耀棠、何梁、何淋、马当修、马启亮、马呈瑞(抗日会)、陈景山、陈景显、马杰、马河、马宗学、马祉伦、马本枢。

4月8日 星期五。5:30,华人晚宴。

9日下午9时,雷德迪尔。卡尔加里,10日午后2时半。晚8时,华侨。晚7:30,教堂。拉科姆,11日下午8:15。卡姆罗斯,12日下午4:00。C. P. R,12日,晚11时55分。C. N. R,13日6:50分。

4月9日 雷德迪尔[③]。

邝廷及夫人、马有相、余和风、吴喜林、马炳华、马日存。

市长:E. S. 霍格(E. S. Hogg)。

4月10日 卡尔加里。下午2:30,大戏院,1 000人。下午7—9时,联合教堂,400人,罗伯特·帕顿(Robert Paton)博士,斯卡布鲁联合教堂。下午9时,华侨布道会,400—625。

广州咖啡厅:林寰举(支厦)、马琫璇、李佑华、雷家华、何林、周龙兴(教员)、雷杜安(裁缝)、何荣隶、黄进华、高艺生、邓玉麟。

卡忌利〔卡尔加利〕致公堂:120人;60人(达);雷家驿、谢德佐。

卡尔加利市人口为80 000,华侨有1 100。

4 月 11 日 拉科姆。人口 1 200—1 500；华侨 20 人。

6：30，阿道夫旅社。8：15，航空剧院。

正式宴会。教堂：R. 卡尔（R. Carr）；天主教：海因斯（Hynes）博士；律师：麦克考米斯克（Me Cormick）；新闻记者：福特（Ford）先生；医学博士：夏普（Sharp）和洛克（Lock）；银行家：麦克唐纳（Mcdonald）和马尔布洛（Marble）先生。社会信用观点失利，忌讳讨论。长发教士每晚出来布道，告诫你什么是对，错又何在。一旦你请求赐予食物，他们的回答甜蜜诱人："美味佳肴人人有，在天外那个辉煌的世界；做工，祈祷，任劳任怨，死后便能进天堂乐园。"

4 月 12 日 卡姆罗斯。1907 年，建城人口 2 200，农业混合经营。

"当一位出色的记分员企图毁坏你的名誉时，他所报道的不是你的胜负，而只记载你在赛场上的行为。"④

奥利伐尔中级学校，教师社会研究。

4 月 13 日 洛矶山[杉矶]。赴不列颠哥伦比亚省途中⑤。

4 月 14 日 温哥华。5 时，中华学校。8 时，中华会馆。7 时，"文强"唱歌。

中华学校：朱广炜、黄俭传、刘孔正、梁缉光、林焕庭、邓云章、黄景仁；育才学校：伍善予、黄敬三、黄星甫、黄孔阜、李乐天、朱硕存。

《秋柳答》（原无题）⑥。

时刻表：纽约，L(a. c)下午 3 时；波士顿，A，下午 8 时到下午 9：30。约翰街，早上 11：10。

加拿大游览（艾伦·麦克佩斯先生教师）：3. 15：圣约翰，新不伦瑞克；迈阿达姆港；3. 16：弗雷德里克顿；弗兰克·帕克（Frank Park）律师，3. 18、3. 19：蒙特利尔，3. 20、3. 21：渥太华⑦。

4 月 15 日 10 时，教歌。2 时，远东戏院。6 时，致公堂宴。8 时教歌。10 时，致公堂演讲。

保君皞，又号既同，江苏南通县人；吴厚活，10 岁打拳；中华学校：陈衮（和平会）。

4 月 16 日 星期六。下午 6：00 到坎伯兰。120 华侨。

12：30，去中国城。1 时，致公堂。4 时，午餐。下午 7：30，荣富会堂。

中国人采煤，不是伐木和种地。

4 月 17 日 晚，在坎伯兰；马立绥、周焕家、许恢远、马秀娟、马辅政、周永炽、刘香贤。

□巴仑：200；公债国币 13 410 元；捐款国币 5 000＋5 400＝10 400。

煤矿现无工。

4 月 18 日　中午及晚间，纳奈莫[8]。华侨 150—200。

食堂供餐时间：5：00—6：30；9：00—10：00；12：00—2：00。

弗兰克·贝班（Frank Beban）：煤矿，锯木厂，宿舍；每天一瓶威士忌；20—30 华工。

4 月 19 日　晚 8 时，温哥华。

成立云〔温〕哥华歌咏团：李乐天主任，朱广炜书记[9]。

文疆小学校：黄星甫、黄当明（学生代表）。

育才学校：黄敬三、孙玉梅（学生代表）。

华侨学校：李朱天、徐惠兰（学生代表）[10]。

三月二十五日，各地学联 73 个单位 123 人，郑代巩主席，杨克天，全国学生联合会。

游击十六字诀："贼进我退，贼停我扰。贼避我攻，贼退我进。"

4 月 20 日　星期三。维多利亚。

上午 10 时，中国青年。12 时，午餐会。下午 4 时，兰多夫·寇埃勒（Randolph Coyle）家[11]。下午 5 时，洛夫特图书俱乐部，妇女及几位男士；职业与商业妇女俱乐部。下午 8 时，商会联盟会议。晚 10：30，华侨集会。

10 次茶会，10 000 金元；维多利亚华侨，20 000 元；救国捐款：80 000 元，华侨 3 000 人。

4 月 21 日　维多利亚。上午 10 时，教唱歌。

舞狮：3 月 5 日，2 600 金元；100 人，40 000 人看。

4：30—西雅图 9：30。

4 月 22 日　多利农产公司：250 农人，700 英亩。3 年前，温室收入在外，250 000 金元，1 500 000 美元。温哥华：500 华工，600 英亩，现在 200，共 800；马铃薯不在内。中国农业在 B.C 占 80%，日本占 10%，日本人林、渔、□。两埠菜园，温室。＄150 万菜；＄100 万□□，＄100 万薯，共＄350 万。4 时起来，8 点钟完了。政府补助西人竞进：50 亩，1 500 美元；15 亩，500 美元；每年。靠两机关吃饭 3 000 人。200 辆汽车，向西部运货 4 000 吨。两机关：300 匹马，100 运输。方形温室，4.5 英亩，玻璃房子。每天需用 2 吨煤。5 柯德（1 柯德＝8×4×4＝128 立方尺）。8 人管理。22 000 植珠〔株〕，需

5 000 柳条筐(20 株一筐)。第一次收获节为 2—5 月,3 个月休息。9 月为第二季收获季节。10 000 植株,1 500 只柳条筐。1935 年,58 家农场;1938 年,43 家农场;15 年内没有增加。30 500 加拿大人,2 000 妇女;每年递减 1 900 人;80%在 50 岁以上。华人每人可寄 200 美元回国;自 1923 年以来,只有两名华人加入[12]。

华人农业会社:黄卓安、缪国材;李焯焜、黄凤朝、彭爱田。缅南合作社:刘光祖。

4 月 23 日 谢兄弟公司(六兄弟公司)谢荣汉、谢荣发、谢荣光、谢荣进、谢荣业、谢荣章。

总理:麦金齐·金(Makinzie King):5 个月前应有进展,应允对中国移民放宽限额,17 个国家与加拿大缔结了特殊的条约,中国却没有。日本和美国都派有一名部长级官员驻加,中国却只有一名总领事。

华侨 3 500,农业 2 000,渔业工人 2 000,矿工 150,商人 3 500,伐木及锯木工 3 500,家庭厨师 4 000,妇女 2 000,儿童 4 000。温哥华 5 000,维多利亚 2 500,蒙特利尔、多伦多 1 000,温尼伯 500,卡尔加里 1 000。

4 月 24 日 西雅图。埃勒利·安德尔森夫妇(Elerie Anderson),利厄费尔德学院院长。

4 月 25 日 公债捐款 300 000 国币;演戏 17 000 金元;华侨 2 100。

西雅图 450 000,中年失业多,赌场为外人设,有 150 家。

唱戏是一种最高的艺术,一举一动,不能丝毫有差。现在我们争取民族解放,是排演一出伟大的历史戏。世界是布景,中国是舞台,日本是配角,中国人是戏中的主人翁,而整个人类都是看戏人。我们若以演戏的艺术来争取我们的自由,自然可以叫座。舍路[13]华侨演戏筹款救国,敬夫先生与夫人登台现身说法,唱救国之戏以救唱戏之国。迨将来白面汉奸、花脸强盗一经打倒,则我四万五千〔四万万五千万〕人可以大唱太平戏了。

移民:(1)没有新的移民;(2)华侨在美国生下的男孩,回中国结婚,其子女可以入美国籍,其妻则不能;(3)女孩回中国结婚,其子女不能入美国籍;(4)第三代不能入境;(5)华侨生下的小孩,自然成为美国人。

4 月 26 日 波特兰。路斯·海夫尼尔(Ruth Haefner),"产联"理事会福利研究会总部;詹姆斯·J. 范兹(James J. Fants),"产联"理事会司库一秘书。

4 月 27 日 下午 6 时,金龙,213 大街阿尔特街。中午 12 时,苏联领事。

社会经济研究会：波特兰新弗尔得内尔（New Fleidner）223 号。人口 3 000 000，华侨 2 000，公债 170 000 法郎，义捐 40 000 法郎，广东飞机11 000 金元，医疗援助 12 000 法郎。

金山广明报摊。加州金山市克勒大街 733 号昆明公司。

《中华民国国歌》《开路先锋》《大路歌》《劳动呼声》《自强歌》《儿童节歌》《工曲》《凤阳花鼓》《义勇军进行曲》《锄头歌》《镰刀歌》《和平歌》《伏尔河船夫》《毕业歌》《扬子江暴风雨》。

B. T. 沃斯庞（B. T. Osborne），俄勒冈"劳联"执行秘书。

4 月 28 日 旧金山。李仲棠，华工合作；蔡益工、余达明、周敬；彭飞，加省华工合作会代表；黄垣，洗衣工会临时主席；杨森，旧金山抵制日货联合委员会。

国语班：23 人，"叱咤"[14]，方君璞；奥克兰梅岭学校；4—6，礼拜六 9—11[15]。

（1）出卖黄金 830 000 000 日元；（2）1938—1939 预算：通常2 000 000 000，战费 4 850 000 000，公债 5 140 000 000，去年公债 1 000 000 000；（3）去年七月以来特别战费 7 394 000 000，每月四万万。

4 月 29 日 杨启聪："中国"1235；"中国"，1385。

（1）长远的观点；（2）知足常乐；（3）一个家庭；（4）国际同志会。

中国公民不得携带妻子。

4 月 30 日 孙先生造像者刘持[16]，萨克利门托大街 730 号。

旧金山有一中国村，面积 74 000 平方英尺。

《恭喜发财》（原无题）。

《飞行有感》（原无题）。

（1）1 500 次罢工；（2）三种杂志反战；（3）400 名领袖被捕；（4）日军中进步分子送军械；（5）军官为放日军而枪毙[17]。

"新安"捐款[18]：（1）华工合作会 20；（2）衣馆工会 10；（3）邓雨笙 10；（4）堂捐43[19]；共计 83.02。

本月 《中国所要的》。

《张伯伦》。

《好少爷》（原无题）。

《告华侨姑娘》（原无题）。

《万里大路歌》（原无题）。

《飞到日本去》(原无题)。

《华侨心理》(原无题)。

本月记事

重要地址:(1)周月宾,布鲁克里司斯塔沃特路103号。(2)黄正及莱米·雷诺(Laimi Leino),亚瑟咖啡厅。(3)李哈里,威廉要塞,斯尼帕特森街圣保罗咖啡厅。(4)王益,温尼伯格雪本街535号。(5)马格丽特·卡昂(Margaret Crang),艾伯塔,埃德蒙顿,111街8808号。(6)林焕庭,主席,会馆;黄文甫、李希寰盟长;温哥华,《大汉公报》阮宗豪、林明心。(7)林筱唐、周道缉,维多利亚。(8)黄景仁,《抗日周报》;刘光祖,维多利亚科摩街547号。(9)伊萨贝尔·卡里斯勒(Esabelle Carlisle)高级中学历史系主任,华盛顿〔州〕依伏特。(10)伊丽莎白·路威尔(Elizabeth Rowell),华盛顿西雅图费得伏大街2020号。(11)玛迭·李普(Madie Lippe)俄勒冈,梭伦,梭伦公共图书馆。(12)比波门·希尔伯特(Biberman Helbeet),加利福尼亚霍里伍德,德龙达大道3259号。(13)黄宝珠,洛杉矶西36街1016 1/2号,(14)《大汉公报》,温哥华,卡拉尔街443—445号。

集锦:(1)输血。百万富翁与苏格兰人;第一次输血付500元,第二次付50元,第三次付5元;富翁得到苏格兰人的血越多,付价越低。(2)中国人很少用糖。茶中一点糖也不放;为什么? 因为我们已经很甜。(3)收入。(4)年龄。(5)左手拿杯。(6)忙碌与悠闲。(7)孔夫子,食不语。(8)苏格兰人—中国人联合企业,煤与机械。(9)每逢听到都柏林与伦敦谈判时,我们总觉得仿佛是一只圣诞节的火鸡在偷听人家议论:是煮还是烤。(10)张伯伦,中国谚语:“瘦死的骆驼比马大。”

抄录《凤阳花鼓》曲谱。

抄录《苏武牧羊》曲谱。

抄录《小白菜》曲谱。

抄录《真神赞》曲谱。

本月人名录

1日:A. W. 埃德加(A. W. Edgar) 埃里克·麦克比(Eric McBee) E. P. 鲍威尔(E. P. Powell) 怀特·朴尔(Wheat Pool) W. D. 斯道屋(Stovel) C. E. 雷特勒(Rittle) J. J. 麦克劳德(J. J. Mc Leod) 马克·

方·潘(Mark Fann Pang) 乔·比尔(Joae Bill) A.C. 艾里森(A.C. Ellison) 余绪昌 曾郁 奥斯特尔(Aostore)博士 4日:弗兰克·叶(Frank Yee) 麦邦传 陈洲文 关其旺 张籍扶 余荣润 陈位燕 何佛伟 6日:W. 克朗(W. Crang) 马发强 陈文慧 马长宗 9日:S.W. 史密斯(S.W. Smith) E.G. 约翰(E.G. John) C.H. 史奈尔(C.H. Snell) S. 山德尔(S. Sandell) F. 路姆伯维尔(F. Lumbrell) H.L. 里特(H.L. Nit)博士 A. 阿兰(A. Allan) R.L. 怀利(R.L. Whitney) 10日:李世儒 黄宝森 邝南胜 劳涤烦 黄国藩 余潮中 梁裕昌 余灼南 陈轩文 周振家 杨文道 雷炎 雷浩 11日:赫尔伯特(Helbert) 夏普(Sharp)博士 菲里斯·坎默尔(Philis Kemle) 马文辉 12日:阿诺德·罗伯特(Arnold Robeter) 乔治·金(George King) 余永锡 马祉伦 穰杰德 雷拉·A. 休斯顿(Leila A. Hueston) 13日:黄文甫 郑松煦 14日:珍尼·柏尔敦(Jennie Pelton)夫人 D.C. 马克奈特(D.C. Macnait) R.N. 马贺森((R.N. Marheson) 16日:黄奥 D.N. 维特霍普(D.N. Tweedhope) 18日:马本称 郑锦藩 冯德焕 马宗武 黄章金 郑忠鋈 黄文炳 黄惠民 戴维·威廉(Davis William) 黄星甫 黄赏明 黄敬三 孙玉梅 李乐天 徐蕙南 朱硕存 陈炳利 朱广炜 钟显新 梁缉光 周萃瑜 周卫全 黄国雄 尼吉·摩尔根(Nigee Morgan) 20日:阿尔福德·塞则思(Alfred Sges) 高福宇 李豪伯 刘希祝 林灼明 周灵 马宝伦 李汝基 21日:乔斯·霍普(Jos Hope)夫人 刘坤洁 刘德洁 谭秀贤 李伟华夫人 余超平 聂瑞杏 聂瑞锦 关定琼 刘秋爱 黄美莉 周润爱 周陈爱禅 罗巧莺 李美莲 霍尔(Hall)夫人 23日:阮晋 24日:胡世勋 切斯特·拉夫里(Chestt Lavre)夫人 埃勒利·安德尔森(Eleree Anderson)夫人 塞德里·H. 拉夫里(Thodere H. Lavere) 王刚(毅强) 梁绍文 雷惠泉 陆振业 洪时伍 曾诗传 陈泽民 25日:李辛元 26日:C.N. 唐夫人伍梁秀贞 伍棠师奶 黄有 27日:爱德斯·列昂(Edith Leong) 爱塔·阿伯拉蕾(Etta Ablay) 李天栋 黎神护 李唐荣 黄达荣夫人 温何洁娟 邓郑坪智 池进 颜广礼 苏华煊 甄立亚 黄舜文 巫理康 陈中铭 冯增元 方德贵 28日:方家常 李国兴 谭锦泉 黄子明 李璞珍 邝乃宽 29日:台尔麦·汉特(Thelma Hant)夫人 黄金德 30日:巴依·法诺(By Fano) 张恨棠 Z.R. 布朗(Z.R. Browne) 埃雷恩·布雷克(Erane Black) 应通尼斯·L. 芬迪

(Lntonis L. Frhmndi) 亨·李(Hing Lee) 保罗·梁(Paul Leong) 格雷斯·洪(Grace Hong) 爱仑·休(Ellen Huie) 威廉·袁(William Yuen) 林德馨 朱箕镜

【注释】

①"会东",即做东付账。

②指萨斯卡通的人口、华侨及抗日社团。

③本段系预拟的日程表。

④所录为名言警句。

⑤此日录有"板桥道情"曲调,从略。

⑥是日,陶行知在中华学校朱广炜处见着胡适所写的《秋柳》诗:"但见萧萧万叶摧,尚余垂柳拂人来。西风莫笑长条弱,待向西风舞一回。"陶将此诗抄录于日记本,并答诗一首。

⑦此段所记为游览计划。

⑧纳奈莫系加拿大一港口城市。

⑨温哥华歌咏团由当地文疆小学、育才学校、华侨学校、文华学校、中华学校、广智学校的华侨师生所共组。

⑩以上三行为新增加内容。

⑪寇埃勒时在美国海产总部任职。

⑫指只有两名华人加入美国籍。

⑬"舍路",通译西雅图(Seattle)。

⑭即美国侨胞社团"叱咤社"或该社所组织的"叱咤歌咏团"。

⑮指每天下午4—6时上课2小时;星期六则是上午9—11时上课。

⑯刘持曾塑铸孙中山铜像。

⑰此段所记为日本国内和军队中的反战倾向。

⑱"新安",实指新安旅行团,陶行知代为他们在美国侨界募捐。

⑲"堂捐",即致公堂所捐。

五　月

（美国：奥克兰·旧金山·洛杉矶·芝加哥·华盛顿·纽约）

5 月 1 日　奥克兰。露天演讲，2 000 人。

刘根盛、朱贯；华侨学校：张衮华；李义财，叱咤队；顾长海，红枪会，铁人，安灰〔徽〕正阳关；女首领，孙小、老崔。中宣取缔拉丁。玉利陆夫（俘），临沂月饷 8.88。

5 月 2 日　广源船扣留，20 船员[①]。

下午 1 时，香亚、君璞。下午 4 时，梅岭。下午 6:15，中华学校。下午 8 时，中华会馆。

甘肃兰州省立女子职业学校：台和中校长。

星期一，下午 8 时；星期五，出席华侨召开的一次会议；下午 2 时，奥克兰。星期五，下午 6:30，远东咖啡厅，中国朋友。星期六，下午 8 时，第 10 大街、斯多克顿街 1038 号。下午 1:30，克莱（Clay），814[②]。谭、覃、许、谢，昭伦联义公所。

5 月 3 日　下午 12:30，"杏花楼"。下午 4 时，"广源"。

杨启聪、方君璞送我离金山。

5 月 4 日　洛杉矶。斯维达花园饭店，中国领事馆，电影艺术协会，反纳粹同盟等的电话号码。

运往日本的战略物资：1936 年，美国 47.9%，英国 19.9%，爱尔兰 8.0%，德国 3.7%；1937 年，美国 54.4%，英国 17.5%，爱尔兰 7.4%，德国 3.8%。自美国运去的商品铜 92.9%，油类 60.5%，汽车及零部件 91.2%，铸铁 59.7%，生铁 41.6%，机器发动机 48.5%；总计：1937 年 1 003 769 日元，1936 年 505 896 日元。苏联 1936 年给日本的物资占 2.2%，1937 年未给任何物资。

5 月 5 日　上午 10 时，王[③]。下午 4 时，华侨学校。下午 8 时，中华会馆。何马绍，华侨联合会主席。

星期一，晨，12(10)；下午 6 时，“苏州”。星期四，上午 10 时，黄；下午 8 时，中华会馆；下午 9 时，王珍珠。星期五，上午 10 时，休默·包文(Humer Bowen)；午 12 时，王；下午 5 时，中华学校；下午 7 时，晚会；下午 10 时，学生。星期六，上午 10 时，中华学校；2:30，医药援华会；晚，中国青年。星期日，下午 1 时，毕波曼(Beborman)。5 日走，“巴黎”。王氏的约会延期④。

《义勇军进行曲》：“起来！不愿做奴隶的人们！把我们血肉，筑成我们新的长城。中华民族，到了最危险的时候，每个人被迫发出最后的吼声：起来！起来！起来！我们万众一心，冒着敌人的炮火，前进！冒着敌人的炮火，前进！前进！前进！进！”

5 月 7 日 M. 尼尔松山(M. Nilson)，来自帕萨迪纳·福特摩：1936 年 9 月。休伯特·B. 亚历山大(Herbert B. Alexande)，洛杉矶初等学院社会科学研究所。

威尔逊山⑤，3〔乘车〕，在位于主街的 1—2 街区的第 5 站下车，转乘太平洋电力局的客车去威尔逊山。

帕萨迪纳，汉丁顿图书馆。

5 月 8 日 母亲节。

5 月 9 日 米娜·戈登(Minna Gorden)，洛杉矶援华会。

《笔伐平时教育》(原无题)。

5 月 10 日 晚 8:05 至晨 6 时，波尔顿水坝，55 美分；下午 5:30 至6:25，盐湖；7:30 至次日上午 10:30，丹佛；下午 4:45 至晨 9:23；共三夜两天。

与黄、魏学“新安歌”⑥。

5 月 11 日 萨维芝女士(Savage)帮我抄五线谱。

朱善培来见，晚餐。

5 月 12 日 波尔顿水坝；1931 年开始修建；保险金 10 000 美元，5 100 名雇工，有一次 85 人丧生。

《先锋八周》。

5 月 13 日 在火车上，月儿圆了。

《黄朝琴总领事空手扣敌船》(原无题)。

5 月 14 日 到支〔芝〕加哥(Chicago)。

5 月 15 日 北平童谣：“小日本，卖凉粉；破了罐子赔了本。”

“弹雨淋漓转空气，阵前木叶如蝗飞，同仇敌忾卫祖国，为争先死狮展威。”——罗店一个广东兵题为《后死感言》。郭沫若改：“弹雨淋漓月色改，阵前木叶如蝗飞。同仇敌忾拼生死，狮吼摇头万里威。”

朱荣灿，开唱片放大[7]。

3 月 29 日 朱德通电：号召世界赠“防毒”[8]。

5 月 17 日 发信给国内。

谭彩，美国芝城；周在洲，“安良”。

5 月 18 日 买无线电、防毒书与桃红、小桃[9]。

5 月 19 日 李幼邻，国际大厦。

5 月 20 日 胡松代我烫〔熨〕衣服，坚不要钱，应写字送去。

5 月 21 日 詹姆斯·W. 加那尔(James W. Garner)、大卫·金凯(David Kinkey)、E. H. 瓦尔多(E. H. Waldo)。

火车至华盛顿：上午 10:15—4:55＝18 小时 40 分钟；下午 3:10—上午 8:50＝17 小时 40 分钟[10]。

5 月 22 日 下午 3:10，离芝加哥；梅友卓、朱尊吾、吴扶汉三兄在车站送。

5 月 23 日 华盛顿哥伦比亚特区。中国驻美大使馆，中华全国救国会。

纳特麦(Natumal)，下午 6:45，车站。

5 月 24 日 L. 巴德(L. Bald)，施肇基的朋友，“小先生”。海伦·M. 罗密斯(Helen M. Loomis)，中国新闻处。

(1)没有足够的工人；(2)人人为中国，没有责任心；(3)共产党的地位；(4)不团结是中国的过错。

下午 5 时，哈林顿饭店，与 20 人谈话和讨论[11]：(1)铁路同业独立工会 500 000；(2)仓库工人，太平洋“产联”；(3)码头工人，太平洋“产联”，25 000；(4)码头工会，200 000；(5)“产联”4 500 000。19—22 浬/小时，日本新的坦克及运输机。6 月 6 日大会，码头工会。佐·弗劳根(Joe Flaungan)，太平洋海员联合会地区理事会法律代表。全世界 50 000，美国 20 000。

杨玄泊，华盛顿国会图书馆，《远东杂志》。

5 月 25 日 纽约。

5 月 26 日 8:45，卡耐基会堂。

《衣联五周岁》(原无题)。

星期一，上午 11 时，福赛斯(Forsyth)女士、简·斯坦利(Gan Stanley)[12]。

一位苏格兰人送给一位夫人一件礼物，他的朋友问他送了什么，他说："唇膏。"这位朋友玩笑式地赞赏他的慷慨大方。他认真地说："我可以把它要回来。[13]

星期三，弗兰克·苏开明(Frank Kai Ming Su)，由纽约《今日中国》杂志转[14]。

5月30日 星期一。阵亡将士纪念日。11:00，福赛斯(Fosyth)。

(1)基督教女青年会：①中国女青年会为30 000；②抵制日货运动的成绩。(2)教会团体：①第一次世界大战的教训；②使美国置身于战争之外；③福斯迪克(Fosdick)等绥靖主义者任日本人玩弄于股掌之中。(3)和平运动：①弗雷德·里伯利(Fred Libly)，防止战争全国理事会；华盛顿哥伦比亚特区和戴什尔(Detzer)。②"国联"共同行动委员会，"福斯特国家联盟"，C. 艾切伯格(C. Eichelberger)先生、阿特金森(Atkinson)、鲁洛夫斯(Roelofs)、H. 亨利·埃塔(H. Henny Etta)，女青年会约瑟芬·夏因(Jesephine Shain，战争原因及医疗委员会)；③多利弗(Dolivet)写信，不满意。国际和平大会是不必要的，阿特金森。戴什尔作为国际和平大会的成员。分区与国际和平大会。强迫的与歧视的。美国有反法西斯运动的兴趣。

和平与民主联盟：(1)3 500 000；(2)8 000会员。

理查蒙特(Richmont，弗吉尼亚)去莱尔〔线〕，福赛斯(Fosyth)的母亲讲话。为抵制日货举行祷告会。民主联合会：150名教授，150名学生。乌里(Urie)和博阿斯(Boas)博士，福赛斯。

天主教=1/6基督教全国协会。阿特金森(Atkinson)，基督教和平联合会。

欢迎会，在大使馆。

J. 帕斯(J. Pass)先生，《战斗》编辑。智利援华委员会联盟，康宁汉(Cunninghan)在联盟中。展览品：收音机、唱片。蒋介石夫人，收音机，基督教女青年会会议。长统〔筒〕莱尔线袜，100美元，好。贝拉·多德小姐(Bella Todd)，教师联盟。

5月31日 星期二。7:30，"广州村"。

本月记事

地址：(1)吴涵真，香港九龙，王子街208号。(2)姚文采，安徽中学徽州分校，屯溪。(3)苏雪与马贝尔·尼普(Mabel Nipp)，维多利亚政府街1605号。(4)全国文艺界抗敌协会，汉口；中国文艺社，田汉、冯玉祥。(5)中国学生救国联合会，代表 123，73 单位；卅月廿五讨论如何欢迎世界代表团。(6)日本鹿地亘、池田幸子，日本反战同盟。(7)青年记者协会，韬奋、沫若。(8)张健，四月三日，民众识字班。(9)陶晓光《实用无线电通讯》，测试无线电的仪器；桂林中山纪念学校，杨寅初。(10)陶宏，中国科学社，北碚，重庆。

集锦：旧金山洗衣店，星期一至星期五，我不能有。

本月人名录

3 日：E. 约瑟夫·伊凡思(E. Joseph Evans)　邝光利　何廷光　斯劳伊德·E. 哥里费尔(Sloyd E. Grayfril)　A. 戴女士　黄朝琴　4 日：H. 比勒曼(H. Bilerman)　B. 恩王(B. Aen Wong)　保罗·H. 王(Paul H. Wong)　A. H. 弗雷德里克(A. H. Frederick)　刘兆光　金维拉　爱德华·汤姆(Edward Tom)　5 日：米中六　林瑞忠　黄智　李麟　苗品三　梁桂岩　关礼庆　刘国旋　刘长　曹起成　8 日：尤金娜·萨维基(Eugena Savage)小姐　D. Y. 楚(D. Y. Chu)　C. C. 邵(C. C. Tsao)　N. I. 劳(N. I. Low)夫妇　路斯·王(Ruth Wong)博士　莱斯利·劳尔(Leslie Lowe)　11 日：李阿信(Lee Ah Thing)　12 日：李士芹　15 日：周有壁　王永涵　周成梁　20 日：冯朱鹿贞　23 日：伍晃　彭先捷　24 日：查尔斯·J. 乔　阿德莱特·却鲁斯台尔(Adelarde Jruesdell)　韩子美　罗曼安尼　罗西洛·M. 巴里奥(Rucilo M. Balea)　弗兰克·W. 毕来士(Frank W. Price)　26 日：陈智诚　陈小龙　何赛贵　雅克华·查(Yatkwang Cha)　S. 杰克(S. Joke)　G. 赫克斯(G. Hieks)　30 日：纳尔逊(Nalson)　艾切尔伯格(Eichelberger)　潘学彩　鹿地亘　池田幸子　萱野夫人　I. L. 坎德尔(I. L. Kandel)　贝娜·奥德(Bella Aodd)小姐

【注释】

①广源系日本货轮名。是日，该轮冒插中国旗进入美国旧金山港，中国驻旧金山总领事黄朝琴上船交涉，终将该船及 20 名船员扣留。

②此系计划，因忙无空，陶行知终究未能上船参观被扣留的日船“广源号”。

③即华侨王珍珠。

④此段所记为近日的时间安排(约会)。

⑤威尔逊山建有著名的天文台，陶行知前往参观。

⑥“新安歌”即《新安旅行团团歌》，由田汉作词。

⑦指开设出售唱片和扩音器材的商店。

⑧指吁请世界各国捐赠防毒器材以抵御日本的毒气战。

⑨即陶行知的长子陶宏、次子陶晓光。

⑩所记为火车时刻表及运行时间。

⑪指与美国“产联”的代表会谈和讨论。

⑫⑭所记皆为下周的约会。

⑬所记为外国幽默一则。

六　月

（美国：纽约；英国：伦敦；法国：巴黎；
意大利：罗马；奥地利：达斐克村·萨尔茨堡）

6月1日　星期三。纽约。7时，华工中心。10时，《今日中国》。

斯特朗女士(Miss Strong)的饭店，西31大街4号，威劳特饭店。

《衣联五周》。

克来恩(Crane)夫人，南沙丰地14号。由第1大街拐角处朝东面的街区乘车去56街；由第5大街转乘东开的巴士，可到沙丰地；或乘朝东开的地铁，59街有一车站。

6月2日　下午1时，奥尔顿俱乐部，第5大街200号，阿特金森(Atkinson)。理查德·M. 芬雷(Richard M. Fenley)，教会和平同盟；多鲁塞·麦克·柯奈尔(Dorothy Mc Connell)，美国和平与民主同盟；克拉克·M. 艾切伯格(Clack M. Eichelbeg)，国际联盟协会；享〔亨〕利伊塔·鲁洛夫斯(Henrietta Roelofs)，女青年会全国董事会；阿道夫·萨姆索(Adolf Samsol)；享〔亨〕利·阿特金森(Henry Atkinson)，教会和平同盟；沃尔特·W. 凡·科克(Wolter W. Vau Kirk)；托马斯(Thomas)夫人，国际联盟协会；F. 柏克(F. Pirck)，共同行动委员会；欣克莱(Hinkly)，美国青年大会；夏因(Shain)，战争原因与防止委员会；密勒(Miller)先生，犹太妇女理事会；芬威克(Fenwick)博士，天主教和平协会；菲什尔(Ficher)博士，国际教育研究所；福赛斯(Forsyth)，和平与民主联盟；朗(Long)，妇女俱乐部全国联合会。

(1)防止战争全国理事会，利比(Libby)；(2)调停社团，萨尔(Sayre)；(3)妇女争取和平与自由联盟，戴什尔(Detzer)；(4)紧急和平运动，纽敦(Newton)；(5)世界和平之路，斯泰林伯格(Sterlingburge)夫人；(6)军国主义与教育委员会，退出。

福赛斯将于6月28日回来。

6月3日　上午9:30，俱乐部。下午8时，回来看戏。

(1)纽约卫理公会开会议决：赞成抵制日货。(2)基督教女青年会工业部绝大多数人赞成抵制日货。

6月4日 5:45,《今日中国》等候;下午6:30,霍沃。

诺顿(Norton)家中。波士顿:波士顿盛会,“抵制”[①],代表200 000人。博瓦(Boyoir),米饭的午餐;50 000美元每月,10 000美元每月,5 000美元每月,薪金;马修·沃德(Mathen Word),工人中的反动领袖,格林(Green)的副手。爱德华·F. 麦克格雷迪(Edeward F. Mc Graddy),月薪诱人。

平民救济联合理事会,李·伊凡(Ivy Lee)。(1)柏内斯(Bernays);(2)卡尔·布瓦(Karl Byoir)。公共关系咨询。演讲人合格证。

弗雷德·C. 麦克基(Fred C. McKee),奥利弗大厦,匹兹堡,魁特公司董事长,捐出200美元用于抵制日货。伍尔沃兹公司98%是美国货;麦斯(Macy),秘书。日本的“五月商店”没有生意。

办法:教育同盟的儿童拒绝接受日本玩具。爱里斯·巴鲁斯(Alis Parrows),华盛顿的领袖[②]。

6月5日 星期日。下午12:45,西57街205号。

6月6日 星期一。下午6时,《今日中国》,格拉尼克(Granick)。

6月7日 斯特伦岛胡格恩斯特公园。(1)地铁到南渡口站;(2)摆渡到斯特伦岛;(3)到特荷诺勒坐103路公共汽车到阿布特斯下车,步行到海滩,从柯马尔大街处向右拐,到洛默斯特住宅区3号。或乘火车到安娜德尔,再乘出租汽车到该宅。

雷韦·艾黎(Rewi Alley),上海工业合作协会。

保卫中国同盟:希尔达·赛利文·克拉拉(Hilda Selivyn Clarke),秘书。香港汇丰银行转:宋子文会长、孙中山夫人(主席)[③]、N. H. 弗朗斯(N. H. France,司库)。

国会图书馆冯家升、哥伦比亚大学王际真、哈佛大学、哈佛—燕京学社、芝加哥大学、耶鲁大学李云桂、加利福利亚大学沙芝培、衣联会、青年救国团、华工中心、《商报》、《公报》、《民气报》、《先锋报》、华侨学校。

6月8日 安娜·路易斯·斯特朗(Anna Lewis Strong),伍特科特饭店,西31街4号。

日本统治:(1)台湾;(2)满洲;(3)朝鲜。朝鲜是一个悲剧。

6月9日 星期四。下午4:30,董事会会议室,15人。

6月10日 下午2时,第5大街150号。

谴责日本在广州轰炸平民。“不参与侵略行为。”苔西·阿特伯里

(Daissy Atterburg)。基督教长老会布道团……保定。

盖洛普博士，民意研究所〔测验题〕："假如日本不停止轰炸平民，你还赞成美国向日本提供石油吗？"

6月11日 下午7时，"旅顺楼"。

斯特朗女士，《联合报社》：(1)工人俱乐部；(2)莫斯科贸易联盟、文化联盟；(3)公园；(4)集体农庄。

纽约医药学院：黄功德(汉口)、沈青囊(四川重庆国立中央大学化学学会转)。

6月12日 下午1时，K. K. 唐。

致公堂茶会，向各团辞行[④]。华侨学校。大家一致。为什么？

6月13日 中午12时，俱乐部。下午4时，布鲁德尔(Breuder)先生办公室。晚9时，中国佛塔楼，"先锋"。

中国佛塔楼朋友：刘克勉、陈富、李孤鸿、雷锡、林泉、伍云波、谭介甫、江操、李南、林堂。

(1)杰鲁姆·戴维斯(Jerome Davis)，苏维埃俄国教育的比较研究；(2)阿尔伯特·里斯威尔(Albert Ryswill)，苏维埃俄国；(3)比特斯·金(Beatyce King)，变化的人，苏格兰。

刘复，莫斯科高尔基大街36号223室；M. 文森斯(M. Vincins)先生，西班牙马德里宣传代表团；玛格丽塔·纳尔金(Marguerita Nelken)，西班牙巴塞罗那；林济时，西；张纪；法国蒙台布伐尔特街9号，通信社；辛卡尔(Secar)，(王)；何肇绪，"万花楼"；卡密尔·所罗门(Camil Solomon)，伦敦，山地街89号。

6月14日 下午8时，胡适之、陈先生夫妇[⑤]、陆璀，第5大街46街39号。晚11时到次日凌晨1时，布劳德(Browder)。

6月15日 离纽约。送行者：哈拉·玛璀(Hara Matrui)、埃斯特·卡鲁尔(Esther Carroll)，罗布(Loeb)、莫里斯(Monrice)，鲁丝·鲁本(Ruth Ruben)、罗杰斯(Rogers)，吉恩·斯坦利(Jene Stanley)，格瑞斯(Grace)和蒙·格兰尼奇(Mon Granich)、所罗门(Solomon)，古尔德(Gould)、吕超然、陈翰笙、赵建生、陈其瑗、黄、梅友启、张钟元、戚葆三、李孤鸿、陆璀。

6月18日 第一次世界大战中有75万波希米亚士兵到奥地利敌占区。1 200年战斗。历史记载：5月21日，50万士兵在6小时内动员起来保卫苏台德防区，德国人发现战壕里布满了波希米亚人。苏台德的政敌。苏台德德占区——康拉德·亨雷因(Konrad Henlein)。德国社会主义者,温泽尔·杰克斯(Wenzel Jaksch)。1941 年的工人运动:5 月 1 日劳动节在卡尔斯巴德演讲,18 000 听众。

6 月 21 日 克拉夫特,沙。100 卢比到锡兰,马德拉斯、孟买、加尔各答=35 美元=14 天。

给朋友们写信:(1)6 月 15 日在纽约为我送行的朋友;(2)坐三等舱:有 200 捷克人、150 南斯拉夫人、100 匈牙利人[⑥];(3)索科尔(Sokel)—玛斯蒂克(Mastik);(4)匈牙利人;(5)海上航行时——“洪水与战争形势”[⑦];(6)“大西洋”[⑧]。

“小陆称陶父,称小鹿为姐。则您为老丈,而我为堉〔婿〕也。”[⑨]

法国路线。教堂街 72~75 号。……杂志。上午 10 时—下午 5 时。周围:银行—标记,大学医院。

6 月 22 日 最长的一天[⑩]。3:45—9:00;4:45—10:00[⑪]。

上午 9:55,卡尔顿大厦德国领事馆约克(Yoke)公爵。特拉法加广场,照片。

下午 1 时,“中山楼”,牛津街华尔多街之间。

国际笔会:6 月 27—30 日在布拉格布拉查尔斯大学文学院举行;主席:H. W. 纽文森(H. W. Newinson),住大使饭店;27=教育部长,28=总统请客[⑫]。

新教育同志会索普尔(Soper)女士捐 10 英镑。6 月,中国银行转 60 英镑。夏帽:M. V. 帕特尔(M. V. Patel);书、衣:文森特(Vincent)夫人[⑬]。

空袭演习。

陆晶清择母:(1)思想不反动;(2)荣华富贵不恋;(3)不可贪生怕死;(4)合法年龄,双方同意(最低限度三十岁,最高限度四十五岁);(5)洋味不可太重。

6 月 23 日 下午 1 时,熊宅。7:30,“新探花楼”。

法国:(1)马赛—依狮,布鲁(Blue)领路;(2)圣·米歇尔—古洞;(3)夜市。德国博物馆。罗马:推比岩、法西斯展览、梵蒂冈、人骨宫、那不勒斯、维苏威火山。日内瓦:勃朗峰。波兰:渴〔喝〕酒马车、旧华沙。伦敦:(1)摄政公园(半夜,8:30);(2)大英博物馆;(3)国会大厦。苏联:(1)国际书店,高尔基街;(2)普希金咖啡馆;(3)布尔什维克剧院;(4)现实主义剧院;(5)托尔斯泰故居;(6)克鲁泡特金故居;(7)列宁纪念馆;(8)文化公园。威尼斯:圣马克广场。票:伦敦—欧洲大陆—轮船到埃及=18 英镑 13 先令;轮船码头—香港=35 英镑[14]。

6 月 24 日 离伦敦维多利亚车站:下午 8 时或上午 10 时,上午 5 时或下午 5 时[15]。

现在:离英前要做的事:(1)写飞机信[16];(2)打霍乱、伤寒针[17];(3)再办护照;(4)马克思墓[18]。

6 月 25 日 特夫奈尔公园站—波士顿会堂—达特茅斯,派克山上去,雷登衔向左[19]。丹尼尔(Daniel);威尔华德(Willward)隔壁:这里埋葬着赫伯特·斯宾塞(Herbet Spencer)的骨灰,墓号 33292,殁于 1903 年 12 月 8 日;法拉第(Faraday),罗莎(Rosa)、纽曼(Newman);在许多坟墓中,有 4 个用石块围成的墓,木碑:燕妮·冯·威斯特华伦(Jenny Von Westphalen,1814—1881. 12);卡尔·马克思(1881—1883),24748 号;哈利·龙格(Harry Longuet,1883);海伦娜·德穆特(Helena Demuth,1890)[20]。"24748"号[21]:长 11×5 寸=5 尺 5 寸,宽 4×5 寸=2 尺;7 种花,种 3 种,4 种送来的[22]。

晚 8:10,离维多利亚站,晚 9:30 到纽汉文;晚 10:15 离纽汉文,早 1:40 抵第波;上午 5 时半到巴黎。

6 月 26 日 巴黎。不列颠旅馆,阿姆斯特丹路 24 号,电话:1410。勒诺特斯(Lelotus);法国巴黎德埃科尔街 2 号。

下午 2:30,全欧抗联执委会:雷子声、何肇绪、王先生、陈先生、周先生[23]。任光在"万花楼"前巧遇。曾宪猷在"莲花楼"会见。王庆元被诬,我捐 150 法郎,托任、曾二君带交。

到伊〔意〕大利[24]:买旅游车票,10%,三连〔联〕,美国快车,带餐车。(2)参观游览:①都灵工业区、军事学生;②米兰美术、教堂;③威尼斯;④佛罗伦萨艺术、建筑;⑤罗马:圣彼得教堂、梵蒂冈博物馆、人骨宫、斗兽场;⑥那不勒斯:维苏威火山、庞贝城。

(1)巴黎;(2)莫德纳;(3)都灵;(4)佛罗伦萨;(5)罗马;(6)那不勒斯;(7)米兰;(8)威尼斯[25]。1 英镑=115.5 里拉。去里昂:23:20,开车;23:00,换线、关门。

6 月 27 日 昨晚 8:25 开(巴里〔黎〕),早 5 时到艾克斯莱班,湖光山色——美极。早 7:45 到马当(Madan)路上车轨出岔,改坐汽车半小时,候一小时;9:10 开向都灵,过山洞 20 分钟到巴尔多;11:30 到都灵;2:30 到哥伦布家乡热那亚;夜(次日凌晨)0:20 到罗马。

凉食袋:(1)炸肉一;(2)炸番薯数片;(3)大香肠三片,小者五片;(4)面包两块;(5)饼干一小包;(6)桔子一只;(7)干酪一小包;(8)红酒一瓶。9里拉。

6月28日 罗马。(1)飞机信(问);(2)同学七八人[26];(3)几百华侨,米兰最多;(4)抗日会:柳先生、陈学书、彭泰尧、朱常隆(龙,青田)。

(1)旅馆不易找;(2)中国比鳄鱼;(3)租税重。

外平信1.25;欧飞2.5;中飞6.5;外朋友0.75。美飞。

樱桃红,玉粟绿,麦子黄。

圣彼得:119公尺高,48柱[27]。罗马自然历史博物馆。人骨宫:400,搜集。

6月29日 罗马—佛罗伦萨,4.5;佛罗伦萨—威尼斯,6;威尼斯—维也纳,14;维也纳—布拉格,6;布拉格—柏林,6;共34.5小时。29、30、1、2[28]。

S. 劳乌佐(S. Laeuzo)、奥赛奇·卡利列奥(Orcetri Galieo)、托姆巴·德美第奇(Tomba Medici)、杰那·卡利列奥(Jella Galileo),列维斯(Leves)夫妇、托夫·加罗(Torve Gallo)、维阿利·卡利列奥(Viale Galieo)、马斯(Maas)。

6月30日 火车票六天以内须偿还减价。

出意境威西诺镇,入奥境达裴克村。英镑换139李〔里〕拉,付李〔里〕拉120。

奥地利南方的城镇操德语。农村家家有小木房藏草料。奥境山高谷宽,房子灰色;卖凉水的小姐;天气全天凉爽;三等车:长条,可坐四人;七条,四人,晚上大可晚觉;多瑙河;阿尔卑斯山、山顶有雪。

萨尔茨堡。花栏杆饮茶[29]。9时吃晚饭。1金元换2.5马克,晚饭2.3马克。

捷克斯洛伐克王尔德(Widwer)夫妇,三等车同车夫妇。

本月记事

《鲁迅全集》,“翰”三本:(1)纽约图书馆;(2)哥伦比亚;(3)太平洋学会[30]。华工中心(皮金)、“衣联”(皮金)、《救国时报》(皮金)、朱夏(布金)、于□告(皮金)、《公报》(皮金)、陈宗尧(?)。

《编剧的理论与技巧》,约翰·霍华德·劳森(John Howard Lawson)著;《中国的文明》,格拉内(Granet)著;《营养学和药物学》,威廉·曼斯菲尔德

(William Massfield)联合大学，奥尔巴尼药学院，纽约州奥尔巴尼，1937年。

(1)6吋〔艘〕新船在江阴被60架飞机炸沉："宁海""平海""逸仙"。(2)老船20余自沉阻止。(3)海军炮移下做陆地炮台，兵士编炮队。(4)英6人，德20余，学海军。(5)美国：谁买船，训练谁。(6)水雷：5 000—10 000。(7)鱼雷：20 000—30 000华币，15 000—20 000码可放。(8)"宁海"(日本代造)训练几十人。

各国使馆地址：捷克斯洛伐克，政府官邸8号；法国，贝多福广场51号；德国，卡尔顿大厦9号；希腊，公园弄7号；意大利，波特兰地区68号；波兰，拉塞尔广场桑汉街2号；土耳其，下斯隆大街10号；埃及，南方大街26号；英国，安娜皇后大街21号。

护照签证费：意大利13先令，最多每个人可停留3个月；法国、越南、叙利亚要3先令，文莱6先令，可停留15天；捷克要4先令，可停留1星期；希腊，没人过境，旅行者交8先令。德国3天，土耳其要交2张照片，7先令7辨士；埃及7月23日—26日，交7先令，可停留7天。德国在捷克办，交24克朗。

本月人名录

1日：保罗·曼(Paul Meng)　郑通坞　徐泽予　谭连蔼　2日：马素女士　艾尔·H. 利夫(Eail　H. Lerf)　3日：郑通□　赵望　周世正　陈一冰　朱美琳　李信慧　余秀文　施葆真　8日：姚莘农　J. A. 马库斯(J. Anthon Marcus)　爱玛·雷德尔(Emma Redell)　汉姆·玛璀(Ham Matsui)　米切尔·鲁士曼(Michael Rothman)　贝蒂·辛普森(Betty Simpson)　11日：科伊利(Coyle)船长　13日：苏斯·库克(Thos Cook)父子　罗伯特·迈耶(Robert Minor)博士　邓洪年　18日：萨杜斯·玛斯蒂克(Thaddeus Mastik)　皮埃斯(Pyrs)博士　福里格内勒(Fnegner)博士　26日：柳亚藩　彭泰尧　任光　陈汝舟

本月：苏拯

【注释】

①指开展抵制日货运动。

②即华盛顿抵制日货运动的领袖。

③宋子文当时兼任保卫中国同盟的会长，孙中山夫人宋庆龄时任该同盟主席。

④指陶行知赴欧前,向美国纽约侨界各团体辞行。

⑤即陈翰笙夫妇。

⑥指致函给同坐海轮赴欧的捷克等国友人。

⑦指致函给同船赴欧时讨论“洪水与战争形势”的朋友。

⑧指“大西洋”学会。

⑨“小陆”“小鹿”,均指陆璀。陆曾谓陶为“好爸爸”。所记为幽默戏谑之语。

⑩是日为中国农历的“夏至”,是一年中白天最长的一天。

⑪所记为乘车时间表。

⑫指捷克的教育部长、总统将于6月27、28日分别接见参加“国际笔会”的各国代表。

⑬似指旅行前暂时存放物品之处。

⑭所记船费系为归国作准备。前面所记,为赴欧后的参观计划。

⑮所记为维多利亚车站的发车时刻。

⑯即写航空信。

⑰即打预防霍乱和伤寒病的防疫针。

⑱指计划再次拜谒马克思墓。这次已是第三次前往。

⑲所记为去伦敦北郊海格特公墓的路线。

⑳燕妮即马克思夫人;龙格为马克思的外孙;海伦娜为马克思家忠实的女仆。

㉑马克思的墓号为“24748”。

㉒所记尺寸系筑构马克思墓石块的大小;是日马克思墓前有7种鲜花,3种是种的,4种是来客敬送的。

㉓“全欧抗联”全称为全欧抗日救国联合会,由旅欧华侨社团合组。“王”,即王海镜;“陈”,即陈泉利;“周”未详。

㉔指将到意大利去。下文为去意的计划。

㉕所列为由法游意的路线。

㉖指在罗马的中国留学生有七八人。

㉗指罗马圣彼得教堂的高度和石柱数。

㉘所列数字为乘车时间;“29、30、1、2”即6月29日—7月2日,为旅行日程。

㉙日记本上划有示意图。实指在饭店带花栏杆的平台上饮茶。

㉚国内出版的《鲁迅全集》要求在海外代销以扩大影响。“翰”,指陈翰笙;哥伦比亚,指哥伦比亚大学。

七 月

（捷克：布拉格；德国：柏林；法国：巴黎；奥地利：维也纳；匈牙利：布达佩斯；南斯拉夫：贝尔格莱德；希腊：雅典；埃及：开罗・苏伊士）

7月1日 布拉格。1英镑=7.53克朗。

12时到波兰领馆办照，理应1时停办，12时已不接收。

中国沿左手行（沪），右（杭）；美国沿右行；法国沿右行；英国沿左行，捷克沿左行。

25美元=105登记马克，4美金=100克朗。桥=每城一石一蛋造；戏院烧了=每人损〔捐〕钱三月成；脾〔啤〕酒=面包汁。剃头，6克朗。刮脸，3克朗。

（1）布拉格的服装：海外帽，一根羽毛插左上边（猎鹰），红、白、蓝三色标记，蓝帽镶红边。（2）红衬衫，上衣及裤子。（3）雪茄烟色领。（4）领带绕颈两周。（5）高统〔筒〕靴，黑色。（6）官员：肩佩蓝色薄条带及星。美国：白衬衣；白色法兰绒裤；白鞋、蓝色领带及帽子。

晚11:44，离布拉格；梁雪松公使送。

7月2日 柏林。住霍尔斯汀旅馆，毗邻动物园。

中国大使馆：卡冯斯汀顿路218号。

京汉饭店，韩宝钟；京津饭店、泰东饭店，庞廷玮（山西）、王云明（山东）、李蔚潭（绥远）；“南京”“天津”“泰东”“大华”“中亚”“中华”“京汉”[①]。

7月3日 学生会：来布尼兹街62号，沿康德街前行，第四条横街左转。李蔚潭博士。

遇见柯尔佛（Corfu），1936年，船上，海关。韩兆霖，德大使馆。郎鉴澄，汉口，海军总司令部。

改住公寓，每天2马克；供早茶（点心自备），洗澡冷水不收钱，热水0.30马克；一次买煤，合1马克三次。

德国行程：（1）威丁堡：马丁・路德的99篇论文，1517；（2）哥廷根大学；

(3)波茨坦:腓特烈大帝;(4)恩特登林登:大学、腓特烈大帝、新博物馆、帕加马祭坛、卡罗特堡城堡;(5)莱比锡;(6)魏玛:文学、画家、音乐家;(7)法兰克福:哥德的诞生地;(8)鹿特堡:Bigantic 博物馆;(9)楚格峰:最高的山峰;(10)波恩大学:贝多芬的诞生地;(11)海德堡:最古老的大学;(12)巴特埃姆斯;(13)拉切尔教区。

7月5日 柏林。王象复住吉格明多夫街12号,晓庄见过,震球友[②]。

帕加蒙博物馆。德国行程:(1)柏林—波茨坦—威丁堡—莱比锡—魏玛—鹿特堡—法兰克福—海德堡—慕尼黑—维也纳;(2)维也纳—贝尔格莱德—布加勒斯特—伊斯坦布尔;(3)柏林—哥本哈根。

瑞典、挪威、丹麦,要问政府[③]。今日下午4时,法国要信:匈牙利、南斯拉夫、保加利亚。

7月6日 屈武(经文),陕西;杨觉天,牛津,陕西;邱仲明,四川;江梁。与江先生详谈德经济。

茨魏·赫姆顿(Zuei Homdon),一幅埃及字[④]。

7月7日 "七·七"纪念日[⑤]。

陈克诚,"中大";程崇道,中大,婺源[⑥]。冯治理在高工[⑦]。中国学生食堂,达尔门街4号,80芬尼[⑧]一餐,一盘三菜一汤。

民生渠:华洋义振〔赈〕会500 000美元;中国300 000元;下地高,水不能行。

(1)谈历史,写历史,造历史;七月七,是中华民族历史的又一章。

(2)"七·七"的意义:①打破日本的妄想;②打破世界的误解;③造成中国的统一。

(3)美国一年:①华侨由分裂而联合统一;义捐,买公债,当裤子,唱歌;②美国人民由孤立政策而接近集体安全;③美国对日本接济54.4〔%〕。

(1)国民外交:①多方进行,分工合作;②演讲员除游击队外有七百人;③连餐馆老板娘都干;④与"老番"做朋友。

(2)捐款买公债:①华侨按期捐,千万以上;②红十字会再振作;③救济箱、"一碗饭"。

(3)研究:日本经济研究。

(4)抵制日货运动与拒运。

(5)美国与中国:供给日本54.4%。

(6)舆论稍有转变。

(7)日本之穷途:①抵抗在中国;②海军相形见绌,比美、英;③准备金将尽。

(8)日本之阴谋:①说中国赤化以孤立中国;②火把两头烧以分裂中国。

(9)抵抗到底,必定胜利。

(10)在自由的战场上唱。

大使馆4时会,200人[9]。程锡平(婺源,物理)、吴兆棠、吴汪秀卿、陈琮(中央大学,湖南,柏林大学,武昌看过)、蔡哲生(福建晋江,厦门大学)。200学生,100华侨[10]。

德国报纸:(1)《法兰克福报》;(2)《国民观察》,政府党报。

犹太汇钱出去,1马〔克〕只可取13分;德犹每人只可有5 000马克,超过之数由政府处理。

黄色椅归犹分坐。

为朱坚白托柳亚凡找房。

7月8日 艾鲁斯特·克里格(Erust Knieck):(1)教育哲学;(2)人类的形成;(3)国民的政治、人类学;(4)民族政治教育。——海德堡大学。阿尔弗烈德·贝姆勒(Alfred Baeumler)。爱德华·格伦杰(Edward Granger):(1)文化哲学;(2)生存空间;(3)教育机关。皮科克岛。

7月9日 (1)2 500 000,7天前;(2)5 000 000 000,3天前;(3)5 000 000 000,今日;共12 500 000 000。虎列拉预防针三次,共打入微菌尸体12 500 000 000[11]。

李述礼、程其襄、程齐滇、赵锡林、曹修懋、王灵根、方达功、孙振先、吴模、戴鸣钟、马肇云(德国)。

7月10日 千家街47号,武昌冯宅。帕特丹姆(Partdam)去。

桑苏西宫,又名无愁宫。瑟维金·波拉兹(Saurgny Platz),3楼4号;布里奇(Briech);P. Y. 林,S. C. 周,柏林大学。

柏林大学学费:80马克一学期,杂费21马〔克〕,选课费每学期1小时2.5马克,每人至少选2小时,每学期宜选20—26小时。德国中学:7年[12]学会浮水15分钟;学费:180—200—220马克,3年—3年—2年。德医科:6年考毕业,学费每学期80马克,实习200小时左右;教育部管报考,取得报考资格后学费减半(今年5月起)。

到巴里〔黎〕车,39.5[13],三等车厢,14小时到。

7月11日 上午冯治理陪我办法国护照。下午睡觉、洗澡。晚间遇孙振先详谈，他送我上车，请他代退德境车票。

7月12日 过比利时到查伯勒。13:22，经列日；15:23，经亚琛；16:06，经赫贝斯泰；19:35—19:45，经英伯日。

夜23:21到巴里〔黎〕。诺德(Nord)，周竹安来接。

7月13日 顾维钧来信，办西交涉三四天。

梁雪松公使，捷克布拉格中国公使馆。漠罕雷尼(Meheralli)，伦敦贝尔锡兹大街8号。艾提纳·康斯坦(Etienne Constant)夫人，中法人民之友社。世界学生联合会：阿卡果大厦97号；联系人：罗杰安；办公时间：上午10:00—12:30，下午2:00—7:00。

邱永盛、刘树镜、王振纲；向达，湖南湘西溆浦县教育局转；汤象龙(湖南湘潭)，广西阳朔中央研究院社会科学调查所。

7月15日 布鲁内特之战，1937年7月。林济时大破佛郎哥(Franco)；8月，奎恩托(Quinto)受伤(腿)。巴伦西亚——13飞机轰，张纪不中(车)[14]。

7月16日 居留证：(1)参战华工联合会；(2)亚西华工总会；(3)旅法华工联合会。

下午3时，执行会、工会、抵制日货会：王，主席；朱学范、张纪、李信慧、王海镜；努力救国的王庆元及陈曙光被拘留及驱逐；雷子声提议：(1)营救王庆元委员会；(2)捐款救济入狱人。

7月17日 三周，"冰"[15]。

写信与郭、王、索珀(Soper)、卡帕特(Karpat)，"美国快递"。

雷子声、陈汝舟、曾宪猷、李信慧送[16]。

《巴黎无雨也留客》(原无题)。

7月18日 软木橡树，软质部分老了才割，西班牙、葡萄牙、北非；从塞维尔[17]来的，德人如此说(见下图)。

巴黎去维也纳(奥地利)：布达佩斯 A12:20；贝尔格莱德：A21:44，L 24:00；尼什(南斯拉夫东部之城市)：A4:40、A12:00；雅典 A10:10，索菲亚

A5:24;布拉佩斯 A10:35;巴黎 22:25;伊斯坦布尔 12:50;小亚细亚:A21:25;L22:45;贝鲁特:A6:20、L19:52;耶路撒冷:A4:40、L5:00;爱尔兰 10:10。

(1)18,星期一。(2)19,威恩 14:45,6:45(离开);贝达帕斯特 21:10,12:20(离开)。(3)20,3,贝尔格莱德 7:10,21:44(离开);尼什,11:33,4:40(20)。(4)21,4,艾登斯 10:16;20,索菲亚 16:25,10:55(20)。(5)21 伊斯坦布尔 7:25,10:22(21)。(6)22:5,小亚细亚。(7)23,6 贝鲁特 14:00,23,耶路撒冷 24:00?

9 时半到维也纳。吃晚餐费 1 马克又 16 芬尼。

看纳粹旅行楼。

7 月 19 日 早 2 时入匈牙利。11:05,布达佩斯。19:10,雅典。从这里到索菲亚,46 镑。

车上未报钱数,费半天在国家银行补报。签票到贝尔格莱德。贝尔格莱德——伊斯坦布尔,73;伊斯坦布尔——海法,56 小时,430;里格柯罗尔轮 19 日到雅典,20 日 12 时离雅典。

遗憾:霍希·麦克罗(Horthy Miklos),摄政王。T. 比拉(T. Bila)去见墨索里尼。

圣·史蒂芬(St. Stephen)是匈牙利 900 年前的第一个国王;7 百万人民对意大利更友好。匈牙利总理去见"领袖"[18];摄政下月去见"老希"[19]。

7 月 20 日 11 时离布达佩斯。

海恩理查·比阿特丽斯(Heinrich Beatrice)——上为航空公司女职员之姓名,匈俗先姓而后名,与中国同。

匈加〔牙〕利的田切得很端正。12:45 到贝尔格莱德;1:15 开。南斯拉夫的田不端正。3 000 公尺俯瞰,有山;1 000 公尺俯瞰,大路若板凳;2 000 公尺俯瞰,大路如索。1 时 50 分,白云茫茫成云海,机在 3 200 公尺高飞:青天为盖,白云为底。1 时 55 分,3 500 公尺。2 时 30 分到索菲亚,有高山。索菲亚与萨洛尼卡[20]之间田地整齐。7 时到雅典。

住大不列颠饭店,夜去雅典卫城、宙斯庙和苏格拉底狱,都关门。

房间 502 号,半夜有蚊子。

7 月 21 日 马洪里与墨西哥一样。

早八时半到雅典卫城,摄影,五分钟成,十德拉马克一张。九时一刻访苏格拉底狱,摄影;狱在松柏园中,三间,靠右边一间为苏牢,里面分两室;一外室,不正之长方形,二内室,锥形;圆径五步,高丈左右,门如下:

希腊控制金子如匈加〔牙〕利，连旅行支票、支票，都须登记；换钱，都要证明书登记；买船票不要金子，公司不能换希币。

(1)临时到银行去换钱买票。(2)上船前，在海边警署验护照；旅行者出口须缴116德拉克马。(3)验行李；欧洲验行李，以希腊最麻烦了。(4)上船；船为罗马尼亚公司之“里格柯罗尔”号；船价560德拉马克，〔克马〕合5元美金，坐舱板；另出洋2元，和水手买坐〔坐〕位。

希腊境内多山，在彭特利山麓，有一彭特利城；在彭特利与拜里姆之间是雅典。

21日，星期四，12时，船离开港口。23日，星期六上午9时到贝鲁特港。贝鲁特—海法—耶路撒冷—亚历山大—开罗塞德港。

开始学兴都斯坦语。

塞罗克(Serok)之父到过中国，现在带儿子从捷克游苏联、希腊，到贝鲁特、大马士革，再由埃及回来。晚上谈得很久，学问很广博，告诉我犹太人的来历：(1)亚〔阿〕拉伯游族；(2)到埃及被迫造金字塔；(3)摩西领他们到巴勒斯坦；(4)罗马征服巴勒斯坦后四散。现在亚〔阿〕犹之争，可说是亲戚之争。

10时吃两个鸡子、一杯清水。

在露天中睡觉。

算账：现存支票100美元(旅行)、支票65美元，175现钞；可收回：50美元(信处)，70美元(八内)，60美元(其他照前)，50美元(加拿大)，共235。

7月22日 早5时半，太阳照在船板，热醒，不能再睡。学印度文。

9时早餐：2个鸡蛋，5德拉克马；1个香肠三明治，10德拉克马，共150。英币2角5分＝27德拉克马；只换20德拉克马，付账找回5德拉克马。

塞罗克(Serok)32年前游中国，1美金换2元，1元换铜钱250，汉口用银条，汉到京三天，夜不行车。

兴都斯坦语两册“毕业”[21]。

Ⅲ＋Ⅳ客人不能上岸[22]。

7 月 23 日 早 8 时，到贝鲁特。

《保卫大武汉》（原无题）。

7 月 24 日 早 6 时，到海法。7 时登岸，查护照并不严，也未缴保证金。买票到开罗 1 镑 4 先令，三等车厢。

叙利亚、黎巴嫩、巴勒斯坦、外约旦和伊拉克：(1)叙利亚首都大马士革渴望被承认为独立共和国；该国主要是阿拉伯人，一部分亚美尼亚人，很少犹太人；阿拉伯人大多信仰伊斯兰教。(2)黎巴嫩首都贝鲁特，法国委托统治地；大多数为阿拉伯人，几千亚美尼亚人。(3)巴勒斯坦：一百万阿拉伯人，50 万犹太人，英国委托统治地；《贝尔福宣言》[23]。(4)约旦：英国委托统治地，全为阿拉伯人，犹太人不允许居住。(5)伊拉克王国：全为阿拉伯人。

巴勒斯坦：(1)阿拉伯较贫穷的农民外出种田，直到收割之后才回到村里；(2)犹太人新的耕作方法。

骆驼，西瓜熟，玉黍，桔子，仙人掌与墨西哥一样，香蕉，苍蝇见。同车都是亚〔阿〕拉伯人。犹太兵守车，火车桥昨晚被炸。

《过 Palestine》。

红高帽后垂黑须，是土耳其遗俗。穷人披白布巾，用黑绳两道箍住，嘴□。阿赞姆用一白斯塔斯（1/5 先令），买一大西瓜请大家吃，农人的东西总是价廉物美。一个穷黑人无票上车，验票者领他向三车客人捐钱买票，我也捐一先令。捐完除买票外，黑友尚多几文；看我手摇广东扇，以为风凉，将其所余向我买扇；沙漠中，这把扇子给我一百元也不愿卖；不得已，拒绝了他。

1 时半，入埃及境，一片沙漠。5 时半，到坎塔腊[24]，"里斯本丸"过苏彝〔伊〕士运河。夜 11 时到开罗，住巴尔克饭店。

7 月 25 日 开罗。爱资哈尔大学：分旧学部、新学部，新学部分法学院、哲学院（中小学）、文学院。老同学 12，沙儒诚；新同学 16，庞士谦；侨胞 50，"小本"；领事邱祖铭、纳子嘉（纳忠，云南昆明）。

50 000 000 回〔教〕徒，48 000 清真寺。

7 月 26 日 埃及古代博物馆：公元前 2750 年，第五代王朝，"字"[25]。公元前 525—332 年，波斯统治。公元前 6 世纪，第二十五代王朝，受希腊影响；塞浦路斯纸草两层，如右压压成薄片[26]，近海的芦苇杆〔秆〕当笔；颜料输入，公元 640 年阿拉伯人征服后。第一代王朝珊瑚练、托勒密金器、银器、罗马金盛器；第四代王朝，石英棺；第二十一代王朝，亚麻布织品很好。

埃及爱资哈大学有一千年历史，有学生万余名；现在"爱大"校长麦拉额；十多万学生在中国。

7月27日 苏伊士。(1)写信与印度朋友；(2)写信与涵真。2时出旅馆；(1)办出境护照；(2)卫生检查；(3)4时上船。

晚上看星。住320房。中国同学40余人。伙夫、船员也有中国人。晚上看星；船板上睡到4时，洗澡天已明，才进房睡。

7月28日 唱歌团定每天4时半练习一小时。

7月29日 红海。杨德翘，安徽五河，伦敦大学学经济。

医药急救班：林伯雅、杨德翘、陶行知、王元照、屈武、黄开禄、孔充、林权英、谭少海、王象复、王云明；李蔚唐〔谭〕指导。

7月30日 同桌吃饭的人：屈武、黄开禄、林伯雅、王云明、李蔚谭、孔充、王垂梓、李于文、王孟有。

戴文龙(安南)演奏小提琴曲，保罗·马蒂(Peulor Matai)。

雷威恩德·B. 亚列山大(Reverend Boyd Alexander)，马休斯(Markers)先生的朋友，对中国感兴趣。

7月31日 《敬告犹太和阿拉伯两大民族》(原无题)。

本月记事

纳忠(子嘉，云南昆明)代抄穆罕默德语："学问虽远在中国，亦应往求之。""求学对于回教之男女，是天命。""学者之墨汁，贵于战士之鲜血。"

埃及爱资哈尔大学中国学生人名录：熊振宗(广东)、胡恩钧(江苏)、金茂荃(山东)、张文达(山东)、马宏毅(山西)、丁在钦(察哈尔)、范好古(河南)、杨有漪(北平)、刘麟瑞(河北)、马维芝(河北)、杜寿芝(新疆)、高福尔(新疆)、马继高(四川成都)、庞士谦(河南)、林兴华(云南)、林仲明(云南蒙白)、海维谅(湖南宝庆)、李鸿青(北平)、马有进(云南华宁)、马永福(甘肃)、马复兴(新疆)、罗应德(新疆)、马坚(子实，云南蒙自)、纳训(鉴恒，云南河西)。

广东，1；江苏，1；山东，2；山西，1；察，1；河南，2；北平，2；河北，2；新疆，4；四川，1；云南；5；湖南，1；甘〔肃〕，1。

上海伊斯兰师范，学生六七十名；北平成达师范，现移桂林，学生百余名；云南明德、中德，学生六七名；四川伊斯兰学校，学生三四名；青海宁夏回民师范，学生百余名；青海"回促"之附中，学生百余名；山西晋城崇实中学，学生二百余名；北平西北公学，学生八九百名。

各国信奉伊斯兰教的人数：中国50 000 000；印度80 000 000；埃及

15 000 000；土耳其 15 000 000；波斯 9 000 000；汉志、耶〔也〕门、阿拉伯 5 000 000；叙利亚 3 000 000；依〔伊〕拉克 2 000 000；阿富汗 8 000 000；爪哇 40 000 000；苏门打喇〔答腊〕、南洋 20 000 000；北斐〔非〕50 000 000；巴尔干 3 000 000；苏联 40 000 000；共 340 000 000。

《古兰》云："安拉不喜侵略者。"又云："侵略者若侵略你们时，你们抵抗；若敌人停止，你们停止。"这是大意。

一九二七年五月十三日，林仲明代表回教近东访问团，在开罗国际广播台广播《告世界回教民众书》，其大意谓：我们全世界回教同胞联合起来，抵抗侵略我们的敌人，打倒侵略中国的帝国主义（日本）。

一九二七年，中国留埃学生部长沙国珍、上海伊斯兰师范学校校长达浦生，共同著作《关于中日战争告世界回教同胞书》一册，埃及各报章杂志均争先登载，曾得埃及人民与当局的注意。

埃及华侨曾组织战区灾民救济会于开罗，并设分会于亚历山大。该会曾屡次印传单，发宣言，劝告回教世界群起抵制日货，并对中国作物质上经济上之援助，并由会员慷慨捐款，两次购买救国公债，且屡推该会会长沙国珍（儒诚）在开罗、亚历山大、波赛〔出席〕和平会议。

希腊：(1)雅典：①朱庇特神庙；②苏格拉底狱。(2)苏宁角(5 小时返回)：海神庙，拜伦的名字在塔上。(3)宗族部落(公元前 403 年)：色拉西布洛斯 30 个部落专制君主，上午 9 时去，下午 5:30 返回。(4)马拉松战场：10 000 希腊人反击 100 000 波斯人，上午 8:30—12:00 返回。(5)迈锡尼：亚加米农首都，统帅远征军，反击特洛伊于埃皮达鲁斯。(6)斯巴达：阿尔戈斯是海格里斯获胜的地方。(7)特尔菲：①阿波罗神殿；②博物馆，青铜制品；③喀罗尼亚，巨狮像。(8)迈泰奥拉：①滕比河谷，在欧洲没有比这再好的景点。(9)奥林匹亚：普拉克西特雕塑的赫耳墨斯雕像，圣城阿尔提斯。(10)科斯：希波克拉底出生地。(11)利瑙：特洛伊的海伦安息处。(12)克里特：坎达，公元前 2400 年，"早期米纳斯"时代，在克诺索斯。(13)米撒朗希：比隆死处(在去科学的路上)。

本月人名录

2 日：朱坚白　8 日：程跻云　吴兆棠　15 日：潘洛珮　16 日：秦国献　25 日：粟宗嵩　定中明　翟肖佛　王鹤事　谢菲尔德(Shepherds)　26 日：陈信生　桂紫卿　30 日：阮福

【注释】

①“南京”等均为饭店名称。

②指王象复系晓庄师范学生操震球的朋友，陶行知早年曾在晓庄师范见过他。

③指去瑞典等国访问事要征得该国政府的同意。

④似指接受了一幅埃及字的馈赠。

⑤即抗日战争全面爆发周年纪念。1937 年 7 月 7 日“卢沟桥事变”后，全面抗战正式开始。

⑥“中大”，即中国中央大学；“婺源”，安徽省县名，今属江西。

⑦冯治理系冯玉祥之女，时在德国高等理工学院留学。

⑧“芬尼”为德国钱币单位，100 芬尼为 1 马克。

⑨指在中国驻德大使馆举行“七·七”纪念会，到会的留学生、华侨共 200 人。

⑩似指在德国首都柏林的中国留学生和华侨的人数。

⑪“虎列拉”即霍乱；“微菌尸体”即抗菌素。

⑫疑为“8 年”。

⑬“39.5”指票价。

⑭“巴伦西亚”为西班牙东部的海港城市，该国内战时被炸。

⑮“冰”为吴树琴化名；指结识吴树琴三周年纪念日。

⑯指离开巴黎时有雷子声等人送行。

⑰“塞维尔”，西班牙南部一城市。

⑱“领袖”，指意大利独裁者墨索里尼。

⑲“老希”，指德国独裁者希特勒。

⑳“萨洛尼卡”，希腊东部一城市。

㉑指读会、学毕或掌握了两册兴都斯坦语的课文。

㉒指三等和四等舱的乘客在轮船泊港时不得上岸。

㉓1922 年，英外相贝尔福在巴勒斯坦成为英国的委托统治地后，公开发表宣言支持“犹太复国主义”，此即《贝尔福宣言》。

㉔“坎塔腊”系苏伊士运河东岸的市镇。

㉕指古埃及所创造的文字。

㉖日记本上画有草图，从略。

八　月

（斯里兰卡：科伦坡；印度：马德拉斯·加尔各答·孟加拉·沃尔搭·波尔蒲·瓦尔达·谢冈；越南：西贡；中国：香港）

8月1日　日本的毒品买卖：177 750英亩罂粟，种植的毒品，占世界鸦片供应总量的90%。

8月2日　《回教学生唱进行曲》。

《苏彝士》。

《别巴黎》。

8月3日　四等舱船票346马克，饭184法郎；汉堡10马克＝20.5华〔币〕，法国10马克＝6.5华〔币〕。100马克，关三年，三人成四人，充公1 000马克（旧币）。每月可寄10马克，在汉堡买"汇丰"寄中国，凭护照买，每人10马克；有钱者租护照，5马克到15马克租钱。讨女人租护照。

《锡兰下船别同船诸友》（原无题）。

印度航线：（1）锡兰—马德拉斯，100卢比；火车，40卢比；锡兰每星期三次（星期日、二、四）；从马德拉斯来，每周五次（星期一、二、三、四、六）。（2）加尔各答—新加坡，50镑，星期六；英国人：星期六、一、三；法国人：星期六、一、三。（3）加尔各答—德里，星期三，下午5：30，160卢比。从加尔各答到孟买，两夜一天；从孟买到加尔各答，两夜两天。

8月6日　科伦坡，维多利亚饭店。黄伯长，海外商业公司。

《赠黄伯长大力士》（原无题）。

西〔锡〕兰：5 500 000人；佛教：3 000 000人；中国人：400人；山东：350人。

8月7日　边境：塔莱曼纳尔—锡兰；特努什戈迪—印度[1]；特努什戈迪—马德拉斯，26卢比；科伦坡—特努什戈迪，14卢比。

第一次吃椰子浆，听说哥〔科〕伦坡的黄色者最好。

夜在……，用手吃饭[2]，8安那。

8月8日 马德拉斯，早7时到。马修斯(Mathews)父亲来接，住克拉仑斯饭店，5卢比一天，连吃带睡，比科伦坡维多利亚饭店贵一卢比，房子大六倍，饭不如；老鸦在我床上大便，换被单两次。

8月10日 加尔各答。华侨5 000，加属[③]；全印，10 000。鞋工2 000，工厂牛皮工1 000；杂货；饭馆6家(大者2家)，"中华""南京"。

翟先生，5时。9:30，住宅，苏巴斯·钱德拉·博塞(Subnas Chandra Boos)，爱尔精路38号[④]。

冯执正，加尔各答领事。8月29日，孟买。动身，印度红十字30 000卢比，穷人出钱。

桑地尼克丹[⑤]，博普尔。谢冈—瓦尔达，下午6:31离开，9:37到。

《印度报》：翟肖佛；《印度中文报》：李益我。印度加城醒侨支部立中山学校，李嵩沛；印度加城振华小学，李建奇；培梅、梅光、振华、中山、中兴[⑥]；圣心，基督教学校。

"谁也无法夺走的财富便是学习。""学习越多，收获越大，进步越快。"[⑦]

3 500 000，其中10%是穆斯林，16%—18%是高阶层社会主义者[⑧]。纺织品进口总量：1920年，棉布，600 000 000卢比；1937年，120 000 000卢比。日本货：大部分是纺织品、日用小杂货、玩具。

马哈德夫·德赛(Mahadef Desai)，圣雄甘地的秘书。

8月11日 波尔蒲。从马德拉斯到加尔各答，铁路公告牌用7种文字；从加尔各答到波尔蒲，用4种文字：英语、孟加拉语、印地语、乌尔都语。加尔各答—波尔蒲，来回9卢比；波尔蒲—圣的尼克敦，学校汽车，6安那。

沉思，大理石椅子，诗人、博士的父亲：马哈什·德文沙·纳兹·泰戈尔；诗人、博士的儿子：辣辛德拉·拉兹·泰戈尔。第一幢建筑物：客房；午饭及休息房，1卢比；小账，1卢比。太〔泰〕戈尔先生谈一时，听孟加拉曲，饮茶而别。

疟疾在孟加拉。车上，再遇戈什(Ghosh)先生；戈什博士是加尔各答印度医学院疟疾研究所的助教。贾格兰姆(Jarrgram)，伯尔格(Bergol)的助手。原有病例260，新病例201；上午11时—下午5时，上午4时—中午12时，每星期四[⑨]。金鸡纳〔霜〕1磅7卢比8安那，售价每磅18卢比；余利入中央政府。孟加拉有51 000 000人，害疟疾30 000 000人，死者500 000人；疟疾补助：400 000卢比；三年前，100 000卢比。

胡谟云(Humoyun)皇帝，回教大皇帝，名阿克巴尔·沙罕(Akbar

Shah)。史诗:《马哈巴雷拉》,约公元前500年完成,内容为记叙公元前1400年的史事。

阿布杜尔·拉曼·希迪奇(Abdur Rahman Siddiqi),加尔各答下环路217号,回教领袖之一,沙先生住其家[10]。

哈瑞特·柯瑞士那·戴伯(Harit Krishna Deb),考古〔学〕家,陪参观。

斯瓦米·威康纳达(Swami Vivckananda),印度教主,1893年曾在美国芝加哥传教;生于1863年,卒于1902年。

赛德辛德拉·辛哈(Sudhindra Sinha),贵族后裔,喜谈。

帕鲁德,佛教圣地,在大环行线上,靠近格雅车站,如来成佛处。胡格里圣河:卡尼什卡(Kanishka)王像,碑文用古代玛兹拉文刻成,意即:卡尼什卡国王。加尔各答印度博物馆玛加达尔先生(Magumdar)指导参观。

全印学生联合会在各省均设有分会。分会下设区委会。区委会以大学生为基本成员。基层组织是学院委员会。孟加拉现有16 000会员,全印约有100 000会员。

拉什贝哈瑞·古斯(Rashbehari Ghose),在东京;前革命分子,现亲日,发信与印度,主拥护日本。

工会:1920年开始政治性罢工;1918年,9个月罢工,马德拉斯;1926年,新的运动;1928年,由纯经济性的罢工发展为带有政治色彩的罢工;1929年,分裂;1930年,再次分裂;1905年,伯恩炼钢工人罢工;1930年—1937年,不合作运动。工会:300;全印度工会代表会:125;300 000会员。女工:日工资4安那;男工:5安那。14岁以下童工禁用。每周5.5工作日,工作60小时。

农民:1918—1919年与1935—1938年相比:(1)最高限度,废除地租;(2)最低限度:减少50%地租;土地使用期;清偿与取消债务;仲裁事项;免费及义务教育;需要有固定的工资,而不像现在在孟加拉一天3至5安那的不稳定收入;其他省可能只有其一半。

上海战争开始[11]。日本轰炸广东、汉口。

欢迎会:包斯(Bose)主席;学生、工人、农人代表及全印大会领袖;致欢迎〔词〕,包斯;演说,我。茶会。

沙先生与冈加利(Ganguly)送我[12]。

印度须〔需〕要印刷工。

车票到瓦尔达23卢比。戈什(Ghosh)为我请医生,发种苗证明书,立在全印国际卫生组织门口等我。拉亚米·穆奇基(Rajami Mukhigi)，劳工研究所秘书，索取有关中国抗日斗争的资料。

8月13日 车站午餐：八小碗[13]，饭一盘，煎饼四个，清水两杯，共8安那；饭车午餐。

孟加拉—那格普尔铁路：孟加拉语、乌尔都语、印地语、马拉哈地语、奥利亚语[14]。

阿默拉沃蒂，“丘陵之光”存大英博物馆和马德拉斯。

“锡比本生经”，要义为：国王用自己的身躯为难民驱除骗子的邪恶；“恰唐他本生经”，要义为：柏娜丝(Benares)王后只顾自己的需要，将长有6根牙的大象的牙齿锯掉。“凡森泰拉本生经”，要义为：富商有求必应；“沙沙本生经”，要义为：一只野兔有一只猴、一只狼和一只水獭为朋友，当灾难的考验来临时，只有野兔愿意跳进烈火。高力(Goli)发现：佛受到玛拉(两个女儿)的诱惑。

德克斯塔(Decosta)父为铁矿主，800工人，每天每人5安那，12小时，铁卖给威廉(英国)，〔再〕卖给日本。

印度教育概况：10%识字。每100名学龄儿童(6—14岁)中，有33名男孩和7名女孩可入学读书；教育类别，以地方手工业为核心；每个教师教30名儿童，7—14岁实行免费义务教育；每位教师的月收入为20卢比，人均收入26卢比，平均支付12卢比，一位教师可供养3人；每位工艺教师收一个青年培训10年，使之成为一名工艺教师；30名男孩，一个月工作24天，平均每天在工艺室2小时，可挣30卢比，平均7年后可到市场作生意；160名学徒教师，在40个工作日内，每天工作3小时，生产500码布，每码售8安那，可得250卢比，扣除成本开支100卢比，净收入为150卢比，从中可支付7名教师每月20卢比的工资。

中国货价折算：2元=1卢比(最高比值)；200分=16安那；13分=1安那；1码值中国20分=1.5安那；日货每码6安那；手工织品每码8安那。市场：(1)政府管理。(2)外国货收税，政府现在收税：①2/3支付教师工资；②1/3为管理及资本经营；节余费用的2/3用于扩大发展。

7年无英语教学。“使人自立的前提是：必须首先摆脱外来的统治。”无须考试。

住国会司库巴加(Bajaj)的寓所。

W. R. 瓦特森(W. R. Watson)，科伦坡教育副理事长，由全印教育部秘书阿耶拉雅卡(Aryarayakar)介绍。

菩提迦耶。菩提迦耶距比哈尔邦首府巴特那65英里;巴特那距加尔各答325英里,距孟买1 000英里。格雅在东印度铁路线上,加尔各答—巴特那—格雅,巴特那距格雅4公里。

阿姆比卡堪拉·新那,佛祖诞生地迦毗伐斯陆,在尼泊尔和比哈尔邦之边境线上;乔答摩王子;释迦牟尼:释迦是他出生的宗族,牟尼意为修行者。

菩提萨伐。贝拉雷斯距格雅150英里。萨尔奈斯,讲道。雷吉尔距巴特那60英里,那里的温泉水热是镭的活动所致。

在萨尔奈斯,佛教徒最近修了一座威阿尔,将部分佛骨存放于此;威阿尔全名姆勒·甘达·库特威阿尔。

纳兰达距雷吉尔8英里。佛教大学:建于2 000年前,曾有25 000学生,征服者焚毁了它;又重建了三座建筑;最后的征服者:回教。访问比哈尔的最好时节:11月—2月。

日本人曾在雷吉尔和纳兰达修建寺庙,日本僧侣也曾在此修炼。每年都有来自各国的朝圣者。中国、锡兰和希腊的文化,曾指引唐宁汉(Cunningham)这位苏格兰作家对菩提迦耶的寺庙进行考古研究。

来自比哈尔的佛教僧侣雷胡·桑克里特耶恩(Rahul Sankrityayan),为了研究佛经,曾到过中国内地和西藏。比哈尔研究学会,巴特那。

比哈尔邦的佃农:比哈尔邦萨波的佃农和当地议会第一次达成协议,取得成果。孟加拉的地主订立了《日落法》:如不按期缴纳地租,土地将被拍卖。

8月14日 谢冈[15]。1时3刻从迎宾馆(瓦尔达)出发,2时25分到。650村民,150户;昨日有3人死于霍乱,还有7人染霍乱;女子在纺纱。

三间茅屋(外廊),土壁,蒲草垫。谈话:2:40—3:40;3:40—3:45,德赛(Pesai)报告血压高。甘地笔答,笔谈耳听,左手写。10天,1天1小时=1码线。全部五庄〔幢〕房子(二十余位),一牛棚(二十余头)。我们席地而坐。

拉朱马里·阿姆里特(Ragkumari Amrit),由瓦尔达甘地转;密罗·跋伊(Mira Bai);姆哈德夫·德赛(Muhadev Desai),《民族旗帜》编辑;柯舒里拉·白(Keshorilal Bhai),甘地办事处主任。

回瓦尔达,白氏夫妇同行。汽车夫带着疟病开车。

瓦尔达回忆:(1)早晨20农妇在玉粟黍园中除草,工资每人每天1至1.5安那;用的不是锄头,而是像镰刀样的铁器,女子披头巾。(2)巴加支大会财政总长，捐房子、地皮、金钱，求印度之解放。1918 年前做棉花出口生意，后来加上糖厂等。印度富人出钱救国，没有他那样多。瓦尔达十二机关及谢冈，都是他的财产，拨给甘地先生用。(3)吃饭：素食，席地而坐，方垫，煎饼，饭，加利汤菜四小碗，用手吃。(4)浴室：士敏土，两桶水，一杯，都是铜的，冲洗。(5)厕所：蹲厕一，坐厕一，室内放坐桶二，洗具二；大便后，用手洗，没有纸拭。

8 月 15 日 重返马德拉斯。

埃诺尔。海边看月。简氏夫妇开汽车与保罗同去。10 时返。

火车出会〔轨〕，数百人冲到轮下死，据说直接上天。

8 月 16 日 (1)马德拉斯博物馆；(2)贮藏圣物的匣子；(3)阿默拉沃蒂卒婆塔。①5 寸宽，7 寸长，5 寸深；长方黑石盒，六角水晶，内有水晶瓶，藏一小片佛骨，上移掉；余石盖、石盒；②较小，藏金花，圆形；③最大，圆形，藏三片佛骨。阿默拉沃蒂的石碑：①脱离关系。乔达摩王子离开卡皮拉瓦斯都的家，骑上他的马，马由半神半人者托起，他的男仆昌德卡由神伴陪着走在前面。②领悟。克服玛拉之女的引诱。③对他的五位门徒布道，讲解四条伟大的哲理。④泊尼——涅槃。

去锡兰的车费 40 卢比，二等车厢。马修斯(Mathews)送。夜间病人来，非虎列拉，而是小肠气，放心。

1938 年 8 月 13 日《马德拉斯邮报》载："陶行知先生在加尔各答演讲。"

8 月 17 日 在火车上。读 8 月 16 日《印度快报》：收回日租界，日军南北受阻。

最长之名：Saravanamuthuku-Maraswami Nadar；为因反印运动被捕三人之一人，"马德拉斯"[16]。

库达罗尔、斯里巴拉，寄宿高中，由杜尼安·格林里斯(Dunean Groenlees)先生主持，在去瓦尔达的线上。

医学代表团：孟加拉医生拉曼德拉·森(Ramandra Sen)、戴巴什·穆克吉(Debach Mucherjee)。8 月 14 日，送别爱德(Atar)医生和柯棣(Kotnis)医生[17]。

肖伯纳新剧《日内瓦》嘲弄了独裁者。奥吉弗亚所提议案，得到诺尔·艾哈迈德穆斯林联盟的支持。中国乘客 150 名于上海溺死江中，因德国汉莎轮与英国轮船相撞。

贱民地位提高(1936—1937)：(1)可进入特拉凡卡尔神庙；(2)可进入拉

梯庙；(3)孟买与马德拉斯联合议会中特设贱民部；(4)有5位贱民部长和贱民议会书记；另有一些地方的庙宇已对贱民开放；在喀拉拉邦和阿萨姆邦的贱民女童，均能受到良好教育。——见《新德里年鉴》。

两年以来：五次进英国，七次进美国，六次进法国，三次进比国，三次进德国，四次进加拿大，三次锡兰，二次埃及，二次印度，二次新嘉〔加〕坡，一次墨西哥，一次爱尔兰，一次捷克，一次荷兰，一次瑞士，一次奥国，一次匈加牙〔牙利〕，一次布〔保〕加利亚，一次巨哥士拉夫〔南斯拉夫〕，一次希腊，一次帕勒上登〔巴勒斯坦〕，一次利巴侬〔黎巴嫩〕， 次吉布梯〔提〕，一次爱登，一次安南〔越南〕，一次柔佛〔马来西亚〕，一次意大利[18]。

8月18日　早8时，到科伦坡，住维多利亚饭店。

“爵菲尔”轮20日星期六上午11时到。

吴涵真来信。向警局报到；卫生处报到。

杰尼尔(Janil)，上午9:30，托尔厅，科伦坡。下午6:00或9:30，泰米尔·贾克·艾尔辛鲁(Tamil Jalki Elphinror)。

晚看戏1小时。

华侨公会开欢迎会，马泽民主席，400人，山东人300，湖北人30，广东人二家，浙江人10人，江苏人1人。回教学会，山东，马龙飞，一年多。固兴公司：30人，第一票英货，价高物次，英货亦变日货，每人赊100元，第二次又赊本。集成公司(数万元)：买香港货，又是日本料。同兴德(马龙飞)：薄利多销，中国货较……

土人：(1)回教人，半同情；(2)僧伽罗人，不同情中国；泰米尔人，多数同情中国。僧伽罗人，佛教，因日本佛教徒宣传。

锡兰中国商人联合会正会长唐效明先生。锡兰高浪雾中国商业公司，东家林来全先生，经理陈扬招先生。车文忠，山东烟台栖霞，直、忠，自做老板与伙计。

8月19日　科伦坡。400人小商，20人不卖日本货。

林益壮、林惠圣、林百泉、林志纶、马龙飞、马泽民请午饭。

四成日货：(1)一匹白布(英11.5，日6.5卢比)；(2)人造丝绸(英3倍)，16卢比，每女人5码绸(连花)，日货5卢比，英货15卢比(花样也不好)，只好1 000或3 000万码；(3)花布；(4)杂件。日货卖回教者有礼拜堂，卖佛教印菩萨，3家价钱不同。呢：英6.5一码，日3.5一码。非日本人运，系印度回教徒运，孟买人多数。

堪地，距科伦坡 72 英里，每年出会[19]：8 月 11—19 日，170 像游行，用高丽人打鼓，忘了中国有佛（浴佛节来，三和尚受戒），许愿十年；距科伦坡大庙 7 英里。

马坚、沙儒诚、达浦生、哈德臣（通四种方言）。

出席锡兰红十字会。中国商业公司请吃晚饭。湖北张永发；温州周德埙；华侨公会会长唐效明，副会长齐汝霖、马泽民。

8 月 20 日 林百泉请午饭。

河南北部战胜，虏日军参谋长、司令。

晚 5 时上船，“爵菲尔”邮轮。林益壮、黄伯长、马泽民来送。

8 月 21 日 风平浪静，中午“唐餐”[20]。

8 月 22—23 日 《中国大众教育》：

(1)民治，民有，民享。

(2)一项家庭试验：小陶教祖母。

(3)意识到模仿西方教育的灾难性失败。

(4)回归故国：从中国本土考虑发展教育（1925 年）。

(5)不耻下问的善意学者，看来越来越少；向农民请教。

(6)晓庄学校：①小茅屋；②没有围墙；③跟农民在一起过简朴生活；④乡村幼儿园、联村自卫队、“和平门”的井——作为学校的一所村庄；⑤生活即教育；⑥教学做合一。

(7)日本之行，日本入侵：需要唤醒国民。

(8)山海工学团：①工以养生；②学以明生；③团以保生；④来者不拒；⑤一个医药箱、一架留声机、几个皮球；⑥拆卸一只表；⑦棉花工学团；⑧小先生运动；⑨像送牛奶一样送教育上门；⑩习字和抄写课文；⑪每个学生都养几只鸡，以助于维持学校；⑫免费看电影和读书券；⑬山海试验和家庭交互影响；⑭小先生：妇女教育的一个解决办法；⑮小先生：起着联结学校和村庄的导线的作用；⑯小先生唤醒了学校老师的热忱，拓宽了他们的视野；⑰小先生学到了更为丰富的东西；⑱小先生和传递先生；⑲警惕：小先生对学校老师的模仿；⑳防止盲目宣传——自由批评、探索真理；㉑小先生旅行中国；㉒小先生为着民族解放；㉓小先生的三项准则：a. 资格，b. 义务，c. 愉悦；㉔内容：劳动、科学、联盟、歌曲、故事、问题，活动；㉕宏伟壮观的课堂；㉖新文字；㉗政府的态度：不干涉—密切注视—容许；㉘将石头变成面包；㉙期刊杂志；㉚成人老师；㉛培训中心；㉜研究中心；㉝巡回指导；㉞充分利用广播和电影；㉟小先生修改我的诗歌的才能，㊱七个小矮人；㊲木匠先生；㊳大学生下乡；㊴小护士；㊵小先生与和平；㊶在敌占区的小先生：不合作与不靠书面文字传达；㊷教育如同阳光、空气和水；㊸将知识密藏起来；㊹与灾害竞争的教育；㊺穷人让房；㊻三重防御：a. 正规机动军队，b. 正规机动工业，c. 正规机动教育；㊼自动学校；㊽夫妻学校；㊾简单的医护措施：a. 接种疫苗，b. 接生，c. 卫生规则；㊿翁家山的小孩教祖母；51书呆子；52手脑结合；53教育：作为装饰、玩具，还是作为解放的工具；54争取自由平等的恒心，55朱冰如小姐的教学；56马老师的教学；57西桥；58盥洗间学校；59业余作家协会；60改革婚姻；61改革殡葬；62小工人；63小科学家；64合作社[21]。

8月24日 归国途中要事[22]：

(1)“阿基坦尼亚”船上“捷克精神”；赛厄迪斯·马斯蒂克(Thaldeus Mastik)，6月15日、6月21日，英。

(2)晶清择母标准；东伦敦学校封闭；马克司〔思〕墓，6月25日；默黑雷尼；海德公园；陛下的反对。

(3)王庆元被诬入狱。

(4)罗马，人骨宫，6月27日—6月29日，意；亚〔阿〕比西尼亚狮子；四大地图；梵蒂冈；佛罗伦萨加利略处，6月29日；威尼斯马可·波罗家。

(5)萨尔斯堡，花栏杆；

(6)布拉格(7月1日)：国际笔谈会；梁龙；桥：每城一石一蛋造。

(7)柏林(7月2日)：打针；最后一夜，打手。

(8)巴厘〔黎〕：7月12日夜到；营救王庆元，陈柱天死，遇张纪；布鲁奈特之战，林济时破奎因托之战受伤；瓦伦西亚十三架飞机轰张纪；7月14日，法国庆；王启贤，抗联会，7月16日。

(9)布达佩斯，最美；7月20日，飞向雅典。

(10)雅典：苏格拉梯〔底〕牢(7月21日)；四等舱去埃及。

(11)海法(7月24日)。

(12)开洛〔罗〕：7月24日夜到；粟宗嵩、定中明、沙儒诚、庞士谦，领事邱祖铭(纳子嘉)；林仲明、海维谅；公元前2750年之字。

(13)苏伊士(7月27日)：遇马啸。

(14)“阿拉米斯”，唱歌团；

(15)锡兰(8月6日)：黄伯长；郭信，到大，早产儿。

(16)加尔各答:博塞先生。

(17)泰戈尔。

(18)圣雄甘地。

(19)安南香玉堂张长接吻修11年之好。

"阿拉宁波大桥出了三个大佬:两个抬轿,一个地保。"

8月27日 孔诞。西贡。卓还来、周德埙。

《民报》(党)《中国日报》(商)《华侨日报》《中华日报》,堤岸;陈树在通讯处总支部。

中国国民党驻安南总支部:吴醒民;救国会:顾子俊;商会:张振帆、刘增;《民报》:苏启良;《华侨》:岑鲒亭、邝鲁久;《中华》:崔浪平;《中国》:赵志昂;领事:方启俶。

"2489"周年纪念会。24小时内使一个人会说60几万句国语;柯达文,国语运动;匡庐图书报社(书报社):林永馥、潘秉德、杨哲民、施澄秋、韩纪元。

28日两时在船上候(教员会);28日11时在船候陶先生[23];28日9时,中国戏院。

越南教育:(1)五帮:广帮、福建、潮州、琼州、客家。(2)言语不同形成帮。(3)缺少教育领导。(4)没有师范;师资缺少。(5)"小先生"行过,林云侠。(6)大家教育点不同。(7)国内派人考察指示;陶:政府应立中华学校。(8)亲法亲土。(9)南圻中文书塾规则,举办考试华文教员制度。(10)私塾3/5;学校2/5。(11)缺少调查。(12)教课〔科〕书,不适南洋。(13)小学升中学难。

孩子剧团:林礼晨;堤岸,暨南学校,暨南毕业生办,杨清民。

安南17 000 000人,辽国、柬甫〔埔〕寨8 000 000人。

8月28日 9时,中国戏院。12时,赛琼林。

织布:几千;参加者100人。妇女救灾会400多;邓志群,负责人。织布一匹,12小时,得4毛越币,每元捐5分。童工每天1—1.5毛。烟卷读书会30多人,每天3—3.5毛。洗汽水樽4—4.5毛。

(1)标语1毛钱一张,共卖6 000余元。(2)米绞:100家,每家每天出米300—500吨;一年出口米万万以上;日本直接买米,华侨不交货,只得间接买。(3)公债200万,捐款200万。(4)学校:正式10校,私立60校,堤西。(5)"七·七"献金十万法币。(6)四家戏院:"中国""中华""华侨""国庆"。

(7)王家报馆:《民报》(党)《时报》(国家青年团)《中国日报》(私)《中华》(私,国青)《华侨》(私,党)。(8)缩食会:买菜省 2/10,100 万。①马占山;②十九路军 20 万;③坦克 4 万;④飞机人员训练班 2 000 元+每人,13 人(已去 7 人);⑤修理机械 40 人;⑥每月 3 000,代收 7 000,共 10 000。(9)保护税:日本:10;中国:15,31;安〔越〕南:6。(10)帮长 100 多,要废;日本从前也有,胜俄后,取消。(11)女招待挂牌在门口。(12)拉车者没有中国人,中国人拉车也算安南人。

越南医庐书报社。

8 月 31 日 到香港。住九龙新新大酒店"412"。

(1)座谈会,9 月 1 日。(2)港青年会,7:30。(3)子文,上午 10:30,9 月 2 日。(4)孙夫人,11:30,9 月 2 日。(5)叙谈会,下午 1—3 时,何艾龄,9 月 2 日。(6)茶会,下午 4:00,9 月 2 日。(7)九龙青年会,晚 7:30,9 月 2 日。(8)何,10;蔡,11;陈,12;10—12,9 月 3 日。(9)黄任之,2—4,9 月 3 日。(10)九龙青年会,9 月 3 日。(11)儿童保育会,9 月 4 日。

本月记事

侨团名称:南圻华侨救国总会;驻安南总支部(国民党);旅越华报记者公会;南圻中华总商会;西堤七府公所;旅越华侨妇女俭德会;旅越华侨救济兵灾缩食会;旅越华侨总工会;以上系西堤二埠九〔八〕大侨团。

总支部指导:香玉堂与张长有十一年失欢,昨晚得先生演讲,会香、张二人,感激其言,昨晚接吻联欣,方知先生言而成人之深。美国华侨上年、每年因意见而暗杀数十人,今则和好。

本月人名录

6 日:库格(Kough) 林卡坦 林志纶 林北泉 林益壮 陈扬招 林美春 黄深 10 日:薛寿衡 章文骐 秦董才 斯瓦希·肖象哈·巴内吉(Swesh Chauoha Banejee)博士 卡利安·鲍斯(Kalyan Bose) 库姆德·巴塔查吉(Kumud Bhattachargee) 11 日:庐岫 周法 苏哈康·塔鲁伊(Sudhakanta Roy) Y. 钟 13 日:浦尔肖坦姆(Purshottam) 拉克希米拉来雅(Lakshminarayan) 斯内哈·库特(Sneha Kuteer) 第利库马尔·拉什·巴雅基洛迪(Dilipkumar Rathi Bayajroadi) W. E. 斯利拉雅罕(W. E. Srynayaham) E. W. 阿利雅拉加罕(E. W. Aryanajaham) 20 日:

叶沛泉 陈善渊 瞿鸿德 舒昌誉 方福森 梁烺皓 黄维炎 陈公良 陈安良 27日:江肇川 曾子明 杨启东 卢重华 颜子俊 林汉英 陶笏廷 关觉民 曾继贤 辛纪元 陈秋农 周建华 徐磐石 张广标 关侠生 陈石根 姚少竹 陈炳权 张长 何球 黎南岳 李立卿 邵志群 张达文 邝鲁之 潘秉德 陈肇基 周启初 翟沛林 叶奔程 梁成 香玉堂 蔡孑南 28日:张绚(飘芳) 梁寄凡 黄伟争 关菊庄 梁炳桃 杨清民 陶对廷

【注释】

①两地分别为锡兰、印度的边境口岸,中间有亚当桥相连。

②指吃抓饭,即用手抓饭吃。

③指加尔各答市的属下。

④博塞系印度第51届议会的议长。

⑤地名。泰戈尔所创国际大学的所在地。

⑥所列均为在印度加尔各答的华侨子弟学校名称。

⑦所录为两则印度谚语。

⑧指加尔各答市的总人口及其构成成分。

⑨所记为医院门诊看病的时间。

⑩"沙",即沙国珍(儒诚),留学埃及爱资哈大学的中国回教留学生,时在印度。

⑪指1937年8月13日日本进攻上海、中国军民奋起抵抗的战争;是日为"八·一三"周年纪念的前夜。

⑫陶行知此行是专程前往瓦尔达拜访圣雄甘地。

⑬日记本上画有草图,一排八碗,一碗比一碗小,从略。

⑭指铁路公告牌用这样5种文字写成。

⑮"谢冈"系地名或庄园名,圣雄甘地的住处。

⑯指《马德拉斯邮报》所载的消息。

⑰两人均为印度援华医疗队的成员,后者即是为中国抗战献出了生命的柯棣华大夫。所记为摘录报刊消息。

⑱所记为陶行知两年以来宣传抗日救亡的行迹。

⑲"出会",佛教活动,每年一次,盛况空前。

⑳"唐餐",即中餐。

㉑本段系论文草纲,是陶行知应甘地之约所拟。后扩充为英文论著在印度发表。

㉒指在归国途中忆及两年来西游途中的重要事件。

㉓“陶先生”,指旅越华侨、芳泉汽水厂的老板陶笏廷(对庭)。

九　月

（香港）

9月1日　香港。12时，九龙塘俱乐部座谈会。

7:30，下午，香港青年会演讲《国际形势与中国抗战》（到八百人，歌咏团歌声洋洋）：

(1)美、英、法、苏国策分析；由孤立到集全〔体〕安全。

(2)人民由轻视而尊敬；由各干各的帮忙，而联合帮忙。

(3)日本军火从哪儿来？

(4)日本买军火的钱从哪儿来？

(5)中日之宣传戏：真话胜假话。

(6)联合抵抗到底，必得最后胜利。

9月2日　香港。托邹秉文寄百元与子云、日新①。昨晚在船上偶遇秉文夫妇，听说屯溪电汇可通，茶叶尚可运出。可喜。

称联：中央银行广州分行称联香港办事处，东区银行二楼，广州长堤。张先生仲□德邻公寓24〔214〕号。

香港各界赈济华南难民联席会。

赵老太太带来的：(1)《北方通讯》；(2)《时代周刊》；(3)《反攻》；(4)《新闻报》；(5)《大华周刊》。

赵老太太演讲(赵洪文国)：寿阳、安东、海城、奉城，赵侗等六人组织义勇军。"九·一八"以后，送子弹、军需，送衣，做了四年，东北山角里。1924年秋七月，被俘虏三个月。男30多，20女，打！轻的释放。秘密入京一年多。1926年，日本入北平，又捐款组义勇军，30余人，学生参加共300人，监犯500人破监狱。1 000人打西山，打一飞机、20架汽车，杀若干人。等日本车来打，搜查女人，捉同学王祠生。鸡公山、汉口、新乡，组织八支队，赵侗总指会〔挥〕。过黄河100多里，整理。日本到辉县。打破。司令。

保护中华民国万万岁。(1)赵老太太；(2)义卖；(3)小孩；(4)妇女会；(5)帮助赵老太太救国。

抗战中青年的责任：(1)青年(80与18岁)长；(2)抗战(平日)拼命；(3)对自己：手脑，技术，恋爱，改变生活；(4)对别人：引导落后，联合；(5)对民族：不死在床上，不在沙发椅活。

怎样做救亡工作。

9月3日 访廖太太[②]。画狮。

"支那老大国，人空类睡狮。酣梦有时醒，大雄大无畏。"(亚子[③])

任之[④]说：(1)志愿兵。郁林母送19岁子。(2)现之说，伤兵愈后入军，妻上吊，众未救。兵演说，敌害父、妻。赞成桂林。(3)贵县，700壮丁入伍。(4)300斤谷，乡公所送一次，捐税免，钱粮听便。

去年十月至十一月闹征兵。国防参议会，任之担任。湖南、湖北，军队拉壮丁。路过山东，徐州校长说：军队半夜拉人，关在校中。

救国公债，交钱给我则可不买。壮丁出来，钱到手。张文伯[⑤]：不改则不干。国防参政会，师管区、团管区。

纺织在中央，现496 000锭。296 000在武汉。从前3 000 000锭。纱布80%归军用。三部分：(1)迨内搬；(2)中型纺织；(3)手工(难民)。

学会，到乡去。剩机，按时打折。卖料，买货，利益归工〔公〕。

定县请政府拨20万，许俊老拨。

(1)湘西桃源；(2)辰溪。开工(常德，柳州)。

江苏难民纺织委员会：(1)江苏救济会；(2)赈济会；(3)农本局；(4)工矿调整处。

执行委员会：(1)工会，江，黄。(2)和光机、日本纺纱机(在长沙，李庄寿)；印度纺纱机(柳州)。(3)转求中国机，"创生存"自创。萧耀南出款，出200部，找出一部。打十架，11 000元。十锭，12小时；12支纱，3两3分。36锭是最高可能。(4)四川机更进步。山台、永川、都，十几元一架，32锭，每锭不到3钱3分。

国讯，参政会。

香港、梧州，2天海船，陆1 551公里。柳州，2天汽车，钱120元(法)。桂林，1天汽车，路上9天。贵阳，3天汽车，停6天。重庆，2天汽车，15天。

桂林、衡阳，2天汽车；长沙，1/2天；武汉，一夜火车。汉口到重庆245法元。香港到汉口。柳州要定票。柳州广西中华铁工厂，黄楼奇先生可托代定(电报挂号"铁")。

火车：衡州、桂林(10月10日通车)。柳州、南宁、龙州(林鸿勋动工)。

李组绅，六河沟铁 4—7，东亚银行楼上，56679。

9 月 4 日 中国战时儿童保育会香港分会临时保育院，七十余小孩，十二岁以下。何、邓、黄、张同去参观。

元朗，借博爱医院。许大使，九龙塘埃塞克瑞桑街 20 号。

9 月 5 日 江西星子附近地母庙（1927 年八月廿五日），正规军 24 人打 180 人，打死 80 人，拿住 240 元日币，三四天没吃。拿日本人罐头（2 个）、炒米、万金油；中国打死一个人，20 炮打死一个人。庞清泉（排附）、刘仲方（军长）。

《救国是责任》（原无题）。

9 月 6 日 杨倬云谈（德昭弟）：从九江到永修 200 里地方，没有看见老百姓，拉夫。第一兵团，薛岳；二兵团，张发奎。在前线发现传单，要走"德义〔意〕路线"。

蔡楚生，10 时。杨德昭弟，12 时。吴守道，2 时。杨德昭，4 时。候蔡 1:30。

八十八。张自忠、孙连仲、汤思波〔恩伯〕，瑞昌。李汉魂，九江。

9 月 7 日 牙〔鸭〕利洲。李一飞，香港仔渔民学校。中国侨港渔民协进会：2 400 会员，全港；720 会员，鸭利。70 000 渔民，30 000（可作会员）。常年会费：每月 2 毛，船主；每月 1 毛，船夫。基本捐：船主，2 元，5 元，10 元；船工，5 毛。

渔村，香港仔，三时出发。

9 月 8 日 3 时，"新文字"。10 时，廖宅。中学校长，7 时半香港尖沙店。（7 时）成志。广华街，汪九如，新文字。新新，412，屈。

9 月 9 日 中小学教师座谈会。19:30，大华饭店（中国建筑，女五路）。16:00，中小学教师。14:00 吴宅。12:50，萨。

9 月 10 日 大学章程：商、文、理、法、医、农、工、师。

文学院：英文、国文、史地、教育、社会、心理、音乐、美术、哲学、基本学科。李组绅：32678（店）；23788（家）。

12〔时〕半，六国饭店。

9 月 11 日 12 时，杜宅。7 时，李宅。

9 月 12 日 许大使，56187。

9 月 13 日 历史。

访：任叔永——沙由道道庐；江亢虎——西林。

9 月 14 日 《送给赵老太太》。

9 月 15 日 吴蕴初卅七岁改变人生观:(1)病;(2)佛。

与史咏康谈《申报》不可在沪恢复。

彬和[6]请看“阿 Q”(唐槐秋领)。

9 月 17 日 8 时,石塘嘴太平戏院。

“六国”[7]茶会,参政员:李尚铭(香港)、成舍我、徐柏园(交通)、张振鹭、钱永铭、张元夫、李圣五、张一麟、章伯钧、黄炎培、王云五、李浩驹、宋渊源、徐谦、陶行知、章行严。

梧州,16。柳州,22。贵阳。重庆$1 200,包公共汽车,10 人。西南公路局包车到梧州,车上 7 天。

(1)打电报问日期;(2)公路局,贵阳;(3)在柳州候车;(4)重庆交通银行可住。

赴参政会接洽事宜。

彬和请看日出。

23756,邹;吴宅,59561。

9 月 18 日 赈济委员会。重庆:屈文六、黄伯度、陈访先。汉口:钟可托。桂林:王揆生。长沙:孙亚夫、李景泌。衡阳:曹良。西安:朱子桥、姚凌九。河南:常志箴。

14 时,李先生。

9 月 19 日 写“大众教育”[8]。16 时,冀先生。

9 月 20 日—23 日 写“大众教育”。

9 月 24 日 汽车。重庆、贵阳,488 公里,2 天,梓桐宿。柳州,532,3 天,独山、河池。梧州,551,2 天,贵县郁林。香港,2 天。

飞航。香港—河内,145 港币;河内—昆明,100 国币;1 天。昆明—成都,200 国币。成都—重庆,90 国币。

张元夫先生讲新疆:600 万人,500 万缠回,40 万汉人,5 万白俄;30 万印回,共 14 个民族。商业与苏 80%;与内 20%。新出产,金与汽油。中亚细亚,20 000 万〔疑为 20 万〕回族。

9 月 25 日 竹因[9]自沪来。

宗益明、泽甫[10]有信来,知道季康在新四军,吴锦珠与季康同在。

继写“大众教育”。

9 月 26 日 完成《中国大众教育》,寄与甘地先生。

写义卖字十幅。

9月27日 到广州。佛山船上成《新华侨》稿。

被炸。江村、新街，村房、站。火车，尸体，站在轨上。

广州北站是茅草棚造的。

晚5时开的车。法币$29.5(广州至武昌)。

晓庄学院[11]：(1)教育系：补习学校教育人员；儿童保育院教育人员；战地及沦陷区教育人员；难民、伤兵教育人员。(2)音乐系：搜集整理民歌；在战地民间创作；培养民众抗战词曲作者及唱歌指导员；介绍外国民歌到中国，中国民歌到外国；制造唱片。

9月28日 早6时过韶关(不知)。7时过罗山。7时半到石坪。在高车司候车，甚久。

9月29日 长沙过去贺胜桥断，不能去汉，在长沙下车看小朋友。侯木一同车。

伤兵600 000，伤愈再赴前线250 000，残废50 000，现医者130 000。伤兵教育归段主任。

已活：消极应付；滋事问罪。弹压。政治部找滋事原因：饮食；医生道德责任；管理。兵即农，以农民教育来做。医院即学校，400。人民对伤兵兴趣减少。事业而非职业。智〔知〕识分子出风头完了。电影院，伤兵去看还好。伤兵精神影向〔响〕后方民众、前方土〔士〕气。

(1)如何把人事打通(有人才找不到事)；(2)增进生产；(3)培养技术；(4)轰炸，炸掉谁，人不管；合作，有福同享，有祸大家当。

连火线100里以内无民众，沿公路躲逃。买不到东西，鄂东。

湖北省战时乡村工作促进会(总会恢复，分会解散)。抗敌救亡总会(筹备时即散)。文化界抗敌后援会(近来破)。职业界抗敌后援会(四次解散)。募金多，号召众多。民众团体声明党见。

特务队逮捕救亡工作人员。省政府领导群众游行。

(1)湘西常德封闭四书店(新知)，现启封。(2)桃源书店——荡寇书店。(3)溆浦三人。

乡长、训长—主席、学生—县长也怕。

常德飞机场五毛一挑米柴。每天死60人，每天挑36担，少则鞭打。湘西炮台。征兵者到飞机场捉壮丁。

假造中央枕木公司牌，50—100元一块。

米荒，煤荒，国运区，而不运；船被圈，付30元放行。

青年下乡遭打击。长沙，第二期，思想前进的打下去。

土豪：反共倒蒋，欢迎宣统复辟。浏阳界。

何健〔键〕：□医□学□术二三□[12]。

受训学生，箱中有前进书，便说身体不好，不合格。长沙乡下，检查，三尺日货也抄家；捉赌交钱即放。七元免役。卖壮丁50一次，做了七次买卖。李白言论集都没收。伤兵成了汉奸豪绅的工具。

新武器在晃到、辰溪被抢—匪—平江。不愿当壮丁的来。(1)任用青年而怀疑青年；无事做，组织青年，防而非教。(2)动员民众而不信任民众；派而非认，自动报效要宣传，扰乱秩序。民众抗战统一委员会。

9月30日 宋哲明要在祝融峰禅封寺看日出；和尚说："不抗日要看日何用。"方广寺，深。

湖南学生集中军训。衡山演讲。

9月13日 记事

薛海波，港大许地山教授转示，请赐下拉丁化《粤音字典》一部。

9月15日 记事

李大超，广州东山新河浦合群路2号二楼，电话70209；广东电政局，电话17721。香港坚尼地道41号三楼，电话28951。

每日早7时半—12时，在电政局；下午2时—3时，在省政府；4时—6时，在电政局；6时后，在后援会娟〔捐〕械会；9时后，在家。

本月人名录

2日：陈彬和　梅亦强　3日：胡天浚　刘季生　陈孚木　杨建平　杨德昭　李微尘　4日：康苦愚　陈锦昌　毛彦文　5日：黄海志　蔡楚生　刘良模　6日：戴生　杜重远　7日：谢愤生　李一飞　陈炳亮　廖涤生　罗韵余　廖灵凤　余凤宁　8日：冯陈昭宇　徐季龙　吴蕴初　9日：梁荣彬　10日：许滇阳　蒋梦麟　14日：黄敦涵　王学俊　齐博士(Dr. Chi)　圣哈伯·希德(Sin Hab Shilt)　阿巴斯克罕姆(Abbaskham)　塞勒温·克拉克(Sileouyer Clarke)夫人　刘汝槐　刘汝梅　吕湘(叔湘)　向达　梅光迪　17日：李信慧　李浩驹　陆长清　赵一山　李化　29日：邹学思　王受真　屈卓吾　段承泽　屈凌汉　严冷　王达夫　孙伟　毛道逊　张迈群　黄力佛　潘开苓　卢良　臧其吉　马午　蒯伯赞　谭丕模　夏开权　雷震

清 赵冕

【注释】

①邹秉文，陶行知在南京高师的同事、旧友。子云，即曹子云，陶行知的表弟。日新，即陶刚，陶行知的三子。

②即廖仲恺先生的夫人何香凝(1878—1972)。

③即柳亚子(1887—1958)，"南社"发起人之一，中国现代著名诗人。

④即黄炎培(1878—1965)，字任之，中华职业教育社的创办者、主持人。

⑤即张治中(1890—1969)，字文伯、文白，时任国民党军事委员会政治部部长兼三青团书记长。

⑥即陈彬和，陶行知的安徽同乡，民族工商业者。

⑦系指香港的六国饭店。

⑧即《中国大众教育》的英文稿，系应印度的圣雄甘地之约而写。

⑨即方与严，陶行知的学生和亲密助手，安徽人。

⑩即朱泽甫，晓庄师范毕业生，曾协助陶行知创办上海工学团。

⑪这是陶行知的"回国三愿"之一。后因条件的限制，未能如愿。

⑫何键(1887—1956)，曾任湖南省政府主席，是"铲共"、"清乡"、屠杀人民的刽子手，时任国民政府内政部长。□号系原有，显然是因所贬不宜明说之故。

十　月

（武汉·重庆）

10月1日　在“吉和”船上，到汉口去。

10月2日　《战到最后一滴血》（原无题）。《练就三千艺术军》（原无题）。

香港到广州湾1天，贵县1天。香港，美通31236。

10月4日　上午10时，蒋先生[1]谈。

10月5日　与周先生[2]谈。病。

10月6日　经扶县，卅岁如小孩。长沙—衡州—新安—桂林。火车400，汽260。

过江访健生先生[3]，江中遇警报。晚上读2时；6时出，晚6时归，白住白家。

教师吴田镇，铃，每天七八毛。湖北省宜昌北门外尚书巷29号，夏庆福。（1）12元；（2）17元45，合交。《大公报》，钱小花（11日会）。

徐富生，南京中正街万寿宫，自力更生、抗战到底。战区儿童互助团。新生活朋务团，每次五分。

10月7日　访德邻先生[4]。汉口到麻城，汽车240，麻城到立煌200。

10月8日　中秋。司机朱光耀（安徽桐城）、殷义源（徐州）。

10月10日　黄陂路50号白公馆（24540）。万家岭，张姑山。

10月11日　8时，白先生。12时，蒋夫人。4时，联怡里二号；4时，24832，周先生[5]。张厉生先生，7时。

战地服务团：（1）信阳—孝感；（2）信阳—郑州；（3）河口—黄陂；（4）德安—南昌；（5）武昌—阳新（90）、鄂城；（6）商城—麻城。

三民主义青年团战时服务队，150人＋150人。

补卫生连之不足：（1）救护；（2）慰劳（稀饭、茶），6碗稀饭喝了，向杜庭修磕了一个头，救了我的命，拿杖就走，放几个座；（3）挡空车，运伤兵。

军民合作：（1）拿东西化钱；（2）代说话。

对象:(1)伤兵;(2)部队;(3)老百姓。

朱友渔、牧恩波、陈文渊,助办。潘小萼,招待:35 招待所,1 000 人,三月一换;每星期三次电影。

24668,新运总会,7 时。24277,黄公馆,9 时。7 时至 8 时,42320,丁成章。5 时半到崇阳,访陈长官⑥。汤恩伯军杜富有。

武昌—咸宁—南林桥(西行)—白羊铺—成山下(向北走)老鸦村。

10 月 12 日 官不离民,民不离土,专员游击总指挥。

(1)湖北三民主义文化;(2)国外形势—英国远东政策;(3)张学良。

第四区十县归教会服务。不要在都市里闹。整个的计划系统。上月底止,374 628 伤;216 644 归队;荣誉师 15 000。

杨忆祖,孝先。陈北鸥,交通路五路军,23075。

10 月 14 日 11—12 时,战地服务团。2—3 时,妇女工作团。3—5 时,新安旅行团。

10 月 15 日 抗敌后援会,华商街 99,孔雪雄。

动员委员会(安徽)。朱蕴山、章乃器、常恒芳。省党部,20 000 元每月,1 000人派出,没训练。40 万广西兵已出,1 300 万广西人口,1 400 万兵已上战场。

陈北鸥说,浠水街道上死兵,鸦犬争食;兵害痢疾,脱裤死。商城、麻城之间,绿豆与米做饭,盐每星期一次。宋埠伤兵说:行军日夜走,每天睡四五时,到阵地已倦殆了。

淮河老太太。子被杀,媳被奸死。高粮〔粱〕酒,鸡。8 日兵被杀。一九二七年正月。

女人。淮南。夫死,已被奸,一岁小孩入井。半夜,斧头砍死五日兵。

杜老二(定远)。在战线—敌人之间守夜,女工,日兵奸,打死日兵。侧村日边〔兵〕附强奸,又一枪,又补一枪死。割两头、军衣,送到 31 军军部。刘士新军长赏 200 元,长枪赐。解头到徐州,挂东车站电杆。

定远军民联欢大会,日买汉奸出席。经解释,几人说,我是汉奸,不做了。二三月间。

台儿庄。黄:小孩子 12 岁,日人给他东西吃,间谍。台儿庄小孩唱歌打汉奸。“我也是汉奸,我不做了。”告诉中国兵。

台儿庄,池峰城。女子,五十几岁。奸,弄东西吃,“我可去做侦探”,告中国兵。矮房(高房隔壁),有子弹,响遍天。绑起来。老太太大骂日贼。我讲的,死也快乐。剖肚子,一块一块的割,吊在树上。七十几岁告诉这事。

广西兵。一个兵割了一个仇人头。进医院,带了头,包起来,坐。医生上药,觉臭。

每月俘虏二十人,百分之九十杀死。(1)报复。(2)格斗。(3)倔强。

(1)欧洲大战观与中国。(2)中国出兵香港、安南,英法供给兵器。

12 时,曹如蕙午餐。1 时,田汉请看戏。4 时,周佛〔海〕。

10 月 17 日 鄂省应山县高仲义夫妇,二子,亲送长子至县投军。(16 日《大公报》)"民生"(22243),一码头,乾花楼;上海银行,江汉路;河街 4 号,中央党部。

王荣春:现在北碚温泉小学办幼稚班;王华春,开学前,通知。

10 月 18 日 和平会:特三区洞庭街 6 也村 1 号。

一月廿六,星期六,孔财政总长开"茶话"说,和不是原则问题,而是条件;友邦不出兵,财政无办法。东方佛郎哥之死。李福和,徐靖远,林县。七月初,成军五月。刘成禹:监委为什么不说话?一张嘴顾得吃饭,便不能说话。肩脖上两只小脚。褚民谊,踢,太极,司马懿,蜈蚣,蝴蝶,其鱼〔愚〕不可及。

《圣之时者也》。

10 月 19 日 秋舫已去世。

鲁之屏,文官处任职。文官处解散,在卫戍任职。去年四月一日结婚。励志社集团结婚。十月离京,十二月死于江西。吴小姐说的(淑芬)。肺病死。

再见:Dr. M. ATAL(爱德大夫)、Dr. M. R. CHOLKAR(卓克大夫)、Dr. D. S. KOTN1S(柯棣大夫)、Dr. D. MUKHERJI(木克大夫)、Dr. B. K. BASU(巴苏大夫)⑦。与参政、印度医士摄影。

《伤兵》。

瑞武线,晚拉早跑。黔川,每月 140 个壮丁案。河南,县长,从富人拉到贫人,每人十元与 100 斤米;中饭。训练:坏军官立威;怕壮丁逃走,闭门捆脚,拉尿拉屎都不能。桂东,400 人;游世雄;省政府招抚,他有条件:不上前线。长沙,600 人,每月不去的每人出三元;商店因壮丁逃避而闭门。

江西医院院长赌博。每兵 20,吃得不好;重伤裸体,药不能换。四院长赌,被捕。南昌,红万字会⑧八分钱一天,二菜一汤;医院二毛一天,一菜一汤;伤兵在院记名,在万字会吃饭。院长赌,拒捕。每院长每天可歉〔赚〕

600 元。

云南出师两次。3 师路上死 1/10。每次三个月。

10 月 20 日 《送贺若》(原无题)。

“明兴”17 日从汉口开,1 100 多人,伤者 2/3,死 7 人。

王新川,宜昌二马路上海杂志公司。

10 月 22 日 民权路四川中学。第一中山医院。鄂西女子中学。华中红十字会招待所,滨江路 39 号。

10 月 23 日 周星堂参政,汉口总商会。

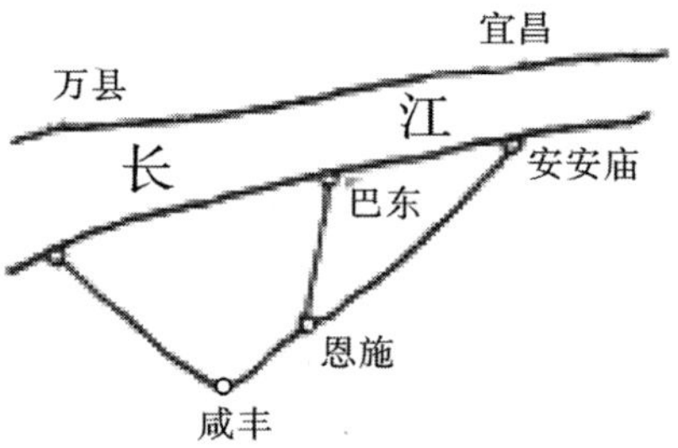

宜昌到万县,绞滩。$15 000,为 13 滩用。

11 月至 5 月停航。宜昌对岸安安庙,小公路到恩施,500 华里。巴东到万县,大公路。从宜昌到峡半小时。

大公无私。

《赠张西曼立法委员》。

10 月 24 日 早过牛肝马肺峡。

《〈鲁迅全集〉出版祝》(原无题)。

鲁迅先生“两周”。此诗末一句在汉口写;第三句在江陵写,第一、二句在“马肺峡”写。

沈阳,700 烟馆,每家 20 女招待,日本人吃大烟,县参事官、指导官、顾问都抽大烟。调关东军,20%请假。植田派医官检查:16%大烟,4%白面。今年一月禁一礼拜。后因税收,又恢复。随营酒保,酒 45 只卖 20。无税出入,免运费,酒保 30 收,华贩 40 卖,日兵没东西吃,打酒保。酒保叫特务多运货。糖 10〔元〕一斤。

东北,车,伕,草,粮助日。

(1)23 日 12 时开船,西陵峡,停崆岭(5 时)。(2)6 时,牛肝马肺峡;10 时—2 时,巫山峡;4 时半,瞿塘;5 时,滟滪堆;白帝城,5 时半;夔府停。

10月25日 6时开船。

张宗昌,派往副官处,派字错写为抓。

12时到云阳,对江有张飞庙。传说张飞头存油缸里,和尚卖油与客,使头浮起;浮则有信,不浮则无信。墙上有四个字:"江上风清。"

川江航史:1883,立乐得,英人,固陵轮,船夫反对;1890,渝开关,1898年,小汽船试航成功;1908,川江公司,蒲南田著《川江航行指南》;民16年,民生公司。

万县,5时到。

《川东晚报》;记者刁雨贤,主笔鲁济舟;梁山出纸很好,前外报纸6元一令,梁山纸4元一令;现在外报纸28元,梁山纸6元。

壮丁出征每人5元衣,队长没做。征兵免役者出200元,一期,二期,三期。万县(40 000)、云阳、梁山、大祝〔竹〕、开县,六县共八万件,未做。

六所中学,2 700;人口80万;县城前8万,现15万。

行营新闻邮电检查所,《抗大学术》《新蜀报》,这里不许转载。万县文化界联合会,100人代表40个团体,现在只有十只〔几〕个团体。

万县城80 000人,10 000多人抽烟,现在登记者只有2 000人。6年前,吗啡来,现自造。教职员前吃烟,现撤职。

夜,无月,怎忍不留恋。

《怀川外将士》(原无题)。

《川行有感》(原无题)。

《凭栏处》(原无题)。

《蜀民歌》(原无题)。

10月26日 5时45分到高家镇,停(此去丰都60里)。

今日水里沙多,每时行5浬〔里〕。

10月27日 早8时到丰都。

25,晚,转移阵地,退出汉口。21,失广州。

陆放翁诗:"何方可化身千亿,一树梅花一放翁。"(《梅花绝句》)"一千五百年间事,只有滩声似旧时。"(《楚城》)"看尽人间兴废事,不曾富贵不曾穷。"(《壶歌》)"白云不约常同行。"(同前)"卧读陶诗未终卷,又乘细雨去锄瓜。"(《小园》)"辛苦巢成君莫笑,从来吾亦爱吾庐。"(《画燕》)"壮士有心悲老大,穷人无路近功名。"(《忆昔》)"我无四目与两口,但在人间更事久。死生原是开阖眼,祸福正如翻覆手。消磨日月几緉屐,陶铸唐虞一盎酒。既非狗马要盖帷，那计风霜悴蒲柳。灶突无烟今又惯，龟蝉与我成三友。判知青史无功名，只用一饥垂不朽。”（《长歌行》）“老去元知万事空，但悲不见九州同。王师北定中原日，家祭无忘告乃翁。”（《示儿》）“太平有象人人醉，造物无私处处春。几陌莺花娱望眼，一竿风月属闲身。”（《入城至郡圃及诸家园亭游人甚盛》）“自爱安闲忘寂寞，天将强健报清贫。”（《八十三吟》）“三千界内人人错，七十年来念念非。”（《夏日》）“脱巾莫叹发成丝，六十年间万首诗。”（《小饮梅花下七十七八》）“日出春风动，青天万里开。”（《登东山》）[9]

参政会文书科电话 706，钱芝生。长沙吴慈祥，平教会。

重庆：徐养秋、穆藕初（江家巷 21 号，溪街口）、李仲霞、洪范五、吴俊升、陈石珍、吴研因、相菊谭、陈东原、沈子善（复旦）、王克江、郑晓沧、王德熙、廖茂如、崔载阳、查良钊。

林济时（左），四川人。从瑞士去，布鲁尼梯之战，任炮队长，大破法〔佛〕郎哥，毁其坦克车十余架。

刘华丰（中），里昂工人。

张纪（右），长沙人。留美矿业工程师。任职九年，在西任交通，开汽车，教测量。

邓，21842，21029。周文山，璐珈山青干部。李昆，24846，界限 44。交际处，华商街“新生活”俱乐。陶陶，23684。天声，天。

23090，俊瑞。周厚枢，星北北碚，国立四川中学。曹书田。

10 月 28 日 12 时，“民元”到。铭勋、维特、白桃、动生、钱泉来接[10]。

10 月 30 日 朱为仪（用会期间参□会警卫组，以后重庆□之团）团部[11]。孔院长[12]报告：1926 年度，18 万万＝收入；内外债都付＝；军费总计＝10 万万。1927 年度三个月，七、八、九三个月现金筹得 4 万万，税收 3 千多万；三个月军战费 2.5 万万、4 万万 7 千万。

钨沙〔砂〕，俄国要，财政部向经济部、军事委员会、资源委员会买；资源委员会抬高市价为 5 000 元（原为 3 000 元）。英 6 000 万（镑或元），货物备款；美，有希望。50 000 万公债卖掉 20 000 万，余由银行分任，银行没有这许多的存款应付。40 万万存款，每人捐 1/4，可得 10 万万。法币已发行 20 万万。

12：30，秘书长宴。3，观音街对面中二路 27 号，财政部、行政院“茶”。

王东培先生，韦家院坝 1 号。沈兹九，姚家巷 40。

10 月 31 日 张总长公权报台：已失 4 000 多公里，已失段落 2 000 多公里，现存 1 400 公里。(1)十月造成湘桂路；(2)湘黔路 230 公里；(3)滇缅路东段、西段，下月开工；(4)川滇路，十一月开工。公路，110 000 公里，抗战前；汽车，50 000 辆，多私人有，10 000 运货。抗战后，部造 1 000 公里，各地 2 000公里。西安—兰州，全部修改；成都—兰州，现 1 700 公里。西南公路，1 010 公里；抗战后督造：本部 11 000 公里，一部分 3 000 公里。中路，2 000—10 000，每公里费；西路，10 000—60 000 每公里费。司机训练、公路交交通部管理。航空：香—桂—重庆；重庆—昆—海防—香；重—桂—汽车到广州湾。西南、西北电话网，2 240 公里，未完；一年所用铜线，抵以上十年。(1)湘粤赣电网。(2)无线电：①香港；②成都；③重庆；④昆明。邮政：(1)沦陷邮务局派外国人管理(日本在华北想干涉)；(2)算是服务。汉口领水人员都已请到重庆。

1，行营，张主任。

10 月 16 日 记事

白瑞锡："蔡晓舟灵柩，现厝北平宣外庐凤义地。蔡子心鉴在甘肃大学院长邓哲民处读书。"

10 月 22 日 记事

学院街、学院街、小学校，□环城南路，时间 7—9 时。宜昌学院街小学，张世定；宜昌县立民教馆，张卓吾；宜昌区立职业学校，刁东光。

本月人名录

1 日：郝启义 朱澄霞 邓颖超 曾敬侯 杜军 张谔 林诚雍 陈文渊 龚持 沈老 2 日：万籁天 辛汉文 马彦祥 刘保罗 李一风 田汉 张铁生 范长江 蒋先基 曾兆寿 张杰 童常 江凌(刘也夫) 袁海真 傅剑秋 赵君迈 杨东莼 曹名坤 彭石年 何满丽 程本海 黄乐民 马朝达 4 日：吴瀚 王翰 6 日：徐富生 刘仲容 7 日：陈江 8 日：朱光耀 殷义源 10 日：陈寿筠 谢和赓 吴中规 安娥 11 日：王振武 孙家钱 王家严 丁成章 程道容 14 日：李惟果 李密杜 15 日：仇鳌 许德珩 程希孟 杨赓陶 奚东曙 唐谓滨 徐述之 贺君 刘慎乎 曹如蕙 熊德华 周佛海 萧同兹 金映光 17 日：杨愚亚 杨涤生 王荣春 王华春 20 日：濮汝明 徐世应 于毅夫 徐仲航 卢广声 宗惟仁 27 日：陈主素 彭大铨 程宗潮 30 日：朱为仪 赵述庭 31 日：杨质夫 李承新

【注释】

①即蒋介石(1887—1975),时任国民党军事委员会委员长。

②即周恩来(1898—1976),时任中共中央代表兼南方局书记,在“国统区”工作。

③即白崇禧(1893—1966),字健生,时任国民党军委会副参谋总长。

④即李宗仁(1890—1969),字德邻,时任第五战区司令长官兼安徽省主席。

⑤白先生,即白崇禧;蒋夫人,即蒋介石夫人宋美龄;周先生,即周恩来。

⑥陈长官,即陈诚(1896—1965),时任第九战区司令长官。

⑦印度援华医疗队由爱德任队长,卓克任副队长。他们于 1938 年 9 月抵达广州,后经长沙抵达武汉。陶行知在赴渝的轮船上与他们结识,并教他们学习中国的“新文字”。该医疗队的所有成员,为表示援华的决心,均在姓氏后加“华”字为名,他们于 1939 年 2 月抵达延安,参加抗日战争的医疗服务工作。其中的柯棣华大夫加入了中国共产党,后病逝长眠于中国。

⑧“红万字会”即红十字会。“卐”与“十”近似,且在中国古代汉语中读音为“万”。

⑨这段文字据陶行知的笔记本抄录。

⑩铭勋,即孙铭勋;维特,即陆维特;白桃,即戴伯韬;动生,即白动生。以上四人,均为晓庄学校毕业生。钱泉,不详。

⑪此行为新增加内容。

⑫即孔祥熙(1880—1967),时任国民政府行政院院长兼财政部长、中央银行总裁。

十一月

（重庆·桂林）

11月1日 12，行营，会报室，汪、张议长[①]。12，提案截止。段牌坊行营。6，春森路15号舫庐，孙宴。

钱公来、王天觉，“粉江”[②]。

11月2日 6，星三，王宅饭约，韦家坝一号。

11月3日 四川兵役：(1)法律、公令，省政府办，实行不合；(2)行营验编；(3)行营不管，民政厅不管，军管区司令部依法施行。

第五次座谈会所想到的，官厅都想到了。

褚辅成、冷御秋及兵役座谈会为根据：法规上之问题；办理两阶段的问题。一、法规：(1)硬而不软，如川人体长重少；(2)优待家属各县定办法；(3)手续繁重，阵亡抚恤；(4)动员委员会应地方人说话。二、管理：(1)地方制度不健全；(2)省县民意机关；(3)政府、民众、师生力量，动员委员会；(4)清定壮丁册；(5)事发宣传，依法公平办理；(6)平素办公以外之人，出面保证优待；(7)增加区或乡一级动员委员会，只有设计而无委员；(8)一省之县市、县之市乡示范区，县市以下，出征军人家属联合会、协进会。刻〔克〕扣粮，预备少赔。本月四川征取八十万壮丁，征训合一。三、推动：改组全省动员委员会，中枢加强，产生常务委员会。常委王缵绪、陈公博、邓锡侯。四人代表川东南，西北七。常会〔委〕天天到。十二组为四组：(1)兵役；(2)资物；(3)救济；(4)宣传。每县二人，共三百人；每校出一人推动教育界；一人推动地方人士，成立县动员委员会，助其工作，一月回来。指导师管区，六区，每区一人。县动员委员会规程未定，每县人选未定。党政军民不大恰，常委四次后便未成。梁任设计委员，几乎四人缺席。

不得了：(1)创学之困难；(2)给周公婆一个空间；(3)被管与自管；(4)学校中心（学校—社会）；(5)伤兵教育；(6)发现天才；(7)三民主义青年团与童子军；(8)分散，游击，全面；(9)边疆教育，回—杂种；(10)工厂里办职业教育（农场—农教）；(11)沦陷区教育，统一与划一；(12)把力量送到前方，抗战—

建国，开刀，痢疾，疟疾死的人，（工—修汽车500架）。

2，第一模范市场，中苏文化协会三楼，兵役座谈。3，上清寺陶园，戴、孙、居、于，“茶”。7，粉江酒楼，陈立夫先生。

11月4日 1，“南京”。4：30，暇娱楼。6：30，留春屋。晚9，行营礼堂，特种委员会。

“小胖今朝颇用心，圈点提案如读经。修改文章虽得意，主席不准哼一声。”（刘蘅静）

“佳儿愿向沙场死，已被家山涕泪新。缝就征袍还自著，阿婆不作洗夫人。”“日耗香烟百万枝〔支〕，此言大可作成诗。一枝〔支〕烟变一颗弹，参政先生编一师。”“谁言参政只抽烟，议论纷纷大会前。会后会前无事做，一时烟气满青天。”（小胖[③]）

“独有女郎怜政府，口口劝人勿为难。此亦老太游击意，巩固中枢在巴山。”（老胖）

“国共合作在女流，翩翩比翼去来游。大家团结能如此，直捣扶桑定亚洲。”“礼是爹来乐是妈，调合礼乐养娃娃。世人只道周公礼，谁识周婆乐在家。”（小胖）

《二胖》（原无题）。

11月5日 全体审查会：《抗战建国纲领》之实施，急者缓干，大者小干。

拥护提案：（1）疑心消除，全面共信；（2）尊重人民，全面力量；（3）加强教育，全面教育；（4）加强监察，全面监察，全面联组。

愿为，知为，能为，可为，不得不为。

张玉田，听儿子南开掖县话，不做汉奸，打游击。

周子西，火柴大王，青岛，亲日，病死，日人不信，开棺打枪。

12，暇娱楼。2，陕西街，万寿宫，保育院。7，行政院，孔。

11月6日 开战以来亏空18万万。

西北天寒，要到甘、青很难。

以《抗战建国纲领》监察：（1）应干的不干；（2）应多数人民干而少数人包办；（3）应大干的小干；（4）应快干〔的〕缓干；（5）应省钱干的浪费的事〔干〕；（6）应好好的干〔的〕作弊的干；（7）应真干的他假干；（8）应有精神的干他没精打采的干；（9）应合理的干他埋〔蛮〕干。都应负误国的责任。

日本公债到200万万即不可打。现已快到了：原100多万万，战后已加70万万，最近发5 000万公债，已无力再发多量公债了。

喜干，大干，苦干，快干，自动干，教人民干。

飞机。言论自由。

现150万作战。(1)现一与一，经常要50万预备补充；20几万补充师；增加单位与维持原单位。(2)武器，香港大口去了，安南不容易，西北也难；但求兵工材料进来自给；子弹再打一年；机关枪能造，不够；飞机，苏联不断的助。

决心。战略，民众组织加强。游击。

法币发了20万万。军费每月1万5 000万，每日500万；减薪一月，不够一天。

4时半，通过普及教育案，闭会7时。

12:30，“大三元”[4]，王卓然。3，行营礼堂，议长茶叙。5，第一市场35，三楼，“中苏会”，国际问题。

贵州：大厦〔夏〕。广西：广西大；文法，桂林；农，在柳州。

11月7日　庆祝苏联十月革命21周年[5]。晚看苏联名影《十三勇士》。遇田夫夫〔人〕、吴夫人。

高庐，874，国府路；沙利文五号，冀朝鼎。

南京江宁县开追悼会——壮丁捆上船，船沉人死。四川农民，夜敲门，避兵役，青年会服务车遇见一农人上街买菜被抓。

2，演武厅，社交会堂，十月革命。7:30，国泰影院。

11月8日　9，万寿宫保育院。12，田宅。2，市场，银行公会兵役。6，柴家巷国太饭店，胡梦华。7，牛皮氹，女师，有记者。女青年会，青职互会。

11月9日　12，小洞天，青年会前。2:30，中大；10，洪来。

11月10日　11，教育部。12，孙。12:30，小洞天。6:30，吴研因。8，黄沛青，夜。

11月11日　7，粉江华光楼，兆林，早。下午，北碚。6，吴，柴家巷26，新来鸿(国太)。

《通俗读物》编刊社：徐炳昶(副社长)；高韶亭(国立中央工业职业学校总务主任)、李一非(社总务主任)；王泽民(编辑副主任)、赵象离(研究部主任)、杨芒兰(编辑)、须族(编辑)、李效厂(编辑)、汪岳云(编辑)、泰林舒(编辑)、王欣若(事务)。

11月12日　冯国华，曼云[6]，十月七日为日军戕害于青浦。

沦陷区域青年会以外人主持。

无线电，卫生，伤兵，救护。帮助别的团体，如战地文化服务处。扫除文盲。搜集抗战图书送外。读书指导。“以民众教民众。”

电影选择。广告带教育。职业指导。谈、想、看(玩)、干。补习学校加政治训练。工作＝联系＝2×2＝4。集中。研究。

穆藕初，观音岩，职校，毛宅三本市钱板街四号。

董承光：大众歌咏，福音宣传，识字运动，公民演讲，团体运动。出版非常图书，世界青年运动联系，训练、保留优秀干部，开辟新区域。

自给(向来原则)。外款可多筹。

黄先生：80 个医生、护士，5 伤兵收容所；伤兵救护(要大干)、教育，壮丁教育。

移民的影响很大：(1)民族的磨〔摩〕擦；(2)省外、省内磨〔摩〕擦。

10，“南京”⑦。5，青年会谈话会，抗战时之工作，抗战后之建国工作。6，聚兴银行楼下，国际联欢社。

11 月 13 日 查先生，四月十一，1 192 学生，先生 550 人。天水，陇南重镇。

70 阿衡，带 200 小孩慰问。穿草鞋与学生同走，从凤翔—天水，600 里；男女，助课，调查。

回教促进会，吴会长。

甘蔗滓做汽油，可出 3 000 加仑一天，1 000 里用 40 加仑，

60 万计划：川、滇、黔、湘、陕、甘七〔六〕省公路。

一年四千万人：壮丁教育；农事生产；农民卫生。

阆中＝保宁，离重庆，旱路 8 天或 6 天＋汽船一天。水路上水 21 天，下水(洪)4 天，(枯)8 天。离成都，旱 7 天；离汉中，旱(公路)4 天＝旱＝公。

民〔国〕21 年民众教育：20 亩，40 人；周围 1 里，40 户；周围 2 里，100 户。

9，“南京”。10，早，南京梁先生，“市场”。12，粉江，中南开。1:30，青年会，申府三楼 351。4:30，青年会。

孙心磐，新街口经济图书馆。国立编译馆，两路口巴县中学，孙雁征。中国银行，顾先生(炳麟)。程行敬，酒路口□□坡陈公饭⑧。蔡承新，中国银行，新街口四川水泥公司。

成都小学：早 7 时半上课，7 时走。下午 3 时半下课。5％送饭，50％，1～2 家用之。

邵力子，领事巷，10。

11月14日 广西修仁县曾大娘带子当兵。

假空袭,捉汉奸,插香放炮。

六人拿地图问地名,被发觉,叫学生捉。

老太婆得八铜子,点火,说如此飞机便不来。事后可得八十铜子。带老太找线,廿人被捕,领袖是大学生。

全市组织,政府领导,公团服务。教育,救护,救难,壮丁,除奸。公路线。

宜宾县专员,冷,穿草鞋演说;荣昌县立女子初级中学不大行。

民众教育演讲,巴县县政府内,抗敌后援会礼堂。

8:30,九尺沱21,隐庐3楼。10,梁先生,南。12,乃勉。2,沈。5,“南京”,程。

11月15日 7:30,早,蔡先生。9,早,“南京”,生活。中午,“南京”,张。2:30,青年会,12号。4,市场35,三楼兵会。6,上海社,刘。

11月16日 姜仙□,三门洞。白石驿补充队。连长,副连长。125人的棉衣裤卖几十元,买巾6条,余中饭。副连长说情,买手巾给兵洗脸。6条巾,洗脸、蒸饭两用。

怎样做民众教师:(1)追求知识:世界、日本,中国。(2)了解老百姓;钻进老百姓的生活。(3)跟老百姓学。(4)教老百姓自己教自己。(5)普及与强迫之不同。

早,致函襄阳五战区长官部。

中午,“重庆”,2:30,民众教员。4时,巴蜀中,张家花园。7,粉江。9,夜,晓庄同学。

11月17日 9,早,冠生园。6,晚,约白桃。

11月18日 杨继宗(绳武)、孙连仲,第二集团军,商城、麻城、枣阳,40 000人减到10 000人。

4,冠生园。

定县猪比人吃得好。乡下人说:一九二四年,海鹏先生,顺海:“要享福,变个外国猪。”猪:炒豆、玉米、小米;人:甜山芋、高粱。

伤兵滚下田,问何故。“我不愿过路弟兄看见伤心。”(南岸)

11月19日 《新疆日报》销4 000份,汉、维、哈文[9],全省一报。哈彼得很红运,到处找他翻译。蒙〔维〕文,哈萨克每星期一次。

空了[10],教政训处主任。三小时,新文字。

苏联慎重，塔斯社不发报。列宁、马克司〔思〕的书，苏联不许来，中国不许来。

迁就阿衡王公，一天五次祈祷。阿衡登塔台人。

劳工工资高，450 万人，地等于十个浙江省。人少工多。泥水匠 $1.5＝6 钱，公务员主席 100 元。合作社公务员 25 元一月。十口之家在合作社，有十个资格；一口之家，一个资格。医院。六大政策：清廉（500 元枪弊〔毙〕）；和平；民平〔主〕；亲苏；建设；反帝。财监委员会，八小时交代。

无人无事，现经济安定。入新疆即见建设。有钱埋在地里。电影电力不足；戏院四五个角色，秦腔。维族四太太。人口调查未举。“四·一二”革命。南北疆公路。飞机交通即行。水利与交通二大事。督办主席送行，感激涕零。骆驼运汽油。1 法币＝4 000 两；一块烧饼 50 两。

9：30，早，重庆村 17。

11 月 20 日 沙坪坝中央大学农化系沈学源。尼古拉·阿伐伯特（Nicolas Afabet）无资格。20 万法郎奖赏，发明罐头三个月不坏。

11 月 21 日 飞机赴桂。

11 月 22 日 雷殷厅长谈（8 时）：1. 乡镇民代表会。（1）每村、街公民大会选二代表组织之；（2）每乡镇十村街；（3）乡镇长现要，将来由代表会选举；（4）村、街民大会早有；（5）代表会十二月底完成。2. 县临时参议会。每乡镇民代表会选一人，一月底一律完成。

李任潮，乐群社，总部、总长春园，吕公馆。德政街 2 号。郭德洁，总务处孙。

黄主席谈。9 时（1）参观日程；（2）接谈日程。

李民欣（泽霖）、彭泽湘、章伯钧。

现有 100 万，广西 10 万，五战区；20 万，九战区。关麟征 40 000，2 000；汤恩伯，4 师，30 000。商震，3 师，3 000；薛岳 50 000，20 000；皖南，7 师、5 师。

全部军校，可用 18 000 人，演变 36 000 人。兵源：征 150 000 人，预征 150 000 人。广西一兵团 20 000 人，兵 10 000 人。民间枪 100 000，梧州三团，北海 6 团，肇庆 2 团。银：1 千二百万。五区调三师来，守贵、柳、桂。

村街民大会，星期举行，教员率领，学生参加，中学以上。（1）联合中学。三个联合，基本课程，战时训练：机械、工兵。正在研究。（2）18 岁以上，3 000 人。（3）干，县政府，走的学校。

黄次轩，容县；严海峰，苍梧县。陈云豹，广州湾。尹承纲（字正常）。陈次生，动员会文化局。金山，桂林饭店135。

12，两路口，书帮公所42，韩福大巷。7:30，"新旅""孩剧"。

11月23日 5，中山学校。

11月24日 8，中山学校。12:30，西大。

广西大学，西林公园。刘伯鸣，范昱，刑口两，山西。黄建英，广西省政府，主席办公厅来广西大学[11]。

11月25日 张雪门及自俺三学生[12]，香山慈幼院师范班，省政府左手向左转。

张家瑶，教育厅第五科。师范教育、职业教育、社会教育、电化教育、特种部族教育。

9:30，教育学院。1～2，中山学校。4，与职教社（文昌门内副爷巷）。7，晚，中山学校。

11月26日 清真寺调查：安庆、河北、山东、察哈尔、西康、广西、广东，1万多清真寺。

明增灏，震南如意卷内白寿巷五号[13]。

《反侵略周刊》文（美国），28交。

毛凤安，西成路二号，教育部实验班[14]。

《三个使命》（《祝中国回教救国会协会广西分会成立》）。

阿衡，长者，青年，别忘小孩，帮助回民教回民。

8:30，早，马松平。10:30，教育学院。3—4，西门外清真古寺，成达师范学校。7，中山。

11月27日 军校回民班700人，在柳州。

中国回民救国协会：王蔚民，八角塘清真寺，捐钱与小孩，主席白治苍；王微言，宁夏遇"新旅"。

(1)和平为目的；(2)反侵略为手段。

战时的生活教育：1. 生活教育者的任务：(1)使一般人都起变化；(2)使教育者起变化；(3)使自己起变化。2. 生教易使教育适应战需。3. 生教易号召大多数的人。4. 生教易……

上海救亡演剧第二队，工作紧张，生活严肃，经济清楚，态度纯正。

8，早，"中山"，陈庚雅。8:30，"中山"，登山。1，广西回民救国协会成立会。5，餐会。

11月28日 贞观三年，回教来。白先生，万贡学会。(1)中亚细亚；(2)从海，恒河。不吃猪肉，政治隔离，不通婚。饮食男女四字。初不禁，后因猪瘟，下令禁。我有灵魂时，就信回教。20年从军。(1)新疆南部，塔里木盆地。(2)干部士，南方来；走云南，到广东。化觉寺，第一寺，西安。元代西征，蒙古军，回教—色拉〔目〕人—做政治工作。回在元代红。常遇春，回教；太祖—百字赞。自汉代以来杀15次。清初有瓦刺民族60万，位于河西，以米刺印为领袖。经多尔衮之杀戮，死亡42万，余18万逃往新疆西部，构成现在之哈萨克民族。撒拉由中亚，在明朝来，110家，到3万家。那拉—顺治母。(1)文化笼络，康熙逼反；(2)喇嘛政策。满洲入关；满2 000 000；蒙5 000 000(喇嘛)；藏2 500 000(喇嘛)；回3 000 000；汉300 000 000(文化)。青海—蒙古，王公治藏。藏，千百户。回，节欲，不饮酒，多妻，外不通婚，结婚早，年龄长，游猎生活，清洁。四妻，四头大，平等，你同意吗？童订婚不许。花柳少。青海一两铁人，销〔?〕起来，年羹尧、岳钟琪，杀恙〔羌〕人最多。十全武功——乾隆。甘、宁、青现600万，乾隆3 000万。西北小儿打弹，10岁以上隔河打石子，8岁打鸟；夏，鹿角绿色，小孩打鹿，12岁以上。祁连山南路，獐，肚脐放大，受蚂蚁，缩小，做麝香。冬，不羊。炒面拌水半月粮。野鸡，捉活的。

西北民众受清残杀。教别。教主，世袭，领导。满洲，反抗。同治元年，渭南。求雨向回教捐钱，不出。唱戏，回教小孩看戏，不许看。械斗，汉回。刘铖御史上书，回回反了。曾文正[15]主安抚而不主剿。左文襄[16]：捻匪已平，回匪应剿。那拉[17]谕，刻日回征。马元璋—教主—善人，天水、东北杀汉人几十万。汉人先死150万，左杀回170万。鼓励10两银、一条牛、一间房。180万汉，120万回。

回教，牛甲骨写课本，回民学汉文即是回奸。

冯焕章：李长青—活埋；马廷骧—活埋。8万损失，杀8千人。马仲英，17岁，一天500里。师长马鸿逵，大队长。河西省政府；马步房〔芳〕见血，以为仲英死。甘凉青，孙殿英败。春耕、过年放两次，540斤面。青海省政府主席。新疆、维吾尔、哈萨克。东干。汉人，湘、杨柳青、云南，昂斯多—男女。马鸿逵200元买壮丁。征车，三天，候七天。鸦片统计。八个棺材派公债。省币—法币。

黄廷英，乐群路四会街九号，对门韦永成公馆。

8，早，“中山”候杨先生。3，乐群社李邱万招待会。

4,文明路通权巷27。5,金龙酒家。7,职社恳谈。

11月29日 9,早,西成路西上二街2号。7:30,晚,职教会。

11月30日 桂林,早在反侵略大会演讲。中途空袭警报,同到稚山岩续讲。

今日发现:(1)山洞二十万人教;(2)沿路帮助老、残、幼;(3)排队。

晚向邱厅长建议

8,早,三小孩。9,“反侵略”。10,胡千扬。

11月6日 记事

日、月、土司,象是海、龙、蛇。译为“土司”。光明如日月,宽阔如大海。高玉柱书夷文。

11月14日 记事

由渝至成都经过:璧山;永川,第二保育院,余先生,女子工业;茶田,第五保育院,出产夏布、陶器、纸扇;隆昌,出产麻罗;内江,出产糖;富顺,自流井,第三、四保育院,蜀光中学。

11月20日 记事

(1)军用粮食之制造。(2)半县贮藏之科学管理法,忻介六,川大教书。(3)农产物之加工:罐头、素白粉、日常必需品、肥皂、酒精、酱油、辣菜。(4)汽油代替物:①真正汽油(以植物油制造);②酒精+Edia(以□)。酒精五元一箱(5加仑)。125斤糖蜜(100斤$2.6)造酒精一箱。125万担可造100万箱,即500万加仑。

玉米或甘蔗:100斤→10公升

→3.5加仑。

150斤→5加仑。

本月记事

林刚讲种桐:县3 000,乡2 000,村1 000,3年出果。桐油出口第一位。60%—70%到美。经济部。中央农事研究所广西站,农本局广西农业管理处,县农业管理处。六区,区督导员。增加生产粮食,畜牧,棉花,畜医。难民移垦,三区安插2万人,开24万亩。水利,农田水利委员会,200万元。区督导加强权。600人推广人才。

本月人名录

5日:陶敬之 王泰江 沈祖晖 沈昌焕 吴大钧 陈可忠 任宗济

6日:高玉柱 喻杰才 林维中 7日:高历鹰 董承先 黄次咸 杜君慧 徐篆 吴里千 蓝秉文 林璧人 严格 刘玉洁 刘幽谷 张罗兰 林震声 路静一 章慧莪 宗才富 宗定华 王月华 李瑞芳 杭联第 柴明华 朱光揆 孙竹尔 曹孟君 汪奕林 李昌隆 何兆青 张国祥 赵澍 张霞飞 萧明新 孟家泰 顾实 祁云龙 曾绳然 杨君劢 洪瑞剑 宋述樵 高方 李晋芳 邓公玄 漆镜吾 牟布希 郑代巩 李赓 席振铎 荣照 刘叔模 张澜 10日:沈书琴 吴敏 许涤新 艾寒松 戈宝权 华西园 11日:姚相 杨伟文 李清来 王冠英 胡焕庸 吴征隽 王熙寿 欧阳翥 吴邦伟 谢家声 严京铨 胡秉正 黄纶书 柳叔堪 杨仁寿 12日:梁士纯 舒舍予(别名老舍) 穆藕初 毛定三 长虹 曹芮良 陈如翼 邹鹤亭 张铸 黄叔班 柏庄 朱智贤 程其保 曾汉良 杨德翘 董兆学 朱国定 王冠英 袁宗泽 李之鸥 周慧专 黄开禄 王静庵 刘济苍 杨继宗 汪德全 周士观 程行敬 沈天灵 徐治 张村霖 14日:吴蕴初 崔唯吾 黄子凌 张茂芹 李国彦 张叔洵 孙祥熙 16日:姜伯熙 贺君 夏巨卿 罗振宣 18日:方明 孙天民 萧迴千 高笏之 19日:丰道淳 20日:沈学源 吴作文 王持华 汤志先 潘达夫 21日:李述礼 徐鑫 马公培 朱一成 王飞 孙延年 王基培 王志峰 李万 22日:黄次轩 尹承纲 胡愈之 吴新稼 傅承谟 林翠田 李少清 张丽贞 赵世芬 谭佩芳 冷奕性 刘文棻 欧一飞 徐德竣 李应正 黄琪翔 千家驹 刘仲容 盛成 王炳南 李蔚文 李蔚潭 孙明心 严长衍 卞祖纪 莫希德 郑彦楚 徐彦之 冯菊坡 24日:黄廷英 25日:周传晖 刘严宣 杨东莼 张家瑶 石默儒 季寒筠 白珍 唐柯三 26日:明增灏 韩宏魁 陈赓雅 毛凤姿 邵佩蔚 于兆华 黄武侠 朱芬秋 王蔚民 27日:王蔚民 28日:松井春(Matoui Haru) 张履写 柳支英 程世抚 张世实 铨正 唐铎 29日:丁兰 丘流溟 刘文景 韦奋忠 魏灿如 张丽贞 赵世芬 朱双玉 韦延年 董纯才 徐一冰 林云峡 曹行 王亚谟 阳玉容 韦志坚 黄新运 陈光宇 万季光 黄乃一 侣朋 王瑞符 黄曼尼 沈金泉 郭光庭 张健 张光纶 阳素芬 杨文霞 黎明 陈佩明 江青(蓝苹) 本月:郑玉华 孔雪雄 黄伯度 林德三 姚俊毅 王锦道 韩明姜 程希孟 胡秋原 胡昭佐 陈云荪 查勉仲 沙千里 胡子婴 光珣 朱子桥 王志莘 高炳秦 贡沛斌 胡泽民 黄富生 李品贵

【注释】

①“汪”，指汪精卫(1883—1944)，时任国民参政会议长。“张”，指张伯苓(1876—1951)，时任国民参政会副议长。

②“粉江”，指重庆粉江酒楼。

③“小胖”系卢前，“老胖”系傅斯年，他们与刘蘅静、陶行知同在参政会第五组的审查会里。这几位遇到枯燥的报告和讨论时，便打趣地大写打油诗。所录者即为他们所写之一二。陶行知曾写《二胖》以助兴。

④“大三元”，指大三元酒家。

⑤此句原系俄文。

⑥冯国华在20世纪30年代初曾任江苏省宝山县教育局长。任上支持陶行知创办山海工学团，推行“小先生制”，是生活教育理论的服膺者。

⑦“南京”，指南京饭店。

⑧此句为增加内容。

⑨“汉”，指汉字；“维”，指维吾尔文；“哈”，指哈萨克文。

⑩即萨空了，著名新闻工作者。

⑪以上两行为新增加内容。

⑫张雪门，中国现代著名的学前教育专家。自俺，即戴自俺，晓庄师范毕业生，20世纪30年代早中期曾执教于张雪门任校长的香山慈幼院幼稚师范学校。此处所记，系他们在桂林的三个学生。

⑬⑭此句为新增加内容。

⑮即曾国藩(1811—1872)，清末重臣，死后谥“文正”。

⑯即左宗棠(1812—1885)，清末重臣，死后谥“文襄”。

⑰即慈禧太后(1835—1908)，叶赫那拉氏，又称西太后，那拉太后。

十二月

（中国：桂林·南宁；越南：谅山·海防；中国：香港）

12月1日 2，“西成”讲演。6，晚，302，“大华”。7时，职教会。

12月2日 广西桂林战时儿童服务团，胡泽民。八桂镇中心小学十九位，黄富生、方鲲仙、陆茜、黄健芬。

12月3日 8，晚，杨宅；10，晚，刘为章。

12月4日 西安，刘英士说：从7月7日到10月15日，西安已逮捕1 150人，汉森(Honson)先生见400人，222室①。

3，下午，中山公园鹿地，地方人员训练班。7，晚，“中山”，杨。

12月5日 3，“乐群”，121。

12月7日 青年运动书，2本，买。

马屎〔齿〕苋，赤痢，阿米巴，杆菌；杜根素，阿米巴。叶青表面，里面淡紫色，杆嫩。

魏博士，5日离桂，通讯处为：纽约市东第14大街229号5单元②。

病人，山洞教育；小孩，山洞教育；医院避难，郑先生。自我教育，集体行动，秩序问题。禁止吃东西，互助问题，公共卫生。山洞里卖书，反侵略流动书库，山洞图书馆。避难时工作，漫画宣传队。郑彦芬。廿八年，成人教育年。演讲问题。播音。

陈纪彝，重庆白象街58号，妇女指导委员会，“新生活”运动。

9：30，“中山”10：30，乐群路6。5，谈，杨。6，左华、常、大建。7，生活教育。

12月8日 6，“天然”，洋桥。

12月9日 1：30，省会战时民众教育指导会。桂林防空洞，指定21个，容量110 000人，会期：星期一下午3时，指导会；星期四下午3时，工作指导。纲要（礼拜一）：故事；演戏；战时常识；时事报告；生活常识；唱歌。

《抗战故事选》，晓庄研究所担任。

10，胡愈之。1：30，教育厅。5，桂林中学，陈讲。

12 月 10 日 录《长沙大火谣》:“治术云何,两大方案一把火;中心无奈,三个人头万民愁。”

见陈辞修部长[③]。

7:30,晚,公体场。8,晚,环湖北路 19 号。

12 月 11 日 《如何可以得到最后胜利》:(1)民为贵,决心,互信;(2)抗战决心;(3)全面抗战:政治、经济、军事;(4)全面教育,服务即宣传;(5)日本国力之检讨(分析);(6)中国国力之检讨(分析);(7)世界局势之推测(分析)。主观:全面抗战,民为贵,决心,互信;客观:军事战,财力,人力(组织政治教育动员),经济战,交通;政治战,地方组织;教育战。

8,早,独秀峰底,党政训班。3—5,团宣委会。6,晚,天然楼,国民公论。8,晚,环湖北路 19 号。

12 月 12 日 中央社重庆卅日电,《中央周报》一卷 16 号《全面抗战》:“全面战争——我们要不断的对于敌人所占领的线和点加以袭击,切断敌人所占领的线,突破敌人所占领的点,使敌人时时刻刻顾此失彼,没一处占得稳,没一处把得牢,这样才能坐困敌人。第一步做到使敌人不能安然占领点和线,第二步才能做得到使敌人不能进而占领我们的全面。要战争才行,不战争一定不行,敌人进攻的时候,游来游去,以保全实力的〔?〕,这也是不知道全面战争的意义。明末流寇的作法,用之于国内战争,或者可以颠覆政府;用之于对外作战,必不足以抵制强敌。因为游来的时候是取之惟恐不尽,游去的时候又是不使有所孑遗,这是大量消耗民力的。政府的基础在于民力,民力消耗完了,政府没有不倒,所以明朝便亡于流寇。全面战争的意义,不只注重全面,尤其注重战争。”

十一月卅日,蒋委员长《告全国国民书》:“从今以后,全面抗战,到处发展,真正战争,从〔重〕新开始;而我军行动,进战退守,不惟毫无拘束、无所顾虑,且可处置自由,更能立于主动地位。”

下午,商研究所事。晚 7 日〔时〕,孩剧团、新旅、桂战儿服团、六镇儿团合唱。我讲:(1)文化交换、互解;(2)小孩力量大;(3)学唱歌;(4)山洞教育;(5)抗工〔?〕。

12 月 13 日 “五皮”:挂皮带,皮绑腿,穿皮鞋,执皮鞭,挟皮包。

《广西省会战时民众教育工作纲要》(工作员须知):

(1)为什么要有战时的民众教育?

(2)为什么从岩洞入手?

(3)工作员应当知道:①好学才能教人;②服务便是教育;③即知即传。

学的方面:(1)知道日本;(2)知道中国;(3)知道世界;(4)抗战建国纲领;(5)知道广西;(6)知道桂林;(7)知道防空常识;(8)知道唱歌、演剧、演说;(9)知道抗战故事;(10)招到同志加入。

每团有团务会议:(1)检讨过去;(2)计划明天工作。怎样解决困难?报告,不能解决提请指导;自己缺少的人可以学,一时不易学好,可以请总干事约别的团体或个人帮忙。

团体纪律:(1)互助;(2)帮助老百姓;(3)号令统一;(4)检讨时言论自由。

介绍几本杂志:(1)《广西》;(2)《中国农村》;(3)《战时教育》(新知);(4)《世界知识》;(5)《国民公论》;(6)《全民抗战》;(7)《反侵略周刊》;(8)《救中国》。

介绍几本小册:(1)《乡村工作手册》(生活);(2)《大众教育问题》(新知);(3)《生活教育论文集》(生活);(4)《战时教育工作报告》(生活);(5)《反侵略运动小册》;(6)《公共卫生》;(7)《抗战故事》;(8)《防空常识》;(9)《防毒常识》;(10)《街头剧创作集》;(11)《大众歌声》(一、二,麦新、孟波);(12)《风云集》;(13)《怎样做小先生》。

教人须注重表证,教人须以身作则。

把自己工作的价值给与家长、朋友知道。

鼓励老百姓发问、互助,鼓励老百姓讲故事、唱民歌;陪着老百姓一起干,自学教人。对老百姓态度:尊敬;帮助;虚心请教;力求了解老百姓的问题、需要、面包。小孩的力量。老太[④]。认识工作之价值:老百姓多了解国事,即抗战多一份力量。全面教育动员。

认识省会战时民众教育系统。请伤官、伤兵来讲前线故事。参加演讲、座谈会。通信问专家。教民众唱歌。把歌词写好挂在洞口给人看熟,紧急警报来时,无声演讲、无声唱歌。剧团六家,公共体育场教挂字、唱歌。

6,晚,"皖公"同学[⑤]。

(1)《广西省政府公报》《广西日报》《克敌周刊》(前期)《动员》(训政处)。(2)40×2=80法币。30法币。

(1)《街头剧创作集》,光未然作,新知;(2)《抗战儿童剧选》周苏,黎明;(3)《世界现实读本》,章仲实,生活;(4)《战时宣传资料》,中国农村经济研究会编,新知;(5)《宣传大纲》,军委员政治部;(6)《抗战中之中国国民党》,生活；(7)《领袖抗战言论集》；《论持久战》，毛泽东，生活；《全面战术》，白崇熹〔禧〕；《焦土抗战》，李宗仁；《战时教育论集》，生活；《生活教育论集》，生活；《救亡手册》，生活书店；《日本论》，光明。

(1)教育；(2)民众教育。(3)战时教育，认识任务大，帮助民众，帮助自己，帮助国家。(4)好学才能教人，不知要学。(5)即知即传，为什么从山洞入手，日本中国□□。(6)怎样教人：写好，紧急时，例子，实验，无声教育；不知道的，请人帮忙，请伤兵，呈团体行动、讨论、观察、思考。①深入浅出；②教民众自己教自己；③帮助老百姓；④教老百姓互助。(6)对老百姓态度：尊敬他，跟他学，帮助他，承认民众力量伟大。(7)怎样帮助老百姓。(8)团体纪律。(9)怎样在城里工作。(10)怎样求进：看必要的书、报、杂志，问专家、座谈会、问民众，教的功课。

12 月 14 日　6，晚，“天然”，千。

12 月 16 日　八角山下车，鸭水滩坐船，到龙州。

生活之家。

12 月 17 日　6：50 开，我坐 2449 号。周治华，2075。荔浦，10〔时〕到。

荔浦县平乐区尚书乡：9 000 人，民团后备 500 人，出征 89 人。180 小时，每年；第二年复训两星期。优待每兵家，300 斤一年，免捐，帮工。100 人中 3 人逃。历年，3 年中 10 人。

卢光奎校长，9 人教员。3 400 元，1 700 法币，经费。178 学生。中心国民基础中心学校，指导八所基础学校。

15 元法币，乡长；10 元法币，村街长；中心教员，12 法币；各级，9 法币。

12 月 18 日　“榴江”，杨致远(农学团)，中国银行农村放款。

覃志□、张福汉。孙立三，辽宁海龍，四川峨边沙坪坝中国木叶公司，赵子孝转[⑥]。柳州。

12 月 19 日　芦墟。唐兆璋，广西宝阳芦圩，广西银行办事处，学生军通信[⑦]。林慧佛(校长、乡长、团长)，芦圩镇中心学校。

学生军通信。

12 月 20 日　南宁初中芦圩小学合演“起来吧，中国”。12 月 12 日演。

“第二家乡”[⑧]雏形想出。

刘鸣和，昆明国立中正医学院学生[⑨]。

大塘，遇杨瑾珣。南宁：办公，4：30—8：30，下午；早，躲到乡村森林；吃饭菜，先付账。

唐信芳，广西银行广□崧公之子。

陈培元，慧祥县中心学校[10]。

12月21日 镇南关[11]。米亦松，华南旅店9号。崔载阳，合龙街鸿安旅店。名利客栈，孙新之。

12月22日 龙州。汤启美，地址：西□镇营街55号。与严，武鸣干训[12]。今早，近连亭遇方叔平。

孙新之：云南彝良叙昆铁路工程局第五测量队施成熙转。

12月23日 龙州8时开车。同登11时到。

查五次。护照要2时半才有。时间改迟一小时。

同登，4:56开往谅山。谅山，6:36开河内。谅山6:39—11:10；河内12:10—16:23；河内13:08—17:30，21:22；海防15:07—19:28，23:35。

住谅山，顺利。

马相老，湘桂铁路办事处沈亮转。

谅山0.12车，河内2.4车，海防0.85车。越币：旅馆1.50；船（欠）9.50，（收）11.00。

12月24日 《南宁镇南沿路》（原无题）。

《敬谢镇南关陆委员炳业》（原无题）。

耶苏圣诞栽秧，见未见。

12月25日 海防华侨中学，王子俊、叶兆麟。广东帮长：罗伟基；东安小学：何成德；中华小学：谭志贤；洁贞女学：梅洁贞；领事馆：钟雨生；国民党：王雨亭，西人街152号。

东安：239学生，完小，8教员；校长：陈庆筹；教长：何成德、王庆麟；中华：415学生，17教员；校长：谭志贤；另，“民教”三班，13人。“洁贞”：138人，12岁以下可男；6教员，16年历史；校长：梅洁贞。

现实读者会，7时，晚，福仙桥。

“德生”，房舱$20.50；官舱$41.00。

麦雨农，华侨中学；吕宝和，华侨中学。

文化书店，文瑞祥。

考航空：一；体专：中山、侨专、成烈、东亚，1936年160人，取二人。陆健说。

晨光书店，谭绍郁，海防东京街一四四。

现实书店，海防福谟街17号，陈少波经理；梅克，一支笔；梁德洛、魏磊。

抗战流通图书社，陈寿龄负责。洁贞女学，潘展云（教员）。

德生，二七，下午4时，码头。王世廉，中族，8：30am，8 000华侨。

（1）目前抗战情势。军事：中、日。经济：中、日。政治：中、日。国际：①英美矛盾；②美内部矛盾；③英苏、美苏矛盾；④全世界援助；⑤华侨团结，⑥和平阵线在造成中。

（2）华侨中心任务：①了解抗战到底是中国救亡之唯一途径；②了解团结到底与抗战到底的相互〔关系〕；③即知即传，使整个华侨都造成团结抗战到底的生力军；④有力出力，有钱出钱，赞助抗日；⑤不买日货，不卖日货；⑥干国民外交；⑦纠正妥协论调，拥护正确真理，以造成救亡国策。

（3）华侨青年的出路：①中国有出路，华侨才有出路；华侨有出路，青年才有出路；华侨青年要参加救国运动；②学一个专门；③研究社会政治经济。

（4）怎样进行自我教育：①和进步的人做朋友；②看书报；③共同求进（保险公司）；④钻进大众的生活里去；⑤参加救国的行动；⑥除青年病、幼稚病、老了病[13]。

吴穆如，重庆经济部燃料管理处；张家骏，交通部材料司，川滇铁路公司，昆明。

海防人口：广东10 000人，福建300人。20多万法币，公债、捐款。华侨中小学：866（共计），199（中），667（小），300（民众）。

流通图书馆，四月创办，四百张借书证，500元创办费，向侨胞捐款，青年主办。高铭光一社长；陈寿龄一副，负责。管理：青年轮流。民众壁报，去年十一月八号立，党部附设；负责者，何志湖。

东安同学会，50人歌咏，梁德路主席。

暹逻[14]〔罗〕六青年到桂林去（写信与白先生及生活教育社），十九动身，五男一女。

12月26日 孙树兴，昆明光华街商务印书馆，云南别。

12月28日 到香港。李福太太，深水埗，福华街39号，卢公馆。德昭，23921，大坑，利群道10。空了5911，501。赵敬贤，聚美中学校长。会满，上海街13号。

12月29日 《星岛日报》记者唐俊英。寄冰34号信。

7—10，儿童书院，山东街。4，太子道208，“星岛”记者。

12月30日 胡文澜，“六国”，608。张仲老[15]已到。

薛岳五弹（29日长沙）：血弹、肉弹、纸弹、物弹、金弹。

4,《申报》。草果。

12日—31日 写《新秦桧》(诗见《除夕除秦桧》)。

发电请中央免汪职[16]。

2,儿童书院,蚂蚁团。7,太子道,康。

本月记事

"冰的信"[13]:(1)25.2.3。(2)25.4.29。(3)25.5.23。(4)25.6.30。(5)25.7.16。(6)25.11.25。(7)25.12.26。(8)26.1.18。(9)26.2.7。(10)26.3.13。(11)26.3.15。(12)26.4.20。(13)26.5.8。(14)26.5.16。(15)26.5.24。(16)26.6.22。(17)26.7.12(山脚看书)。(18)26.10.30。(19)26.12.31。(20)27.1.25。(21)27.2.23。(22)27.2.28。(23)27.7.12。(24)27.8.17。(25)27.8.22。(26)27.9.13。(27)27.10.4。(28)27.11.23。

本月人名录

2日:方鲲仙 陆茜 黄健芬 3日:黄绍璋 茅唐臣 贲同仇 5日:郑孟明 廷质廷 杨赓陶 7日:翁平 李类生 李大超 10日:邱昌渭 赵建勋 林乐义 李干军 陈□光 潘人庸 刘介 臧益民 吕武 臧婉敏 陆秋华 12日:裴功森 胡骧文 胡翊文 方德骆 13日:胡骧文 胡芬 蒋一鸣 仲兰村 顾恒德 张宋良 胡枢文 裴功森 胡翊文 朱江户 朱沥克 李觉 海牧师 汪仰伊 吴伯超 17日:褚异华 周治华 18日:孙立三 张振中 魏连城 19日:唐兆璋 林慧伟 20日:刘鸣和 陈培元 21日:朱亦松 崔载阳 孙新之 22日:黄学新 陈澍 汤启英 马群超 孙新之 23日:董六如 梅洁贞 潘展云 24日:严廷芳 亨利·皮斯柯特(Henry Piscot) 鲁·厄尔(Sir Luan) 25日:罗伟基 何成德 梅克 陆健渡 洪司蚕 26日:孙树兴 28日:唐进 戴逸群 本月:李紫云 桂友 任陈 伍太太 杨瑾珣 李蔚潭 李蔚文 张惠贞 李郭德洁 陈彬和

【注释】

①此句除"刘英士说"外,均系英文写成。

②此句系用英文记载。

③即陈诚，字辞修，时任国民党军事委员会政治部部长。

④“老太”指老太太的力量。

⑤“皖公”系南京安徽公学的简称，陶行知曾任该校校长。

⑥⑦此句为新增加内容。

⑧“第二家乡”是在都市中推行生活教育的崭新方式，它以“省钱而有意义”为原则，具备旅社、学校、家庭和服务团的功能。详细设计参见《推行生活教育之又一方式》一文。

⑨⑩此句为新增加内容。

⑪旧关名，在广西凭祥市西南，1953 年改名睦南关，1965 年又改名友谊关。

⑫汤启美是镇南关人；与严即方与严。编者推断，此句意似为：汤是方在“武鸣干训班”所培养的学生。

⑬本段及以上 3 段合构成对越南华侨的演讲提纲。

⑭暹罗，今泰国。

⑮即张一麐(1867—1943)，字仲仁，曾任徐世昌内阁的教育总长，后任陶行知所创办的育才学校的董事长。

⑯《新秦桧》发表时易名为《除夕除秦桧》。“新秦桧”，指当时叛逃的汪精卫。“免汪职”，即免除汪精卫所担任的党政、本兼各职。

⑰“冰”为陶行知替吴树琴起的化名。此处指吴树琴写给陶行知的信各项中的第一项数字为年份(民国纪年)，第二项为月，第三项为日。

一九三九年

一　月

（香港）

1月1日　元旦，香港。

《新年小诗》（诗见《赠八岁小友李溢屏》）。

张仲老、胡文老和和〔我〕，昨天合拍一电，请中央罢免汪兆铭。见报[1]。

中国艺术戏剧团中午餐叙。演讲："演戏即教育，戏院即学校。"到会者：欧阳予倩、李化、杨薇、祝梅、胡蝶丽、葛鑫、邱星海、李景波、姜明、孙肇新、奚蒙、桂公剑、童毅、赵兰新、谭光友、吴景平、蓝马、张立德、汤琦、李幽蕙。

欧阳[2]在近14个月中，写了5个剧本，排了18出戏，写了30篇文章，讲了30次话。

活阿Q姜明要我题字。好，写了这四句："不要笑阿Q，不要骂阿Q，是不是阿Q？请看活阿Q。"姜明所演的阿Q，真是一面透明的镜子。

这里是一个家庭，一个剧团，一个学校，和我写的《第二家乡》一模一样。他们是办得活龙活虎一般，我的还是纸上谈兵。

访王儒堂兄于把芬道2号，组绅兄先在座。

3，太子道、把芬道2号，50046，王儒堂。5，廖宅跑马地马利信山道56号二楼，何香凝。

1月2日　吴宅。2:30，候电，廖夫人。1:30或8，普庆戏院。

《贺马相老百岁大庆》

偕廖夫人、伍夫人，访蔡孑民先生[3]。

5，候王尔三。

王思量，弥尔敦405房。王复生（Eleom Wang），菲律宾马尼拉。

《生活教育》（诗见《战时民众教育》）。

业余学校董事会[4]，7时开。培养十位现代政治分析的干部。

收冰12月28日　发29号信。

1月3日　冯天祐〔蠙〕，香港般会道十四号三楼[5]。中午在彬家吃饭[6]。下午参观《太平洋文摘》社[7]。晚陪王尔三校长饭叙。

搬到金巴利路 55 号四楼住。夜景如画。写 35 号信。

7,“业余”演讲。

1 月 4 日 写 36 号信。

1,万寿厅,成志社。2:30,女青年会,3 路车。

香港,北角,1 000;九龙,马头涌(600)、京士拍(2 000);锦田,4 000;粉岭,6 000。以上归紧急难民救济会办,教育由陈先生主持,教员由女青年会推请。

罗吟圃,花园街 221,地下。

1 月 5 日 四会,黄岗——宣传无用了。

中华艺术协进会,60 人留港。

7,弥敦道 751,暨南书院。

1 月 6 日 3:30,吴宅候陈,暹逻〔罗〕友。5:30,同吴先生去大道中娱乐戏院,温莎餐室。

政治分析——金;美——陶;英法——(郑介绍)张明养;苏联——廖;日——郑森禹;德、意——刘思慕;军事——王纪元;经济——(刘介绍)梁式文;日——宋斐如;法——(宋介绍)李万居;俄、世界语——马耳;新闻政策——萨。

1 月 7 日 7:30,吴宅,候冯,6 时起。10,早,德明。3:30,许公馆。

德明学校,叶秉樾(训育主任),董青天(教务主任),何练辉(事务主任),鼓成慧(初中三级任),谭剑波(童子军教练)⑧。

密田——无线电书。

范世儒 地址:旺角上海街 604 号三楼,海生俱会部⑨。

1 月 8 日 10,培英,竹居台,德思利街 48。1:30,业余联谊社。4,吴宅。7,民生书院(启德);印刷工会第三支部,九龙。梁福和,谢汉杰,学生赈济会宣任部,干事,德□道中 32 号四楼,电话 31343⑩。

1 月 9 日 晓庄研究所研究问题:(1)兵役问题,1 000;(2)伤兵教育,300;(3)难民教育,500;(4)难童教育,500,(5)壮丁教育,500;(6)战时民众教育,300;(7)战时正规学校应有之改革,300;(8)音乐,500;(9)戏剧,500;(10)华侨教育,500;(11)边疆民族教育,1 000;(12)服务进〔晋〕级标准,300;(13)金鸡纳代替药,1 000;(14)药特灵代替药,1 000;(15)军用干粮,1 000;(16)无线电,1 000;(17)电影,500;(18)宣传,最有效之宣传,300;(19)游击区教育,500;(20)游击战术,500;(21)生活教育,300;总计:12 3000;开办费

＝5 000—10 000。

育才学校：(1)经常费：①500 之衣食住行，4 000；②500〔人〕之教育费，4 000；小计：8 000。

(2)开办费：①图书，2 000；②仪器设备：艺术，2 000；科学，10 000；工具，10 000，农具，1 000，③生活设备，1 000；④建筑费，50 000。(如有现成房屋则建筑费可省)。小计：85 000。

女青年会：(1)89，“救世主”；(2)干部：上海、成都；(3)做什么？怎样干？

1 月 10 日 7：30，文联。10：30，赴杜公馆[11]。12：30，赴港吃饭。

1 月 11 日 10，9：45，共沙嘴码头，香港保育院。11，在吴宅。

卢广绵，陕西宝鸡中国工业合作 180 会[12]。

香港“儿保院”第二院[13]：(1)242 学生；(2)内有 64 女；(3)5—16 岁；(4)50％痧眼，疥疮 5％，皮肤病 10％，疟疾 10％，痢疾 4％。

华则仁(天津)，九龙弥敦道 519 号二楼。钱新之，56355，林肯道 4 号。蔡寿荪(宋子文秘书)，22873，28673。

女青年会学生，10 万国币，从美国来上海、北平、武汉、长沙、西安、重庆、成都、贵阳、昆明、香港。香港 30 000 港币：全国补助 10 000；中央赈委 10 000；自筹 10 000。

做的事：(1)宿舍；(2)奖学金(工读)，200 人已得；(3)路费津贴；(4)贷款；(5)训练班；(6)介绍工作。在学校，不管宗教、性别。

杜月笙来谈。

1 月 12 日 10：30，宋子文。5：30，大东五楼，记者。

“青记”新年聚餐会。为《太平洋文摘》见宋子文。

“冰”31 号。

中华剧团——17、18，香港中央；19—22，九龙普庆。

贺珍，国立北平大学军工学院化学系毕业[14]。

1 月 14 日 写成《我从广西带来的礼物》。

1 月 15 日 12，德辅道中，51 号三楼。7：30，青年会随军服务团。

香港印刷业工会第二届职员就职：顾问：杜其章、林光甫。驻会：朱申臣(中华书局)。会员 3 000(未参加 2 000)，周钟庠(中华)；职员(38)：执行 11；监察后补 23；财政 4。代表印刷所 150～160，成立了一年。1927 年后九年内无工会。越一星一港一斐[15]。杜其章，裕茂行，上环和兴西街 9 号二楼，215200。中华：9 小时为日工；8 小时为夜工；每天 9 小时后延长 3 小时。印钞票:90%。总数 1 300 工人。

1 月 16 日 7:10,儿童书院。

给李秋生信。晚对“中余”讲《生活教育》。

收到“冰”32 号信。

1 月 17 日 9:00,吴宅候。12:45,思豪、中养、云五。4:30,女青年会。

“商务”:香港,1 000 工人;上海,1 000;重庆,100;分馆,1 000 人。买卖:现在 813,以前 100,广州陷前 60%,现在 40%。1926 年 10 月 1 号,428 新书。至 1927 年 9 月底,115,战。香港买卖增加 30%。300 种抗战读物。运输费到川:小学教课 60%;中学教课 50%。嘉洛纸能上机器。买纸一另 6 元法币,自运 16 元。广州湾到重庆卡车,2 000 港币;桂林到重庆 2 500 国币;昆明自运 1 000 国币。卡车装小教书 40 000 册。香港—昆明 500 国币;昆明—重庆 1 000 国币。教书值 2 800 国币,打七五折,2 100 国币,海防过境费 4%。

全中国书业一年不到 25 000 000 国币;英美烟公司 300 000 000 国币。十年来之中国——书价总计:“一·二八”前,教科书占 50%;“一·二八”后教科书占 40%;现在教科书占 60%。

乡下人三个儿子上山割柴,年纪很小,智识全无,笑话一担。

孔子讨米,认得字则可:真,直八。怎么能认真?

1 月 18 日 7,东江服务团,大华戏院,西贡街文化中学。

徐希哲,碎□街;高云波,322 二楼,〔电话〕57634;广东青年抗日先锋队东江区队。队长:潭家驹,代表:李宗珍,陈孝真,港址:湾仔洛克道 322 号二楼。驻惠阳县办事处:惠州府城西湖荔晴园。抗先东江区队部:河源县政府转交⑯。

1 月 20 日 7,妇女兵灾会。“刀杀短命鬼,火烧运气地。不为争统总,专为抢东西。(郭坚)”“陈贼打我(陈树藩),你贼不管(胡景翼)。我贼若死,你贼不远。(郭坚)”

1 月 21 日 吴斐丹,49,弥登道,编辑《战时日本》。

愈之来。树琴来。

1 月 22 日 10,吴宅,时事分析。

空了演讲:(1)新闻起源=井边会议。(2)要生存便须看报。

(3)政治关系——处理分工合作;人处人——报纸。没有脱离政治、各党的阶层基础。(4)言论自由=统制,看情形而定——苏、意、德。(5)左手枪杆,右手报纸。厄普顿·辛克莱(Ipfon Sinclair):“把现报纸消灭,改由工人办一礼拜,则世界变色。”一个人看一份报——危险的同化。(6)社会新闻一男女问题,两种报纸。(7)美国报纸由资本家统制。赫斯特(Hearst)报纸造战争,把西班牙从墨西哥赶出来。(8)中央社统制——各地特派员:①初不要钱——打电不要钱,大消息发,打倒各报特派员;②韩复渠(榘)枪毙消息不发;③平型关以后,中央社不宣传第八路军。(9)同盟、电通、广田统,他们统一起来。(10)西班牙——问题,各国通信〔讯〕社矛盾。(11)海通社——朱家骅。汪精卫之后,发表中德关系。(12)海通——德,路透——英,哈法斯——法,塔斯——苏,同盟——日,联合——美。(13)个人的影响——工作人,可以好,可以坏。“中央”——政府,“南华”——汪,“新华”——共。但是别的报可变化,看问题而定,看编者而定。(14)香港报怎样?(15)现阶段:①争取言论自由;②统一战线,巩固之下要自由;③配合政治发展,中央社,预备缩写5 000字,成1 000字,公开,不用密码。

香港没有“哈瓦斯”,各社消息先交中央社。香港:(1)《邮电晨报》;(2)《每日邮报》;(3)《新闻日报》。《山顶报》,统制,现在不看。Percy Chen 大逆不道,外人日中。《中国之友》。每个英报都受中国辅助。

3:00,下午,开始,“金巴利”。

1月23日 12:30,吴宅:愈之。7,船厂,6路车到打鼓敦道换车5号,九龙红坑保其利街56号3楼。

“西南”:宋子良;“利昶”:李芳;“华西”:卢作孚;“商务”:昆明(孙);“亚细亚”:周颂平;西南运输处。

香港和黄埔,3 000人。自强会250,内中80%工人。工厂每天$1.20—1.80,工资、包工制下之工人:0.5—0.7。

1月24日 3:30,月仙楼。

上海,慰劳团第二区:兵3 000元一月(3);军长450元一月(4.5);教官350元一月(3.5)。又节约:兵2元,军长9.5元,教官2.5元。补习=8 000人的学校;第一等学校=1 000人(第三等校)。

汉奸两怕:怕笔、怕枪。梅思平到上海,不见人。

1月25日 1,成志会(C. C. H),迁重庆。商场,6楼。3:30,湾仔,活道,1号楼下金公馆。

美国国策:

(1)18世纪的美国人口为500万。其中2/3居住在大西洋沿岸约50哩宽的地带。助英打战〔仗〕，所得是苛税。英法之战，吉恩特(Genet)招兵。华盛顿宣告中立。在扩充商务中，政治联系以少为妙。华盛顿临别演讲：商务还是政治。杰弗逊[17] 1823，根本要图还是：不参加欧洲任何争执。

(2)人口：1800年，5 000 000；1936年，125 000 000。

(3)进出口：1800年，75 000 000美元；1934年，由50 000 000美元增至3 700 000 000美元。

(4)为保商务而有海军；为扩充商务而有竞争。船员被捕，船被捕。英法纠纷：一年之中，被拿破仑没收10 000 000美元。1812年，与英开战：船被捕。英与印第安人，西北武装。欧西海军声言：加拿大可以六星期征服。①海上自由；②中立权；③民族工业。

(5)门罗主义(Monroe Doctrine)[18]：1808年，杰弗逊：关于古巴与墨西哥，我们利益相同，共同目的在驱逐欧洲势力于美洲之外。1823年，神圣同盟：法、俄、奥、德，图把南美独立国恢复于西班牙。俄要俄勒冈州，门罗说。美国一星期的舆论：700家报，只有10篇反对。

美国国策：背景、人口、生产、投资。

1803年，路易斯安那地面的扩张。

(1)华盛顿避免勾结联盟。(2)1823年，门罗，门罗主义。(3)约翰·海，门户开放政策。(4)不承认主义，美元外交。(5)中立。(6)不参与侵略。(7)向侵略者保证。(8)三个讲坛：①孤立主义者；②和平主义者；③国际主义者。

美国的东方政策：1898年以前，远东政策是商业的而非政治的。1899—1900年：门户开放政策。1905年：承认日本在高丽。1908年：给日本在满洲之自由。1922年：华盛顿条约。1931—1932年；史汀生的“不承认主义”[19]。1937年，罗斯福：(1)权利的保护；(2)不干涉主义；(3)海军的准备；(4)不承认主义。今年1月4日演讲。

美国的扩张：(1)1803年，路易斯安那，面积翻倍。(2)1819年，佛罗里达。(3)1844年，俄勒冈。(4)1836—1853年，得克萨斯、内华达、犹他、加利福利亚、新墨西哥、亚利桑那、科罗拉多。(5)1867年，阿拉斯加。(6)1897年，古巴脱离西班牙独立。(7)波多黎各、关岛和菲律宾。(8)1901年，夏威夷群岛。(9)1903年，巴拿马地区。(10)美之外交，在古巴、海地、圣多明各、巴拿马、尼加拉瓜、利比里亚保证秩序=保护国。(11)1900年，海牙会议。(12)1916年，参加战争，何所失？(13)1918年，战后。

美国在战后：(1)西方世界的巨人。(2)最强大的工业国。(3)由债务国(30 亿美元)变成债权国(120 亿美元)。(4)用货物还债，随之实行关税保护政策。(5)为收债而更多地贷款，贷款给德国，德国付给盟军，盟军还给美国。

门罗主义的变更：罗斯福与塔夫脱。(1)不仅取代欧洲国家对拉丁美洲进行保护。(2)而且是带有侵略性的保护者。舰船及对这些国家内部事务的密切监视——以扩大商务联系，并保卫运河。

威尔逊和休斯：拒绝承认作为革命产物的政府[20]。

库里基[21]，派海军到尼加拉瓜：我们的政府有着神圣的天职，并有某种义务去保护我们公民的财产，无论他们居住在何处；公民及其财产为我们管辖范围之一，即使他们身居国外。

罗斯福的睦邻政策：(1)放弃干涉古巴的权利。(2)从海地撤退海军。(3)和巴拿马的新条约。(4)贸易协定。

海军的支出：1936 年后，倾全力增强其在太平洋的基地。1914 年：150 000 000 美元；1936 年：600 000 000 美元。1936—1937 年，军事及海军开支超过 10 亿美元；空军基地的费用为：60 000 000 美元。1939 年 1 月 14 日，525 000 000 美元，国际费 1 320 000 000 美元。

美国对日本侵略的态度：1931—1932 年，史汀生：不承认主义。1937 年，“潘奈事件”；1937 年 10 月 6 日，联盟汇报，意见一致。1937 年 10 月，R.赫尔·皮特曼讲演。1938 年 10 月 6 日，美国的照会，11 月 18 日：日本的答复。1939 年 1 月 20 日，英、法、美行动。1 月 1 日，美国照会：不承认。1939 年 1 月 4 日，美国总统讲演：“美国愿与其他国家共睹国际侵略之消除；如侵略者联合，则必遭联合一致之民主政体之反抗。”美国舆论一般，10%赞成制裁。

1 月 26 日　4:30，《美国国策》[22]。

1 月 27 日　4，皇后大道中华人行 6 楼，华商俱乐部，参政茶会。5，香港酒店 2 楼，茶。

印度：中国代表团去，3 月 10 号前。印度代表团来。宣传材料。

蔡胎修，上海材物院 131 青年协会[23]。

余绍文，上海金城总所，江西路 200。

陶胜伯，交易行三楼，中华无线电研究社。

中华电机制造厂，九龙码头围道。(1)移动发电机，50 公斤，$350 港币。

煤油，二人抬 1 000 公里，600 瓦特。(2)手摇发电机，14 公斤，三人轮流摇，70 瓦特。$170 港币，500 公里。(3)发报机，5 瓦特，$200 港币；15 瓦特，300 港币，12—14 公斤。(4)收报机，干电，12 公斤，电箱 25 公斤，$200 全套，三个月电。(5)发音机，$600，只及 150 里。(6)三用机，无线电话、话筒演讲、唱片。重庆中华厂无线电，上清寺学田湾，吕毓申。

二三说。十四年一月廿四日：(1)遗嘱：孙口说，精卫记；(2)遗书；(3)苏联、孙科、子文、友仁。直到三月十一日 8 时半，铁狮子胡同，“三大政策”，廖先生起草[24]。

廖夫人：改造国民党之苦心不会变。廖夫人嘱代致候沈、史、周、邹、邓、兹、张继、邵、科、玉章、右任[25]。

1 月 29 日 5，会许俊老[26]，允担任送难童入西康。

1 月 30 日 4，离香港。坐“广东”赴越，麟、周、孙送行。周克昌代办护照。

1 月 31 日 看毕《2000 年之中日关系》。

戴轶群，重庆信箱 130 号[27]。

本月人名录

1 日：欧阳予倩 童毅 李化 杨薇 赵兰心 祝梅 胡蝶丽 谭光友 葛鑫 安景平 邱星海 蓝马 李景波 张立德 姜明 冯琦 孙肇新 李幽蕙 奚蒙 桂公剑 3 日：冯天蠙 钟仁正 胡鹤龄 谢静娟 唐洞庭 王忆慈 黄风仪 4 日：范延鲍 罗吟圃 黄觉民 廖文奎 陈叶旋 黄玉瑜 林风歧 王正廷 徐湛星 温万庆 胡惠德 杨承训 庄秉权 潘铭新 陈振名 陆秀卿 张清瑛 马守涌 陈缦云 梁淑德 康若愚 5 日：朱曼 6 日：陈守明 陈庸斋 唐碧川 吴景崧 谭思文 宋斐如 7 日：叶秉樾 □青天 何德辉 彭成慧 谭剑波 密田 范世儒 8 日：梁福和 谢汉杰 10 日：温源宁 叶秋原 骆传华 全增嘏 唐槐秋 陈双玉 苏重明 姚建侯 郭宜兴 莫艺昌 11 日：卢广锦 华则仁 叶秀英 葛林 张大同 钱新 蔡寿荪 12 日：贺珍 18 日：徐希哲 高云波 谭家驹 李家珍 陈孝真 27 日：顾任光 30 日：孙溧 31 日：戴轶群

【注释】

①张仲老，即张仲仁。胡文老，即胡文虎(1882—1954)，实业家，号称

“万金油大王”。汪兆铭,即汪精卫。

②欧阳,即欧阳予倩(1889—1962),著名演员、戏剧家。

③廖夫人,指何香凝;伍夫人,指伍朝枢(1887—1934)的夫人;蔡孑民,即蔡元培(1868—1940)。

④业余学校,全称中华业余补习学校或店员职业补习学校,陶行知在香港筹创,并担任董事长。

⑤此段为新增加内容。

⑥彬家,即陶行知的友人陈彬和家。

⑦原稿上的《太平洋文摘》系用英文写成。

⑧⑨⑩此段为新增加内容。

⑪杜公馆,即杜月笙(1888—1951)公馆。杜时居香港,任中央赈济委员会常委。

⑫⑭⑯此句为新增加内容。

⑬儿保院,全称儿童保育院,专收孤儿、难童的慈善机构。

⑮越,即越南;星,即新加坡;港,即香港;斐,即菲律宾。

⑰杰弗逊(Thomas Jefferson,1743—1826),美国政治家,历任州长、国务卿、副总统,直至总统(1801—1809)。

⑱门罗(James Monroe,1758—1831),美国总统。1823年12月2日,门罗在致国会的咨文中提出“美洲是美洲人的美洲”,要求欧洲强国不要干涉美洲的事务,否则,便是对美国的不友好。此即“门罗主义”。

⑲史汀生(Henry Lewis Stimson,1867—1950),美国国务卿。1932年1月7日,他代表美国照会中、日两国政府,“不承认”日本占领中国东北为合法,“不承认”中日签订的任何有损于美国在华权益的条约或协定,史称“史汀生的不承认主义”。

⑳威尔逊(Wilson,1856—1924),美国总统(1913—1921);休斯(Hughes),时任美国大法官。

㉑库里基(John Calvin Coolidge,1872—1933),美国总统(1923—1929),任上主张美国干预世界事务。

㉒自“美国国策”以下各段,绝大部分系用英文写成,其间夹有少量中文,是为进行专题演讲所拟的提纲。

㉓此句为新增加内容。

㉔此段所记,似为廖夫人何香凝所说。其中的“孙”,即孙中山;“精卫”,

即汪精卫;“子文”,即宋子文;“友仁”,即陈友仁;“廖先生”,即廖仲恺。

㉕“沈”,即沈钧儒;“史”,即史良;“周”,即周恩来;“邹”,即邹韬奋;“邓”,即邓颖超;“兹”,即沈兹九;“邵”,即邵力子;“科”,即孙科;“玉章”,即吴玉章;“右任”,即于右任。

㉖许俊老,即许世英(1873—1964),字俊人,又字静仁,时在“赈委会”任职。

㉗此句为新增加内容。

二　月

（越南：海防；中国：昆明·重庆）

2月1日　到海防。广东帮长罗伟基。“现实”，福谟街17号。程少波、梅克、梁德洛（一枝〔支〕笔）、魏磊、陈寿龄（抗战流通图书社）。华侨中学：麦雨农、吕宝和；“文化”：文瑞祥；“晨光”：谭绍郁；“东安”：陈广筹、何成德、王庆麟；“洁贞”：梅洁贞；领事馆：钟雨生，安南——境内6分，至中国18分，至中国（飞信）38分，美国56分。

《试问》（原无题）。

2月2日　夏十二月十四。9，罗先生。9：40，“东安”。11，安南记者。11：30，叶。

《消息报》3 000份，提倡17 000元（越），捐与政府。

下午6时赴河内，11时到。

2月3日　河内。（1）致晓光、洞若信；（2）致涵真、彬和信[①]。游西湖、真武观、玉山寺。

2月4日　8时50分开车，夜9时至牢该（牢该，越名；老开，中国图；老街，广东人称）。

住“天然”，每人$2.40国币，办理不善。

“牵牛上山，背船上滩。把〇化做〇〇，拉〇进〇。”

2月5日　过桥走到河口。检查护照，第一次被中国官……参政名片灵。

夜，快追过蒙自、光路，住“开远”。$1.20国币，每人。

“〇〇一声，心里怀恨。昨夜一夜，啊哟姆妈。”

2月6日　113洞前：山腰有雾，朝阳照其上，如桃各〔裹〕纱；山上有月，如美人面。

盘溪始见有火退〔腿〕饭、鸡蛋和糖菩萨。12时半到徐家渡，由此骑马澄江，李淦祥，蔡斗拔，李斗南，云南军校分校[②]。2时到宜良，海拔1 539.31。夜到昆明。

朱立勋，仲老之学生，代问仲老安，苏州人。

2月7日 西联大：护国路转弯，才神巷。大西门，理；拓东路，工。

缪厅长，9时，"富滇"[③]。教育厅：武成路。

胡静之，吴学春，昆明站，商务印书馆光华街[④]。

中央药物研究所，卿云街；贵阳齐站长(永年)。

魏济民，英海军。住昆明市金碧路74号，越兴中西餐馆。

冯寿松，新华银行；无线电台，护国路。

符卓英，暹逻〔罗〕；吴志凯，暹逻〔罗〕。

文庙西巷，缪公馆；总理祠145，龚公馆；云南日报，沈沉；省政府审计处交沈沉(《云南日报》)；光华街13号，交李一生(益世)；瑞士街16号秦雯亭(画)。

厦门儿童救亡剧团，现在西贡。林云涛领导，香港文成西街源利行转。

晚见赵老太太。

2月8日 电汇100元与叔鸿姨、刚。信汇100元与"晓庄"，托王福寺向"新华"办。电周寄梅先生与自俺。

郭松懋：西南联大，送车。早8时开车，易。黄涛儿，《益世报》，昆明。和绳，车上遇，贵阳大夏大学。杜邦清，昆明中国农业银行。孔柯嘉，重庆通远门外康宁路五号。赵启福，西南运输公司，交部。

住曲靖中国旅行社。

2月9日 顾颉刚，路南调查，昆明去三小时，火车在狗街你下车，走卅五里。

铺盖16公斤，小箱16公斤，黄箱22公斤，铁箱20公斤，共74公斤。皮包8(5+3)公斤。

2月10日 薛茨莘：贵阳，西南公路局局长。

Shafacan，水里捉，下酒吃，香。

2月11日 移住文庙西巷缪公馆。张厅长，建设厅。

振〔赈〕济委员会，郑衍文，护国路279。马万里，西南联大图书馆，迤西会馆，拓东路。

宣威—昆明公路已通，年底铁路可通。威宁—宣威公路，三个月可通；铁路明年六月可通。威宁到泸州公路三个月可通；威宁到叙府铁路卅年三月通。泸州—重庆公路已路〔通〕。威宁—贵阳公路绕道可通；铁路计划中。昆明—威宁400公里。泸—威宁450公里；贵阳—威宁400公里；叙府—威宁 400 公里。

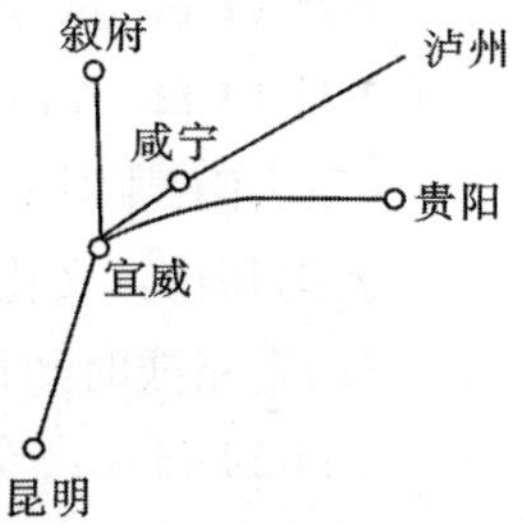

回汉苗：云贵交界，行政归贵州。

黄宪儒，昆明中国银行[5]。

难民收容：(1)茶叶公司 2 000；蚕桑改进会 4 000；(3)开蒙垦殖局 2 000；(4)滇缅、叙昆难童2 000 人。

开国纪念贫儿院 3 000。大理，鸡山。昆明去两天。

何崇杰，难民。总站，好生巷 11 号。

温泉小学章文华，小学 180；工学 300，衣、电、染、绣、编毛衣，教育厅办。

“护国：倒袁；护法：倒督军团；靖国：段之前；建国：出兵两广打范石生。”

金鸡纳、加尔各答、爪哇。

8 年前，黄晃，日光研究热带作物。中山大学民〔国〕13 年第一次种金鸡纳。种子从华侨爪哇得十几颗，失败。因种子发芽，只有两子发芽，雨后死。

民〔国〕17 年，东陆大学教授，寒温、亚温带兼有。

达瑞(Darry)，英驻滇领事。一月后，8 两 380 元，国币(几百万)。

19 年开始种植。禄丰村，1 400 海拔公尺。一两，发芽，一星期尽死。

河口，四对二十子，互生，不是金纳。隐花植物。

金鸡纳是对生洛克(Rock)美国植物家评定非。

金鸡纳树是达瑞用外交信袋寄来，8 两，住河口。1～8 次尽失败。张厅长以“606”勉之。

第 9 次成功。太热太冷都不行；太潮太干都不行。太阳光来则垂，移动 4～12 叶子，经过半年、一年半，防冬，5 000 株，死 500。忌霜。

曲焕章，百宝丹。

牺牲 500 棵，3 400 母树 4 公尺高，6 年开花结子。收子：20 多两，40％可作种，40％的 95％发芽，50 000 幼树。

河口——南峤(缅□)260 000 亩推广。五年计划＝15 000 000 棵。13.7％含金纳量。

陈兆畦，研究制造。中央陆军卫生材料制造厂厂长：孙烈。

董雨苍，贸易委员会，如安街华界巷 14 号。陆晶清，张谔，蔡若虹，昆明正义路 26 号四川旅行社第一招待所，重庆苍坪街 69 号新华日报社[6]。李绍基(创秋)，南方，昆明云岭书店。

2 月 12 日 6，张厅长晚餐。

2 月 13 日 7，农业学校，红山。5:50，民众教育馆。

《新云南》半月刊要文。

云南刊物：《文化岗位》，2、3、4、5，中华全国文艺界抗敌协会云南分会主编，华山南路战时知识社。

2 月 14 日 7，女青年会。5，云大。

赵建中，云南大学时事研究会⑦。

钟韶琴：福照街五福巷 45 号，云南女青年会总干事。

苏联—阿拉马图，6 小时；阿—伊黎，2 小时；伊—迪化，2 小时；迪—哈密，2 小时；哈—兰州，6 小时。

滇西边地考察团：社会、教育、政治、民族、交通。农林、作物，森、水、土、虫。地质、地矿、土。振〔赈〕济委员会 2 000 元；西南运输处免费车；报告正编，十天之内。陈真如，由吕超转；礼锡可转。10 天到渝。50 天考调，10 天在路，40 天工作。摆夷：土司四个，50 万方里。铁路线南线离公□300 华里，北线 200 里。(1)天然。亚热，暖于昆，土肥，亚热，糖蔗、水果、烟草、桑、茶、棉。(2)水。河多；瘴：恶疟。(3)民族。汉不能去，生活少竞，不劳而获，无破衣，鸡鱼肉，中等以上农民比不上。男萎不振。汉商烟、酒、赌。四时以后起来，晚上找女人。女劳动。佛。摆夷文。和尚兼医生。怕进校：官家给谷进学校，一两百斤一年。以上是摆夷。山头野人，生活苦。山下来卖，集，与摆夷不同。深入则土司也不能去。尚武，开枪，拿刀，勇。汉人被摈于平地，与山头人居；汉与山头人互化，通话。汉缠足。英国人不利用摆夷而利用山头人。缅甸兵用山头人。英用罗马字。民三或四，行政员，设治局，局长年一两万，土司也吃老百姓。土司是王侯兼地主，地租之外加派款。母亲，5 000 户，9 万块派，加上汉官负担，加苦。打官司，罚款。两重负担。一个土司六汽车。每年到缅甸一次。土司归罪汉官，利害冲突。政府命令：汉官不接近摆民。除打官司外无接触。“汉到夷灭”的口号。英国方针，上缅甸鼓励摆民移。房、工具、牛、种，三年免租，50 卢昆。边民移界：遮放，1 000 多户变成 900。抗战：摆夷——缅甸——暹逻〔罗〕，同种。日本人二个阴谋。缅甸。三次暴动，烧设治局税关，杀人。摆夷弱。山头人组织强，一个头目命令，号召几千。汉、夷感情不好。飞机制造厂就在此地。少壮土司在缅甸受过教育。民族解放运动。办法：(1)行政改良——好的人去；(2)经济、技术；(3)文化、教育。插秧——收成(2 个月)，种一季；不除草，不施肥，不除虫；种一年吃三年。病——疟，花柳。结婚以前自由，以后限制。土地——离则归公，新加入则重分配。

云南大学。去年五月完成。研究部：(1)演讲；(2)集体讨论改小组讨论；(3)“动力”壁报；(4)好图书。

宣传：(1)星期日下乡宣传，口头谈话，街头剧；(2)社会服务，寒衣，游艺，暑期农村服务团；(3)昆明市文化界。每星期〔课程〕：一年级，去年24，今年25，现加三小时“党义”；二年级，去年24，今年22—40。

迤南匪多，迤西剖竹拉壮丁。

2月15日 七时离昆明。十时到重庆。

孙思鏖，武库街七号；袁仲逵，油市街四苑；陈家骏，重庆交通银行；朱义农，大汉别墅三号；杨开道，同上；贸易委员会，郑秉文，油市街四号[8]。

第三次大会，孔部长报告[9]：(1)预算。收支两抵少十万万。1937.7.7—1938.12：支30万万，收6万万，亏24万万。(2)税收。4万万。关税，免出口税。26年9万万，进口；27年8万万，进口。进口以米粮、麦粉为主。26∶8万万，出口；27∶7万万，出口。烟，增加烟产。(3)内外债15万万。法2万万法郎；瑞；荷10 000 000法郎；英6 000 000镑，2 000万镑未实现；美50 000 000两黄金。延长6个月：美62 000 000美金，5年付桐油；英10 000 000镑，信用保证。维持外汇，英有表示。捷克10 000 000镑买货；比10 000 000镑买货。缓付外债，奖励节约、储蓄，取缔伪钞。

交通报告：叙府—昆明，一个月。30站，每天50顿〔吨〕，共1 500；土法运货3 000顿〔吨〕。美2 000辆车运货，英600辆。训练车夫、修机匠。西南路线。贵阳为中心；西北以兰州为中心。成都。西康、昆明800公里，西康、青海900公里，汉中、重庆800公里。电政。

赵老太太，两路口，新昌旅馆。

韩克温，中央组织部，山西曲沃；常乃悳，南京饭店129号；王仲裕，上清寺中四路116号；王近信，张家花园卅四号[10]。

6，青年会，参政聚餐。

《别琴》。

2月16日 12，柴家巷国泰饭店。4，曾家岩行政院。7，南京饭店。

2月17日 12，中四路102，曾家岩。3，第四次会议。6，青年会，德安里。

贝奇，苏州，军事委员会第三厅，太炎[11]学生。

2月18日 8,军事委员会礼堂,“新运”五周餐叙。五年“新运”,蒋先生夫人招待[12]。《动员知识分子案》邹提[13],通过。

2月19日 8,“南京”候陆诒先生。

王造时:全面文化。五组讨论:文化站,小型报,无线电,壁报,报(我加入)。小册子(蒋委〔员〕长告国民书)。文化积〔粮〕食,输送困难;人力、马力,印刷保障;木刻;土纸。

“白皮寒”又名疟疾,绿豆、砒霜、大黄,20 000 人医好;柴胡汤,50%效力。

苏井观(延安十八号团军总卫生部)[14]。

于院长,领事巷10号。

《中国半月刊》二月十六,1939,中央通信社编辑。何荫椿,青年会308号;韩有刚,中国茶叶公司都动街五号;陶桂林,李子坝11号;马鹤天,武库街四□巷子;屈武,领事巷十号;郑伯奇,两路口大回湾六十号[15]。

2月20日 6:30,“礼泰”,模范市场,赵老太太。10,冉家巷16号内附6号,文化供应站。

2月21日 郭沫若,观音崖张家花园亦园1号。政治部招待晚会。沙国珍,巴县县政府斜对门,同济旅馆第三号房。

徐迈进,西三街二号,新华日报编辑部,电话1074;吴恒勤,1237转三□,孩子剧团18梯回水巷三号[16]。

孩子剧团:18梯,回水巷3号。

2月22日 9:30,冉家巷16号之6号,武库鲁祖庙巷内。12,“南京”候王造时。12:30,远东酒楼,沈、张。6,暇逸楼,安徽。7,状元桥16,冠生园三楼,黄天鹏、崔唯吾、薛农山。

李公朴,山西92军邮转,抗战建国教学团。

卢作孚,439,民生公司;767,5时,交通;2—3,7—10,民生。

全印度有17所大学,回民大学3个。亚来格大学有学生3 000人,哈德拉柏德·德干大学有学生400人,加密艾阿尔·米立阿大学有学生800人。亚来格成立全回学生会。

阿巴德·阿哈默德·阿里博士说,在印度亚来格、罗德等地抵制日货。

西651年(唐高宗永惠〔徽〕二年),宛郭斯来中国。广东广州光塔寺,广州北门外响坟。非舅父。

埃史家札克亚·巴什博士考据:乾隆二十四年—咸同[17],五次屠杀。云南杜文秀，道光末，汉回联合。云南300万回民，80个分会。

赛典赤——咸阳王。元，呼必烈，开辟云南。孔庙——赛典赤盖，抚滇绩。

2月23日 7，模范市场，"新永年春"，屈、黄(振〔赈〕委会)。4，南京饭店，吴兆棠。6，劭力子，打锣街21，松柏。6:30，黄炎培，小梁子"克利西"。

民生公司(439)，中陕西街37，滨江旅馆，民生总机。

(1)合川：5时开，6时到，1时到北碚。(2)温泉：8时开，2时到，四川旅行社卖票；上，1.5元，千厮门外，午后3—6；下，8角，第一天，无等级。(3)公共汽车，两路口，四川公路局车站；7:30开，$3.6。(4)小汽车，80元，中央汽车公司。

常隆庆，西部科学院一部分；兼善中学，400，张博和；温泉公园，郑绍琴；北碚实验区署，卢子英；蚕桑改良场；复旦大学在北岸，小木船渡。王造时，重庆通远门外中1路四德里7号。

童子军：(1)材料由外来：自创。(2)体育专家：新训练。(3)学校与课外：配合。(4)人格训练乏〔法〕：纪律。(5)体育：三育。(6)制服：简单。(7)服务被动：自动。(8)成人团长：自治。(9)组织县、省理事会：健全下。(10)领袖名誉会长。(11)全国理事会：教部10，各省；理事长：教育部长。(12)经费：每省市400—1 000，每月。湖北70(无生活费)；四川800(有生活费)一小队＝6—9人；两小队＝中队；两中队＝一团。

吴兆棠，五福街华盐商巷六号(887)。反侵略分会(县)，庙街黉学小学内。魏怀珍，反侵略，桂林，夫人、小孩被难。白象街贵州省府办事处，孙为文。沈鹏永川专员。

晓庄研究所：王造时，第九战区伤兵、难民教育研究员；王泗原，江西伤兵、难民教育研究，每月一万元，三个月。

2月24日 参观工厂：

"大鑫"，锻钢已成；轧钢有待。土铁无矽(Selican)，须加矽化铁。

华新机器厂。土法、新法产生铁。大鑫一天可出十吨。炉是自做，预备用炭炼钢，自八日起可出钢。轧钢七八月可成。从前工程"大少爷"，现在从头到尾自己做。新的工程师。湖南锰。翻沙铁，800元一吨，六河沟；马口，200元一吨。天河沟两千吨用完。钢梁铁，锰高、脉浅。赤矿，含锰少，含磷高。土法—生铁，毛铁—熟铁—提磷提硫。钢。北碚，黄角圩—制砖，1 700°—1 300°，火砖。出铁2元一吨，运到重庆20元一吨。80匹马锅炉自造。木架吊拾吨,代钢骨。2 000 安排,3 小时一炉一吨。

张仲老赠"大鑫":"华严弹指现平畴,百炼钢成绕指柔。天道终由人定胜,考工子弟亦同仇。"

豫丰和记纱厂。潘先生坐滑竿到。机器损失三成,防空保险失 3 万。8 000吨到今天,运费已化 128 万,将来要 200 万。瓦,40 元 1 万,现 90 元 1 万。预算 100 万建厂,现须 300 万建,运费 200 万,共 500 万。临时厂,3 万费,3 000 锭,可出纱。磨电机,600 元一个,现 1 200 元,待机来即开。女工,80 元,从河南,不肯来。训练女工,本地,须两个月;训练 0.15 一天,饭、住由厂管。棉,川棉不能用。裕丰、广新、裕华,多两〔访?〕细长花,难长。西安、安昌收花,200 万元。中国银行开设,日可 140 包纱。湿度早晚 90%度。

潘仰山总经理;吴蕴初,道门口天原植物研究室。每月汽油 3 000 加,滑 3 000 加。萧之谦研究员。侯启萱,电焊第一。

永利化工。沙坪坝,新厂在嘉定,三天车。五通桥,道土道。手榴弹,每兵 12 个,15 磅,每天 1 000 个。

合作五金工厂。纽扣,每兵 40 粒,200 万兵。经理胡叔常,厂长樊景云。

新民机器厂。机关枪另〔零〕件。经理胡厥文。

吴蕴切,天盛陶器、天原电化[18]。

龙章造纸公司。庞赞臣报告:四月装成动力,八月造纸。(1)不要运费二万。(2)抵抗傅筱庵。(3)轰炸。(4)29 吨机器搬上山。9 吨纸,一部一天;两部 18 吨。"中原":1 吨—3 吨。铜梁,改良土纸,三月一日开试验班。

庞赞臣,龙章经理,下□丰街同丰星三号[19]。

顺昌铁工厂。马雄冠。中国人向洋行买机器,洋行向顺昌买机器,所以还是向中国公司买机器,而中国人不知道。

瑞华玻璃制造厂。漏斗,蒸溜〔馏〕器。

2 月 25 日 7,新〔时〕事新报教育文,新街口。

生活教育社,中央社会部正式备案,教育部吴俊升来谈。

2 月 26 日 早 5 时半起身。7 时半延至 8 时,动身到北碚。琴、宏同来[20]。汽车前门挤满东西,抗议,终于移去。12 时,到北碚。4 时,看西部科学院,买东西。

反侵略中国分会 200 字。

2 月 27 日 与中国科学社钱崇树、张宗汉谈晓庄研究所与科学社合作研究中国药。

下乡观察防空。乘滑竿游温泉，宏、霞、小林、小黑、琴，同来[21]。

住霞光楼，遇俊瑞、兹九夫妇[22]。

2月28日 早送俊、兹上船赴渝。他们的房让与我住。房中老鼠洞三个。兹九说："夜间必封鼠洞，否则不能安眠。"嗣后写小诗一首追记其事。诗曰：《老鼠闹新房》。

俊瑞与兹九结婚，给友人通知表示："希望先生对我们能时加教勉和鞭策。"因此写小诗以报之(诗见《戏复友人结婚》)。

游乳花洞。题字："琴姑""行歌"。三套：一套在洞里，两套在洞口。

本月13日记事

中华药物研究所：(1)白枪杆：临床试用三个月。(2)保险子(云南明大药房出品)。功效：与阿托品作用完全相同，对副交感神经有麻痹作用，唯作用最少较阿托品大十倍。用量：一次量0.04mg。

制剂：现时只有粒状制品，每粒含量不准确，每次内服二粒即生效。最多每次可至八粒。

应用：与阿托品及莨菪胺之适应症相同，对外科手术之前处置，如内服八粒，同时注射吗啡0.01，则功效极佳。保险子＞莨菪胺＞阿托品。

以上之动物试验，系由中央药物研究所刘所长绍光(子书)之非书面报告，详细尚在研究中。

本月记事

电话：参政会，437，三牌坊37，临江。南京饭店，424，桂花街112。《战时教育》，千厮门，行街34号，华通药房最后进内。

陈辞修，上清寺，"求精"，政治部，"巴中"。查勉仲，成渝15号。安徽第十一电台，县庙街仓坝子2号，吴。

从香港到重庆：签护照：$17港〔币〕电船$1.20港；搬行李$2.50港。香港至海防统舱：$12.00港；租帆布床$2.50港；酒钱$0.50港。海防住天然栈一日：$1.60越〔币〕；关口咕哩力每件0.20越；入栈手费0.10越；每件入栈行李0.10越；每件出栈行李0.10越；车头咕哩夫0.50越；签字手费0.20越；会馆费银：0.90越。出栈车银：0.03越；海防—河内车费四等0.65

越；河内天然栈一天，$1.50 越；下上车行李每件共 0.20 越；小账 0.20 越；河内—昆明四等车 $9.99 越；老街天然栈一天，$2.40 越；每件行李上下车，共 0.30 越；签字护照 0.30 越：小账 0.20 越；河口检查护照，每张 0.10 越；黄包车 0.10 越。开远，大东住一天，$1.20 国〔币〕；每件行李上下共 0.10 国。

晓庄研究所问题补充：(1)国语统一运动；(2)注意〔音〕字母、国语罗马字、拉丁化之比较；(3)乡村新闻；(4)日本；(5)政治；(6)经济。

参政院，陶行知 W. HUO(章)，新华银行。晓庄研究所、生活教育社董事会(章)，香港吴涵真保管。著作签押(章)。重庆事务所(章)。育才学校(章)，张宗麟保管。

新安旅行团：收 100，收 80，付 60、86，买软片。

海防到河〔内〕$1.60；河内到老街 7:00；老街到昆明 9:00＝21，共 $30 越币。开车 2,5；有快车。河内早 9。昆明—重庆：70 法〔币〕。飞 270 元(法)，昆—重。

海〔防〕—河内：7:10—9:09；8:52—11:16；12:53—14:50；17:53—19:48；21:43—23:56。

1.28，收陶对廷港币 300 元。买软片 50 卷付“新旅”：“港”34(法 60.86)；买零件付“晓研”：港 10(法 17.90)。1.27，收杜月笙港币 500 元。1.30，汇桂桂〔林〕晓研“港”500 元，合国币 885 元。(1.77)。

写文题目：(1)说多少给多少；(2)难易；(3)跟老百姓去；(4)乘空教；(5)县教育科长＝一个司令长官。

离港前要做的事：(1)研究所与育才。函赈济会，函政治部，函杜月笙，函梅友卓，函邝炳舜，函林瑞门，函衣联会(约，旧)，函李·R. 永，函赵士松，函陶对廷，立案呈文。(2)生活教育社告同志书。函海防函菲，函陆璀，函周月宾，函其他理、监事(香港分社)。(3)《战时教育》及《国讯》写文。(4)译《大众教育》(印度所登)。(5)编出国后之诗歌。(6)理箱子。(7)买东西。洞若衣服和书，小桃无线电，“新旅”无线电，三桃、蜜桃书、宏的书。(8)护照。琴的，自己的。(9)“中余”——图书馆，时柝〔析〕，外国语。(10)信——三桃，子云，洞，维持，晓光，雪，嗣庄，延屯。

书选：郭沫若：《中国古代社会研究》；克鲁泡特金：《法国大革命史》；李鼎声：《中国近代史》：陈孝成：《若定庐随笔》；王云五：《十年来中国》；李季：《二千年中日关系发展史》。

吴先生:晓光 100 元,法(还);陶宏 100 元,法(还)。代从《申报》收 40 元,港;代付业余 100 元,港。

包书:1 磅,内 16C,挂号+25C;外 40C,挂号+29C,4 磅内 64C,160C。

飞邮:港—中,0.35;港—英 0.15;港—美 1.2Via Eng;港—美 2.80;平信:港至中 0.05;港至安南 0.25。来信 27.12.28=29 号;28.1.5=30 号;1.10=电;1.10=32 号;1.9=31 号。去信:25.1.3,=35;1.4=36;1.9=37a 电报;1.12=37。

孙述万,冯平山图书馆,香港般含道,大同书店。

0639,重庆,参政会。

通信处:黎佩兰,高街 88。邹秉文,太子道 357 二楼。

蔡孑民,柯士甸道 156 楼下,第一家周公馆。吴涵真,太子道 208,59561。任叔永,罗使臣道 27A 四楼 24264。何香凝,跑马地,马利信山道 56 号二楼。王儒堂,把芬道 2 号,50046。

欧阳予倩,荔枝角道 125。伍夫人,启德滨一号。陈彬和,21546—28710。李泽芬(Feng Tse-Lee),德国捷尔米娄,贝格斯特 61 号。严廷芬,香港大道中,中国银行三楼 38,资源委员无线电工厂办事处。Y. R 周(Y. R. Chow),金巴里道 55 号四。王云五,曾箕湾,商务工厂 24766。杨德昭,23921。娄雪梅,成都三道街 50 号。娄淑华,江西吉安干部训练团,女子中队。陶刚,黄山天都文物社。李仙根,礼敦路 93,四楼。唐俊英,59608。何艾龄,29008,早 8~9 或不一定,时间,20809 叶。冀朝鼎(Chao-ting Chi),太平洋关系社,美国纽约西 52 大街 129 号。蔡楚生,香港,香港仔,田湾,明克□水公司对过,谢家转交。周颂平,无线电服务社,纳敦路 740 号 583222。朱其卓,128750。吴景崧,31522。胡大愚,实用工业学校,香港仔寿山村道 15,21208。陈达人,爪哇,《无声报》,坚道青古台 3 号。爱博斯坦先生(Epestin),外国基督教青年会,22 号房。孙新之,昆明木行街 102 号,谈府。贺友梅,重庆,新华银行,12 月半以后,新街口,《中央日报》隔壁。陈真如太太,莫迈 12 号,31689。

本月人名录

1 日:张家骏　郑鸿儒　吴力平　吴其梅　梅克　何志湖　2 日:郑云翰　张少云　王启贤　6 日:李淦祥　蔡斗拔　李斗南　7 日:胡静之　吴

学春 卿云街 符卓英 吴志凯 魏济民 冯寿松 沈沅 李一生 秦雯亭 林云涛 8日:孙柯嘉 9日:王明文 10日:傅增程 黄军光 薛茨莘 11日:齐生 自俺 张厅长 陈勉仲 陈友援 李业澄 余槐村 庄秉权 王启贤 楚图南 严竹文 郑一齐 顾颉刚 郑衍文 马万里 沈 昌 黄宪儒 何崇杰 卢汉 褚汉民 曲焕章 李生庄 李文林 彭桂萼 宣智 李尚文 杨思培 董雨苍 张谔 蔡若虹 李绍基 13日:杨东明 刘三惠 杨肇寿 徐嘉瑞 陈玉科 姚蓬心 张克诚 朱伯康 孟立人 张天虚 陆晶清 马子华 14日:赵建中 席宽 王仁芳 钟韶琴 林崇墉 王公弢 缪以渊 黄光诵 龙文池 刘云 张泰阶 刘守为
刘懋宗 姚圻 邱秉纲 李思齐 熊桂发 关岳桃 潘兴征 李源华 陶景渊 李钟俊 李隐元 陈天锡 缪立和 王齐兴 泰咏竹 潘学黎 刘湘珍 林立 15日:孙思麟 袁仲逵 陈家骏 朱义农 杨开道 邹秉文 韩克温 常乃德 王仲裕 王近信 荣照 许可 田禾 沙名鹿 陆费年 17日:罗时惠 马翼 朱弟 19日:苏井观 于院长 何荫椿 韩有刚 陶桂林 马鹤天 屈武 郑伯奇 21日:韦峰 潘又华 石体九 郭沫若 徐迈进 吴恒勤 22日:袁义礼 张西曼 卢作孚 23日:张博文 郑绍琴 卢子英 王孝友 周雁翔 王心居 王超智 魏怀珍 王礼锡 陈真如 姚毅万 孙为文 沈鹏 24日:杨赓陶 胡景伊 罗衡 章伯钧 王冠英 成舍我 孙亚夫 李中襄 程希孟 褚辅成 余名钰 潘仰山 吴蕴初 萧之谦 侯启萱 庞赞臣 25日;姜惠周 徐洁生 邵鹤亭 王捷三

【注释】

①晓光,即陶行知次子陶晓光;洞若,即王洞若;涵真,即吴涵真;彬和,即陈彬和。

②④⑤⑥⑦⑧⑩⑭⑮⑯⑱⑲此句为新增加内容。

③缪厅长,即缪云台;富滇,即富滇银行。

⑨"第三次大会",系指国民参政会第一届第三次全体大会;"孔部长",即行政院院长兼财政部部长孔祥熙。

⑪即章炳麟(1869—1936),号太炎,中国近代著名学者、革命家。

⑫"新运",新生活运动的缩称。该运动系蒋介石于1934年2月19日在

南昌发表《新生活运动之要义》后正式开展。“蒋先生夫人”即蒋介石夫人宋美龄。

⑬“邹”，即邹韬奋(1895—1944)，时任国民参政员。该案是他在国民参政会上领衔提出。

⑰“咸同”，咸丰、同治年间(1851—1874)的合称。

⑳“琴”，陶行知夫人吴树琴；“宏”，陶行知长子陶宏。

㉑“霞”，陶行知的大儿媳王醉霞；“小黑”，陶行知大孙女陶鹤。

㉒“俊瑞”，钱俊瑞；“兹九”，沈兹九。时恰新婚燕尔。

三 月

（古圣寺·北碚·重庆）

3月1日 龙凤岗，离北碚五里，东洋镇。

古圣寺，草街子附近。

龙居寺距北碚约廿余里。

琴、曲、宏、小林同去，到龙岗参军府看房子。

致吴涵真托买药函。

陶胜伯保证晓光买物。

方竹因允许为怀义〔毅〕帮忙。

晓光、洞若说研究所事。

生教社干事会[1]。

3月2日 会卢子英先生，承助觅校舍。

致黄伯度，托送支票与“新华”。致贺友梅，托收育才款。致史良，转杨瑾瑜信。

孙铭勋，小做寿（晓江）。

嘉陵江边，乳花洞里，遐光楼上。

题照：“千言万语口难说，一张照相百事决。”[2]

3月3日 上午琴查药，我生病。

昨夜3时，区警捉强盗，冲入益寿遐光二楼，我不曾听得。

3月4日 草拟给同志的公开信[3]。

早，函告张宗麟将安徽中学所借之显微镜取回。

3月5日 草“给同志信”。

3月6日 9，民众会场。

川戏：《昭君和番》《鱼禅寺》《战袁林》。

（1）花椒油；（2）麸醋；（3）花生面；（4）金钩（虾米粉）；（5）白糖；（6）麻酱；（7）香菜；（8）豆豉面；（9）盐；（10）腊肉米；（11）麦酱；（12）葱花；（13）酱油；（14）麻油；（15）皮蛋黄；（16）春芽（香春〔椿〕）；（17）桃米；（18）生姜米；（19）

花椒面;(20)查〔榨〕菜面;(21)豆酱;(22)麻油;(23)算〔蒜〕;(24)芝麻。

松鹤楼,6时:王家楫、伍献文、倪尚达、卢于道、张真衡、顾佛影、善诗文;邱镕,号廷滋,无文凭,无线电工程师,中央社无线电台,罗家湾卅7号宜舍。

吴有训,正之,昆明西南联合大学理学院院长乔一乾,北碚小学[4]。

自流井保育院(贡井):盐务局200 000开办费。院长、医生,胡惇五女士;教务交主任方育庚,1 000人;自贡市(自离贡10里)。

五通桥保育院,1 500人,胡先生兼院长。自离五600里,自离重庆640里,成渝路。

3月7日 早餐7:30;午餐12:00;晚餐6:30。

琴就职。桌未成。

3月8日 李一非先生在民众体育场偶遇,介绍子英及泰嘏先生助其觅地[5]。

《带马桶上任》(诗见《贺某女士就职》)。

《蜜桃的鞋(桂林去年十一月所见)》(诗见《回忆桂林初见蜜桃的鞋》,有改动)

《送倪尚达弟》。

杨崇瑞——卫生署,黄桷街,电话1150;妇婴卫生。

妇女节。妇女运动若不成为妇女大众运动,则力量不够解放妇女,不够解放民族,不够解放人类。

3月9日 观察世界,说明世界,变化世界;感觉困难,迎接困难,解决困难。

3月10日 去重庆。7:30—7:45,中央无线电台,聚兴村6号,上清〔寺〕。

邓汉云、吕鉴,民信经理。民生船,到重庆去。邓先生说:"李宗吾督学作宗吾臆说:'教育,厚黑学。'"

守而慈,英格博,由江河煤矿公司较交。

买物:(1)细花生;(2)热水瓶;(3)自来水笔;(4)照相镜;(5)鞋之尺寸;(6)伞(洋);(7)女雨衣。

江北土沱场。周裕农,米花街中国学联;盛衍猷,江家巷13号;殷金陵,在本社做秘书;张经武,振〔赈〕济委员会;宋师庆,富顺籍,住北碚新村,"民生",电话439号;黄宪儒、梅光迪,文化服务社。

3月11日 今天要做的事(15日前完工):(1)飞函张仲老刻图章。

(2)借银行公会纪念“三·一五”⑥。(3)问吴俊升立案事。(4)函约蒋夫人谈育才。(5)函约陈部长谈。(6)函约孔院长谈。(7)会民生子英先生。(8)找住所。(9)买书,代宏买物。(10)代琴买物。(11)文化服务社理事会。(12)评教育会议宣言。(13)继续写致社员信。(14)印育才收据。(15)印名片。(16)刻育才学校章。(17)函宗麟速来。(18)聘育才教师。(19)造育才选择学生测验。(20)再给香港、广西银行信。(21)函晓光来中央大学。(22)送倪尚达诗。(23)写“四四”文⑦。

晚饭6—7时,午饭12,早饭8。

陈国良,河北省财政厂长,重庆108号信箱;顾恩浩,两路口新昌□□⑧。9,“民生”见子英。10,宗圣小学,文化供应理事会。

1磅豆浆,2滴鱼肝油,盐、糖、淀粉、钙。

3月12日 1:20,陕西街泰邑小学。

中山先生逝世十四周纪念。孩子剧团招待小孩。三民主义的小先生、小工人、小战士、小主人。

周畸女士,湖南长沙人,新华毕业,音专肄业(国立),任中学教师多年。裴吉英女士,曾任江宁淳化镇小学教员(谋事,渔村介绍)。李超民,两路口156号信箱;李任潮先生,巴中。

青年会少年部牟布希,100—200入场券。

回民救国协会,骡马店105号,唐柯三先生。清真古寺18梯,丁尧夫。

牯牛山一带岩洞,成达师范分八队,每星期四天,每天一队,轮流;有警报,一齐八队出发,教员帮忙。10—11时,约共60人。教书,挂图。

皖南盐:屯溪14元一担;贵池、太平每斤4或5角。朱庭祺免税。孔庸之⑨。

李铿,潼南县中心小学,女青年会乡村服务队;合川去,一天程。高毓馨,温江县乡村建设委员会内,女青年会乡村服务队;近成都。

椏蛋〔鸦胆〕子,治痢疾。董冰如,大梁子昌佛宾馆。张文白,七星岗金汤街8号。马超俊夫人,战时救济协会,打铁街。周之廉,住中大梁子47号(在儿童保育会做事),要新文字方法。侯外庐,□壁街74附1号,中山文化馆。

3月13日 2,青年会董事室“孩子团”。6—7,女青年会。

3月14日 6:00,青年会,生教在渝理事〔会〕。

3月15日 生活教育十二周。8,劝工局街,“培英”。

书业同人会，8 时，培英小学。(1)中国纸发明，伟大的发明；中国印刷发明；中国印书发明。(2)现在书业。$25 000 000，香烟十分之一；印抄〔钞〕票。(3)前线，战区，知识饥荒。(4)卖书，看书，法拉第的故事，自己求进。(5)帮助人选书，图书指导员，组织图书会。(6)借书。(7)文、运输交通打成一片。(8)要书店出大量的好书而又运得出去的土法。

8:30，武库街 4 号，“文化服务”。

2—5，社交会堂，“生教”12 周纪念。

中华慈幼协会要“四四”文。

罗良铸，长安寺半边街 11，财务人员训练所。陈文虎，半边街 15 号。

3 月 16 日 12，华通。2，中华文化协会。3:30，青年会办事。保育院。

长笛 1，150；单簧管 1，$B^6$150；号 1，$B^6$150；伸缩喇叭 1，C150；小提琴 1，100；中音提琴 1，80；大提琴 1，150；低音提琴 1，180；双簧管 1，250；铜管乐器全套 5 000.00。口琴半〔伴〕音：女高音，48 口琴伴奏；女中音，32 口琴伴奏；男高音，24 口琴伴奏；男低音，16 口琴伴奏，8 低音提琴伴奏；4(36 贝士)手风琴伴奏。口琴指导书 4 本，手风琴指导书 2 本；约需 1 200.00 元。钢琴 21 200元；管风琴，4 200 元。

治痢单方：(1)香连丸三钱，荷叶煎水服，三次即好；(2)山查〔楂〕面；(3)椏蛋〔鸦胆〕子。

3 月 17 日 回北碚。D. P. 布尔林；罗金，贵州遵义白塔路。

3 月 18 日 古圣寺初级县立小学校长吴学渊；法师僧启法；善堂善长明再林；当事王甫成。

北碚$\overset{5}{—}$金刚碑$\overset{15}{—}$北沙沱$\overset{5}{—}$草街子$\overset{8}{—}$古圣寺、凤凰山。

到北圣寺找育才二院，来往轿费 2.2 元。

3 月 19 日 《云南本草纲目》：椏当〔鸦胆〕子，提油拿滓，钟灵，植物油灯。

修改《儿童保育会教育大纲》。

3 月 20 日 星期一，3，北泉小学，“西康周”。

本周要做的事：(1)写信给云南、广西要丫弹〔鸦胆〕子。(2)写信给今吾、晓光、洞若、宗麟、省三、广西银行、孔庸之、竹因、信慧、璀弟、尚达、江问渔、季平(港、防、滇)[10]。(3)写“四四”文。《时事新报》《战时教育》《难民教育》。(4)订育才校址约，刻图章，印收据。

西康学生营讲话：(1)西康的情形：十几斤重的鸡；二百钱一斤的鱼；二

百钱一斤的梨;革命精神汉番欢迎;少年义勇队。(2)太史公(名山大川);孔子周游列国;旅行学校(读万卷,行万里)。(3)雪、冷,乌拉住在雪里。(4)宗教:佛。(5)婚姻,氏族社会:一女数男。(6)稻到蛮绝:农不锄草。(7)鹰吃人。(8)英印与俄。(9)黄金属黄喇嘛。(10)夷之优点:①不穿袜,善走;②不怕饿;③不怕冷;④妇女勤。(11)提防汉人之传统态度(敬蛮一寸,不如打蛮一顿)。(12)夷人不喜读书。(13)义勇队:236天,行4 000里,用款3 100元,收获2 600种植物,动物800种,矿物两箱,活物十余种。四个月700里。西康学生营,到西昌去,50人。主任:叶秀峰(康建厅长);副主任:董德鉴;教务主任:范任宇;指导:垦民;农科主任:持逸农;乡村教育科主任:孙玺放。

参考书,新亚细亚学会:任乃强:《西康札记》,民二〇年十一月初版;任乃强:《西康图经》;刘家驹:《康藏》;刘家驹:《西藏情歌》;谭云山:《印度周游记》;西北马鹤天:《内外蒙古考察日记》;华企云:《中国边疆》。一个人:查理士比耳:《西藏人民的生活、民智》;柏尔:《西藏之过去与现在》(商务);新时代文化丛书:王勤育:《西藏问题》(商务,史地丛书);《西康东部矿产志略》,谭锡畴,李春昱。

苦参子即桠丹〔鸦胆〕子,云南、广西。四川药物出口报告,川康药物调查,药药〔物〕教育委员会,经济药用植物学;刘宝善,20种。磁器口。

3月21日 孩子剧本:(1)许幸之:《一个孩子的梦》《古庙钟声》《最后一课》;(2)陈白尘:《一个孩子的梦》;(3)寒克:《仁丹胡子》;(4)成都:《儿童世界》。

忠信福,现有3斤半桠弹〔鸦胆〕子,1.4。

复看杨参军府,只让1/3空间,决定不要。

3月22日 三峡印刷所。

12,市商会。

3月23日 土木工程生活学团。袁行庄,区署教育指导。

选定晓庄所、育才校地址[11]。刘子良,北碚新村介〔界〕图。89=房之中;81=要;73,要收一半。

3月24日 龚肇章,警局;冯书舫,农村银行。复勘校址。

孙本忠,北碚制种场、中央农业实验所;孙守廉,重庆农本局。广柑一人收买400 000,坏了20万。2分1只—12分1只。5个月前,树上定1元两百个;现在4元一百(批发:江津)。另卖:江津10元一百;重庆12元一百。江津农本局冷藏库120 000。库建费6 800元。

《儿童节歌》。

3 月 25 日　又写成《儿童节歌》九首。

曲尹有侄，善图画。

3 月 26 日　许慧智，北泉小学。

3 月 27 日　曲子伦，曲仲湘介绍。

合川县长，张；科长，杨友余。

古圣寺，县府。

善堂，李育才，美丰银行。

3 月 28 日　四月六日，马相老百岁，新街口中央社。

李尚春，国立江苏医学院；重庆中二路纪明坊 3 号；驻渝办事处主任。

马客谈来谈。夜警报来。

3 月 29 日　与宏、琴看科学社图书馆，警报来。

达之[12]下午来。在宏寓谈生教社事。

3 月 30 日　我、宏、达之游北泉。达之对"北小"讲话，我们谈"新旅"科学。

琴、达、我、宏看地址。

知道前夜警报来，北泉旅客有四明银行襄理，闻警堕乳花洞死。

3 月 31 日　读《化学史》。

本月 12 日记事

重庆儿童农村宣传队，住陕西街泰邑小学；西里冷水场邮转；队长：向瑞鑫；哥姐团：向维华。

政治部孩子剧团（回水沟 3 号），六十个人；负责人：吴新稼。

重庆儿童农村宣〔传〕队（陕西街泰邑小学），四十个人；负责人：向瑞鑫。汉口"七七"少年剧团（暂住售珠市宗圣小学），三十个人；负责人：罗时惠。

朝鲜"三一"少年团（弹子石孙家花园），十五个人；负责人：金尚华。

树德小学歌咏队（南区菜园坝），二十个人；负责人：李少清。

儿童演剧队（住一牌坊巴江旅社隔壁）；负责人：刘映芳。临时保育院（住万寿宫），二十个人；负责人：张希文。

歌乐山保育院（住磁器口歌乐山）；负责人：酆道淳。江北平〔贫〕儿院（江北新村），十五个人；负责人：李增荣。

重庆孤儿院（通远门外张家花园），二十个人；负责人：李绍渊。

重庆妇慰分会儿童歌咏队(走马街35号),十五个人;负责人:汤崇福。

江北儿童剧团(江北正街福音堂),四十个人;负责人:韦长荣。

青年会少年部四育养成团(公园路青年会少年部),十五个人;负责人:胡学芬。

市七小学:陈映南、崔东秀等。文德女中:刘哲如。金尚烨、里键玉⑬。

本月人名录

6日:李雪 李白君 秦时雨 唐愉 唐娥青 江澄 黄子裳 林祖余 周述亨 寿毅成 卓宣谋 戴啸舟 秦沛南 宋良田 同梅宣 乔一乾 7日:沈济之 方育庚 朱廷显 戴安民 李惕平 沈涤生 胡颂淳 施之勉 陶啸冬 郭泰椵 8日:杨崇瑞 11日:李景唐 李延瓒 陈国良 顾恩浩 王礼锡 黄少芬 程希孟 何北衡 王祖祥 顾毓泉 12日:张宗泽 王光照 黄开禄 王葆高 孙象云 汪林泉 徐平轩 吴盛荣 崔亚汉 董冰如 16日:陈又新 李德 尹朋德 张维翰 任光 18日:吴学渊 王甫成 20日:沈子善 杨家骆 马客谈 胡石青 姜逸凡 陈一高 王桂林 袁庄伯 23日:袁行庄 刘子良

【注释】

①指生活教育社在渝干事会。

②指题字于陶行知与吴树琴的合影。

③发表时定名《告生活教育社同志书》。

④⑧此句为新增内容。

⑤"子英",即卢子英,卢作孚之弟,时任北碚区区长。"泰椵",即郭泰椵,时在北碚北泉小学任职。

⑥"3·15",3月15日,晓庄师范(学校)成立纪念日,后来作为生活教育运动的发端。这次是纪念生活教育运动发起十二周年。

⑦旧中国曾将每年4月4日定作儿童节。"四·四"文指纪念儿童节的文章。

⑨"孔庸之",即孔祥熙。

⑩"今吾",即程今吾;"晓光",即陶晓光;"洞若",即王洞若;"宗麟",即张宗麟;"省三",即王省三;"孔庸之",即孔祥熙;"竹因",即方与严;"信慧",即李信慧;"璀弟",即陆璀之弟;"尚达",即倪尚达;"季平",即刘季平。

“港”，即香港；“防”，即海防；“滇”，即云南。

⑪指选定晓庄研究所和育才学校的所址、校址。

⑫“达之”，即汪达之。晓庄学校毕业生，曾任新安小学校长，时任新安旅行团团长。

⑬以上诸段均为他人代录，时间是3月12日。是日在泰邑小学举行纪念孙中山逝世十四周年纪念会，此为出席会议的儿童团体及其成员。

四 月

（北碚·重庆）

4月1日 合川赵璧光。赵老太太来。

张德清，任“中大”柏溪分校建筑师；高中，德国工程师，学习生。顾佛影，金佛路金佛商店。

夜6时半，迎赵会、防空会。7时，火炬游行。8时，游艺会。

讲火炬之理与即知即传：中国有四千五百万老太，倘人人皆有赵老太太之精神，则中国必不会亡。

4月2日 吴新民，辽宁凤凰城；蒋希文，西山路58号。

4月3日 老太太会[①]。

张江树，化学；孙镛，算学；胡焕庸，地系。

4月4日 北泉，开会，儿童节。9，北泉小学。

卫琛甫，天生桥，熊家石房子；岳立，住在卫宅，研究潜水器。

许玄谷，北碚街。

4月5日 北碚卫生所及农业推广所成立。

在卫宅午餐，看岳立先生计划。

4月6日 彭盘卿，石柱湾，玄峰岩。

4月7日 定四月十六宴地方绅，12时。

刘骥良，新村工人队总队长。

4月8日 彭宅地，94.4米长，25.0米宽。

12，宴北碚售地主人。

4月9日 来渝。晚，会谈社务。陆茜来。

买物：(1)鞋；(2)甘油（小瓶）；(3)绿缎斜滚条两寸；(4)枕套；(5)英文书；(6)锅，白铁；(7)炉；(8)女雨衣；(9)纱布；(10)樟脑，10；(11)嘉乐、夹江纸；(12)诺瑞斯(Noris)：《有机化学原理》。

4月10日 10时访李济深。万籁天、任光谈育才教师。

陆茜未去成。陆璀来信。岳立未到。

《战时教育》批评"北碚儿童教育"文不大好。

4 月 11 日 邓先生[②]给我安灰〔徽〕茶。

12，重庆楼，园庙街。沈先生宴长江[③]。会纪彝先生。

给陆维特 40 元、岳立 100 元，托买东西。

华方增，中央银行；无线电台工程师，陈铁生。

(1)育才选学生；(2)教师座谈会；(3)近边苦儿；(4)托儿所。

寄信：(1)香港广西银行，飞催解；(2)北碚琴、宏，快；(3)北碚新村，快挂；(4)沪，陈鹤琴，飞挂；(5)沪，陆祝三，飞挂。

川康区办事处，胡士琪。

合作社：社员至少七人。最低二元一服，普通五元。责任保证 10。最多 6 万，最少几百。长期，五年还清；短期，一年还清。经理，理、监事。短期工人，催用。发起人会，创立会。刘广沛、孔院长。西北、西南、川康、东南、云南。

卫立煌(君儒)：洛阳，第一战区司令官；第二战区副司令官。

富华瑯器场，大溪沟；"华盛"，国珍街，南纪门。

4 月 13 日 2，青年会茶会。

长江讲词[④]：(1)张杰参加国际新闻社东征支队；(2)军队新闻(南昌有 20 儿师)；(3)兵教老百姓，哨兵画沙，教育不够；(4)各地儿童联系。

我的报告：(1)创立分社；(2)座谈会；(3)《战时教育》(加强)；(4)服务；(5)进修；(6)社的工作：研究所、育才学校[⑤]；(7)老太太；(8)张杰小史；(9)《救亡日报》。

《救亡日报》捐款：\$33.90；青年会 100 元，卖票 5 元。

4 月 14 日 歌乐山：七星岗到小龙坑，小汽车；换人力车到磁器口，换滑竿上山。

保育院(歌乐山)：例假宣传，下乡。5:05 起身；6:30—7:00，升旗、早会、清洁；7:00—7:30，早操；8:00，早饭；8:20—9:20，自修；9:20—11:30，四节；12:00，午饭；1:10—2:10，两节；30 分，运动；3:00—3:40，分组活动；5:00，洗衣、洗澡；5:30，降旗；6:00，吃饭；7:00—8:00，晚会；8:00，睡。

问题：(1)管理；(2)人；(3)经费。

〔民国〕27 年 11 月，设备：竹桌(四方)\$1.7，定木凳\$0.55，二人木床\$5.7，五间课\$700，木脸盆\$0.20，草鞋 3 双\$0.10。

职教分掌，学制编。

假战成真斗。解决:(1)先生自令不行,令学生领袖才行;(2)两派领袖自我批判;(3)各宿舍检讨;(4)师生代表公开批判;(5)培养斗争领袖一星期。

王万恩,火车,推平。时佩甲,主席。陈德祥,唱导,"歌乐"。陈长源夫人,陈长海,祖父。尹来弟,泸县第七保育〔院〕,二郎庙。滕久忠,合〔川〕中学。王金连,南岸江苏联〔中〕。

4月15日 回北碚。

汪学箴,齐鲁。

刘主任说,地主愿以租与农人的地租租与我们。

琴来亭见。改英文翻译。

4月16日 回重庆。万先生[⑥]谈:(1)舞台设计,600人后台。(2)图书目录。(3)工具:①布幕;②灯光自造;③门窗;④陈设;⑤服装;⑥导〔道〕具;⑦化装品自造;⑧效果。(4)黑板两个。(5)导演棋。(6)缝纫机。(7)指挥台、指挥棍。

音乐:(1)选学生:①先在重庆附近选;②派专家选;③60〔名〕;④什么时候开始?常常星期六上午空,星期日全天,每天4时后;⑤与各校先生谈;⑥选择方法。(2)乐器:①动员自有或友有之乐器;②向外国捐(陶);③必须买的:口琴30;④广征中国乐器;⑤钢琴,杨森两部,胡投、励志风琴四部,五组。(3)五线黑板4块。(4)选择图书目录。(5)唱片、留声机。(6)无线电收音机,长短波。(7)音乐台与舞台合一。(8)音乐棋。

图画:(1)中画。(2)西画,实用美术、木刻。(3)雕塑。(4)双钩素描、服装。(5)画室、刻室,100人,天窗。(6)画板、架、凳40。(7)图画。(8)木炭。(9)颜料,合作社。(10)纸。(11)雕塑板20[⑦]。

今天艺术院第一次会。莽太〔大〕令来。

4月17日 9,市商会,保育院纪念。3,青年会,会万、任诸同志[⑧]。

4月18日 9,在"巴中"候陈先生去孔,偕陈访孔[⑨]。12,看段承泽(继武)。

向民生公司建议:每人一块木头两段竹。

(1)狮子山:抗战士兵子女教养院,500人,五月;

(2)北碚慈幼院(重庆),大沱口,古今佛,500人;

(3)万县难童教养院(天家岭),王振常,离城三十里,400人;

(4)禹县慈幼院,河南西,800人;

(5)许昌慈幼院,800 人;

(6)西安难童教养院,马北瑞,500 人;

(7)西安凤翔难教院,张大光,600 人;

(8)西安孤儿教养院,内有 200 人寄养;

(9)西安灾童教养院,寄养 100 人;

(10)洛阳慈幼院,200 人;

(11)伊阳豫西难童生产教养区,600 人(将来 3 000 人);

(12)邓县,100 人;

(13)上海慈幼教养院,150 人,法租界辣斐德路 1 231 人;

(14)卡德路黄家沙花园路,闸北平民教养院,60 人;

(15)上海战区儿童收容所,600 人,约翰青年中学,梵王渡;

(16)战区婴儿收容所,100 人,大西路;

(17)甘肃天水难童教养院(筹备);

(18)兴平难童教养院,300 人,有匪,搬天水;

谢捷,北泉难童教养院;振〔赈〕济会:①北碚重庆儿童教养院,300 人;②马王庙重庆儿童教养院,400 人。

医衣食住教 $10。

战区民众文化教育工作之研究。主持者:钱俊瑞。助理员:杨明光(全民通信社),25;马菊培(书报供应所),10;章铨培,20;青年记者学会派一人,20。三人各半天。

4 月 19 日　上午会张文白先生,下午他来会我,皆未晤。

6,小梁子,“白玫瑰”,晚宴育才艺术、文学二院导师。

黄秉衡讲:香蕉五角。丝袜 36 元一双,百双销完。棉花街,特务队要开黄包车,坐进,警士阻止,开枪打死,10 天前殉职。白市驿,活埋逃民工,造飞机场。兵警冲突,观音岩军政部兵,要上已开之公共车,阻不服,械斗。

后列诸君或可赞助:斐利滨〔菲律宾〕新教育协会、卫立煌、朱庭祺、张治中、冷御秋、孙哲生(德安里,“求精”对面)、缪云台、宋子文、康正之、孔祥熙、杨德昭、心如、梅友卓、李宗仁、于右任、邝炳舜、李任潮、李杜、黄文甫、穆藕初、陶对廷、吴蕴初、林瑞门、司徒美堂、晓庄同学、戴孝悃、成志会(各地)、工合、皖公、南高、东大师生[10]、郭秉文、陆璀。

储其门过江到海棠溪,坐汽车 2 小时,小木船半小时,“工合”[11]。

(1)戴戟;(2)公陶指导。

盐务局难童难民协进社，盐务署，两路口。北碚“红十〔字〕会”。

4月20日 早10时，见李任潮先生，推荐吴涵真、罗公陶兄。10时半见张文白先生，他对我的计划十分赞成，认捐两个研究座，每月四百元。

2，介绍任、常二先生见陈纪彝先生[12]。

张楚珩，沅陵，湖南，处长，卫生实验处。

代琴办药师证书，付款九元。公陶来，介绍去见任公[13]。买夏衣。

回碚前要做的事：(1)寄款与沈德华；(2)刻晓庄研究所章、印、收据；(3)买纸(嘉乐)；(4)买账〔簿〕；(5)洗澡；(6)买英文书；(7)女雨衣；(8)纱布。

荣昌县孤儿院要人临时指导。成渝公路4小时。邹尚文董事，杜县长。

青年会：少年部干事。9时看地。

4月22日 回北碚。

甘肃故人，西谷。沈亦珍(香大下，走东大)。滕仰支，台和中，孙云霞(南高，国文)。

卫立煌，俊如；洛阳，第一战区司令部。叶伟珍，重庆成渝饭店11号。

中日军力：(1)日。199万7千，现役；54万，补充；46师团，现有。32师团在华北以南，6师团在东三省，2师团在朝鲜，1/2师团在台湾，51/2师团〔在〕日本国内；17师团，新训不调；70万伤亡。18岁—35岁，以前；40岁，现。(2)中。180师，战开；243师，现；51万，游击区；120万，伤亡。好些，械。100架，开时；250架，现。(3)日军在中分配。华南31/2师团，华中12师团，华北131/2师团，绥、蒙3师团。

4月23日 12，叶、李二博士，松鹤楼。

36公尺长，2公尺宽，21/2公尺高；石工，720—1 440元；架子，700元。

晓庄研究所。研究指导员：专任，100—80元；兼任；特约，开伕马费；补助，设备费。辅导员：70—50元。研究生：40—30元。艺友：20—10元。无薪同志。

4月24日 十六保王壮丁说：体育场打下江鬼子，学堂湾；下江人来吃我们的饭。五月二号抽签。要调查是否舞弊。16保第4家王保长，甲长他们不要。

歙县三阳坑，昌溪，昌化县屯溪电灯公司，吴迈英。

李涤尘，四川中学初中，辽宁清原县人；500人，东北四位。欧叔静主任：公费生每月发五毛，特穷。5元饭费：4样：蚕豆、豆腐、莴笋、粉条肉；早上稀饭。先生7元，一位先生一桌。监察。四川中学：督学来：师生共甘苦，吃过之后再去吃。医生不良。水，伤风，毛厮〔厕〕倒。督学来，一新。互骗。

4月25日 3:30，区署志愿兵[14]。5:30，郭泰棍谈。6，柏庐。6:30，兵役宣传队。

北碚:二保长之子，“志愿”？逃役而成为志愿！(44)。黄桷:与母冲突，父打，中国的人不该打，伤好重去，逃而志愿。(22)。文星:妻子要他去，病也要去，牺牲生意也要去。(35)。澄江:蓝担任20，每人妻子女(一人)。(19,13公安)。北碚，44；黄桷，22；文星，35；澄江，19(13公安)；120志愿兵。二岩，1人。

去冬天，唐子干，母卖妻，引刀死，不从军。

张宝华，14人(北碚25保):(1)语言，名词；(2)前线无优待；(3)怀疑；(4)苦，挑煤，月15；(5)85%保甲长说，一保九甲，相隔五里；(6)开会演讲，三甲一组，共50、80、100，到人数；2小时一次。

陈其让(澄江5保九甲):(1)保甲不公允；(2)害怕；(3)信学生公道，救命，照办法可信；(4)监视保甲，调查是否公允，不要穿衣服，好甲长说的。家庭访问十一家。

萧庆璞(北碚15):(1)恐日病；(2)法令满意，实施不好，中饱；(3)去则家庭不了；(4)男子工作需要；(5)饥荒尤可怕；(6)一个男子不抽；(7)路口堵壮丁；(8)下江人—日本人，同感；(9)保长常谈；(10)茶馆到的多报发。

王德华(14保北碚):(1)国家意识先决问题；(2)你是我们的敌人；(3)先生看报时间没有；(4)童养媳；(5)你们是不是我们这边的？

徐茂荣(十一保):(1)叫两人搬行李；(2)绅士须训练；(3)一保相隔太远，学校一个不够；(4)先生算学不会；(5)十一保600男、500女，都是女的见面，男的避的〔开〕；(6)拖人代打仗，我们是被赶。

蔡焱清(二岩八保)；(1)澄清贪官污吏；(2)平；(3)实行法律，(4)送兵作弊；(5)中途放，拿钱，拉别人；(6)讲演方式不行；(7)摆龙门阵；(8)南川下级。

宋淑修(澄江一保):(1)访问——听人民说；(2)男子未去，妻恐怖；(3)中国未必胜；(4)优待即愿；(5)妇女思想要紧。

李炎世(澄江九保):(1)宣传不够；(2)讲演不够——金钱反造成恐日病及升官发财，通俗与内容；(3)优待——贫人，小孩瘦，优待靠不住，保甲长训练；(4)教员12元一月，地方教育努力；(5)妇女更要宣传——决定一切；(6)借拉丁发财，保甲、渠县。

(1)南充,裸体放;(2)逃兵,合川逃来;(3)能不能逃?(4)平民学校——砖瓦厂,12点,19点,120人。

甘国平(志愿兵,父母在,裁缝,20余岁,母及未婚夫):(1)做旗手巾送壮丁;(2)唱歌、戏剧;(3)漫画;(4)短期小学,长期宣传;(5)青年为何不去打仗,看我们的手。

陈定闾(北碚26保):演戏之效大。

李先生说西山坪的女人:(1)刘湘是不是在我们这一边;(2)北川铁路,日本人可恶,修铁路捉人熬油。

户籍,教育,宣传不深入、普遍。

育才田地:汪德茂,4.388,12元一亩;熊府:5.630;彭宅,9.412;冯太初,1.246;土,100元一亩;田,120元一亩;租,15元一亩。

邓排长,"民四",川中有"北洋恐",连土匪也怕北洋兵,邓宣言是招待北洋兵,把旅馆都定了,老二(土匪)上吊的十几人。

冯书舫,千厮门中行街培厚里11号。

4月26日 草拟《兵役宣传之研究》。

对志愿兵150人演讲:二件事,二个故事,还要做两件事。

石青先生讲高丽的故事。

难童工作团来住。琴,大雨。

4月27日 修改"兵役宣传",并寄去[15]。给白桃信。

夜晴。

4月28日 寄信:(1)给洞若信说新疆事;(2)给竹因信说怀毅事;(3)给文白信请将款交"新华"。

缙云寺看真如,遇汉藏教理院教务主任。

加行路—真见路—正修路—复兴路。北泉洗澡。

4月29日 推动"志愿捐"。

在川中、师范部演讲《我们的教育观》。

3,四川女中、国立第二中学师范分校。

写信给:冯书舫,师范部;维特,女中,科学社。

4月30日 《生活教育与抗战》(在"兼善"讲):(1)生活即教育;(2)社会即学校;(3)教学做合一;(4)在劳力上劳心;(5)即知即传;(6)教大众自己教自己。

本月16日—17日记事

机械商店，岳先生查：钻床，3/4寸（六分），1 400元一部；无，由手摇钻代，60—80元；源茂五金行，状元桥。车床，六尺，一部1 800元；车床，4尺，1 100元；合作五金公司，土龙坑。铣床，简单，900元；好，10 000元；无货，香港或有，马达，7马力，770元；旧货，华联制钢厂，香国寺。天轴，220元，委托公司做。皮带，100元，未找。运费400元，装置费300元。手工具，2 000元，有。冲床，3 000元，无。

本月记事

到重庆去：(1)与段先生谈新文字；(2)晓庄以伤兵教育为重；(3)乡兵教育委员会（和段谈）；(4)与孔先生谈要做的事；(5)小桃、曾兆寿到中大，倪尚达；(6)流动学校解决工具；(7)小利息的借款。新安；(8)分站，学校；(9)指导巡回；(10)陈铁民，慈幼会谈；(11)为张曙追悼写文；(12)为合作工业写文；(13)组织仪器合作社、小孩用品、玩具制造合作社。

育才先生：赵望云，画。任光，音乐。岳立，工程。顾佛影，文学。帅昌书。吕霞光，西洋画。吴晓邦，舞蹈。刘露。水华。国语。体育，常学墉。音乐。卫生。儿童文学，维特、东明。木刻、漫画，郑〔陈〕烟桥（香港，由吴涵真转）。

育才副设机关：(1)豆腐店；(2)仪器制造合作社；(3)化装制造厂；(4)肥皂铺；(5)木工厂；(6)乐器制造。

26.9.29：中米，三元五，2斗8升（大斗）；好米，三元八，2斗8升（大斗）。现：中米，三元二；好米，三元五。

晓庄研究所补充研究问题：(1)节育问题；(2)防御武器，李、岳；(3)新兵训练，莽太〔大〕令。

本月人名录

2日：张慎道　张纪勇　汪仁安　郭巧均　陈绪武　孙彬方　高志英　王廷珍　李金玉　傅德崇　阳文麟　郭鸿均　郭鸿基　孙陵善　田风清　戴俊凯　3日：万鹏搏　5日：何惠莲　胡嘉美　彭期喜　高工　7日：冯书舫　彭盘卿　冯太初　熊焕章　熊纯嘏　汪德茂　冯智舒　龚少章　10日：宗君仁　张守存　11日：王金连　酆道淳　徐岚　魏永贞　周健

金宝善 胡士琪 李烈民 华盛 13日:勾适生 余秀珍 曹孟君 沙名襄 周健 施淑文 酆道淳 王万恩 时佩甲 陈长源 王金连 15日:诚绍瞻 18日:高长柱 陈树荣 李淑敏 王文田 19日:马超俊 吴晓邦 22日:翁文渊 李廷安 曾敏如 颜福庆 金楚珍(宝善) 23日:黄节文 郭咏琴 夏一之

【注释】

①指参加赵老太太的演讲会。

②即邓颖超。

③"沈",即沈钧儒(1875—1963);"长江",即范长江(1909—1970),新闻工作者,时为中国青年新闻记者学会和国际新闻社的负责人。

④指范长江所作演讲的要点。

⑤"社",指生活教育社,它在渝的主要事业为晓庄研究所和育才学校。

⑥"万先生"指万籁天。

⑦此段序号原稿零乱,由编者予以整理。

⑧"任"指任光。

⑨"巴中",即重庆巴蜀中学;"陈",即陈纪彝;"孔",即孔祥熙。

⑩"皖公",即安徽公学;"南高",即南京高师;"东大",即东南大学。以上均是陶行知工作过的学校。

⑪中国工业合作协会的缩称。

⑫"任",即任光,"常",即常学墉,均为育才学校教师。

⑬"公陶",即罗公陶,曾留德研讨乡村教育,回国后曾任晓庄学校指导员。"任公",即李任潮,时任生活教育社董事长。

⑭即北碚区署召开的志愿兵座谈会。

⑮指将《兵役宣传之研究》一文寄给张治中,张治中领导的军委会政治部对晓庄研究所研究的课题提供了资助。

五　月

（北碚·古圣寺·金刚碚·重庆）

5月1日　《赠志愿兵》诗成。

五一，精神总动员月会，兵役宣传，优待委员会。北碚320人（女60人），一天多的80人。保长：吴子刚，冯，保长免役。刘骥良，50每人，送学徒、卫生豆浆店送工人来（5元）献金600元，送衣得500元。游艺，2张100元，15张50元。黄桷树69名。廖九名（与母冲突）；杨夫子，刀不但切菜，要切头，打内战，现以打日洗耻。刘楷之母，金210元，荣誉捐600元。文星场51人。王德福（中队）："我去（甲长会议）画押。"约北碚同志妻子劝夫，王居安之妻劝他加入。职员丢掉50元，薪水不要充军。金1 007元，荣誉券。澄江83人，许安国（教员代养家）。向培良甲长。刘道高14岁，阻止。周耀芳，夫劝妻。公司与警察押了两人，不能去。两位道士充军。二岩镇：朱家和15岁，母亲不许。王三，天未亮就来，七个工人出征。180元。七万人。刘正勋演讲（志兵），潘长德演讲（女兵）。70女战士，唐丽君、双"木兰"。蒲银州（老农），一人打不过四人。

5月3日　重庆大轰炸。

5月4日　重庆大轰炸。

5月5日　草拟"北碚志愿军"[①]。

复旦大学[②]。

5月6日　优待委员会，我主席。天生桥、熊子愚。通过"志愿捐简约"。

12，区署[③]。

5月7日　9时，"兼善"演讲[④]。

北碚，致李任潮先生信，请补助游击区教育之研究。

付岳立20元为房租用。

"七七"少年剧团来，住民教馆[⑤]。

5月8日　见高士奇〔其〕于果园。

挂"育才"校牌于古圣寺。

中央政治学校教育行政毕业生到亭[⑥]中，演讲"生教"。

访卫琛甫太太。

5月9日 10，早，买地会。地主，10时至12时，未到。

写信介绍白桃弟，载阳、丁海峰、德华。

致宗麟信，嘱其不必以不能来为虑。

聘帅昌书为总务主任⑦。

张治中先生今日来信说，四月份四百元补助费已交新华银行。

"兵役"特约撰稿人：一、学生：(1)吴迈英(川中)；(2)李涤尘(川中)；(3)张宝华(川中)；(4)陈其让(兼中)；(5)萧庆璞(川中)；王德华(川中)；徐茂荣(川中)；(8)蔡炎清(兼中)；(9)宋淑修(兼中)；(10)李炎世(兼中)；(11)陈定闾(川中)；(12)汪仁安(难童工作团)。二、(1)记者：郑朝俊，《商务日报》记者；(2)熊公弼，澄江镇，矿业警察所所长；(3)胡石青；(4)刘楷的母亲，歇马乡母家沟；(5)吴子刚(保长)，北碚，冯保长二子争先；(6)刘骥良送学徒从军，北碚；(7)卫生豆浆，老板送学徒，林建勋折薪；(8)廖九名与母冲突，黄桷；(9)杨夫子菜刀切日头；(10)刘楷之母；(11)王德福，三答世界和平，文星首先发起；(12)王居安之妻劝夫从军，文星；(13)职员丢薪50元从军，文星；(14)许安国(教员代养家)，澄江；(15)向培良甲长；(16)劝妻周耀芳从军；(17)被押人投军；(18)道士投军，禹庙，徐光明，澄江；(19)王三天亮投军，二岩；(20)刘正勋；(21)潘长德、姜伯伦(双木兰)；(22)唐麓君；(23)老农蒲银洲；(24)蓝文彬；(25)谢诗箴；(26)熊子愚捐款；(27)天府公司；(28)梁仑从事；(29)杨兆龄；(30)避兵役而来的段锦堂；(31)20保保长之子吴俊卿；(32)19保保长冯时斋之二子；(33)不借军服捐军服；(34)刘骥良助陈蜀予、冯瑞全各50元；(35)北碚梁仑，文星唐必直，澄江黎继尤。

三峡实验区青年志愿抗敌出征团。

5月10日 罗叔章院长率领均县难童来。

与少年剧团谈做工、求学、教人、打日本。

育才第一圈为小工厂，第二圈为小团体(见下图)：

5月11日 新湾，龙凤桥去一里，45 石田，20 石地；桑树，半个院子；冯俊卿介绍。

严家湾，离亭一里，30 丈长，15 丈宽，1/2 地 1 100。

难童汪仁安早敲门说，七人到黄桷镇“复大”。

铭勋信来，诸友无恙。

“七七”少年剧团：朱佑顺、姚祥云、丁壮、马琴四人为研究所抄写。

5月12日 车校长[8]谈话：西安，东北竞存学校，中小学，王以哲注重帮忙，13 人开校，后介绍于汉卿[9]。

朱子桥，陕西，白水县，黄龙山，开垦，8 000；任光，学田湾三号。

5月13日 安娥、周之廉来。梅光迪来。

5月14日 2:00，会曼尼。2:30，五四座谈。4，复旦，葛三立，儿。

见邓先生[10]，借碉堡及学校做化学试验。

5月15日 古圣寺，对志愿兵讲。林□□。

5月16日 家畜保育所改农业推广所。

杜家街蒋家院蒋质彬先生、焦龙华先生。

5月17日 保育所上面碉堡已经布置，阻止搬石。

张子扬，职员村 11 号；副队长，管工程。金福桥，刷粉五角钱。

5月18日 买木料：(1)从合川盐上船起到木料抵碚 50 日；(2)木，钉(竹)；(3)白板，17 元一围，碚市；4 元一围，巴中江口；(4)二千多方(皮)，板四十围，条 60 根，390 元运费。

5月19日 金刚碚，五子山。

托贺友梅提五百元买材料。

唐丽君女士，住区署职员村 6 号；吴定域。

9、11，2:30、5:00[11]。

5月20日 请黄云孟先生到古圣寺监督造井。

任光、常学墉、章泯来，甚喜。夜住温泉，带竹床去。

5月21日 早回碚。常与章到白庙选择学生。

5月22日 常学墉与章泯早来。

午刻去歌乐山，天雨，人不好过。访小黑。

黄云孟先生代表宴古圣寺绅士、庙主。

5月23日 10，区署，优待委员会。

黄云孟来，古圣寺约定好。

5 月 24 日 关帝庙宣誓。

10,志愿兵宣誓。

洞、白、铭、东、维[12],从渝来。看地。

5 月 25 日 (1)生活书店:邹韬奋增加 30,15 000 字 4 元。(2)尚先生挽诗成文。(3)送志愿军出征,10 时。

维特、白桃、铭勋、东明回渝。二星期来。洞若去北泉。

5 月 26 日 (1)七月田,八月地,现在写约,七八月付是可以的。(2)$140,古圣寺租金;$300,先付 300 押租(已付 40);只须 400,今天付。(3)200(廿日)交黄先生;50(易经手);40(押租,寺僧);20(送礼寺僧);10(井地押租);6(租井地);21(席酒)。给邱雷的信。

5 月 27 日 记账要点(与黄云孟谈):(1)出款要取收据;(2)进款要发收据;(3)买物要印花发票;(4)有账即记;(5)当天结算;(6)随时交代;(7)不许挪移。

5 月 28 日 四川女中讲"五安教育"。

7,国二中女子部。

马侣贤来。

5 月 29 日 复旦演讲:"新大学""五安教育""我的教育观"。

8,"复大"。6,"新来鸿"[13]。

5 月 30 日 马侣贤来北碚,调竹因代怀毅[14]。

5 月 31 日 常学墉从歌乐山来。王礼锡、陆晶清从重庆来。

马侣贤到重庆去接洽。怀毅退款及"中大"测验。

我到温泉,去时水绿,来时红。今天发大水,长〔涨〕18 尺。

4 月—5 月记事

通讯处:万籁天,三厅,重庆信箱 131,三塘院子 万寿宫;胡立民,河南唐河县,城东三岭,望村 沈兹九,姚家巷 40 号 许秋帆,上海薛华立路 171 号 振〔赈〕济会,较场口柑子堡 15 陶晓光,桂林小东门外东旭路 65 二进 振〔赈〕济委员会 997 冯副委员长,2305 田寿昌、任光,长沙财政厅转政三厅 罗公陶,观音岩临华街 19 沈兹九,临江门大井巷 19 号左 2 号 陈纪彝、俞庆棠,白象街妇指会,58,电话 555 陈诚,重庆 201 信箱 郑通和,北碚黄山路 15 沈德华,福州路中西药房内民谊药厂 任光,学田湾 3 号三楼,8 时,晚 万籁天,回水沟 3 号十八梯 张文白,七星岗,四明区院边王公馆（骡马市），金汤街8号　张治中，文白，中四路95号桂园　通俗读物编刊社，北碚东阳镇石子山江家院子　吕霞光，上曾家岩52号对门，明诚中学。

本月人名录

1日：张百龄　周维　王尔昌　王惠清　洪渊泉　王肇松　熊公弼　蓝文彬　申雪琴　戴亮清　邓河滨　谢诗箴　11日：蒋白冈　葛三立　27日：丁松涛　冷中雪　方勉耕　何聘九　29日：沙学浚　李炳焕　萧承慎　汪鎏市　陈子展

【注释】

①指《优待志愿战士志愿捐简约草案》一文。

②当时的复旦大学迁移至北碚北温泉附近。后文的"复旦""复大"均指该校。

③"区署"，指设于北碚的三峡实验区区署。

④"兼善"，指北碚的兼善中学。

⑤指借住北碚民众教育馆。

⑥"亭"，指清凉亭，当时陶行知借住在北碚平民公园被废弃的清凉亭中。

⑦指担任育才学校的总务主任。

⑧即车向忱。

⑨"汉卿"，即张学良。

⑩即邓少琴。

⑪似为约会的时间记载，前两个数字为日期，后两个数字指时间。

⑫指王洞若、戴白桃（伯韬）、孙铭勋、魏东明、陆维特。

⑬"新来鸿"，北碚一家餐馆名。

⑭"竹因"，即方与严；"怀毅"，即方怀毅，方与严之子。方怀毅时任皖南中等学校视察员。

六　月

（北碚·重庆）

6月1日　与宏清理账目。寄黄云孟信。

6月2日　毛蓝布：(1)布钱(100匹)：1 600元；大的7套，小的10套，平均八套；工钱：四角五分一套；100匹＝800套。(2)工钱：360元。1 600＋360＝1 960。长5.7尺，宽2尺[①]。

吴功贤，沙坪坝中央大学。

羊奶，托儿所。打预防针。

6月3日　烧雅〔鸦〕片。

6月6日　保育院所在：第一保育院，白庙子大田坎，刘姓住宅；罗叔章；550人。第二保育院，白庙子金剑山金剑寺；汪学箴；500人。第三保育院，白庙子土场，周家祠；赵南仙；330人。

王省三来信，政治部补助费停止[②]。

文渼，逝世纪念日；"新旅"生日[③]。

6月8日　请任潮先生改委竹因代怀毅[④]。

6月9日　北碚校址定界。

敌机轰炸北碚，落一弹于菜园。

6月10日　参观北碚菜园轰炸地点。给三桃(刚)信。于振瀛来访(邓哲熙、仲芝托)。

基建鉴，省立医学院。孙伯璞，教部编辑所。

6月11日　于先生代表邓先生来。杨幼炯、张肇元，龙凤桥。

6月12日　席先生来(梁漱溟先生之同志)，南充。

琴、宏代"七七"推销戏票60张[⑤]。

6月13日　章泯先生来。

"七七"少年剧团公演，自助。艾寒松先生来为生活书店找房子。郭泰椴先生来，托到复旦为"七七"推销戏票。难童工作团来，领袖来。

竹因来信，同意代怀毅。

6 月 14 日 竹因被委为“中校视察员”(皖南)。

6 月 15 日 中午,“志愿捐”开会[⑥]。

东明、铭勋、帅昌书来温。晚上温泉小学开会,讨论育才筹备事宜。第一次系统的会。我主席,东明记录,洞若、铭勋、学墉、绿汀、泰椴、东明、昌书、我、章泯出席。

脚痛。

6 月 16 日 脚痛愈甚,自温泉回。读《胡风文艺笔谈》。

6 月 17 日 雷某勾结劣绅出卖森林,写信与肖生阻之。

脚痛。续读“文艺笔谈”。第一次心痛。

生活教育社向区署为夏令共学会备案[⑦]。

6 月 18 日 地主请客。

买布、棉为育才做被:(1)向赶场申国臣、明大顺定头号毛白布五十匹,已收九匹,每匹长 25.8 尺,宽 2.35 尺,付款 100 元。(2)弹棉花,付洋 30 元,农村银行对面,源源棉絮店,每三斤 3 元。(3)做被,新华西服店,每个 0.28,交九匹,拿了被套一条。

6 月 19 日 田数五,第三保育院。

建议三保育院向区署买难民新村房联合办事。

6 月 20 日 写信与王省三及涵真先生,$500 元处置,七镑之处置。看碉堡,房子太低。

宏送粽子,分赠难童工作队代表。

“七七”少年剧团近来弄得无处安身。据区长说,只因在“民教馆”挂牌子,吵闹[⑧]。

学墉、章泯来,保育院四处中三处欢迎选拔,只有汪院长敷衍[⑨]。

看三卷《战时教育》。

6 月 21 日 端阳。禁龙舟赛。

收明大顺布 23 匹,由其直交“新华”做被,付洋 284 元;连前共 32 匹,计合洋 384 元。

致琴双亲书。

战时儿童教育,三种认识。张曙夫人来。

6 月 22 日 访卢子英先生。嘱张子扬把房造高些。

谢石深来谈。

6 月 23 日 赴渝车:8:45,11:15,1:45。赴温泉洗浴。

沈鹏，之万，永川三区行政督察专员公署；陆祯祥，永川县政府第三科。

6月24日 下午2时，候文学组。

军事委员会军医署编印：《军医必携》。沥滤：细沙60公分，粗沙15公分，石子，30公分。每平方公尺面积每日约可出水3 000公斤。细夏布，法兰绒可代，20小时后洗。桐油帆布蓄水，漂粉精消毒。漂粉精溶液：45公斤(100磅)漂粉精30元，先放20公斤水，2公斤精；搅5分钟，再加100公斤水，搅5分钟，搁30分钟，氰1/100。井水每400公斤加溶液100公撮，搅四分钟，经20分钟，每日举行。饲蓄：每头需厨余7至9公斤，500人可有100公斤厨余。厨余化肥：砖彻槽7方公尺，3公尺深，紧盖15日。灭蚊：排水，洒油。灭蝇：溺蛆阱。池水上木架将马粪堆集，蛹向下钻；硼沙〔砂〕粉每立方公尺垃圾洒3.5公斤，以水喷之。灭虱：摄氏40度无食可支12时，20度一星期，4.5〔四五〕度10日。挂衣三星期则死，蒸汽5分钟即死，好20分；洗人体，肥皂一片，水四份，沸后加煤油二份，冷后加水二份至四份＝液体肥皂。头虱，10%醋酸加等量煤油洗，浸此毛巾裹头1小时。若不洗的篦梳。薰蒸消毒[10]：30立方公尺，2公斤硫，6小时。

分配研究人员及专题。

6月25日 致函杨夫人，请另在他处想法。

研究专题及负责人员名单抄十份分寄分所。

夜10时，到重庆。

6月26日 求精中学(曾家岩)，"妇干训"第一讲[11]。

6月27日 9:30，枣子岗垭良庄，83。

妇干训"第二讲：

(1)教育的认识：①教育是战斗的。②教育是大众的。③教育是生活的。④教育是科学的。⑤教育是集体的。⑥教育是行动的。⑦教育是计划的过程。⑧教育是力的培养。⑨教育是觉〔悟〕的启发、动员。⑩教育是教学做合一。⑪教育又是在大社会里干的。⑫为社会服务，5万小孩的乌托邦。

(2)怎样办战时儿童教育：①三民主义、《抗建纲领》、《教育会议训词》为最高原则——造梯子，民主的集团。②引导小孩过战时生活——在生活中认识，在行动中去追求真理。③帮助小孩组织起来。小孩的集团生活；检讨过去，把握现在，创造将来；批评，计划，实行。④做小孩的母亲。慈爱，怄气，引导；不要做后母，要做亲母，做爱迪生的母亲[12]。⑤四种培养：手脑相长的小工人；追求真理的小学生；即知即传的小先生；百折不回的小战士。⑥"五乌"[13]；不要把小孩残废了。⑦两只脚都向前。⑧三种组织：学校—小孩；保育院—小孩；社会—小孩。⑨要儿童文学，不要干咸菜的文字。⑩不要使小孩脱离小孩群，不要使小孩脱离社会的群众（五万孩子无〔乌〕托邦），不要使小孩脱离中国的小孩，脱离世界的小孩。⑪干儿子与中华民族的儿女。⑫妇女工作，不要脱离小孩——小同志，为小孩服务；战时生活，能聚能散，在炮火中长大起来。⑬避免认识的错误——病孩、丑孩、顽皮孩。⑭方法上的错误：打不出真理来，越打越笨；不要你哄，不要你捧，只要你懂。⑮小孩的先生——面前人，无常师。⑯小孩的课本——活的书。⑰小孩的学校——大社会。⑱小孩的同学——前后左右都是。⑲小孩的学生——前后左右都是。

"业余"捐得500元[14]。良庄诸友奉访。

写信去港，兑瑞门100美金。

6月28日 陈长蘅，独石桥立法院，他曾调查白庙子汪院长处理难童之不当。

回北碚。

6月29日 再寄《兵役宣传之研究》与辞修先生，《志愿军歌》亦寄去。再请恢复"晓研"补助费。

赵老太太来，住清凉亭。

6月30日 8，区署。10，区署。

接辞修先生信（廿七日），知道他已将前信提阅，并称道《兵役宣传研究》。

本月记事

永川东高小学：学生800人，教师14人；永川陈食小学，学生500人，教师8人；永川石庙小学；学生300人，教师5人。

杨劲，贵阳大厦大学。

陆欣祥：男，32岁，江苏崇明。民国十九年时23岁，曾任尧化门小学教导主任兼高级级任，前后共二年；崇明庙镇小学教导主任一年；江宁自治实验县淳化镇小学校长一年半；江宁自治实验县第七学区中心小学校校长一年；现任永川县第二学区教育视导员（在职已近一年）。毕业学校：前江苏省立第二师范农村科毕业（三年制，民国十五年七月毕业）。

本月人名录

2日:袁海真 5日:舒杰 6日:罗叔章 汪学箴 赵南仙 7日:桂岳华 裴功森 10日:张自忠 冯治安 刘子良 石友三 21日:李俊夫 25日:陈友钦(尧夫) 董翰良 吴贵长(守斋) 26日:钱汉佐 彭中亮。

【注释】

①所记内容,系育才学校开办前,为制作被套所作的预算。

②指陈诚所领导的军委会政治部停止了对晓庄研究所的定期资助。

③“文渼”,指陶行知的胞妹,于1929年6月6日病逝于晓庄。“新旅”,即新安旅行团。该团由江苏淮安新安小学的师生所共组;该校的创办开学,也是1929年6月6日。

④“任潮”,即李济深。指改委方与严取代方怀毅担任皖南中等学校视察员一事,此议由陶行知提出。

⑤指吴树琴、陶宏帮助“七七”少年剧团推销戏票一事。

⑥指三峡实验区志愿军优待委员会为“志愿捐”一事所举行的会议。

⑦“夏令共学会”为育才学校的前身,该会的开办日,即是育才的创校纪念日。

⑧“七七”少年剧团原住在北碚民众教育馆内,因该团坚持要在民教馆的门口挂出剧团的牌子,而馆方又不许。吵闹一场后,遂为民教馆所不容。

⑨指重庆白庙子第二保育院院长汪学箴“敷衍”育才学校招生一事。

⑩在此处原有草图一幅,从略。

⑪指在妇女干部训练班的首次讲学。

⑫爱迪生的母亲不因她儿子被学校开除就呵责他,而是鼓励和支持他继续进行科学实验,使他终于成为举世闻名的发明家。

⑬“五乌”,即“五万小孩的乌托邦”的缩称。

⑭“业余”,指香港中华业余补习学校。

七　月

（北碚·古圣寺·重庆）

7月1日　9时，区署。

吉昌祥——隆昌县；钟鸣周——北碚青年饭店6号；金佛路12号门口，巧云。

1尺4寸宽，5丈长，7元，色蔚蓝色，马先生；650根头，7元一匹；750根头。

陪赵老太太和卢区长听昆腔。

冷中雪来。

7月2日　郭泰椴来谈“北泉”教育[①]，从把握现实、具体分析中找出教育的办法。

赵院长[②]来谈。

7月3日　冯先生焕章送来伍百元，为育才买书用；并捐研究所每月四百元，设研究座二个。

“七七”筹备会[③]，请邹绿芷代表出席。

黄云孟来，也以“把握现实之不可移动”推助其计划江口中学。

赵老太太与我谈她所愿做的工作。

7月4日　严肃代表“新运会”在“来鸿”请客[④]，下午1时。

熊翥高，魏家湾冯家园子。(1)成都县：陈诗、汪国英。(2)新肇：伍科长。[(1)、(2)行政有办法，薪金20，月月发。(2)劳金，50人以上，每多5人加1元。(1)陈诗，飞机场先成。(甲)奖金；(乙)革撤15人，5人做20人事。](3)崇庆：县长与科长冲突。6时跑步，7—9时在校自修；电灯1个20人，油灯1个2人。花木洁整，待遇15元。(4)新都：组织教育，多数100元一年；蛾〔峨〕眉[⑤]6元一天，72元一，多可领。大邑、新津100元一年，每月只拿到三四元兼粮票。川省教厅三科长薛钟泰：部1/4，省1/4，县2/4，义教经费办法。崇宁县全县只有师范生一人(完全师)。

育才要买的东西：(1)办公桌17张；(2)文具；(3)玻璃40窗，共240；

(4)大钟;(5)闹钟两个;(6)印机;(7)笔墨纸张;(8)党、国旗;(9)药品;(10)信纸、信封。

7月5日 夜偕琴在亭前坡上避空袭。

7月6日 夜12时,偕赵老太太家属及琴避飞机。

7月7日 未天明,自天生桥避飞机回来。

“七七纪念”在体育场举行,7时开会,赵老太太及法寻演讲,梁仑报告。

信慧及宪猷来[6]。

7月8日 梁仑先生谈:“巴县团管区,重庆南岸,玄坛庙。午后3时,五月廿五。报到,派人引导,到弹子石找住,未妥,敌机到,疏散。晚9时归队,住裕华小学,中饭、晚饭皆未吃,次日早,十时才吃饭,自办。廿六早8时,罗司令点名训话。派人送綦江,180里。廿六午后1时走,廿八午后5时到。通公路(川黔)。綦江,廿九日晨交兵与十六补训处五团一营。(1)不明了,中下级官。(2)派班长(1人管15)。(3)每班长武装。(4)当北军一样接:甲、挑选;乙、态度不好;丙、管犯人样;丁、廿九号、卅号水没有吃,夫子都没有;戊,两顿饭,菜有盐,没有油;己、住东岳庙;庚、热,挤;辛、4人一条毯,转凉,冻病(一星期);壬、蚊,疟疾20余人,痢10余人,霍乱死1人,旧病又死1人。40天死二人。臭虫、虱蚤、蚊蝇,恶疮传染志愿兵,班长个个有,共同生活。饮食没人管。环境卫生:形式清洁,形式好看,不彻底。6元一月伙食(实5元,余每十天分与兵)。7.3饷。一个逃兵限4小时报,以免吃缺(好)。医药费,每人每月两毛,不够。几年前偷。病则无法,医生无法。点名时267人,逃去15人,吃不了苦,优待金用完。训练:5:00起床,升旗,晨操;6:00早饭;6:15—10:00,操场;10:00—11:00,讲堂;11:00,休息;11:30,午饭;12:00—1:00,午睡;1:00—2:00,讲堂;2:00—2:30,休息,预备;2:30—6:30,野外演习;6:30,休息,洗脸;7:00,晚饭;8:00—9:00,游戏,唱歌,谈天;9:00,点名;9:30,息〔熄〕灯。训练无枪,连旧式武器也没有。防空,机关枪。无期的训练。保卫大重庆,编警卫军。希望向〔上〕前线,无法去。5月31日,团部(五团)团附收去,存入合作金库(要团附、营长、军需三章,乃能领款),自愿兵病而无钱医。第一连连长——谭俊汉说,我们的训练不副前方需要。第一营营长向圣和,为人能干,都好。补训处长管六团,石祖德。人还好,特务团团长。第一连排长都很好,各管45人,班长生疮。志愿兵服务:(1)团部书记一人;(2)团部看护四人;(3)连司书2人;(4)班长训练8人(他们要100)。以防逃兵,感化壮丁。”

下午3时，刘文襄主任约谈。刘文襄：(1)家里后顾之忧(优待会)；生活入伍(随军服务团)。北碚的问题：甲、宣传方法；乙、入营服装；丙、收容生活改善；丁、一鼓作气；戊、家不住碚者要介绍；己、五场报名，北碚报到。上层改善的问题：甲、妇女加入；乙、生活加〔改〕善；丙、训练改善；丁、自编一营；戊、优待。

兵役宣传：(1)学生，训练；(2)志愿兵、官回来；(3)赵老太太、刘老太太；(4)发动者；(5)中国制片(志愿兵片)；(6)陈列志愿兵事迹；(7)告青年书；(8)战利品展览；(9)捐款(志愿捐)；(10)服装；(11)家属证章(光荣之家)；(12)志愿团后备队。

7月9日 邹曦8时来，为他们四人设备卧铺。

琴、瑜同游温泉松林。维特去渝与保育会办交涉。

7月10日 卫生所成立会，早10时。

12，“来鸿”。2—4，温泉图书馆。

兔龙湾(学园路)李全极院子内薛沁芳，有药品、器械卖。

温泉松林里，与潼南县女青年会干事八人演讲，请他们到潼南帮助说明志愿兵之重要。

路遇陈真如先生，他愿把他的书捐育才。

7月11日 聘安娥先生为“育才之友”。安娥先生为育才小朋友——牛鼻子挖壕沟；牛鼻子前线服务[7]。

7月12日 11尺×2＝上左顶；6尺×2.2＝前门；5尺×2.7＝前窗；2.2尺×2.7＝右窗[8]。

7月13日 到绍隆寺看世界红十字会慈幼院。

7月14日 薛映晖：$71.20－14＝57.20。5时来拿。

天凉。第一保育院七学生来投考“蚕丝”。

7月15日 早去古圣寺。冷君来接，先时去，以致不接洽；找夫子抬风琴，费3时。

7月16日 黄云孟来。厨师改由师生另请人。

7月17日 预备交代：监视木料、招待社员、招待难童。

7月18日 赴渝。晚见白桃，见邓先生[9]。

7月19日 宁都熊天翼主席。

假定七月廿四日，北碚，温泉公园小学，区署卢区长。10时候电话，子英。

见陈辞修先生、白健生先生、章乃器先生。

7月20日 共学会开幕[10]。

7月21日 刘周玉福——刘楷母。文星镇——演讲。

第一保育院学生来。

7月22日 偕倪尚达及大田坎学生赴温泉[11]。

吴玉章先生讲“中国社会史”。

7月23日 顾一樵在共学会演讲。

7月24日 白健生有电话说，今天不能来。

7月25日 冯焕章先生来演讲，住“柏林”。自造物理仪器。

7月26日 冯焕章先生离北碚。

7月27日 赴温泉讨论会。大水大雨。

因少数同志赴古圣寺，讨论会未开。

7月28日 韬奋偕夫人等来碚。早，北碚助小孩组织。

7月29日 偕韬奋先生、钧儒先生游缙云山。

邵力子先生来讲“三民主义”；韬奋先生讲“教育与民主”。

7月30日 温泉讨论生活教育(上午10时)：

(1)定义：of life，by life，for life[12]。

(2)基础：生活，哲学的基础的基础。①历史的生活—发展的生活—从农业文明到工业文明的生活—从半殖民地半封建到自由平等的生活。②联系的生活—政治、经济、文化互相关连〔联〕的生活—乡村、都市沟通的生活。③生活决定教育，不是教育决定生活。④生活的变化即教育的变化。⑤生活的矛盾即教育的矛盾。⑥生活的量的增加到某种程度，可以突然起质的变化；即教育的量的变化到某种程度，可以突然起质的变化。⑦社会物质环境通过生活，才有决定的意思。

(3)发展史：中国传统教育、美国教育，不适。①肃清成见：想象力与现实肉博〔搏〕；概念；二者活用。②教育法：教学合一(教中有学)；教学做合一(在做上统一)；在劳力上劳心；生活即教育(历史的，联系)；社会即学校(历史的，联系)；工学团—集体主义的自我教育；即知即传(学中有教，充分的发展这矛盾)。③运动：乡村教育；普及教育；国难教育；战时教育；全面教育。

(4)生活教育与政治：①任务的决定者。病害决定医生的任务：a. 帝国主义—日本帝国主义；b. 半封建的条件；c. 自由平等之要求。②政治贯彻在生活之中，笼罩在生活之上。③政教学做合一(目的与方法)、教学做用合一(同)。

(5)任务(根据我们的技术):①反侵略。②推进民主。③巩固团结。④抗战建国合一。⑤战时生活即战时教育。⑥六艺:礼=组织;乐=乐;射、御=武艺;书、数=文。⑦中国教育政策:补充政、军、文不够,要造新的人才;义务教育,态度、技术、内容要改进;民主的教育法有待促进;师严道尊之建立。⑧自我教育(集体主义)之正确。⑨加强政治教育、集体教育、实践教育,正确。

(6)“生教”与“普教”:①知识为公。②以知与人己愈知。③量的增加起质的变化。

(7)生产教育:①生产者教育。②工学团。

(8)教学做合一:①理论与实践统一。②学校与社会统一。③先生与学生统一。④生活与教育统一。不是标语统一便算统一,利害冲突的要经过斗争才得统一。

(9)生教社[13]:①总与分社之联系。②分社设立。③社员教育之检讨:a. 民主的检讨;b. 经济;c. 求学治事。

(10)研究所[14]。

(11)育才学校。

(12)《战时教育》。

(13)各地工作报告:①“新旅”。②英山。③香港。④大别山。⑤“孩剧”。⑥新加坡。⑦海防。⑧斐利滨〔菲律宾〕。⑨云和。⑩广东。⑪桂林。⑫重庆。⑬延安。

(14)慰劳死难同志家属[15]。

韬奋、钧儒先生去,千里先生来[16]。

7月31日 北碚兵役民众大会。

冷先生领款,带胡文山去。一尘来信[17]。

本月人名录

15日:高化民 张荃如 20日:陶慰心 24日:吕少春 钱仲易 罗炬麟 黄佩兰 杜连璧 25日:袭家沛 26日:郭永照 刘桂真 钱味菊

【注释】

①“北泉”,即北碚北泉小学,郭泰嘏为该校校长。

②“赵院长”,即重庆第三保育院院长赵南仙。

③指“七七”抗战爆发两周年纪念活动的筹备会。

④“新运会”，即新生活运动指导委员会；“来鸿”，北碚的一家餐馆名。

⑤“蛾眉”，指“峨眉县”。

⑥“信慧”，即李信慧；“宪猷”，即曾宪猷。

⑦安娥系田汉夫人，所述为两个小故事。

⑧所记为校舍、教室门窗等的尺寸要求。

⑨“白桃”，即戴伯韬（白桃）：“邓先生”，指邓颖超。

⑩“共学会”，全称为暑期共学会，曾向北碚区署立案注册，借北碚北泉小学校址开办，参加者为筹备育才学校的师生。由于当时古圣寺的校舍尚未修缮完工，加之所请社会名流去古圣寺演讲往来不便，故以共学会的形式作为育才学校的开学礼。此后，是日成为育才学校的创校纪念日。

⑪“大田坎学生”，即重庆第一保育院的学生；该院院址位于大田坎。

⑫英文意为：（生活）所原有，所自营，所必需。

⑬全称为生活教育社。

⑭全称为生活教育社晓庄研究所。

⑮以上所记，系在生活教育讨论会上的讲话提纲。参加此次讨论会的有：生活教育社同人，育才学校师生。

⑯“韬奋”，即邹韬奋；“钧儒”，即沈钧儒；“千里”，即沙千里。

⑰“一尘”，即潘一尘，曾任晓庄学校指导员，时为生活教育社社员，任教于湖南衡山。

八　月

（北碚·古圣寺·重庆）

8月1日　江苏医学院(6:30—7:30):"精神动员与教育"。

第三连,睡湿;死2人。逃:班长伍航德,带八人跑;25。优待金得不到:班长—排长—连附—连长—营长—团长—处长;经理委员会。病——唐庶,支持不住,还要"操"。5:25—7:25:31人,回去7人,死2人,死、逃未明1人。

8月2日　倪志远先生讲方法论。显微镜可以看出原子、中子、电子、电核。

俊瑞来,看他坐船去温塘〔泉〕。乃器及子缨〔婴〕[①]在文星桥相遇。晚,宴乃器夫妇。夜空袭。

8月3日　俊瑞上午讲;乃器下午讲。

郭永照先生送400元来,冯先生捐之研究座[②]。夜空袭。

8月4日　生教社同志,来观,区署招待[③]。

"七七"少年剧团谈话:(1)团体散而不散;(2)各本各的志愿、环境及国家需要而干;(3)无论到哪里,需要团体检讨;(4)到山西去的要训练而后去。

常先生来,知道冷君未买苍蝇拍,灭蝇队失效。寺中依旧吃泥水。书呆子之苟且偷安如此。

陶刚的信由黄山天都峰退到阳湖安徽中学,又退回北碚。

刘大作捐105元与育才,《西北区工合教育》写得很好,充分发挥工学团之精神。

8月5日　"共学会"参观古圣寺。

8月6日　我到古圣寺,与卫太太、琴、李同去。

晚,健生先生来晤。

8月7日　早,他在碚演讲[④]。中午去温泉。

8月8日　游缙云寺[⑤]。

8月9日　离温泉[⑥]。

8 月 11 日 偕卫太太、刘清扬参加古圣寺与教师聚会，说卫生与抗战。

8 月 17 日 送第二期志愿兵离碚。赵老太太与我演讲，子英区长主席，我说 4 点。

对兵说：(1)保护抗战的身体；(2)以自愿精神到处动员。对群众说：(1)爱护战士的家庭，有钱出钱；(2)继续提倡志愿兵。

付邹绿芷送士其 20 元；付“生教社”献旗 7.3；付“育才”献〔旗〕7.2。

8 月 18 日 到重庆，送士其[7]。

8 月 19 日 马鹤天先生，6 时在杂粮市味腴菜社请客。黄伯度公馆 11 时，南区 199。李任潮，4 时。沈钧儒，12 时，良庄；7 时，犹庐。方振武，11:30。

8 月 20 日 中午，李任潮请客。冯先生夫人会见[8]。

8 月 21 日 3 时，回渝〔由渝回〕碚。

任潮先生设敌后教育网。

合川营盘街 145 号，生物标本制造厂，解剖标本 40 瓶 130 元，可介绍学生去学做一套。

琴病。

8 月 22 日 琴病。

8 月 23 日 尼赫鲁到渝，晚空袭。琴病将愈。

“大田坎”十学生来[9]。

8 月 24 日 刘露来。

8 月 25 日 晤合川新县长谢，即前任宜宾县长。

定廿八在温泉会齐，去测验绍隆寺学生。

9 时，到古圣寺。

8 月 26 日 会见朱大夫，荐林护士。

8 月 27 日 桑大夫去古圣寺。晚谈校中卫生环境。

8 月 28 日 温泉会议测验。空袭。刘绍璋来谈。

谈创造卫生环境。托洞若与在校同志详谈。

8 月 29 日 林护士允许来古圣寺，约一号来。

肖生来领 1 500，肃清八月及以前之薪金。

他们赞成创造卫生环境。

8 月 30 日 赴古圣寺。致白桃、季平信。

本月人名录

1日:吕少林　21日:杜湘

【注释】

①“乃器”,即章乃器;“子缨”,即胡子婴(章乃器的夫人)。

②“冯先生”,指冯玉祥(1882—1948)。郭永照,冯玉祥副官。“研究座”,即晓庄研究所研究员名额。冯玉祥曾慨允承担两位研究员的工资及其研究经费。

③“区署”,指北碚区区公署。

④“他”,即白崇禧(健生)。

⑤指陪同白崇禧游览北温泉左近的名胜缙云山。

⑥指白崇禧“离温泉”。

⑦即高士其,著名科普作家,曾在陶行知创办的“自然学园”任职,当时因病由重庆到香港去治疗。

⑧即冯玉祥夫人李德全(1896—1972),妇女运动领袖。

⑨“大田坎”,指重庆第一保育院。

九 月

（北碚·重庆·永川·古圣寺）

9月8日 来渝住冯宅[①]。晚与冯先生谈苏美观光团。

9月9日 参政会在渝重庆大学开幕。议长：后方建设，加强军事，注重外交。张一麟：严办汉奸，精诚团结，普及教育。

9月10日 早，第一次大会。向军政部长询问：防止逃兵问题。

第五战区司令长官部驻京办事处处长：阚宗骅，怀固。

访德邻先生于大溪别墅。

9月11日 空袭。洗衣券，000035号。

9月12日 空袭。

9月13日 草“志愿兵案”[②]，二小时成。平日哪里找不出二小时，必等到最后五分钟才努力，这病须痛改。

再晤德邻。

9月14日 讨论外交中心。沈案保留[③]。我的修正案附议多人，以保留原案不能提。王葆真骂罗文干、罗隆基、钱端升副署沈案又主保留为不当。文干认错，放弃表决权；而端升则不认错。文干的精神可佩。

“川康建设方案”，夷务部分为全案一大污点，我请重付审查，李璜起辩，我得十二票，败，再战！

9月15日 近日党派间挑拨谣言细碎尚多。有人造谣说，沈老讲反孔属汪派；又造谣说，不副署反孔案者，系接到中共之命[④]。

9月16日 胡子婴介绍桑文澜[⑤]。

9月18日 与林虎先生谈夷族：(1)饭后家庭会议；(2)河内石子打尽方才罢；(3)纯族，女外婚则死；(4)人口不够，抢人为奴(白)；(5)白夷婚姻由黑主；(6)黑离汉远者较好；(7)防抢政策；(8)贪官挑拨夷、汉；(9)娃娃，称呼；(10)娃娃：畜牧、种田；(11)娃，即财产，越多越富；(12)远者抢近者之白夷牛羊；(12)汉人从200万—150万—90万(清盛—清末—现在)；(13)民元—八年，兵尽撤；(14)官夷勾结最坏；(15)辅币缺乏；(16)盐源、□宁、盐边，米、菜、床都无，马料也无；(17)钻牛皮，赌咒；(18)爱钱而埋；(19)以货换货；(20)民元起有雅〔鸦〕片，白夷代种，无税，军官赞成他种，烂枪、子弹换烟；(21)种烟收白权；(22)来归与征服；(23)来归的白夷作佃户，但不是奴隶了，邓为富；(24)城里学校，夷孩逃学，或请人代。

苏联出兵波兰，保护乌克兰及白俄罗斯人民。

回北碚。

9月19日 雨，去育才，中途返。写信与保育会。

9月20日 看琴与其双亲信稿，大惊，全日不安[6]。琴做治疟丸。夜，写信与琴父母，请同意。琴亦加函。

下午写信与胡子婴，请桑文澜。

“业余”校友会：吴涵真、袁仲达、沈之万、张军光。

9月21日 住来凤镇华西饭店，四川公路局特约。对门为农村饭店，包治席酌。合记“农工商学兵联合”。

登记小孩19人，金元、张老幺为正副班长。联保主任博伯侯。2人：(1)父当兵，(2)兄当兵；无父母13；无父有母3；无母有父2；有父出门1。

总动员知识分子及学生。壁书——墙为书；指笔——指为笔；掌纸——手掌、桌子为纸。

棉纱：三月前，花，斤，0.85；现，花，斤，1.20；另，1.45。400斤。纺一包纱，360斤；480元；加人工、捐税＝800元；现卖价1 800元。

9月22日 永川，临江，第二保育院，张云锦、吴乐孟：(1)识字的多——教育大纲初为不识字的。(2)设备太少——书600册；20元买书；杂志七种(先生)，二种(小孩)。(3)6元一月，4元伙食；营养缺少：辅豆、豆腐(早)，肉粉条、藕、豆腐、绿豆汤；每天10斤肉，三、六、十赶场，30斤，每天4斤猪油。(4)眼睛缺少营养。(5)283人，1/2生沙眼；8人疟，2人痢，1疥；医生没有，小看护；去年3/4疥，现1个；三天12斤半猪肉和□。(6)教师薪20，饭在外。(7)17先生，6实习生；教训、保教合一。(8)一年未死一人。(9)水清。(10)各组开会。(11)小先生分别教校工，5女13男。(12)国语兼级任，总队长。(13)每级任教师负病人责。(14)无保姆。(15)自己事自己做。(16)十岁以下小孩20人，有校女工帮忙(一人)。(17)晚上睡觉有睡衣。(18)女工一人(洗脸、盖被)。(19)小先生办保学23人。(20)挑水5人，五里，160斤(30挑)，共92挑水。(21)400斤煤，每天4斗8升(川斗)，合2石5斗。(22)房子太小，一间50人。(23)一夹，二单，衣少。(24)地少。(25)没有旅行机会。(26)6 元包括饭食、学生用品。

9 月 23 日 东高小学演讲；“国华”演讲。下午回碚。

9 月 24 日 雨，星期，偕琴游碚。

9 月 25 日 古圣寺。天冷，教师解衣与学生穿，最为欣慰。

9 月 26 日 分类，书信。

9 月 27 日 中秋。中。

9 月 28 日 会议课程。

9 月 29 日 黄节文来校。

9 月 30 日⑦

(1)集体生活：全校一体；世界一体；古今一体。

(2)智仁勇。

(3)知情意。

(4)工学团。

(5)教学做。

(6)文化工具，劳动工具，战斗工具。

(7)感觉困难，分析困难，解决困难。

(8)认识社会，适应社会，改造社会。

(9)行，知，衔。

(10)师，生，众。

(11)老，壮，少。

(12)左，中，右。

(13)自然—劳动—社会。

(14)头脑，双手，机器。

(15)艺术，科学，哲学。

(16)天时，地利，人和。

(17)新大学：明大德；新大众；止于大众之幸福。

(18)大德：觉悟；联合；争取解放。

(19)空间，时间，人间。

(20)海，陆，空。

(21)检讨过去，把握现在，创造未来。

(22)正反合：肯定，否定，否定之否定。

(23)真，善，美。

(24)德,智,体。

(25)抗战三阶段:防御,相持,进攻。

(26)民族,民权,民生。

(27)大众:福;禄;寿。

(28)自由,平等,幸福。

(29)身修,国治,天下平。

(30)求学—虚心,(百战百胜),工作—不断,战斗—团结[⑧]。

(31)动,植,矿。

(32)你,我,他。

本月16日记事

(1)姓名:桑文澜,45岁。(2)学历:燕大研究院学教育。(3)籍贯:浙江杭州。(4)曾任杭州弘道女校教务主任多年,在上海江湾自办托儿所。(5)此人能接受进步之思想与办法。(6)于管理及教育方面均有专长;桑文澜,歌乐山赴集路5号;胡子婴,通远门荫庐5号二楼。(7)曾与子婴合办手纺织工厂半年有余,未支薪水,极负责任。(8)乃器亦认为难得之人才,如能与陶先生合作,最为适宜[⑨]。

6月—9月记事

晓庄外出小朋友:陈银山,四川绵阳东街私立育德中学;尹来弟,泸县二郎庙第七保育院(以上成都黄城内第三保育院转);陈德祥、王金连(陵),北碚草街子古圣寺育才学校;唐凤宫,山西省兴县民族革命青年军官教导团第二大队第五中队;陈仪贞,长沙湘雅路9号军委会后勤部伤兵招待所第九总队部郝纪泽转。

育才学生:(1)袭,无线电,音乐;(2)沈玉麟,合江保育院(以上安娥先生介绍);(3)石慰慈,音,第三厅石凌鹤介绍;(4)杨,音;(5)孙继光,戏;(6)欧阳佩湘,十岁,文学,欧阳咏湘,六岁,社会,通讯地址:北碚西山路54欧阳公馆转;(7)陈篪华,女,十岁,四年级;(8)陈治华,男,八岁,二年级,重庆108号信箱李玉如转。

育才学校捐助人:邹曦与夫人,捐唱片(贝多芬);李谦亨,捐图书费30元;冯玉祥,捐图书费500元;刘大作等,捐图书费105元;沈之万等,100元;黄开禄,5元;程希孟(白沙,聚魁中学),20;郑通和(银行)奎,10元。

育才教师薪水：章泯，五月廿日起；常学墉，五月廿日起。

王礼锡追悼会，上清寺美专 7 号礼堂。

阎玉衡，重庆村 17 号　陆祯祥，四川第三区专员公署　潘一尘，湖南衡山南岳 29 号　杨子勋，贵阳禹门路浙江会馆，后勤部；通讯处，顾文彬先生代收　“业余”校友会，香港九龙奶路臣街 25 号四楼　陶对廷，琼府会馆，安南堤岸，水兵街 158 号　赵叔通，重庆戴家巷 12 号，中国茶叶公司。寿毅成，同上〔前〕　周勤百，经济部川盐银行，一层楼上　程稚仲，重庆麦子市 2 号　易史，河南确山竹沟，新四军留守处　刘平安，川盐银行，新街口 427　卢作孚，重庆村 3 号二楼，2067　李任潮，神仙洞后街 27 号，2813，2719(政)　李延瓒，重庆 108 号信箱　王造时，江西安福县北门王孝友堂；湖南湘潭县政府转　宋明轩、邓仲芝、于振瀛，重庆蔡园坝 77 号转，第 33 集团军驻渝办事处　车庆和，向忱，西安东北竞存中学　万树荣，华文中学，瓷器口对岸，江北十字山　李昆源，重庆绣璧街 15 号，杜德山先生转　郝省三、孙慰君，桂林东江镇“新旅”转　沈钧儒，枣子岚桠 83 号良庄　文丽英，重庆南岸玄坛庙家园，汪冰如先生转　黄伯度，上南区马路 199 号附 7 号，电 2573，会 2270。贺若，青年会，342 号　张锷，重庆西山路 2 号，新华日报社　万籁天，土主场万寿宫，教导剧团　谢石深，温泉邮政代办所　邓仲芝，宋明轩秘书，重庆菜园坝 77 号，李显堂转　章泯，重庆南岸铜元局华裕农场　王焦英，中央大学丁观海转　孙运仁、姜有恒、郑代巩，重庆枣子岚垭 90 号犹庐　王家楫，中央研究院动植物研究所所长　曹子云，休宁县长途电话管理处　陆璀，纽约西 57 大街 119 号 1112 室　赵侗、王明轩，西安洒金桥西五台　保罗·K.G，新加坡阿卡德街 74 号　振〔赈〕济委员会，重庆张家花园巴属〔蜀〕小学，大渡口华岩寺　程海峰，上海斜桥路天乐坊 14 号　沈德华，上海四马路中西药房民谊药厂　王荆记，上海新闸路 1104 街 48 号张兆林　高士奇〔其〕，果园，熊家院子 14 上；吴家湾汪宅　刘有为、张剑尘、张峪峒，复旦大学　谢石深，北温泉公园事务所，赵慧琴女士转　盛克猷、卢治愚，和睦路，教育部中小学教科用书编委会　沈钧儒，青年会，17 号　王炳南，老街 120 号慈居；国府对面学田湾衡舍；隔壁生活书店总管处　钱沈兹九，枣子岚垭犹庄 27；国府路学田湾生活书店　李德毅，北碚地质调查所，保肥场陈恩凤转　周德厚，妇女指导委员会，曾家岩，“求精”，电话 2304　潘明娟，黄桶树复旦大学　王荣春(杨先生的太太)，北碚金佛路裕光商店转，住高坎子，过去　伍展空，廷飏，重庆四德里 16 号朱先生转　黄开窗，太和镇射洪中学杨久安　刘子望，沙坪坝中央大学张建德转斐利滨〔菲律宾〕。

刘立生，新湾四十石田，三十石土，菜园，两个半院房，5 200 元。又，刘家院，第七保保长，家畜保育所附近，100 亩，房数十间。

尹洪敦，石灰，黄云孟先生介绍。

介绍国文教师，“民生”。

【注释】

①“冯宅”，即冯玉祥住宅。

②指《扩大壮丁志愿应征入伍运动，以增加抗战力量案》，系向国民参政会提出。

③指沈钧儒领衔向国民参政会所提的议案被大会议决“保留”。

④“反孔”，系指反对孔祥熙。“汪派”，系指汪精卫之流的投降派。

⑤胡子婴在此还专为桑文澜写了一页介绍词，内容见“本月 16 日记事”。

⑥当时吴树琴的双亲不同意她与陶行知的婚事，琴的回信似有不愿忤逆父母之意。

⑦在《我们的校徽》一文中，陶行知追述道：“九月三十日，我从金刚碚坐船到白沙沱，在船上有点空闲，可以仔细的对这个问题想想。”以下文字实为“想想”的结果。

⑧在本页，还有一段被划去的文字：“30，团结的意思，胜利的符合，符合人类一体的符号。”录此备考。

⑨本段文字为胡子婴所写。

十 月

（北碚·古圣寺·重庆）

10 月 1 日 星期日，译 Steaol[①]。

夜警报，在宋宅防空壕。

10 月 2 日 黄节文、黄院长、杨院长到古圣寺。

(1)①肃清蜘蛛网；②水缸有油须除；③厨房先做三合土(陈)。(2)功课表，12 时以前，三日(帅)；报告表，三日完成(帅)；(3)厕所除蛆(程负责)，用石灰即日扫清；(4)法师厨房，帮助打〔扫〕(帅)；(5)账目收入账腾〔誊〕清，六日弄清(张)，收入账完全移交；(6)会计书要买。

汪仁安要棉衣。6:30 回碚。宴桑文澜先生于"厚德福"[②]。

空袭，六批飞机来。早 5 时睡。

10 月 3 日 感冒。日空袭。夜空袭，未避，病。

肖生自合川来看木料。

10 月 4 日 买旧五金器两件：钢杵 0.50；活动罗丝拔 1.00。发动大规模为科学组收买旧货。

10 月 6 日 到古圣寺。(1)分床；(2)寝室改造，楼下寝室取消；(3)单被；(4)伙食改良：一加面食，二营养更注意；(5)指导员、助教，注意学生生活状况；(6)吃饭坐着；(7)艺友与学生同睡；(8)晒衣服；(9)大洗脸室隔成小浴堂；(10)蚊子很多；(11)沙眼；(12)豆付〔腐〕水加冰糖煮，医咳；(13)厨房毛〔茅〕厕根本除掉。

10 月 7 日 请黄节文、周之廉早餐。

托邹绿芷赴渝参加礼锡追悼[③]。

10 月 10 日 马汝梅，合川国立二中周校长转，生物标本制造。

10 月 11 日 《战时教育》：(1)"行知行谈"每期 2 200；(2)"读者通信"每期 2 000。交稿日期：每月十五日、廿五日交稿[④]。

中外图书供应所：问生活书店地址。可以要赠书杂志。苏联大使馆问材料。

白桃对育才意见:(1)形式毫无;(2)总司令缺少;(3)马先生走了[5],开水都无;(4)工人无训练;(5)艺友、指导员都好;(6)对小朋友无兴趣;(7)艺友上课骂工人;(8)课本(工人无)换;(9)吃饭比前好;(10)大批买……

10月13日 古圣寺。校务会议:(1)自由与纪律;(2)先生与学生;(3)民主与集中;(4)教材编辑;(5)朝会;(6)生活指导会;(7)代行校长职务。

绿芷:药拿不来。

10月14日 填鸭:"厚德福"。鸭胚:九角,30天;一元二角,20天。食料:米四,黑面六(24条一天,每餐8条);八分钱一天,约一斤;柴火四角钱(一□□一只)北方:面粉、高粱、麸子;零切,整买。玉米大,此地鸭喉小;吃不进,填死。

"行知衙"谈:(1)《填鸭教育》;(2)《经济教育》。

林业试验场,峨嵋〔眉〕山;徐明,广西基础学校。吴坤瀛,护士,卫生所。

10月15日 直属第一保育院,大田坎。教师26(职在内),学生528。每小孩6元(小孩鞋、手巾、教育用品、药品扣190元每月),衣服不在内(饮食:8月,$4.53;9月$3.57)。营养:身体好,吃得多;今天藕、白菜、竽〔芋〕头汤;肉30斤,油12斤。师:多一样菜。两菜一汤,8人。米价:五月每石24;现在每石38。炭价:五月,0.8=150斤;现在,1.4=150斤。力:每斤一分,每百斤一元,自工挑。图书:《抗战建国课本》发50本;小朋友读物没有,杂志8份,报5份,教员用书少。棉衣:总会发每套5元;现至少8元。单衣:总会发每人两套5元,现至少10元。账:总会发2元;现至少4元。被:4人一床。先生兼保育。先生学生分屋。水:泉。(1)经费不够;(2)教材不够;(3)房子不够;(4)参考书没有。

陈贻鑫,任光所选。

10月16日 写成《来凤晚饭后》,寄白桃。另选三信"论伤兵教育"寄去。晚写《填鸭教育》。

10月17日 早,预备去古圣寺,因病中止。

下午,写《我们的校徽》。

10月18日 一立方米$13.50。

写信给马侣贤、孙铭勋、陆维特。

10月19日 到古圣寺,开会讨论支配房子,组织委员会支配。参观鲁迅室(今天三周纪念)[6]。

2时半动身回碚,3时到草街子。一到就有船,但一阵阵的来客,到了4

时半才开船。到金刚碚已黑，满船五十人和数百鸡、鸭、鸽过滩。倒霉！危险！

10月20日 写《育才学校请求增加经费意见》《修正第二院计划》《修正托儿所计划》[7]。

新妇女运动。“三平地位”：政治、经济、文化；“三平机会”：工作、学习、服务；地位平，机会平，天下太平。

草成诗歌《送中华妇女职业改进社》(后拟题为《写两种妇女》)。

琴的父亲回我信，还好。附来有像。女人笔迹写的信，琴看了不做声，吃饭不理人，躺下流眼泪，不知是何道理。

10月23日 到重庆。自碚至渝，5小时，汽车车夫忘带足油。

8时半见许俊老，谈增加经费事。李先生病，沈先生病[8]。

找五个旅馆，太贵。住英年会$2.2，又暖又洁。

琴弟来信反对。

10月24日 10时，院长会议[9]。“战时儿童教育”：对院长们致敬！演讲词大纲：

(1)战时儿童教育：①过战时生活。战时生活的精神贯彻，而非〔被〕动。②抗战、建国打成一片。③教育内容：求学、做工、教人→打日本。④集体生活。赌博场，囚犯，真正集体。⑤民主集中：共同目的，共同认识，共同主体，共同参加；更具体些：共同立法，共同遵守，共同实行。⑥小战士而非小英雄。⑦认识小孩的问题、需要与力量。

(2)在保育院里感觉到的热忱与问题：①公育。②小孩的力量大：竹做的自来水笔，泸县；小孩防空；永川一个苍蝇也没有；永川保学。③教师们的牺牲：母亲瘦，儿女肥。④经费问题(6元，包括学生)。⑤书本问题(500 000册)。⑥营养问题。⑦卫生问题。

午，生活教育社谈。5时，许俊老谈：本身可加新预算，明年列入。7时，沈老约谈。8时，空袭警报。托沈老带书到桂。

10月25日 上午与洞若、白桃谈。

空袭警报。

3时乘车至青木关，再坐人力车到碚；夜行65里，9时到。

10月26日 拍电到璧山彭亮亭。冰致弟书。

小友调查民间疟疾、痢疾，被狗咬。湖南书已到碚。

10月27日 请邹绿芷调查是否疯狗。

民众教育馆员到碚。叶先生来谈科学组事与算学计划。

冰致弟信寄出。

民众教育观[10]：

(1)定义：①为民众而教育，为的是要提高民众的生活。②给民众以教育，用教育来动员民众。③由民众来教育，用民众来动员教育。

(2)三要：①要民众。②要教育民众。③民众要教育。不合胃口，太贵，太难，太费时，太不好吃。

(3)对象：①故意的选择。②无意的偏枯。③男女老中幼。忘了老年人、幼年人、流浪儿。

(4)场所：遗忘之场所：赶场、防空洞、车上、船上、工赈、伤兵、难民。

(5)形式：学校上课之外，忘了摆龙门阵、金钱板。

(6)民众教育馆与民众餐馆："舘"字，"官""舍"也，换"食"。精神粮食，肉体粮食；价廉，物美，卫生，有味；容易吃，不需等待；客气，招待周到。

(7)民众：贫，忙，病，散。

(8)三法：①跟民众学，在〔有〕组织的行动。②用穷办法学。③继续的学习。

(9)目的：瞄准日帝，瞄准建国，瞄〔准〕世界和平。

(10)三病：①偏枯。②守株待兔。③做了教育的尾巴。

(11)态度：①一件大事：跳出自己的小范围；看教育，坐飞机看。②跟民众学。③与民众共甘苦。⑧地方不够问题(每院五十亩)。⑨难管的孩子问题。⑩教师太忙。⑪学生太忙。⑫自由与纪律。⑬教训合一问题。⑭吃饭讲话。⑮保育院外之难童。⑯百倍放大。⑰新干部。

10 月 28 日　到右圣寺。两位小朋友运书到育才(五元)。

开膳食委员会，演讲数点：(1)目的在给人吃好饭。(2)未交代前把岗位站好，站到接了防为止。(3)小孩买物，一是学习，二是监督。(4)面食与豆浆。(5)桑先生之地位，指导要接受。

10 月 29 日　温泉与测验员[11]开会。(1)护照；(2)证明书；(3)200 元；(4)测验(包好)，2 500；(5)行程。

琴同来碚。洗澡。

10 月 30 日　测验员出发到土沱。东原来。

【注释】

①此处的英文原文模糊不清，编者所录不一定准确。

②“厚德福”,为北碚一家填鸭餐馆的名称。

③“礼锡”,即王礼锡。

④《战时教育》系陶行知主编的半月刊。“行知行谈”和“读者通信”,系该刊新辟的栏目,均由陶行知撰稿。

⑤“马先生”,即马侣贤(肖生);原为育才学校总务主任,当时抽出经营木料等事务。

⑥“鲁迅室”,指育才学校中专辟的鲁迅纪念室;是日为鲁迅逝世三周年纪念日。

⑦“第二院”和“托儿所”,均为育才学校的附属事业,当时在拟议中,后来未能完全实现。

⑧“许俊老”,即许世英(俊人);“李先生”,即李济深(任潮);“沈先生”,即沈钧儒(衡山)。

⑨指儿童保育院院长会议。在这次会议上,陶行知作了《战时儿童教育》的专题演讲,内容详见如后的“大纲”。

⑩以下为论文提纲,后充实成文,以《我的民众教育观》为题发表。

⑪“测验员”,指育才学校派出的施行智力测验等考核的招收新生的工作人员。

十一月

（古圣寺·北碚·重庆）

11月1日　到古圣寺。

3时，把自然科学书分类陈列出来。发现类似白喉。

11月2日　派里之送药。请桑大夫去。物色百喉药：12 000单位，120元（宏仁）；8 000单位，32元（江医学院）。

马肖生送桌去，送棉衣去。

11月3日　保育院长到（26人，10时）。2时到寺，小孩热烈欢迎。布置甚为妥当。4时半离校。7时到温泉，住竹楼。

11月4日　早，5时三刻自温泉来。与琴、慧、泰緅，四象村早餐。空袭警报。

11月6日　见报：马相老于四日逝世[1]。

校务会议。把教育推广到生活的边际；使生活提高到教育的水平。

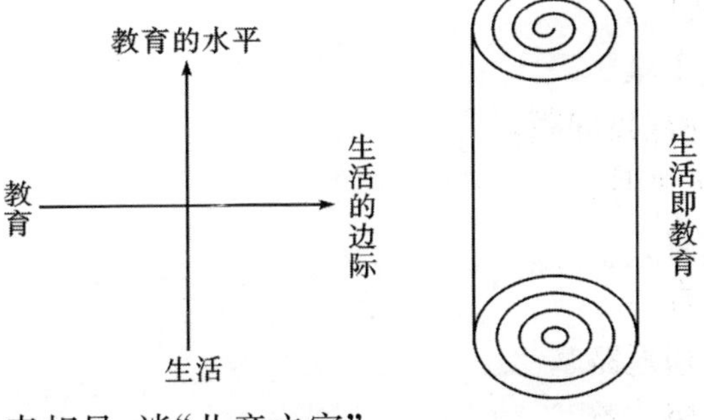

洞若在古圣寺相见，谈“儿童之家”。

11月7日　出门看天色，见人看脸色。

周苍柏，江北，任家花园12，上海银行总经理。南朗西，三处。

11月8日　夜，搬至碉堡[2]。

11月9日　18军18师联欢。育才送旗。午检阅。罗师长要我讲演。“百姓穿上军装为军队；军队脱下军装为百姓。”

黄节文先生请客。

11月10日 乘午船到重庆。寓英年会。

11月11日 白庆兴，育五，振〔赈〕济委员会会计主任，2 270。

赈济会：九月底以前，余15 000；七月廿至八月廿，3 000，三月已领。八，廿至八，卅一，1 000；九月，3 000；十月，3 000；此次领。八月廿至九月底4 000；15 000－4 000＝11 000。请改为开办费。

付达之代买理发工具30元。付10月分社捐50元。付生教社社应交费100元。付：晓庄付白桃十一月50元。收冯捐研究所400元。付陆维特代育才领测验费400元。收竟成捐研究所100元[3]。

达之、蜜桃到[4]。

《战时教育》：10出版，25出版。交稿期：上月20交稿，本月5交稿。送审期：上月22，本月7。交书店付排：上月25，本月10。

拟《〈战时教育〉题目》：

(1)社会科学者应学自然科学：①原子之阴阳，电子可以用显微镜看(沈志远)；②一只蚕蛾生几千几万子(通俗物，唯〔物〕辩证)。

(2)读川康考察团报告书。

(3)我们为什么要办育才学校。

(4)育才第二部计划书。

(5)自由与纪律。

(6)民主与集中。

(7)造路，保土壤。

(8)志愿兵与兵役问题。

(9)怎样免去逃兵。

(10)伤兵教育。

(11)难民教育。

(12)四川路边挖路基。

(13)毛〔茅〕厕监督。

(14)一个学校对于创造卫生环境之努力。

(15)托儿所计划书。

(16)国际形势之变化。

(17)药方好不一定能治病：讳病，讳医，卖假药。

11月12日 《中央日报》十一日登载：中央国医馆公布疟疾、痢疾良方。曾俊侯：失败是成功之母，奋斗是成功之父。

范明言:“新旅”医生很好。

五中六届会议[5]。

11 月 13 日 夜在“一心饭店”聚餐,谈“宪政”主张。

致函许俊老,商拨经常费为开办费。住“社友之家”。

11 月 14 日 偕蜜桃到碚。琴合冰。

11 月 15 日 写信复季平。嘱绿芷写信十余封。

11 月 16 日 《宪政运动与国民教育》一文草成。

11 月 17 日 蜜桃移住“小晓庄”。致任光信。汪羽军来。

11 月 18 日 鄞中铁、张望来,托我找陈烟桥。

孙敦乐带小林来。桑先生要辞去挂名的职务。

致王祖祥信,请白喉抗毒素。与羽军谈。空袭警报。

11 月 19 日 星期。致白桃信,寄稿;并论《战时教育》投稿原则。

到温泉,琴、蜜同去,邓少琴提议育才可用马家沱荒地。隆树和尚、少琴、琴、蜜同到马家沱。少琴允借小房、捐地皮与“儿童之家”。

向小画家画中山像。

琴庐借宿。

11 月 20 日 到古圣寺,与指导委员会谈话。

偕洞、肖、书、明同到马家沱[6]。访澄江小学李岳。看草街子木筏。

11 月 21 日 请子英函王香普,代接洽马家沱地。

致函肖生,为章泯、烟桥移房。函陈纪彝,请每生发津贴与其他学校同。

11 月 22 日 3[7],函陈纪彝,照他校每生发津贴与育才。

给白桃信,论《战时教育》方针。

11 月 23 日 4,琴到黄桷树。

北碚招待所将我写之招牌换掉。

为“新安”迁校写信与广西诸友,函孟君、安娥[8],促成育才津贴。致三桃[9]。

11 月 24 日 函钱焕文允许签字。在〔再〕请恤效春呈上[10]。函郁达夫介绍李赓。函马肖生来。

11 月 25 日 函周苍柏为天佑在育才立纪念[11]。函中林请青年会及女青年剩款。

曾里之来谈生产教育与“儿童之家”。

寄 900 元与韬奋,托通知成都分店交与测验团。

函少琴,请指定“儿童之家”房屋。函子英,完成“小晓庄”地基手续。函殷金陵,保管白喉抗毒素。函吴涵真,寄总账。

11月26日 马肖生来，未遇。知道本筏已到夏溪口。

11月27日 致涵真信，问诸友通信处。致胡敦元信。

11月28日 棉花有籽，籽有油，被老鼠咬。

马肖生未见。

11月29日 致羽白函，论革命与学术。致信慧⑫函，论一位研究员之工作。

11月30日 致函“新华”⑬，托领7 000元。

本月人名录

5日：黄作舟 吕炯 邵鹤亭 沈子善 滕仰之 李清悚 沙学浚 郑子政 宋北珩 熊子容 丁毅

【注释】

①“马相老”，即马相伯（1840—1939），上海复旦大学创办者。20世纪30年代初，与陶行知交往颇多，并支持陶所推行的“科学下嫁”“工学团”“普及教育”等运动。

②陶行知在北碚的住处，原在平民公园的清凉亭内，后商借到一座被废置的碉堡，遂搬家至此。

③“竟成”，即严竟成，晓庄学校毕业生。

④“蜜桃”，即陶行知的四子陶城。

⑤指国民党中央委员会第五届六次会议。

⑥“洞”，即王洞若；“肖”，即马侣贤；“书”，即帅昌书；“明”，即魏东明，均为育才学校的负责人。

⑦“3”，指星期三。

⑧“孟君”，即曹孟君，王昆仑夫人，《现代妇女》主编，妇女领袖，时任直属第一保育院院长、妇女指导委员会委员。“安娥”，即田汉夫人，妇女运动领袖。

⑨“三桃”即陶刚。

⑩“效春”，即杨效春，南京高师毕业生，曾任晓庄学校指导员，乡村教育运动的积极参与者，后为国民党当局所杀害。

⑪“周苍柏”，即上海银行总经理。“天佑”，即中国近代著名的铁路工程师詹天佑。

⑫“羽白”即吴羽白；“信慧”即李信慧。

⑬“新华”即新华银行。

十二月

（北碚·重庆·古圣寺）

12月1日 致晓光信。告诉孩子剧团三个良方。介绍达之见黄次咸、陈铁生。致季平，为“新旅”垫款。致嵇钰函。

12月2日 为陶对廷兄所办读书馆写字[①]。

得古圣寺外之匪信。送碘酒与学校。

12月3日 到马家沱会桐林公司。陈化南，马家沱主任。谢文程，太华楼街3号，午前9—12时。李景熙，同。李锐，香港。

会邓少琴，得隆树契约。

12月4日 发现民生公司合作社有廉布及棉花出售。

安娥来信，叫我向妇委员〔会〕讨药。

育才廿里外有匪，向子英借枪12支以资防御。整理通信。与子英谈马家沱地，示以隆树之主权。

赵老太太约在福星楼叙谈。

12月5日 寄《我的民众教育观》。

买棉花800斤，每斤9角，18两称。弹工8分，消耗1两，合0.98买17两。市称14两只须8毛。

“重庆号”，中苏通航[②]。

12月6日 照应送枪与育才自卫团，2时后开船，区署护照。

致函合川县政府、罗师长[③]及草街子唐主任，报告运械自卫。3时至4时演讲：(1)对同事：互助；学人之长；幼幼。(2)对雇〔顾〕客。(3)对工作。(4)对学习。(5)对贫苦同胞。(6)对国家。

四日吴佩孚逝世。

12月7日 到渝。“新华”已收7 000元。晚晤吴耀宗。

章乃器示以“统一建国同志会”公约[④]，我说待考虑。

捐安徽同乡会驻渝办事处50元。

12月8日 早，晤周苍白〔柏〕谈音乐院。

下午，妇女干训班演讲[5]：

(1)我们对于教育的认识。

(2)我们对于乡村的认识：①混沌的故事。②孤立。③代办。④捉小鬼：病、贫、私、愚、乱。⑤农人做皇帝。

(3)乡村教育：目的。方法：在组织行动中学习。组织：小学、民众学校、合作社。对象：老中少。

(4)战时生活：兵役。宪政。保甲。高利贷。小足。赌、烟。土匪。土地、寒衣。慰劳家属。宣传。

(5)小学教育：小主人。四种培养。组织、集体生活、民主集中。做母亲。不要使小孩脱离小孩社会群。小鸟笼：三阶段。小孩的力量。懂：认识小孩的力量；跟小孩学；避免认识小孩之错误。病孩，丑孩，顽皮孩，爱迪生的母亲。

(6)民众教育：民众的，为民族，由民众；要民众，教育民众，民众要教育。认识民众的力量，跟民众学，与民众共甘苦。"和平之井"。教育动员民众；民众动员教育。民众教育成了尾巴。"舘"—"馆"。

(7)小学教育与民众教育打成一片：小学做中心。活的电线。学校丰富；家庭丰富。小的村庄与大的都市一体；小的村庄与大的中国一体；小的村庄与大的世界一体；小的村庄与大的历史一体。

与剑阁李先生谈旅馆民教。

12月9日 早晤冯先生，知道政府对苏、芬态度甚好。

下午演讲。

又晤李任潮，知道桂局尚好；他对西南交通有特殊见解；赞成补助游击教育试验。

与朋友谈"统建"事[6]。

12月10日 早买表。

开社员会[7]。刘先生讲：(1)敌占区；(2)敌我交界区；(3)游击区；(4)游击后方。

下午回碚。宏、蜜都去草街子。

早5时起，写信与孔院长，为皖省黄〔蝗〕灾工赈及收米制敌请款；介绍吴羽白及赈委会，"新华"。

琴双亲来信，赞成结合。琴合冰，"火"。

12月11日 宏来碚。知道三天运动，一天洗澡。走火[8]。

嵇钰来，知道指导主任，总务主任，大队长、队副，分队长、队副都到温泉或来碚。

肖生来，责备甚力。函许请棉背心[9]。

12月12日 致函张蔼真请药及治疗器械。嵇钰来谈。

肖生在饭馆遇，详谈善后。致函达之、任光、白桃。

12月13日 到古圣寺，报告外交、军事现状。

检讨运动会及自卫工作，徐治平、邵先生在寺会见。

12月14日 致函吴羽白。琴致父函。

教"七七"写油印[10]。

12月15日 到古圣寺。

(1)工作态度。(2)为公家省钱。(3)检讨目的：①追求工作上之真理；②培养民主精神。(4)学生回院。(5)收保育院费。(6)儿童之家。

(1)桑先生。

(2)嵇：①艺友集体学习缺乏；②小孩子与先生尚未融，距离要减低。③小朋友须提出自己的干部。

(3)洞：①不必要之隔阂，希望各人听别人的意见；②问题之整个性，建立整个的制度；③校长住校一些日子[11]。

(4)社会组自我检讨：优：①学习情绪高；②与私塾联系；③集体制裁顽童；④同志工作热忱。缺点：①社会科学未通俗化；②教育经验少。

(5)全校检讨：①吃苦精神不够；②队伍散漫；③礼貌不够；④骄傲；⑤思想锻炼；⑥健全集体；⑦组与组联系不够；⑧部与部少联系；⑨部与组少联系；⑩校长多接近；⑪研究部；⑫艺友训练。

(6)文学组：生活方面取救亡团体的长处；学习要有系统；研究从容；

(7)音乐组：人少；教育方法不够；艺友集体学习，太忙，不可能；多添琴；学习能力不齐。

(8)总务部：①外行，米、棉估计错；②拉夫办事；③人太多；④无考核；⑤无计划，买地又不买。

(9)指导部[12]。

田浩，湖北，七岁；邵女士[13]介绍，女青年会。

本月记事

张西曼：捐育才10元；汉光小学：捐育才500元，已交；沈钧儒：捐育才100元。

阳翰笙:香港般咸道香港大学许乃波先生转 刘英明:昆明吴 井桥大申印刷所 吴逸生、潘醒襄:新加坡爱华太子道 9 号,青年励志社 柯朝阳:星〔新〕加坡爱华太子道 9 号,吴逸生转 侯西反:星〔新〕加坡□□□□99 号《南洋商报》转 王阳:星〔新〕加坡小□大马路 349 号渔□局 黄潭求:香港九龙坡金巴利道九龙塘小学 杨槐:香港九龙太子道 208 号楼下吴涵真公馆转 刘真和先生:新昌,两路口 安徽会馆:方耀欢,川东师范对面 光明甫、周新民:模范市场银行公会 张汗生(新夫):安徽庐江汤池新四军江北指挥部 马振尧(景常):铜梁中央军校 王葆斋:重庆村 8 号 章伯钧:下罗家湾 14 号

张申府:重庆两路口康宁路 5 号小园(近川东师范) 吴涵真:泸州,川康建设期成会第二区办事处 桐林公司:谢文祥 施美洋行:玄坛庙大华楼街 2 号施美洋行 赵老太太:王有度转,三牌坊 32 号,重庆 吴羽白(承绪,习斋):江津七贤街 26 号邹宅楼上 陈洪进:重庆中一路 194 号《中央周刊》社转时事类编 李信慧:重庆上清寺中国银行办事处周寿良转 《太平洋新闻社》:香港 P. O. Box1135 号

【注释】

①“陶对廷”,又名陶笏廷,越南华侨,西贡芳泉汽水厂老板,“育才之友”。

②指“重庆号”飞机首开中苏航线。

③“罗师长”,即罗广文。

④“统一建国同志会”,由沈钧儒、黄炎培、章乃器等人于 1939 年 10 月发起成立,旨在团结民主力量,促进抗战建国目标的达成,后扩建为“民主政团同盟”。

⑤以下是在妇女干部训练班的演讲提纲。

⑥“统建”,指统一建国同志会。

⑦指生活教育社在渝社员会议。

⑧“走火”,指育才自卫团借来预防匪患的枪支不慎走火。

⑨“函许请棉背心”,指致函许世英请为育才的新学生发棉背心。

⑩指教“七七”少年剧团的孩子们刻写钢板和油印。

⑪“桑先生”,指桑文澜;“嵇”,即嵇钰;“洞”,即王洞若。

⑫以上诸段,均为对育才学校办理的意见或建议。

⑬“邵女士”,即邵仲。

一九四〇年

一　月

（草街子·北碚·重庆·古圣寺）

1月1日　草街子，送赵老太太回北碚。

古圣寺小学校董会成立。

夜6时到金刚碚，遇琴，同坐滑竿回碚。

1月2日　2时与琴乘船赴渝。住“战教社”[①]。访诸友不遇。

1月3日　上午访张爱〔蔼〕真、陈纪彝，谈寄读生移费事。会黎民任，谈游击教育补助事。

午访叶剑英，承示伤寒方。

晚，承沈老等公宴于“一心”[②]，赠纪念题字一幅。

1月4日　致冯夫人及陈纪彝书，说明寄读费。致书振〔赈〕济会领寒衣。

2时，参政员茶会，谈“日美商约”满期对策。被推为起草员之一。

沈老“六六”大庆[③]，我赠诗二首。

1月5日　午刻，讨论对时局如何改善。

1月6日　晚，在章宅讨论[④]。

1月7日　早在沈宅讨论，午陪愈之餐叙[⑤]。

1月8日　偕琴游南温泉。到白鹤林中央政校研究部，遇罗公陶、刘继先、徐养秋。再游虎啸。坐船到堤坎，再坐车回。

5时参加。卢子英来。6时参加“生活”[⑥]对愈之欢迎会。

1月9日　写诗贺“新华”[⑦]二周年。

赠反汪工友20元，并去函致敬。

下午访许俊老，承允继续补助“晓研”[⑧]。

晚，琴下厨房，宴生活教育社办事员。

1月10日　访馥记营造厂陶桂林、民生公司协理魏文翰及农本局蔡承新，商捐学额。

晚，与达之谈“新旅”事。

1月11日 请生教社同志看《小英雄》[9]。

写《游击教育》。遇桑先生与黄节文。青年会洗澡。遇黄次咸，有意助来凤金元。

访陆晶清，遇小敬。

1月12日 买药，看《小英雄》。陈铭枢在"大三元"请客。

1月13日 偕琴回北碚。

1月16日 赴育才，偕魏守忠去照相。

夜讲时局，看明家房。

1月17日 早与学生讲求学。与艺友谈话。

下午附校里船回碚。刘钧初代表冯焕章送礼物来。

1月19日 午偕卢区长到温泉解决马家沱之地。

晚，蓝文彬、王香甫、黎继光皆到，住农庄。

1月20日 偕隆树、少琴再看马家沱地。少琴起草契约，改赠为租。

1月21日 宋子文来碚。

1月26日 到古圣寺。

晚与马、帅、桑[10]三同志解决伙食问题。

1月27日 早与学生讲工作。回碚。

1月28日 偕琴、蜜同到温泉、晤梁漱溟。

1月29日 致电罗广文师长，吊其母田太夫人之丧。

1月30日 汪羽军与达之在小庄谈话。邓萍营长来谈，见其身受20余伤，仍要再出征，可谓勇士。

1月31日 偕梁漱溟及其两位少君和任氏姊弟同往古圣寺。梁先生讲"沦陷区考察感想"。

宋兆珩愿到育才讲气象。

【注释】

①"战教社"，指《战时教育》编辑社。

②为庆贺陶行知、吴树琴新婚，沈钧儒、郭沫若、邹韬奋、李公朴、史良等在"一心饭店"设宴庆贺。美国记者安娜·路易斯·斯特朗也赶来祝贺。

③指沈钧儒66岁诞辰庆祝。

④"章宅"，指章伯钧家。

⑤"沈宅"，即沈钧儒家；"愈之"，即胡愈之。

⑥“生活”，指生活书店。
⑦“新华”，指《新华日报》。
⑧“晓研”为晓庄研究所。
⑨“生教社”，即生活教育社。《小英雄》，电影名。
⑩“马”，即马侣贤；“帅”，即帅昌书；“桑”，即桑文澜。

二　月

（北碚·古圣寺·重庆）

2月1日　致史良、李秋生、杨槐、高士其、张西曼、关哲吾、穆藕初、测验团、白桃、育才（附维特信）信。

去歌乐山服务之六位小朋友到碚[①]，令其寓吉林路78号。

"露乐春"[②]主人之一，中签被征。

张宗汉介绍孙锡洪及其助理到育才任教职，我表示欢迎。

2月2日　褚慧老来，卢子英请午饭。梁漱溟来，卢子英请夜饭，请看汉、川戏。汉剧《赶挑》，演得高超。梁先生谈其次子入"育才"事。

2月3日　妇女指委会北碚实验区茶会。我讲：（1）社会运动。（2）从落后中奋斗出来将益多。（3）组织妇女，训练妇女；一般教育，职业教育，干部教育。（4）扩大厨房，扩大家庭。（5）求学，团结，争取解放。

2月4日　买物送张子扬。拟《育才预算》。孙铭勋回校。

2月5日　向越携恒勤[③]章来，盖在婚书上。

黄节文，请向与我吃午饭。偕向越赴校参观。嘱"澄小"主任向"中国"领款。请邹绿芷送孙锡洪赴校，李继环同去。

晚与马、帅[④]谈预算。

2月6日　早，决定招自费生（第四次指导委员会）。

欢迎孙锡洪。胡风来参观，留宿一晚。

午后谈公约。晚与社会组、音乐组、孙、常[⑤]谈预算。

早定普通、特修课程标准。

2月7日　废历卅夜。早讲"育才校徽"第三讲：团结、结晶。

科学组谈计划、预算，宏、孙共谈。东明、维特、胡风、伍、徐、冯谈文学组及文学活动。定测验自费生在二十日，在北泉小学举行。

回碚过年，琴、我、治平同饮。

2月11日　到渝。

2月13日　晚7时，荫庐5号。午，犹庄[⑥]。

中华经济研究社聘钱俊瑞出国考察。寄研究社出版物、剪报与钱。贸易委员会找调查员名义。2:30,女青年会。

2月14日 10:13,早,会吴先生。

2月15日 1时半,渔村1号,罗又玄先生。午,冯先生。早,陈纪彝先生。2时,康宁路5号张申府家。4时,张治中。7时半,“国泰”⑦(7:15)。

保育会补助。初中学生:用具,3元(每月);书籍,10元(半年);半年共28元,每月4.66元(衣服在外)。高小:用具,2元(每月);书籍6.66〔元〕(半年);半年共18.66〔元〕,每月3.22〔元〕(衣服在外)。

2月16日 聂道湘,贸易会捐3 000元。

童少生,民生业务处。

钢琴:杨森、康心之、张治中、张西曼。

早与贺、常⑧访周苍白〔柏〕。

2月17日 寄测验样给陈纪彝先生。

写信给季平、渝同志、谢健。

2月18日 写字送洪光、玄谷。

2月19日 王药雨、伉铁俊,《时事新报》。

硫酸钠,硫酸铜,硫酸铁,硝酸银,生理食盐,纯硫磺,植物凡士林;特殊成药:健胃灵,标准药膏,标准消毒膏。

新生活运动六周纪念⑨。

2月20日 蒋委员长昨日广播词(“新运”六周纪念):(1)厉行精神动员,策进战时生活。(2)协进兵役建设,尊敬受伤将士。(3)协助肃清烟毒,增进国民健康。(4)促进国民经济,增加战时生产。(5)唤起妇女同胞,推进妇女运动。

2月21日 到温泉谈录取学生。

2月22日 阎应元《题七里庙壁》(明,殉江阴):“露胔白骨满疆场,万死孤忠未肯降。寄语行人休掩鼻,活人不及死人香。”

张煌言(字苍水,明,隐居为清所执)《绝命诗》:“我言四十五,偏逢九月七。大厦已不支,成仁万事毕。”

黄道周(明吏部尚书,在婺源孤军抗战,力尽被捕):“纲常万古,节义千秋。天地知我,家人无忧。”

方维仪《出塞》:“赋重无遗饷,边荒不种田。小兵知有死,贪吏尚求钱。”

2月23日 三月五日开全体大会(星期二)。二月廿六日下午1时指导会。

2 月 24 日 写字赠送何靖、沈开基、汤佩瑗。

江苏医院,白增起,沈先生看。

2 月 26 日 社会组教师,报纸,问题儿童考察。课程原则:民主集中,坚〔艰〕苦沉着,加强一般学习(史:社会发展,社会运动)。分两班。学生。最低限度课程。

2 月 29 日 新村 115 号,宋大夫。

"一声猪熊狗,两眼势位钱,三绝吹拍骗,四维礼义廉。"(南京执、监全会中咏某某者)

【注释】

①指去重庆歌乐山儿童保育院服务。

②"乐露春",北碚一家餐馆名。

③"恒勤",即吴树琴之兄吴恒勤。

④"马、帅"指马侣贤、帅昌书。

⑤"孙",即孙锡洪;"常",即常学墉。

⑥指午间赴枣子岚垭犹庄 27 号钱俊瑞、沈兹九夫妇的住宅。

⑦"国泰",指国泰电影院。

⑧"贺",即贺绿汀;"常",即常学墉。

⑨指参加"新生活运动"发起六周年纪念会。

三　月

（重庆·土主场·古圣寺）

3月3日　钱俊瑞来谈：(1)写信给胡敦元：①聘任职务；②研究问题：美国对华经济建设之投资可能；③薪金、旅费国内筹来，由所方支出；④B. J. G. 推荐研究中国经济问题；⑤约七月到；⑥国内外联系。(2)由我直接聘任[①]。

3月4日　土主场[②]。(1)史地兼国文。(2)音乐兼美术或常识。25—30，饭宿供给。直接通知教员。土主场赵院长。18节，不兼队指导；8—10节，兼队指导。

姓许者好。骆："吊"[③]。

3月5日　戏剧组：艺友工作：小孩生活，功课每人一分队，每人平均每天四五小时，准备在外。戏剧发展之世界史、国语、看书指导。一般功课，各组艺友都要担任。接近小孩多，改正学生，改正自己。旧生在集体中之贡献。

社会组：艺友、指导、主任三位一体。要有系统之学习。时间不敷分配，无指导。艺友制很好，要使他有成绩。社会工作出外一天=1/7小时。

文学组：工作担任一部分。领导生活，日间，晚会。文学特修科，史地、自然。初中—国语、卫生、文学专科一课。学习与工作不大配合，缺少便利。散漫，时间，直接借书。缺乏指导，找不到门路建立集体学习。问题(教专科上学习)：(1)艺友学习制度。每星期六小时，一两小时经济、政治、哲学。(2)艺友工作制度。工作时间。(3)生活待遇。

各组指导员谈艺友教育。

陈波儿，张家花园13号；中一路纪阳洞，中国电影制片。

3月6日　张福廉、罗朝元，做才□；张家沱，"气研所"[④]。

三月十八日中午，约罗师长[⑤]在校午餐。

崔法：星门，太平，国会，众议员，"民八"，徐世昌时代；与许俊老、黄伯度熟。

3月11日 到渝。

13晚7时30分，张申府家，康宁路5号，小园外，“川东”[⑥]隔壁。

张作超，木刻，直属第一院，合川；黄美善，培德一巷21号。

3月13日 绵阳：每生六元，一九二八年十二月廿；大半碗豆腐五人吃；早晚稀饭，中饭干饭。

3月14日 朱子老，交通银行，力子坝，明日往昆明。

3月16日 血压156—210[⑦]。

3月25日 土主场赵院长要音乐、史地教员各一，月薪30元。到渝，晓光前两日到。

3月26日 司徒雷登，梅美国庙，下陕西街。

社交会堂，星期四，3时半演讲。

陈鹤琴《40中国历史故事》，五六年；《40小学自然故事》，江西路民众书店；《12应用科学故事》，上海新华；《40中国地理故事》，银行大楼上；《气象故事》，朱泽甫；《卫生小故事》；《到西南去》。

3月28日 9901～9931＝1号～31号；9801～9824＝一时。(858)有括弧三字＝一个字。——电报办法。

3月29日 二十七日《大公报》，阅《怕的是麻木》(荻花)：师资人格与善导思想。读后感，并以怀念蔡元培先生。

本月13日记事

查富元：江西九江人，十五岁，现住南岸长生桥松柏园，画、拆钟、算学。郑玉莘：求精中学，妇训高干班[⑧]。

本月人名录

11日：张作超　黄美善

【注释】

①所谈所录均为中华经济研究社的社务问题。

②“土主场”，地名；妇女指导委员会直属第二保育院开设于此，实指该院。

③隐指骆某是个“半吊子”。

④“气研所”,指气象研究所。

⑤“罗师长”,指育才学校附近驻扎的18军18师师长罗广文。

⑥“川东”,指川东师范。

⑦指陶行知自己血压所测的度数。

⑧此段并非陶行知笔迹,可能是郑玉莘介绍查富元进入育才学校所写。

四 月

（重庆·北碚）

4月1日 到渝。开幕式未赶到[①]。诊断。

《妇女生活》要我写文，我拟写武则天。

魏守忠先生送育才照片来。

4月2日 9时，何部长[②]报告军事及磨擦电。3时，孔部长报告财政。12时，张彭春午餐。

晚，初展育才"四四"陈列品[③]。

4月3日 4，蒋议长[④]，中四路103号；3时半，油市街4号会齐。6，吴恒勤、程霄羽，大梁子，青年会中餐部。

4月4日 陆璀。徐晓林先生说，陆母于今〔年〕废历元月初二逝世，心胃病，在上海。

陈立夫报告：1 000公里铁路，土木500人，机械200人，电气50人，管理3 000人。5年内培养15 000人。

学生吃饭不饱。贷金增3—7，不够。昆明3＋14＝17，不够。议长100 000、龙50 000，消费。公米吃＝1/2价。教职员贴米金。

留美生：中美、中英，清华以不影响外汇者派出。中学：初中、高中减少钟点。昆明华侨中学500。2 000人服务团。教科书：价高，职〔质〕低；版权送国家。师范教育区。职业教育与生产机关合一。印刷、造纸人才已经开学，沙坪坝。

国民教育。国民：成人2.5万万，4千5百万儿童。79万几千保，30万小学，现有20万合式，70万人合格教师。

社会教育。国立音乐院，五本音乐。戏剧专科学校，四个戏剧队，油灯映幻灯。

军训。大学，中将、少将滑翔跳伞。

送工具，儿童节，教师待遇。

6，吴涵真，在社候谈[⑤]。

4月5日 真理一致，可疑者讨论，可行者赈济。

4月6日 宪政。星期二下午4时，张文白约“达”[6]；星期三下午4时，许俊老约“达”。

4月7日 3，刘湛恩殉国二周，嘉陵新村，刘庄。

4月11日 8，参观工厂，油市4号。6，遐逸楼，光升请客。

4月12日 11:30，油市4号，议长宴。7，张治中，中四路95号。

4月14日 9:30，“千断”，林义，拉丁化[7]。

4月16日 8，“千断”，林义，拉丁化。7，“社”，吴新稼。

4月17日 7，一心饭店，艺术家。

4月19日 稻粱群鹭苛，霜露一身寒。

下午2时，与徐公会见。(1)教学做合一(主合一，辟联合)。(2)攻破普教难关(认为最合办法)。(3)教育的本质(认季平大题小做)。(4)算学：甲、3210—1—2—3；乙、从立体讲点面线；丙、从统计教数位；丁、各法统起来教。(5)社会、自然：政治地理—经济地理—自然地理。(6)哲学观(辟从哲学到哲学)。(7)团结的标志。

11，社，余。7，崔载阳。

4月20日 “民用”，8时30分在慈溪上五里飞缆子滩翻。容量169，实乘客140+，救起80余人，捞尸50+。下午2时，派人调查报告。平教20+人，救一半。原定“民信”[8]去，因小(130)，临时因平教请改派“民用”。不通电报，只通电话。

9，保育会。10:30，党政会，李任老。12:30，神仙洞后街27，电话2803。

4月21日 胡然先生来看贺绿汀先生消息，要音乐提倡。

贺先生得救，36号登记，雷醴泉君无消息[9]。

4月24日 回碚。

本月记事

“育才”致新华银行，寄一、二月领款书；“育才”致新华银行，寄三、四月领款书；“晓研”致“新华”，〔寄〕一、二、三、四月领款书；“晓研”致赈委会，一、二、三、四月请款书；“育才”致赈委会，三、四月请款书。

本月人名录

19日：梁炳霖(梁廉)　梁光济　陈其瑗　余希管

【注释】

①指未赶上国民参政会第一届第五次会议的开幕式。

②“何部长”，指何应钦，时任国民政府军事部长；“孔部长”指孔祥熙。

③指育才学校在庆祝四月四日儿童节之际举办的教育成绩展览。

④“蒋议长”，指蒋介石；原国民参政会议长汪精卫叛逃后，由蒋兼任此职。

⑤指在生活教育社驻渝办事处候谈。

⑥“达”，指汪达之，时任新安旅行团团长。

⑦指在重庆千厮门与林义讨论拉丁化新文字问题。

⑧“民用”指民用号船；“民信”指民信号船。

⑨“贺先生”，指贺绿汀，育才学校音乐组教师；“雷醴泉”，育才学校职员。“民用”船失事翻沉后，贺得救，雷遇难。

五　月

（重庆·北碚）

5月8日

(1)修改《生教社生活基金章程》。

(2)托皖地方银行周新民寄200元与曹叔平及陶刚。

(3)白桃五、六月份100元。

(4)陈烟桥30元。

(5)洞若母50元[①]。

(6)汪曼雯、汪戴文找事。

(7)程今吾夫人来渝。

(8)中山大学张栗原请张宗麟。

(9)音乐组请教员，托任光转。

(10)寄吕超然、赵士松信。

(11)"育才专号"写文及校歌[②]。

(12)社会组谈话。

(13)杨德昭信。

(14)黄泽南信。

(15)方怀毅为竹因写收条。

(16)突击筹款。

(17)答复学生慰问信。

(18)段承泽先生回访。

(19)给陈仪贞信。

(20)给尹来弟信。

(21)给唐夙官信。

(22)托魏守忠印育才照相。

(23)陆侃如信。

(24)郭资厚信。

(25)刘琼瑗〔瑶〕信。

(26)张宗麟、潘一尘信。

(27)张军光、缪云台信。

(28)为德华寻事[3]。

(29)卫生署借汪羽军。

(30)沈子〔兹〕九(5.10)。

(31)为曾俊侯写字(5.10)。

(32)训练孙敦乐为"晓研"记账。

(33)生教社计划。

(34)宪法修正教育部分[4]。

(35)除奸连锁复信(碚印所)。

(36)陈鹤琴要写文。

(37)承国英信。

(38)盐酸问经济部。

(39)给方竹因信(5.11)。

5月17日 18日下午2时,枣69[5]。20日上午9时,曾[6]。18日中午,美国庙,陕西街AT41[7]。

徐赓敖、潘朗,"昆明联谊"。刘英明,昆明华山南路35号二楼。徐培克,打铁街47号院内。任光,中国制片厂任君谋先生转。毕相辉,下刘家湾,44董金。

5月20日 中苏文化协会,礼长林先生。打字机。重庆米亭子大南郡38号,中西图书印刷总社。俄文文法。

5月28日 陆诒到碚。

本月人名录

本月:O. 寇特尼斯(O. Kotnis) B. 巴苏(B. Baser) M. 阿塔勒(M. Atal) M. 巧勒卡尔(M. Cholkar) B. 穆克贺尔吉(B. Menkerge) S. 鲍尔吉(S. Baunerge)

【注释】

①指送给王洞若母亲50元生活费。

②指为《战时教育》"育才学校专号"写文和创作校歌的歌词。

③指为吴树琴的同学沈德华寻找工作单位。
④指构思起草宪法修正稿中有关教育部分的内容。
⑤指枣子岚垭 69 号,郑永康的住处。
⑥“曾”,指曾俊侯。
⑦当时燕京大学校长司徒雷登居住于此。

六 月

（重庆）

6月3日 到渝。周先生[①]、田汉先生都见到。

要办之事：(1)西曼[②]问学。(2)写文。(3)买国药、西药。(4)代光[③]拿电料。(5)“七七”特赦。(6)玻璃纸。(7)登记。(8)保育会，账 $11.8＝1 510.40(生 128，加 38)。(9)问 I dogenol Depin[④]。(10)见人：田汉、杨必声、任光、张治中、许俊老、周恩来、陈纪彝、陈真如、李任老、沈钧老、女儿[⑤]、冯焕章、杨德昭、梁漱溟。

约会：(1)6.5，51/2，暇娱楼。(2)6.6，4，嘉陵宾馆张素我、周嘉彬婚。文白，张洪希厚。(3)6.6，6，陈真如，广东酒家。(4)6.6，8，周先生。(5)6.6，7，早，杨必声，社内。(6)6.7，4，枣子岚垭 69 号筹会。(7)6.8，3，中苏文化协会。(8)6.10，前，抗战儿童社，重庆信箱 131，“七七”三周年儿童工作。

6月6日 《长风》第一卷第四期，《企鹅丛书》访问记。

朱文富，自杀，171 师团长(7 军)。三月底，鄂东，黄安，礼山双重命令。随从班长自杀。遗书。

王士信、士笃，汉民中学；士忠，广西大学。

6月7日 收田老大 $10。

6月10日 收任光 $20。

6月25日 秦玉山、秦玉生有 100 元，从丁次鹤太太寄存在宋大夫处，请桑先生保。

本月记事

枣休〔仁〕加入消遥散治乳结核；桔柄、桔梗、甘草治疗咳嗽。

【注释】

①“周先生”，指周恩来。

②“西曼”，即张西曼。
③“光”，即陶行知次子陶晓光。
④所录为西药药名，拉丁文。
⑤“女儿”，指陆璀。

七 月

（古圣寺·重庆）

7月7日 俄国的石油：1913年：9 200 000吨石油。1937年30 000 000吨石油（荷属东印度、墨西哥、伊朗及罗马尼亚）。1921·1928年：100%。1932年（第一个五年计划）：184.4%。1938年（开始实行第三个五年计划）：274%。1940年：315%。石油储量：1937年1月：世界储量为9 000 000 000吨；俄国为6 400 000 000吨，其中1939—1940年间新发现的储量为8 600〔吨〕。革命前：有10个油田。1940年：有60个油田。摘自《莫斯科新闻》1940年6月5日[①]。

7月8日 育才学校。

帅[②]（指导部）：(1)检讨会7月8日，4时。(2)改革意见：①组织问题；②工作忙闲不一；③教师、艺友聘书（职务明确）；④普通科教师缺乏；⑤体育教师缺乏；⑥桑大夫，华中大学，英文、化学；⑦生活辅导总领导，郭怀霜；⑧普通组；⑨联系，集体领导；⑩暑期普通生活、功课统筹；⑪去留调整；⑫研究部；⑬本人工作有效，学习进步；⑭问题工作者：邵仲，缺办法；郭楚垠（古圣）曾介绍，缺乏积极，经验少；熊承泽，病，随便，文化水准够；⑮张再为，很好：注册、文牍、书记，并努力学习。⑯张仲翔，请来；⑰生活苦。

贺[③]（音乐组）：(1)：①人，姚抡达（可来艺友），胡然夫人、胡然先生义务三月，林志音（百代乐队）；②自费艺友十人招收；③专注技术，普通管不到，赶得上音乐学校；④13岁尚在初小三年，四五人；⑤21学生很好，其余要想办法；⑥王惠芳：文好，乐不行；⑦招考男学生五人。(2)学校：①总务部、指导部不健全，干部少；②帅客气；③组自由行动（社会）；④教务、生活指导分开；⑤甲组、乙组学生不听别组师；⑥各组争坐，凳子够；⑦买小食；⑧偷桃子；⑨一枚钱两桃子；⑩社会组买桃子，人不在而自取；⑪总务干部不行；⑫计划喂猪、园艺；⑬不轻举；⑭种菜—造路之比；⑮纪念式停课；⑯普通课太普通了，教师无责任心。

桑先生[④]（生活）：(1)领导力不够；(2)客气；(3)环境与小朋友不合，吃零嘴，视大人为榜样；(4)普通科无预备；(5)小朋友东西钱；(6)赊东西吃；(7)高云贞(文，教育医病)；(8)江素芳(头痛)；(9)生产；(10)常大姐精神不好，1:30，三小孩教育，学俄文；(11)女工友得力；(12)任老太太，需，可以。(13)白桃带他们去看。

章[⑤](戏剧组)：(1)32人中有11人学习不行，杨少修等生活态度；(2)艺友4人；(3)益州22人，沙蒙，舒斐负责；(4)战地工作；(5)健康；①卫生常识不够；②营养不够；③性；④病，治；⑤运动；(6)表演为中心(四年)，以后分科，配合别科，建立集体生活。

整个学校：(1)各组联系不够；(2)普通教材无系统；(3)方法统一；(4)指导部与各组联系；(5)卫生；(6)校舍太少；(7)普通组设立。

陈[⑥](图画组)：(1)图画组现有指导员二三人；工具刀够用，纸在书籍费中扣；铅笔、橡皮、木炭条(10根1元)，柳条烧炭；汪羽军；颜料不够，布(马)、画板够；木型、石膏模型，画书，苏联画展借来，展览会用纸(100元)。(2)组织不健全，组间不联系；一人，张作民画得好；梁培如、伍必端，准备不够不画；卢厂不错，普通好，个性强。二人不行。(3)模特儿。

7月9日　艺友：(1)艺友的岗位；(2)干部；(3)专门的演讲；(4)较长与较短学习计划；(5)艺友组织；(6)脸盆；(7)锅弄私菜；(8)艺友医药。

小孩：(1)不惜公物；(2)眼睛在顶。

指导委员会。指导部：(1)油印搬五处；(2)普通课换人太多，临时不任；(3)凳子不够；(4)教室秩序不好；(5)教材自编未审查；(6)忽视普通功课。教材审查，进程考核，专门教师，师生普通功课重视。幼童队：设备增加，添聘教师。生活辅导：(1)积极领导；(2)整个进步。

总结：(1)教训合一经验不够；(2)干部太少。生活辅导：(1)学生散漫，一般纠正，原因；(2)不分工合作；(3)缺乏人力；(4)辅导会未发生力量；(5)无整个计划；(6)欠迅速；(7)管理未深学生。

白桃：普通教师聘约专责。

出席组会议。贺：新事考虑后行；免除客气；各组助部，部助各组。

总务部：(1)寸地，猪，生产，贺先生。(2)特别费，学习为主。困难：①人工缺乏；②物价高涨；③工作责任不专；④浪费；⑤膳食；⑥私菜；⑦生产；⑧节约。(3)合作社。

自己检查：(1)任劳有欠〔余〕，任怨不足；(2)缺乏计划性；(3)学习太少。检讨：(1)先见，买谷。(2)分工。

任劳，清廉，生产，干部，节流，工友教育。

7月19日 斐〔菲〕律滨宿务小学托杨静桐寄来交通银行支票一纸，第5号，5273；1940年6月11日，马尼拉菲律宾交通银行致中国重庆交通银行。

国币(C. N.)7 851.26。据信分配如下：育才5 000；新安2 000；生活书店买书851.26(托邹先生[⑦]在香港买)。

以上托北碚中国银行陈方修先生代取代分汇。

7月22日 指委员〔会〕[⑧]，报告：(1)斐〔菲〕捐；(2)马家沱地；(3)暑期李唐；(4)借枪。提议：开除学生给予时间；艺友加5元。

7月23日 到渝。住吴师爷巷2号志远处。谈新疆六大政策，三民，“共关”[⑨]。

7月24日 住青年会。陶桂林1 000元存新华育才户。佘儿岗[⑩]150元取来，自己户取400，买药120，买软木塞80，买书。赈会查明，育六、晓五月已备。晚，康宁谈。

7月25日 沈昨谈：张继骂孙、冯，冯辞[⑪]。

(1)党依“抗纲”26条；(2)晋北、河北、鲁北、察，二战区阎、卫、朱[⑫]；(3)“新四”调北归朱；(4)军事而政治的，临时而非永久的；(5)不得留武装在原地，更不得在抗日民众武装掩护下组织；(6)战区内不得干预政治；(7)陕北从15到18；(8)3军(6师16团，18)；(9)2师(4旅8团，新四)；(10)开牢释犯；(11)新华开放；(12)家属优待。

总检讨：(1)儿童力量未发挥；(2)穷办法办出丰富的教育。

黄山开会，苏联如何(5天前)。军事(一至半)。

国民大会延缓内定几件事。油库爆炸(两路口)；(五一)金陵兵工厂爆炸；遮放(滇缅)爆炸(先埋地雷，电炸17丈深)。滇越三万顿〔吨〕只运一万，每月屯〔囤〕积。

武力压降，政治诱降，内奸逼降，汉奸招降，帝主劝降。

嘉庐会沈老。约期会陈嘉庚、侯西反先生。

(1)英致电美询：①是否支持，②中日是否可协；美覆〔复〕电：①不行，②太平。(2)16(星一)蒋：抗战，评英，联助我最多者。(3)联合信，左草(七月一日)：黄、左、秦、章、沈[⑬]。民意。外交，苏联。各党。

蒋：美决不放弃远东；德不提；苏，西北铁路史拒绝。七中全会讲美。蒋先生：抗战坚决，七七(三年)。白先生说蒋先生坚决[⑭]。对美希望。

七中全会：党派未提，重要议案无。

孔庸之:合作社宴外国顾问。谈话:睡一觉或者有光荣的和平。

张季鸾:最小限度,长城以内。

国民大会缓开。各党派团结很好:前态度改,联苏。

黄任之进步,10 后回渝。孙起孟很好。民意机关,参政会人缩小,权加大,主席团。

国民党:复兴。CC 加朱,中央设计局,经济作战部,妇女部(党)。各机关设计员 1 000 人集中。

军事:(1)常德—沅陵—贵阳;(2)汉中;(3)宁夏。

孙、冯、李、白、于[15]谈五人意见。

七月廿二日,蒋先生:老百姓好,官不好。自力更生,看苏联。

整理印象:

外交:(1)联苏:①蒋先生态度,七一,七七,七一六,七二二;②白先生态度,孙哲生提案;③陈立夫、张群态度;④各党派一致;⑤资本家态度;⑥黄山会议如何。(2)亲美。(3)对英。

军事:(1)抗战坚决。(2)自力估计:①一年;②半年。

政治:(1)党派问题,抗领 26—合流存在;国共;张继,冯辞。(2)国民大会延缓可能。(3)参政会改变。(4)行政机构改善。

经济:陶桂林之意见。不好的方面:①妥协的潜伏,孔之谈话及五方面;②怠工,蒋先生训斥大官怠工;③破坏抗战力量;④顾孟余来了,住歌乐山。

新疆现状。赈济会。陈嘉庚。

本月记事

木塞:中大梁子,丰记华洋玻璃厂。每千价格:8 号,60 元;5 号,40 元;3 号,20 元;9 分,12 元。货多。中正路 284 号(下大梁子),普艳商号张席珍。每千价格:5 号,42 元;3 号,22 元;9 分,12 元。货待来。

请中央广播电台许如辉先生代买口琴(上清寺聚兴城银行〔隔〕壁)。大东书局尹逸梅(徐志刚):重庆民生路。昆明西南大旅社王晋笙(孤儿院出身)。新加坡大世界李春乐先生。

1 月—7 月记事

黄元汉:第三儿童教养院　袁伯康:重庆来龙巷新 6 号袁伯康　胡厥文:小龙坎新民机器厂　沈衡山:学田湾 25 号汽车公司　邹韬奋:旧址　章乃

器:旧址　范长江:化龙桥对河猫儿石鹅项颈李庄,邮箱99号　沈:神仙洞后街124号李公馆,通远门外吴师爷巷4号楼上　黄伯度:石头路194,上南区马路　倪尚达:成都武字第98号信箱,航委员〔会〕无线电机修造厂　张军光:昆明正义路464号　楚图南:昆明云南大学　游弘:昆明东寺街10号大利被服厂　李士奇:谅山华侨公立尚德女子小学　沈林宝:广东乐昌乘字第237号信箱附1之2　杨必声:重庆两路口中三路63号,附号三楼,国际新闻社　全盛昌:储其门顺城街20号,买菜　陈真如:下浩皇经庙10号,周家湾对汤井阎公馆　胡景伊:民生路260号,劝工局街　张席珍(木塞),普艳号:中正路(下大梁子)284　陈义门(绍由):重庆半边街怡康商栈　陆晶清:重庆女青年会　陈渠珍(玉馨):南充土桥"三一"棉麻纺织社　李宁邦:湖慈利杉木桥溇东学校　娄淑祥:成都搅扒街32号附1　麻育栋:重庆"老万金"门首,上清寺　魏东明:重庆枣子岚垭犹庄,《战时青年》蒋南翔转　周公蒲:重庆南岸弹子石筒沟湾18号　沈钧老:重庆荫庐　杨森(子惠):杨田衡秋,山洞,杨公馆　杨子惠:江西黄坊143军邮局　王联奎:重庆南市二塘27集团军仓库　戴国艾先生(Pegoy Directer):上海英商业电气音乐实业公司,百代唱片公司　徐治平:重庆通远门吴师爷巷2号　陆诒、长江:两路口65号附□号三楼　许祖烈:"南高"商科审计部　方竹因:歙南朱家湾村对面流坑,战地委员会皖南视察员,通信处　陈:重庆南纪门麦子市8号,制片、制锭机
张军光:临江门蹇家桥31号杨宅,电话791　陈君:制药机,南纪门麦子市8号　陈剑秋:林森路584号,502;印刷机:大,2 700;小,1 700　崔炎(丙成):中山路36号,汽车站　金义瑄:慰农兄世兄,梨花街,中国茶叶公司　任光:东南旅社　张西曼:犹庄24号,电话2459　崔载阳　临江门顺城街,中、法、比□协会　任太太:中山路36号,刘国粹三楼　方竹因:徽州歙西埚田王充
汪曼雯:屯溪榆村中山民校　张荩臣(自忠)、冯仰之(治安):湖北当阳昆字110号信箱11附5号,陈天秩,33集团军干训班　缑克敬(尧钦):立法院
邰爽秋:张家花园70号空园　张经武、贺新甫:赈会出纳　黄志成:浙江孝丰汤口49军邮局,沈容美转　冯公馆:电话2378　华丰印刷铸字所:临江门大井巷9号　金映光:"新华"　吴新稼:劝工局街邮局对门新马路左侧小井巷6号　吴培均(翔甫):经济部总务司司长　季平:桂林邮政信箱146号　戴自俺:广西长安香山慈幼院　朱木君:湖北巴东,湖北职业中学　董冰如:重庆两路口大田湾60号　鲍撷芬(慧僧、佛田):北碚石院墙熊家院子中医救济院　胡兰畦:神仙洞街124号　尹来弟:江北鱼子沱,四中　宋大夫:新村

115号　杨槐:九龙城城南道31号地下,国讯社　谢玉良:吴川县黄坡圩,县立师范　林曦:枣子岚垭犹庄25号,袁仲昂交　杨立达:重庆新生路53号楼上,新加坡《南洋商报》记者　罗博平:梅县大博三河虎寮,虎山公学　吴涵真:泸县南城垣1号建泸处,电报挂号2601　长江:两路口63,国新社　程雪羽、程跻云:柏庐神仙洞街250号　叶兆林:上清寺大兴别墅3号楼上　崔载阳:枣子岚垭23号邹公馆　程希孟:两路口国民外交协会　陆树勋:上海愚园路1376弄享昌里26号,璀家信,父　张楚琨:新加坡罗敏申律45至49号,《南洋商报》《新国民日报》　黄樾、贺鹿萃:中央政治学校　常竹宽:《南洋商报》,新加坡　袁保珠(白沙):新运纺织厂　台和中:兰州畅家巷66号　陈真如:都邮街广东酒家,1230　吴涵真:香港九龙太子道208号　冯伯恒:重庆邮箱123,郑彦叶转　中山大学战地服务团驻港办事处:香港华人行七楼619A　杨立达:昆明文移街文化巷47号　邓萍:营长,18师52团3营　司徒慧敏:重庆纪阳洞观音岩(谢文龙)　宋兆珩、吕炯、张宝坤:张家沱气象研究所　王家楫、仲济、伍献文、惠宇后:动植物研究所　吕惟馨:贵阳同通路七号虞恒骏　陈仪贞:新化46后院　李祖绅:香港罗便臣道77号　李达孚:上海辣斐德路595号　沈宗瀚:2月1日后,李子坝三江村,中央农业实验所办事处,现住石庙子农本局　薛明剑:重庆下南区马路94,电2596　谢铸陈:金刚碚西街新庐　赵老太太:重庆三牌坊48号　刘琼瑶:福建三元公训所　施日南、袁伯樵:兼善,教务,中国科学社　王昆仑:嘉庐9号二楼　郑永康:枣子岚垭69,2383　许士骐、汪羽军:老鹰岩转,电话6406　陈翰生〔笙〕:香港坚尼地道136号三楼　许俊老:香港九龙柯士甸道1,1,1,三楼　张忠后:重庆油市街4号,军参事会　陆晶清:重庆中一路236号,长安居1号　熊式一:英国爱尔兰赫斯特奥克乌德斋瓦街24号　王士忠:广西大学　恽逸群:九龙弥敦道49号三楼(内)　于斌(野声):重庆武库街61号　程思远:广西　吴克坚:重庆西三街2号,《新华日报》　黄节文:重庆中二路78号湖南省银行　林仲璋(张宗麟):上海巨籁达路174号　魏守忠:重庆励志社　王荆记:新闻路1104街48号张兆林　陶行知先生:01037号,1939年12月26日,¥7.5.1.¥,重庆中国银行,2月15日:$56=1¥;4dq/32=$1。

运药提单:四川旅行社552号,29,4,15;运费3.50;委托人孙敦乐,117市斤。

【注释】

①此段原用英文摘记。

②“帅”，即帅昌书，育才学校指导部主任。

③“贺”，即贺绿汀，育才学校音乐组主任。

④“桑先生”，即桑文澜，育才学校生活管理负责人。

⑤“章”，即章泯，育才学校戏剧组主任。

⑥“陈”，即陈烟桥，育才学校绘画组主任。

⑦“邹先生”，即邹韬奋。

⑧“指委会”，即育才学校指导委员会。

⑨“共关”，指与中国共产党的关系。

⑩“佘儿岗”，指南京晓庄佘儿岗儿童自动小学。

⑪指张继骂孙科和冯玉祥，冯愤而请辞。

⑫“阎”，即阎锡山；“卫”，即卫立煌；“朱”，即朱德。

⑬“黄”，即黄炎培；“左”，即左舜生；“秦”，即秦邦宪；“章”，即章伯钧；“沈”，即沈钧儒。

⑭指白崇禧说蒋介石坚决抗战。

⑮“孙”，即孙科；“冯”，即冯玉祥；“李”，即李宗仁；“白”，即白崇禧；“于”，即于右任。

八 月

（重庆·北碚）

8月7日 重庆:(1)陈纪彝;(2)桂园;(3)徐。

(1)哲生[①]未到苏。(2)周末回,7.28去。(3)亲德联苏;余大伟、桂永清。(4)新〔亲〕美联苏;宋子文借二千万在途中;陈光甫一星期前去美。(5)苏北:韩德勤、李明养;冀南:石友三。(6)史[②]电无。(7)龙云由吴忠信来信。(8)温宗尧与邓哲〔锡〕侯信;年高为何当汉奸。(9)敌有十师团攻重庆说;(10)陈嘉庚电缓发。(11)八月六日,伦敦Tass(塔斯社),据沪报,日要求安南铁路运输并建海军根据地。

8月8日 塔斯社:史汀生(Stimson)说,卅日内英可败。庇特曼(Pittman)反派驱逐舰。英驻美大使失言:英败海军可为德所有。

买物、药。

8月9日 重庆轰炸。

8月10日 青年会陈国良谈遮放事及关麟征出兵安南说。

8月11日 陕西。(1)甘肃、正宁冲突,衡[③]谈。(2)西安新华。兰州被捕。(3)卫[④]之言论不能发出。

下午,奋[⑤]谈。学田湾25号沈寓。(1)陈嘉庚之演讲、谈话、电话。(2)审查加严。(3)Tass(塔斯社)社长谈抗战到底与援助,知人善任,何王为何?

晚,住歌乐山青年会。虾蟆石与焕公[⑥]谈关公失荆州及苏使问答:人民动员,征兵;受苏援如吃毒药,一部分人。

苏使驻歌乐山,休息,约明早见。

8月12日 青年会暑期训练班,谈新中国,新亚洲,新世界。

马寅初:孔金[⑦]被龙云没收。

袁鲍钱、云吉玉,金刚新村;昭仙冈,中福公司。

8月28日 到渝。8时,康宁路5号。柳湜,有警报,洞中相见。无警报,1时,嘉庐。黄任之,9时,张家花园。中苏文化协会,3时。

"研":1958。

8月30日 《新蜀报》葛乔先生,请撰一星期论文。

(1)"新华"出中国银行支票1 000元(吴涵真捐生教社生产基金),汇桂林,支票号B248091,户号3611。

(2)"新华"出中国银行支票5 000元(育才款,不能汇,因数目大,只好带碚托中国代取零领,B248090,户号3611)。

(3)公库支票,赈委会出育才,加"新华"代收才可领3 500元,账户295,总字049037。一九二十九年六月份,用途,7月份补助费。

收:纳卯440.87,存重庆"新华"育才户;怡朗1 500.00,存重庆"新华"育才户;吴涵真1 000.00,汇桂;任光20.00,大作100.00;白桃10.00;东明10.00;铭勋5.00;洞若5.00。

本月10日记事

文章入伍唱声高,果见文人笔当刀。可找大军百四万,不教倭奴一个逃。——行知先生。弟卫立煌录于重庆嘉宁宾馆。⑧

【注释】

①"哲生",即孙科,字哲生。

②"史",指斯大林。

③"衡",指沈钧儒,字衡山。

④"卫",指卫立煌。

⑤"奋",指邹韬奋。

⑥"焕公",指冯玉祥,字焕章。

⑦"孔金",指孔祥熙的黄金。

⑧此段是卫立煌亲笔录于陶行知笔记本的诗文。

九　月

（北碚·古圣寺）

9月1日　星期日。回碚。

(1)收:存小桃150。付车票20;付敦乐30;付陈谋远20;付小桃20。余:60。

(2)收:新华400。付小桃110;付沈谱100;付儿童书店30;付新知10;付皮鞋15。265。余:135。195。

(3)现款:150+17=167。

(4)前由晓垫育才200元;今日收回200元。

9月2日　琴血中毒。

9月3日　琴打针。

9月17日—18日　疟。

9月19日　无病。

9月20日　疟。104°[①]。

9月21日　打奎宁针。

《新蜀报》《蜀道》《文艺简讯》:育才学校近改组,陶行知辞校长职,章泯、贺绿汀、艾青、陈烟桥等均辞主任职。

张望来谈。蒋梦麟来谈,云南龙云态度还好。

9月22日　吃止疟丸20,再打奎宁针。

周、邓、徐、张[②]来访。

9月23日　文化界在北泉座谈会。

9月24日　参观育才[③]。

9月25日　从温泉坐滑竿来,5元。周、邓二先生去[④]。

9月26日　图画组:汪亦伦。学生:张作民(作超),17岁;伍必端。

9月30日　付温泉公园$72.40(托肖生带去)。育才支票2 000元盖章(肖生领取)。

本月人名录

恽国钧

【注释】

①指发烧体温达华氏104°。

②指周恩来、邓颖超、徐冰、张晓梅。

③指陪周恩来等人参观育才学校。

④指周恩来、邓颖超等人参观育才学校后经北碚回重庆去。

十　月

（古圣寺·北碚）

10月2日　校务会议：(1)全校团结。(2)基本科目与特修科目关系，学术气候。(3)加强“抗建”政治教育。(4)分组学习与集体领导。(5)开源节流，共同坚〔艰〕苦创造。(6)离校先生通讯指导。(7)培养干部，保障生活。(8)新安旅行团五周纪念。

晚间。(1)卫生第一。(2)账目清楚。(3)政治教育以三民主义抗战建国纲领为最高指导。(4)男女关系以团结为标准，并尊重此时此地之风俗道德。

10月3日　(1)国际变化分析。(2)对学校环境，对学生，对民众，对士绅，对自己，对故意侵占。(3)两个预算。(4)桑先生——卫生顾问。

10月8日　到校，陪王香浦、蓝绍侣、童子钧、卢区长。

10月14日　6时，兼善老公寓宴王尔昌先生。

10月15日　甘地发表“不合作”[①]。

10月17日　读《伤兵之友》：“要学修路人，勿立记功碑。”（段绳武先生语）

潘先生来谈，艾光同来。

10月18日　滇缅路重开。

洞若有一决心：海格尔化物质为精神；他要化精神为物质。

潘先生晚餐，若、书[②]同在。

10月21日　致任之[③]书，论参战与抗战。

读《果尔德短篇杰作选》（周起应译）。

10月22日　雨。教城[④]注意人名、地点、时间、数目。

与卢子英商谈：(1)防空洞；(2)捐款；(3)操练要诀；(4)黄山资本；(5)研究所炼钢捐款。

10月24日　防空洞：22丈×4尺×5.5尺＝200人。＄360＝1丈，坚石。360×22＝7 920。

电话铅丝 700 元；电池 70 元；竿子，40 根，320 元；电机 300 元，共 \$1 400。“全记”派人：赖奎龙、石伟雕。

10 月 26 日 冯焕章先生来谈。

10 月 31 日 送小孩的礼物：糖果不如玩具；玩具不如工具。

肺炎特效药 Salphidin(苏尔菲丁)。

读《哥白尼》(*Copernicus*)《爱因斯坦传》(*Einstein*)。

夜读《拉马克》(*Lamark*)《达尔文传》(*Darwin*)。

【注释】

①指印度的圣雄甘地发表“不合作宣言”。

②“若”，指王洞若；“书”，指帅昌书。

③“任之”，即黄炎培，字任之。

④“城”，指陶行知幼子陶城。

十一月

（北碚·古圣寺·重庆）

11 月 1 日 本月要做的事：

(1)为晓庄研究所募捐信全部发出。

(2)编《抗战老少通》两本。

(3)写《海外回忆录》10 篇。

(4)筹备普及教育周刊或半月刊。

(5)与学生谈话二十人(长时间详谈)。

(6)写信 60 封。

(7)读英文 20 篇。

(8)密切注意世事、国事、社事、所事、校事。

(9)看两本书。

(10)编诗。

(11)大众自疗法 1/3。

吃得过多的小朋友：连正名、谢士贵(淋巴线〔腺〕肿，消化不良)、江贵和、刘瑶、罗昌遐、纪延恕。有些学生吃桔子过多，如刘幼雪。

桑先生来谈。

11 月 2 日 蔡剑光：昆明华侨学生要考大学，八月十日左近，登记号数 2 000 余。航空幼年军，安南到昆明考者 120 人，考取 20 人。重庆侨生 600 人，散住，无人问；山洞侨生招待所可住 20 人。

昌书挽留桑先生，桑先生求去。

卢子英先生谈研究所地。陈望道先生请客。

整理诗稿，几乎醋海兴波。风流老公，封建夫人。

11 月 3 日 准备赴育才学校。

(1)犹太医生。

(2)写信与桑先生。

(3)派朱佑顺赴校(房，工人，滑竿，苏验血)。

(4)理物。

(5)研究室设在育才。

(6)看地,研究所。

(7)带款子。

(8)邮局,取信,取报,张国珍。

(9)桑先生之钟楼为校长接谈室。

(10)指导会,全体学生会。

(11)买药。

(12)写快信要金鸡纳霜、奎宁针、痢疾针、苏打片。

(13)《医疗手册》。

11月6日 早10时动身赴育才,琴、宏、徐祥仙同行。托昌书接洽红十字会医疗队。一时到草街子,徐、俞[①]诸同志。住合作社。李抱忱先生偕夫人来,与马、吴、孙、陆[②]略谈。白桃、文华同住。夜冷极。

卡福克夫妇改下星期三来[③]。

早10时,动身去育才,琴、宏、徐。卡医生因妻病不能同行。托昌书到澄请红十字会医疗队帮助。一时到草街子,骍华在码头,住合作社,戴、俞同住。李抱忱偕崔槐珍来。夜半冷得睡不着。[④]

11月7日 早送李草鞋。与屠科长[⑤]谈卫生,检查药品、器具。与徐代言先生巡视古圣寺小学,询其所需。与戴、陆谈《战时教育》及白桃半年计划。昌书来信,张子泉允来助。与吴渤先生谈,脱去大衣、棉袄、羊毛衬衫,立在风暴中试验。

接文学组自我教育组"野火会"请帖(17日6时)。

抱忱去,我送草鞋;早,雨。与屠谈卫生,检查药品、器具。与徐代言巡视古圣小学。与戴、陆谈《战时教育;请戴重新考虑半年计划》。昌书来信,红十字会张子泉来。与吴渤谈,脱去大衣、棉袄、羊毛衫,立在风暴中试验。接到文学组自我教育"野火会"请帖,17,6。[⑥]

11月8日 与琴谈节译费希宾(Fishbein)的医疗手册。分缓急以应急需。

巡视图书室。午宴崔、舒二先生。2时讲来校方针。

与琴谈节译费希宾的《医疗手册》。巡视图书室,新书少。午宴舒斐、崔女士。2时,与全体工作人员谈"肚子吃脑袋":二态度;四目标;一方法。育才、古圣进一步合作。[⑦][⑧]

11月9日 早6时讲来校方针。二态度:学习;帮助。四目标:健康气候;学术气候;朋友气候;民主集中气候。一方法:个别谈话。

《西游回忆录》(林济时、张纪,27.7.15)。

早6时讲给学生听:二态度,研究、帮助;四目标,健康气候,学术气候、朋友气候、民主集中气候;一方法,约谈、快谈、畅谈。[9]

写信与桑先生,并托胡子婴挽留。与铭勋谈曲线宇宙。参加古圣小学同乐会:兄弟姊妹学校,学习,把光明带回家,学打日本,造校,造国,〔造〕世界。

季、旅、晓[10]等九人来信。

11月10日 合作社修理完竣。

访益州剧团于回龙寺,谈话一小时,约于星期联欢。

续编回忆录目录。收到"洪光"[11]500元,出收据。收到昌书信,北碚无白喉药,须于11日赴新桥买。

致杨静桐信。致新华银行,为所提1 000元。练习"大环功"。

11月11日 与吴渤谈变更课程须会商。蜜糖、豆浆抵牛奶。

决星期日开联欢会。李华来,开支票借育才200元与之(二月份);写信与他,取子英款。

续编回忆目录。与金忠明谈节省手巾。谈消灭鬼,张望来谈渝事。

11月12日 发起出"合作壁报"。

国父诞辰,讲遗嘱及革命的三民主义与革命之三民主义有别。教绿汀、白桃大环功。方、冯二君来。白决留[12]。与书店约新书送两本,由合作社代卖。

致沈、邹[13]信,致周、邓[14]信。小干部宣誓。

看列宁夫人 N. K. KRupskaya(N. K. 克鲁普斯卡娅)传,看托尔斯泰《住宅记》,列·尼·托尔斯泰的《雅斯娜娅·波亚娜》,见苏联对外文协出版的《苏维埃评论》杂志,1939年3月版。托夫人,托尔斯泰夫人全名:索菲娅·安德烈耶夫娜·托尔斯泰。

转组机械。发现问题:(1)井水绿色。(2)风琴不盖。(3)垃圾乱倒。(4)花生壳遍地。(5)有的吃饭太多。(6)病房漏风。(7)体重未统计。(8)新书太少。(9)"古小"[15]课堂太黑。(10)米汤、猪粪糟掉。(11)菜园单调。(12)白喉发现。(13)学生讲话机会。(14)转组机械。

11月13日 朝会讲吃饭。留张望任绘画指导。与舒非谈儿童剧。派人接卡医生[16]。

艺术要认真，但不能机械的看；扩大影响，使人通过表演而更加认识中国。

卡医生夫妇到，住校长室。夜开欢迎会，卡讲纳粹之德国是有力量而无灵魂，国强而脑小。

写介绍托尔斯泰短文。打洞投垃圾。昌书取得白喉、猩红热及疯狗药来。阅国事文件。

发现问题：(1)偷看信；(2)钻纸洞偷看人；(3)大门便桶不便。

土主场米长〔涨〕至每斗45元。保育院三餐稀饭。

11月14日 训练小朋友勿投废物于地；一面予以方便。检查身体时勿喧哗、弹琴。

草《大合作》及《美国之铁山》。《合作壁报》出版。

中央银行来信，将卫君儒捐款汇碚。见徐相应及卢厂。留张望及其夫人。"点脑"与"点心"。卡医生夫妇返碚，列队送。

米卖43元8角。

11月15日 午饭后到温泉洗澡。夜到碚，与子英谈米源及捐米。请昌书代表见胡石青及竺可桢先生。

11月16日 祭张总司令自忠。蒋委员长、冯副委员长、孔副院长、鹿瑞伯、薛子良诸先生皆到。

姚琮送《味笋集》。焕公允借一间房。庸之先生助研究所。

走回碉堡，4时吃午饭。晚与子英、客谈、定安代表五机关宴孔。夜草研究所计划预算，至2时脱稿。

仲璋[17]十一月五日来信收到。

11月17日 早赴中央银行与庸之先生谈。寄挂号信为所请款。

坐巡船回校，带来文化点脑。城同来。晚，益州与校联欢，演《家破人亡》《小号兵》。到甘镇长及澄江教员。

作孚电召一尘来[18]，子云来信。一夜因窗缝透风，冻醒。

11月18日 早讲"点心与点脑"。

与澄江镇小学教师讲《康健之堡垒》："把健康之堡垒建立在毛〔茅〕坑上，建立在垃圾桶上，建立在厨房里，建立在井水源上；最要紧的是：建立在头脑里，在大众的头脑里。"

病，睡了一天一晚。下午有学生敲门说，孙妈妈有信。大意是，《合作壁报》有讥讽文字，被讥讽者拟出壁报来“答谢”。我起来仔细把壁报细读一遍，并无讥讽文字。大睡。多出壁报竞赛甚好。

电一尘，请带三桃来[19]。邹绿芷借我奎宁八粒，预防。

宜宾南城镇中心小学三十五班五下全体学生来信。

发现问题：(1)工人要走；(2)煤矿加资。

11月19日 吴渤先生来谈二小时：(1)时局；(2)经济；(3)工作人员精神；(4)下年工作。

看托尔斯泰的《卡列尼娜》。

为金钧卿写信与冯先生。福建省政府教育厅指导员、中等学校童子军专科视导员周召钦及广东施博先生来参观。托屠先生报告学生体重，林先生报告财政，丁先生报告伙食费及米价[20]。

发现：(1)病假扣分；(2)十之一不及格，师之过。

教李泽林、高传珍记合作社账目。米价：50元(下)—58(上)。

11月20日 看《卡列尼娜》，得到两个感想：(1)愿意在一块的人偏偏分离，不得不分离。(2)不愿意在一块的人偏偏在一块，不得不在一块。(1)与(2)演出千变万化之悲欢离合，而创造出小说、戏剧、诗歌、历史。

铭勋来信约谈讽刺短文。午后约科长谈话。2时，指导委员会。郑晟礼，舜征(静生先生友)，来看子。

与徐立信先生谈赴大竹买米。

11月21日 徐立信先生上街，打听买米路由。

郑舜征先生领看治痢草药斑鸠窝。写信交肖生去约刘文章谈。写信与艾险舟，介绍尚文。参观中大心理系廿周展览。请仇玉良、伍必端、陶明兰吃羊肉。广西童子军教练员朱光辉、陈天纵、梁曼一、莫俸初、李福基来谈。

2时，开指导委员会，议决：(1)即弹棉花做被。(2)搬钢琴于他处。(3)将初中二移入钢琴室，而扩大阅书室。(4)将会客室移至钢琴室，而将办公室移入会客室。(5)将办公室改为俱乐部。(6)营养费按时发。(7)生产费按时发。(8)运动费按时发。(9)改善图书管理：开放时间改为半天，管理员减少别的工作，买新书由各组及普通科主任代买，设顾问三人：陶宏、孙铭勋、陶行知。(10)贷金做袜。(11)指导部依聘约商请有空教员任三年级主任。(12)出《育才月刊》，由指导主任、文化科主任、普通科主任及各组主任任编委，由维特召集。(13)上课不许延长。(14)上课上〔时〕，小孩得去大小便。(15)卫生科调查是否收账。(16)副校长买木料。(17)改良糊窗。

(18)喂猪要有定所。(19)各组时间改变,由主任与指导主任商决。(20)填表格望大家帮忙。(21)病假扣分及学生分数,责任问题付研究。(22)请徐先生赴大竹买米。(23)工作人员每月伙食超过25元,由校津贴。

留下未议问题如下:(24)小学生与宜宾通信。(25)奖金。(26)转组。(27)减少支队长指导工作时间。(28)问题儿童。(29)训练科与科、组联系。(30)买药。(31)卫生助理。(32)接洽、招待手续。(33)工人调动经事务科。(34)停止特修科年限(小教师、士绅)。(35)社交有时须请吃饭。(36)宣传材料自画。(37)各组及综合壁报。(38)服务社会带工具。(39)工人教育及待遇。(40)学生到5年级学机械。(41)家俱〔具〕登记。(42)编级免课。(43)迁校一部分至阆中或大竹。

安娥带张大卫来。一尘来电。张表方及阆中来电,欢迎育才迁去。派佑顺带“战教”稿去碚,并送尚文20元采访费。

11月22日 游普式庚林[21]。

贵州平舟童军穆学海、甘肃临洮童军王仲禄来参观。

2时开指导会议,决议(24)—(31)项。4时,安娥演讲。18师派员来商让马家沱地。写信与卢区长。

王香普先生捐五百元。

11月23日 与马、吴、孙[22]谈治校方针,如团结及特殊才能之培养不可动摇,并交换许多意见。与马先生谈魏寿龄先生应以礼貌相待。与张宜天谈戏剧组计划。与姚抡达谈音乐组困难。与安娥谈五战区黄琪翔及其他。

安娥为壁报写诗。阅改韦斯特法伦(Westphalen)安葬时之恩氏[23]演词。看《卡列尼娜》。佑顺代抄《怎样做一个科学的孩子》(旧作)。

宏出示《天文活叶指导》孤本[24],甚喜。

11月24日 安娥赴渝。函隆树、少琴退马家沱地。刘文章到麻柳平,约明日谈。魏寿龄来谈。

校《怎样做一个科学的孩子》,《合作壁报》第二期出版。

晚,和戏剧组谈艺术与人生。

11月25日 电涵真,托任之为超然谋,并快函。

陶城回鸡公山。

午宴刘文章、唐文祥,谈煤矿事。魏寿龄到,易见安后来到,我主以友好精神“兼相利”解决之。明日在麻[25]再谈。刘允月底不必停工。

访李抱忱。他以为《锄头歌》[26]是定县调。他很重视我与赵元任之歌。

他认赵之业余作品,高于专业者之作品。他把赵元任与李任公唱之“教我如何不想他”之片子,开给他的学生听,以资鉴别。他第二次认识我是牛津。俄亥俄州之迈阿密大学讲词由友人寄给他看。他允二星期后来校对音乐组讲话。

科务扩大会议给我知道很多具体问题。我主以棉纱保证第二个月之食粮,并采取不饿不冻、省吃省穿以渡此难关。

《文学组通讯》第二号出版。

晓光来信(十一月十八日),他要《无线电短波通讯》、铝板、箱子、《无线电》杂志。$200 存渝。晓庄毕业证书,22 岁。

饭厅乱七八糟,立刻布置。

11 月 26 日 看《卡列尼娜》。

教师联合会说话:(1)共创美术环境。(2)共造文化厨房。(3)对重要问题力求态度一致。(4)《合作壁报》大家投稿。

合作社果皮满地。我主不投入篓内者,取消买物。学生说是先生们丢的。

改《治疗学》稿。

11 月 27 日 中苏文化协会约育才音乐组对苏播音。

贺绿汀到,十二月四日前返渝。

包珂来信催填表格。约各组各科填表,当日完成。

洞若来。李华要钱,维特要印刷费。

图书馆开会改进。

11 月 28 日 隆树不要我退地,要 18 师向育才租。

李华在我到碚时谈:他认识我,我只认识他一半。我所认识他的是:(1)他追求真理。(2)他追求黄金。(3)他要拿黄金来追求更多、更高的真理。(4)玩世不恭。

11 月 29 日 洞若来谈炼钢事。我允在不妨害生教社、研究所、育才之进步、生存下,尽量赞助,我自己不愿从事实业,怕因此而改变或决定我们的生活。后来决定抱着发展文化的大目的来帮助同志从事实业,是不会走到资本家之路。

12 时半和琴坐寻常公共汽车到金刚坡,每人 9 元;从金刚坡走到歌乐山,走上青年会,找不着滇真,遇不着朋友;跑上云顶寺,求和尚开方便之门,留我们住一宿,3 元。铺板、稻草、和尚借被一床,安眠一晚。

在碚中山文化教育馆代过邮局寄晓光所需《无线电通讯》与杂志，费洋7.1。付章国珍10元，付朱佑顺10元、宏30元。

11月30日 早到五号冯宅洗脸、吃早餐，邓先生招待很好[27]，后田副官来。

见保育院姜院长榆之，他允金钧卿入院，写信与金润民君。托姜院长派门房送琴到新店子看姊姊。

到赈济会领药，守到3时余。许俊老不在，见着张继武。

觉琴手边钱少，不安；又觉不该不赔〔陪〕他去。但责任不许我们不暂时分别。

会见严竟成之叔及朱大夫。周先生、朱大夫在育婴学校，可住。3时半午餐。

4时车到渝；4.4，寓冯宅。

看涵真，知道顾颉刚、章衣萍从成都口信致念。

慰访许俊人，据说已往歌乐山。城里人说他在乡下，乡下人说他在城里，连我都找他不着，何况比我更苦的。但他病而老，也该休息。休息固然应该，但左右说谎，令人捉迷藏，不可。

7月—11月记事

育才学校收款：(1)28.12.7，洪光学校，$500.00；(2)纳卯中学校，$523.87(内“新安”200)；(3)宿务小学，29.7.19，$5 000.00(国7 851.26，“新安”2 000，“生活”851.26)；(4)纳卯中学校，8.30，$440.87；(5)怡朗华侨妇女救国协会，8.30，$1 500；(6)纳卯华侨妇女慰劳会，$1 000(本校)；(7)卫君儒先生，$6 000(米)；(8)北碚慰劳十八师大会，$1 000。

晓庄研究所：七、八两月份请款书，晓庄12号、13号。

育才：29.7.24：陶桂林1 000，存入新华；4.10：楚图南1 010，存入新华；4.9：张军光600。

崔瑰珍：(李抱忱太太) 秉农山(陈进生)：上海亚尔培路 中国科学社533号 孙锡洪：三台东街“德裕丰”酱园收转 耿丽淑：女青年会干事 陈彬和：香港1135信箱国际银行大厦4楼，把芬大道 吴涵真：中国工合协会，歌乐山八块田2号 赵百语(赵士松之子)：台山，斗山，华大药房陈基转张博士，维多亚73号 赵士松：墨西哥阿帕特德2257号 “文协”：张家花园65号 王启贤：香港德辅道西64号天增公号 蔡剑光：重庆市金汤街工务

局布绍基先生转　张表方:南充南溪口　李信慧:香港雪厂街 10 号三楼 23 号转　卫君儒(立煌):洛阳邮局黄字 78　张禹平:开县鲍新巷大顺森院内　朱启贤:康宁路五号战时教育协会　陆静霞:重庆小龙坎贾家岗连族工厂沈沛之转　胡皎然:浙江丽水碧湖三峰省立联合师范,三元四屯　袁仲逵:重庆邮政信箱 281 号,电话 3098,电挂 2419　卫君儒:第一战区司令长官部驻渝办事处,处长陶云鹄(号继轩),红兆新城马家沱 10 号,电话 4032 号　怡朗华商学校:菲律宾怡朗 210 邮政信箱　王晋笙:昆明生活书店探交　许炜昕:重庆南岸黄桷桠(医专,巴侬)　吴涵真:成都上升街 60 号,国民通讯社冷枫先生转交　吴晓邦:桂林施家园 34 号之 4　林焕平:香港安澜街 17 号二楼,民华通讯社华南分社　段绳武先生治丧处:重庆信箱 158 号　国立编译馆　四川江津中白沙　纳卯华侨妇女慰劳会:菲律宾纳卯 158 号邮政信箱　李秋生:湖南邵阳田家湾四巷 2 号,中国工合协会邵阳事务所　汪羽军:贵阳威西泸外内务部卫生署公共卫生人员训练所　陈东阜:老河口第 32 军邮局洪字第 82 号信箱(从渝过奉节、亚溪、竹溪、竹山)　新安旅行团:桂林观音山新村 32 号　甘秉田:草街子镇长　张敦廉:草街子名誉镇长　杨三䭾、王澄波、张敦廉:中心小学筹备长　李济安:生活书店,千厮门锁匙　陈望道:黄桷树破石岗 1 号　陈清泉:纳卯华侨抗敌后援会,菲律宾纳卯 315 号邮政信箱　周竹安:重庆朱龙巷 4 号杨宅　高植:谢仁钊先生转　程中匡:太平门人和湾 9 号　任光:安徽泾县张家渡月字信箱 81 号任西达　萧尔加:新加坡生活书店,我和任西达出名为育才募捐　纳卯华侨妇女慰劳会:菲律宾纳卯 158 号邮政信箱　孙崇甫:陕西白水黄龙山垦区难童保育院　朱子桥:西安灾童教养院　陶晓光:成都武字第 98 号信箱,马镇街 6 号(厂),七家巷 8 号(宿舍)　新华银行:陕西街中国国货银行二楼　俞文华:民生路 183 号夏之仁转,千厮门行街 72 号　李白君:江北相国寺观音桥,重庆市立第十二中心学校　施中璧、张克我、许敬堂:纳卯华侨学校华侨学生协会菲律宾联合会纳卯分会　洪敏乔:菲律宾怡朗华侨妇女救国协会主席　菲律宾家庭联盟:菲律宾纳卯 869 号邮政信箱　刘琼瑶:福建沙县琅口,省立沙县简易师范　吴文炳:菲律宾宿务华侨学校　杨肇根:中国洪门联合会〔中〕华会馆,由杨静桐转,菲律宾马尼拉,香港中文书院,阿尔雷拉德街 522 号　张子安:青年会宿舍　周序生(一夔):赈会秘书长　桂华岳:菲律宾马尼拉 2197 邮政信箱　陈鹤琴:江西泰和教育厅　怡朗妇女慰劳会:菲律宾怡朗,由菲律宾怡朗华侨商会转　黄鼎铭:华商学校校长,黄主任(秦柟),陈主任(曲水),华商学校怡朗信箱

210 号 吴文炳、陈淑谦女士：菲律宾宿务 411 号邮政信箱 卫立煌（君儒，俊如）：洛阳第一战区 伍廷飙（展空）：重庆合作管理局寿勉成 潘畏三：临澧停弦渡，县立简易师范，湘桂路黎家坪站，全国青年会军人服务部转交第一游行二队 陈铭枢：南岸下龙门浩对涡井阎处长公馆转 吴问天：米，重庆水巷子平价购消〔销〕处 缪局长：盐，重庆两路口，川康盐务管理局 新加坡的朋友（任光的）：袁伯荫，岭南分校岛节律 40 号；萧仍嘉，新加坡生活书店。

7 月—11 月人名录

阮本万 司徒美堂 梅友启 陈光耀 吕超然 梅友卓 李圣伟 简侠魂 谭赞 李瑞门 黄文甫 郑振秀 刘光祖 邝炳舜 倪尚达 余宝善（楚珍）

【注释】

①“徐”，指徐立信，“俞”，指俞文华。

②“马”，指马侣贤；“吴”，指吴涝；“孙”，指孙铭勋；“陆”，指陆维特。

③“卡福克”为犹太籍医生，他允诺来育才检查学生身体。

④⑥⑧⑨所记均为是日 9 日的整理稿，录此以便参照。

⑤“屠科长”，指屠公博。

⑦指育才学校和古圣寺小学的进一步合作，两校校址均在古圣寺；当时关系尚可，后恶化。

⑩“季”，即刘季平；“旅”，即新安旅行团；“晓”，即陶晓光。

⑪“洪光”，指菲律宾洪光中学。

⑫指戴白桃（伯韬）决定暂留育才学校工作一段时间。

⑬“沈”，即沈钧儒；“邹”，即邹韬奋。

⑭“周”，即周恩来；“邓”，即邓颖超。

⑮“古小”，即古圣寺小学。

⑯“卡医生”，指犹太籍医生卡福克夫妇。

⑰“仲璋”，即张宗麟，“宗张”的谐音。

⑱指卢作孚电召潘一尘来陪都重庆。

⑲当时三桃（陶刚）在安徽，陶行知请潘一尘将自己的三子带到重庆。

⑳“屠先生”，即屠公博；“林先生”，即林谷；“丁先生”，即丁华。

㉑指游古圣寺左近的一片树林，育才学生将它命名为“普式庚（普希金）林”。

㉒“马”，即马侣贤；“吴”，即吴渤；“孙”，即孙铭勋。

㉓“恩氏”，指恩格斯。

㉔该书为20世纪30年代初陶行知在上海办理“儿童科学通讯学校”时所编的函授教材。

㉕“麻”，即麻柳平，地名。

㉖《锄头歌》是陶行知作词，据南京郊区晓庄的民歌调填写而成，当时曾风靡全国。

㉗“冯宅”，即冯玉祥寓所；“邓先生”，即冯的副官。

十二月

（重庆）

12 月 1 日 与吴涵真访“长江”[①]。见韬奋、衡于 25 号防空洞。

在徐先生处午餐。苏北 25，庆阳 4，晋东南 26，部中 15。

见作孚先生，蒙允在大竹为难童买米，月 25 担。

晚宴公朴、雁冰于“新陪都”，肃文也来，甚喜。杜重远被盛[②]软禁将及一年，我们一无所知，现以接受汪逆二万元之诬告闻。

感冒。

12 月 2 日 早写信与作孚，并自己送去。

在三友书店买了一些旧书（中国字）：

朝代	字数	根据
周	9 000	《籀文·说文序》
秦	9 353	《小篆重刻说正序》
汉	10 516	《说文》
魏	18 150	《广雅》
晋	12 824	《字林》
梁	22 779	《玉篇》
唐	36 194	《广韵》
宋	34 235	《通志六书略》
明	33 179	《字汇》
清	42 174	《康熙字典》
民		

见许俊老，他允追加育才费。

偕俊老同去嘉陵宾馆贺克强夫人之子一球与博德女士结婚[③]。见到文白、张继证婚。男天女地。

焕[④]谈：鄂北胜仗，“新四”电，蒋认很好。美贷成，苏援至，好转。

12 月 3 日 昌书来。寄信与马、徐、卢。

见贺友梅，谈借款三万。见杜、李。买棉被。

公朴报告晋察冀边区：(1)军政民合作。(2)坚〔艰〕苦。百姓脱鞋送军，军政节食二两。(3)各有方法。(4)民主。(5)民众动员、武装动员。救国公粮，必须唤起民众。(6)官在家接头，下乡服务。(7)前年 1/15，现在 1/10。(8)公开党派。国、共、牺、救[⑤]。(9)上层统战(各党派)，小意见斗争。(10)农村统战(封建)。区长(共〔产〕党)也叩头。农民、地主、少数民族有些冲突。抗日第一，民众利益次之。(11)严格的分工。军政分工，连长没收汉奸财产，被枪毙。军保证打倒敌人；政保证发饷。八路军欢喜吃鸡，送鸡，买鸡，鸡种受危；民向政告状，军命令不吃鸡，团部政治员请客才能吃鸡。(12)聂永铮〔荣臻〕、杨成武。杨成武打娘子关，全团武装都从日本夺来，民误为敌军。聂一天没有吃。(13)八岁儿童音乐。(14)要高级人才。(15)重要的东西：甲，子弟兵团，地方性军事堡垒。从自卫队到支干队中选出；乙，统筹统制：粮食、手榴弹。工厂归政。丙，区村政权做基础，平山区长都是民选的。(16)银行副经理。(17)晋西北，大青山，晋察热，冀察晋，平北(日本特务多)，晋察豫，冀鲁豫、鲁西北，鲁南，胶东。(18)交通第一，书第一。

长江报告三星期之昆明：(1)印度支那半岛。泰越：越南土人暴动，逮捕。越南人民统一革命党，有一领导者，孙先生年补助二万多元，死后每年 5 000元，与中国没有联上。泰国，銮披汶，但銮披汶主多面外交，銮接受。缅甸：八擒孔明。政党十一个，一个党三议员，亲华。泰国《中原报》，十三报封了十二个，留中原。(2)云南。“九·二一”龙云谈，无外援也可抵抗，和不了。团结，隔得远，《云南日报》，机关，相当开明。云南讲武堂、空军学校，中央统制外汇。统税，担任 150 万镑，税收人不换。中央 100 集团军，3 军(9 师)，云南军 4 师，驻铁路旁。中央军在贵桂边。滇钞 1 万万 2 千万。经济事业衰落。锡工人 10 万降 5 万。锑矿停顿，锡价加 5 倍，生活加 15 倍，矿主可枪毙。工人，尸体无人收，痛苦无告。(3)云南文化，《今日评论》(英美派)；《战国策》(缪出钱)；《荡冠志》(三青)。群社：集体生活。新闻记者统一战线很好。昆明：安南、缅甸视为最高文化水平。(4)雪寒建议：秘书处，主张。

我报告育才近状，并请大家去演讲。晚在“明湖春”便餐。夜买被单缝好而睡。

12 月 4 日　约见表：4，6：00，一心饭店，周请雁冰。4，2：30，良庄，李、吴，犹庄 25，渥丹。5，10：00，炮台街七号，孔。5，12：30，广州餐馆，吴、李，张文白、李组绅。6，9：00，王昆仑、桑文澜、陶桂林。7，6：00，中电制。7，2：00，吴树琴、安娥。7,4:00,白健生。9,6:00,广东大酒家,蒋清华。11,8:30,上清寺369。12,8:00,17号候张铭。12,11,徐先生。14,9:00,天官府海棠溪。18,7:00,17号。18,2:00,良庄。18,6:30,中四路95。

治事表:(1)解决育才经费,许、贺、卢[⑥]。(2)解决研究所经费,孔、陶、李、张、杜[⑦]许。(3)游击教育,安娥、李公朴。(4)买书,宏、琴。(5)解决自己经济。(6)晓光要的汇款200元。(7)子云、三桃要的钱。(8)尹来弟要的钱。(9)《战时教育》要的款。(10)《战时教育》校对用人。(11)写《建立卫生保垒》。(12)准备音乐组请客。(13)写信与美、加、斐、墨[⑧]。(14)写信与东明及"生教"同志。(15)陶城要钢笔,大用厂造,民生手牌。(16)政治部计划报告。(17)预备借款手续。(18)向妇委会领药。(19)请育才之友。(20)贸易新村。(21)找房子。

"新华"借款30 000元。月息一分一厘,每月还本3 500,十个月以内还清;领款书三十年一月至九月;担保人:李组绅、吴涵真;印花4分,每百计12元;定期;有余存育才账户。

写信与赈委会,请"晓研"11、12月费。写信与"新银",交"晓研"11、12领款书。

赶至沈宅,中途遇李、吴。早与公朴约写《游击教育》。移住重庆村17号三楼。

赴周宴(一心)。周、徐、曹、郭、欧阳、邹、沈、雁俱到[⑨],谈鲁迅遗书再版。

雨,10时回寓,陈先生已睡地上。昌书留条,育五未遇。明天再去。

12月5日 田副官回歌乐山,托带信与树琴,约她星期六来。10时访庸之,特效药研究费及简单建筑费成。李组绅允许作保,为育才借30 000元。赴广东大酒家吴宴。

苗爱真,13岁,自四年前起,绝不再唱《锄头歌》,闻唱此歌即流泪,她八岁所教之大朋友们不在面前了。

买纸买书,省贡每刀1.6,买20刀;《托尔斯泰轶事集》(英)。付帅昌书$50.00。晚,吴、苗谈其生平。

对苏播音本月29日下午7:20至8:50,火烧坡,国际播音台。28日7:30,"中苏会所"晚会音乐。

要写的信:(1)育才校董会委托李组绅担保借款;(2)我写信与"新华"说明月款担保;(3)我写信委托"新华"每月代款项。

12月6日 早赴中苏协会,负责人不在。

赴孔宅候至1时，未遇。回重庆村休息。

公朴来谈。赴任老宴：严〔阎〕宝航谈生平。赴昆仑处，见，谈。派人接洽播音及校务。约昌明早8时来。

宝航说的笑话：近视眼，看错字，人请客，本月认本日，三次误，最后饿而大吃，帽落不能拾。见人来，请拾，来人为一妊妇，大腹便便，也不能俯而代拾，他看看她的肚子说："你也有人请客的吧？"

病愈。清理账目、单据，到12.6止，用去300元，余140元。

12月7日 贸易委员会，海棠溪27。礼拜五晚，育才晚会，住20人。

邹秉文在炮台街七号会见，说成志社捐助2千元。特效药研究费成功。琴来。

白健生约四时见面，介绍陈辅南约见。晚赴政治部宴，看陈白尘未婚夫妻，甚好。

12月8日 雷宾南来谈。午见桑文澜先生。

在乃器家午餐。乃器愿合作制药，并委托李华研究改良风炉。

倦极，未参加文化界招待苏友会。睡到晚。在严舍晚餐。

12月9日 中央银行秘书处见副处长范鹤言，研究处长陈炳章；款由范于下午迳送"新华"。陈处长允送资料。

经济部见秦景阳，由其写信请复兴公司(先生)。

侯蔼昌，付湛恩纪念余款，并介绍工业司第一科长左其鹏(翼云)，谈专制事[10]。

早访雷宾南于中四路九十号附三号，谈自修制度。

买磁焊150根。广东大酒楼午餐。托新华银行付晓光200元留交来人。买省贡29刀。蒋清华宴。写字送陈启蒙、查光富。绿汀、力行、文华已到，未见。

阅信20封，西达信令人兴奋。

12月10日 早，立人、文华、绿汀到。请绿汀赴中苏协会接洽；请昌书赴复兴与侯霭昌接洽。

人不好过，睡，请昌书赴碚拿印、药来。

三时，赴长江、小蝉婚礼。

营业税千分之二，所得税。过分利得税。

育才买盐支票写1 000元，A520677，账号47，交俞文华，29.12.11(此票未发)。改发如下：晓研为育才垫1 100元，交俞文华买盐。A510010，账号

68,29,12,11。

古圣寺,6号,50元5角,米每斗;肉每斤2元;菜油2元8角。

12月11日 顾先生:《新闻报》,90 000,汪伯奇,美;《申报》,30 000,马荫良,美;《中美日报》,30 000,党,美;《大美晚报》,30 000,美;《大晚〔报〕》,英;《神州》,20 000,美;《正言报》,美;《中华日报》汪奸;《新申报》,敌;《申报》(?)奸;《华美晚报》,美。忌讳:敌、汉奸、伪;壮汉、倭、寇。伪以"　"代;壮汉以"青年"代。伪组织通辑〔缉〕83人,中有43人为新闻记者(29.7.1)。顾先生"八·一七"中一枪。

上海—香港—九龙—沙鱼涌—淡水—惠州—韶关(沙至韶14天)。屯溪—金华,一天,30元;金华—鹰潭,一天,50元;鹰潭—吉安,两天,30元;吉安—衡阳,一天,30元;衡阳—桂林,一天,30元。路上候车,两十天。

昌书回渝。

12月12日 张〔章〕泯来谈。学田湾防空洞谈营救杜[11]。

周公馆午餐。买书。晚,贺绿汀来谈音乐组事。与肃文谈西南联大。

12月13日 冯送盛世才电,访韬奋谈。

赈委会查育才12月份领款号码是20号。

汇款与曹叔平、陶刚,200元分与诸戚。由重庆中国银行汇与屯溪,留文,航挂寄,汇款便条B156号。汇款与老丈50元,为还垫琴之祖母吊仪,155号。汇款信号为:曹信20187;吴信20186。

CK042220,"中央""新华"开与川省。

再写信与焕公,催发致盛电。

买《沙士披亚全集》[12],50元。在这个年头,以50元买到沙氏毕生杰作;再以60元买到伦敦中国几千年艺术精年〔华〕之图说,总算是大幸了。

忽略图〔带〕一个图章,费时,费钱,费精神,错过机会。马侣贤寄账目来,并说林谷10号已回校,而校中不知,因此图章未带来。

12月14日 音乐组:25来;26,文化委会;27,贸易协会;28,中苏;29,播音。

重庆村3号有电话直达北碚区署,学校有要事,可请区署给方便一分钟,可以通话,这是一个大方便。卢、刘正勋先生今天给我以很大帮助。通话后,子英不在署,托邓先生转达,请子英借给王洞若100元;并由刘正勋先生介绍,托轮船代送校印给子英,留交马肖生以便取款。

12月15日 为晓庄研究所填表,报告工作现状与卅年度计划,费去整日。于4时由帅送与政治部第三厅。

休息一时。赴李公朴、黄洛峰宴。商读书出版社出版事。《近代世界史》将于一年内出齐。自学制度,《学习生活》要登。

12月16日 准备追加预算书及卅年度概算书,送赈济会(育才)。写信向赈济会为研究所请求增加研究费。为育才请款,征求许副委、贺董事长同意。

吴涵真转到香港般咸道香港大学。许乃波捐生教社生产基金100元。与桑先生谈工作。托昌书向妇委会领药。

买《医学字典》;买旧热水瓶,不够细心。

大竹县徐立人处汇去一万元,当时可领二千,两星期内可取八千。帅经手汇出,并电徐知道。

12月17日 军米,每市斤9分钱,每人每天20两。平价米每斗(市)6元(15斤)。士兵每月9元,职员40元。

访胡敦五。访问陈辞修,驻地为湖北恩施38军部。

访许俊老:(1)彼面许补助研究所月1 000元;(2)追加补助育才经费;(3)推组绅为育才保证向"新华"借款并签字。致函组绅。

买大衣一件,预备作拜客用。访组绅于交通银行。

得黎继光信,月捐育才:蓝绍侣月捐450(夏溪口宝源);胡汝航月捐100(吴栗溪大成公炭号);王香普月捐100;富川炭厂月捐100(澄江镇张敏之);童子钧月捐250。

马肖生来信:12月14日草街子米跌至每老斗42元5角。

12月18日 在冯宅取盛电稿援救杜重远,焕将秘书稿尾改了,尚可用,但不及他自己告诉我那样有力。

程鹄来。良庄谈话:(1)团结抗战;(2)民主;(3)亲苏联美;(4)战时财政经济,安定民生;(5)抗战建国教育,学术讲习自由;(6)保障妇女政治经济、职业文化平等。

桂园,张治中先生、夫人请客,谈文化创造:保存、介绍、集中人才都为创造更高文化。"新旅""孩剧"之适当处理要根据工作与学习双方兼顾,文白以为然。

绿汀来谈音乐晚会名单。请作孚开商界名单,炳夫人开外宾名单,空了开新闻界名单。

12月19日 问安娜·路易斯·斯特朗地址。

与沈谈育才及读托尔斯泰心得。

请王安娜开示外宾住址。

伯钧来谈。与绿汀、寿昌谈请客名单。允许《学习生活》写文一篇。

约安娜·路易斯·斯特朗于20日午前11时相见(或5时半)。

琴合冰。

肖生从北碚打电话来:(1)借谷成功;(2)买鞋给小朋友;(3)廿五坐木船来;(4)澄江1 000元一月,四日领;(5)金平情形。

12月20日 绿汀赴碚。准备今日返碚或送物去。

访安娜·路易斯·斯特朗:(1)育才;(2)研究所;(3)生教社;(4)请赴音乐晚会;(5)告美国友人;(6)瓘事[13];(7)苏音[14]。

送书三包托作孚先生带交碉堡。还子英100元,托作孚带。

12月21日 访沈、邹、刘。见张、张、黄、沈四老,援救杜重远电甚觉满意,带一份送焕公。

2时至"国泰",看宋之的编、章泯导之《刑》。6时徐请客。武库街米亭子有卅五年《中国教育史》。

12月22日 写信给马肖生要小兔。

给徐立人介绍李洪岗在大竹买米。给李公朴,延至新年赴校参观。三信托李洪岗带去。科学社《精神疗法手册》也请他带还。

李洪岗写《武胜岳池广安见闻记》:(1)石盘沱(武胜)镇长王平藩200支手枪阻关,抑价大量收买(有陈米15 000石)粮集中。(2)6元一石(老斗)涨至230元一石。(3)化整为零:什粮丰收,佃户不必吃米;地主有枪,佃户不敢吃。(4)两年丰收。(5)丰收预兆。

国事静思:定于一,实行民主者能一之。庖丁解牛。治国如烹小鲜。毋令人跳出生存圈。喜用二者,用二以创造;不善用二者,两败俱伤。定于一,动于二。不愿在一块,反而在一块;愿意在一块,反而不在一块。这时可以颓废,可以创造。两方都拉不稳而日本稳了,这不是为敌人造机会吗?

宋、章[15]在曲园餐叙,检讨《刑》之演出。

买到苏清心著《亚西伟人轶事》,费1.50,中有插图甚好。第二章记犹太人在华遗族一篇。丁韪良(W. A. P. Martin)于1860年游汴,见七家犹太人、六位代表。犹太人之纪念碑为重建清真寺碑。称以色列为一赐乐业,为亚伯拉罕,为阿无罗汉,为盘古阿耽。礼拜寺为回教徒所毁,碑在济南博物院,碑文1 593字,缺29字。俺诚于永乐二十一年奏闻有功,钦赐赵姓,赵应由

贡士，任徽州歙县知县。（丁韪良著：《中国碑史》P. 273seg）

约会表：22，6，曲园，宋、章饭约；23，3，良庄，史，茶话；25，12，阎宅午餐；31，10，重庆村候戏组；31，12，李华；31，5，白桃；1. 2，1时，国际宣传处广播；1. 2，10时至11：30，一园大戏院；1. 6，6时，“新陪都”；1. 10，11时，苏使馆；1. 15，11—12〔时〕，“求精”教员宿舍7号谢维鹏家；2，沈宅。

治事表：访许俊老确定校、所款。看白健生。请人致介绍词向美播乐。看于右任。看经济部各部长。参加昆仑宴。看儒堂、组绅。访保育会。四日文化晚会。送阎先生礼。脚踏车。汇款至大竹。汇款与杨伯宏。写信与杨静桐。

吕超然订定一年计划：(1)托儒堂捐款；(2)为中华经济研究社捐款；(3)托超然捐款；(4)运煤。

12月23日 看书。新闻，东南西北，琴。

沈宅，茶话欢迎史先生；章、梁、左约我晚餐[16]。

成都前市长杨全宇囤小麦500石，被枪决。

徐立人来信，大竹谷价涨至每石90元。

12月24日 知道音乐组今天到。与绿汀修改印刷品。英文介绍词交汀[17]付印。

沈先生来谈如何免去破裂。第二届参政员，昌书来报告，有我的名字。

与琴参观嘉陵宾馆。电话中苏协会（8时半）：小朋友已到。人觉寒怯，未去会晤。

12月25日 送《伦敦艺术展览图说》与沈先生看。送请帖与赈委员，阎宝航先生请午餐。

12月26日 电徐立人缓行。函徐立人调查各种困难及解决。印就《创学旨趣》及《音乐组概况》。

文化工作委员会音乐演奏会于7：00时开，到冯焕章全家、张文白夫人及小友、何应钦夫妇、周恩来夫妇、叶剑英及文化界朋友。田寿昌主席，我和绿汀都讲了一些。何称赞学生成绩。

与安娥商《战地教育》稿。

12月27日 广播时间7：20—8：10。找地址，电桂林、成都、王，说广播问题。

取款。到向家湾贸易委员会。住光甫宅。晤秉文。

晚音乐会讲回国后步步高升及办学旨趣。

晚餐迟开十分钟，二次饭客来，小孩未吃完，青年骂，小孩不高兴。但未问清楚而即不悦，则是教育未到。(1)骂者是否主人；(2)主人中有无矛盾；(3)是否因接洽不周。

12月28日 在养秋[18]家早餐，凌济东在座。养秋发已全白。凌任易货委员会主任。

访仲则、企文，启贤家午餐。坐滑竿与琴同回。

病，中苏文化协会音乐晚会，未能到。于右任饭约未能到。吃了云南白药，最后赶到音乐会听孩子〔剧〕团唱《红缨枪》与育才唱《中国友人歌》。与孩子剧团握手致贺。哲生到过，先走。焕章如之。我皆未见。

12月29日 贵州龙里北区洗马河，铁、煤，可做；荒山，可种粮、树，水方便。离苗民近。周文之(阿护)。苗民教育筹款。离贵阳75华里(30公里有公路)。有教室8个(姚家祠堂)。第四区社会教育督导员姚敬祖，张家花园3号，中山学社孙校长亲丧吊仪100元，谭平山所捐。由焕章介绍，捐与育才。

孩子们在国际电台向苏联播音。中苏协会茶话会，我讲互学两点及“四四”前成立儿童馆。

找着国府路2号房。

12月30日 叶[19]：占据茅厮〔厕〕不拉屎；占据厨房不烧饭；不吃凉粉不让凳。

空袭警报。焕章中午请“孩团”与“育音”。有孩子吃八馒头、两碗菜、三碗稀饭。

李华完成复式再生炼钢炉研究，带着文件、模型来请专利。交李华50元作旅费。

昨日黄任之夫人王纠思哀思会，途中遇李杜。任之报告王夫人生平，情文备至，真贤夫妇也。衡老闻讣，诣黄致唁。黄说，我今后和你一样了。衡老至今怀沈夫人像而寝，以志不忘。

12月31日 早修改文件，交李华。

张望来谈画组计划。付洋100元买材料。舒非、章泯来，戏组雾季工作计划。

午在“魁顺”午餐。李华、华方增来，交李华200元。

白桃、昌书来谈计划：(1)社重研究，编辑。(2)重心来渝。(3)战区游击区建立分社研究。(4)育才以活动方式丰富儿童之教育。(5)聘能执行生教方针者主持。(6)组织简单化。

【注释】

①“长江”，指范长江。

②“盛”，指新疆军阀盛世才。

③“俊老”，指许世英，字俊人；“克强夫人”，指黄兴的夫人徐宗汉。

④“焕”，指冯玉祥，字焕章。

⑤“国”，指国民党；“共”，指共产党；“牺”，指牺盟会（山西省牺牲救国同盟会）；“救”，指救国会（全国各界救国会联合会）。

⑥“许”，指许世英；“贺”，指贺友梅；“卢”，指卢厂。

⑦“孔”，指孔祥熙；“陶”，指陶桂林；“李”，指李宗仁；“张”，指张治中；“杜”，指杜月笙。

⑧指写信给美国、加拿大、菲律宾、墨西哥的华侨友人。

⑨指徐冰、曹靖华、郭沫若、欧阳予倩、邹韬奋、沈钧儒、沈雁冰共赴周恩来在重庆“一心”饭店举行的宴会。

⑩指商谈专门制造之事。

⑪“杜”，指杜重远。

⑫通译《莎士比亚全集》。

⑬指有关陆璀之事。

⑭指育才学校音乐组在电台对苏联播音一事。

⑮“宋”，指宋之的；“章”，指章泯。

⑯是日，在沈钧儒家举行茶话会欢迎史良女士；章乃器、梁漱溟、左舜生散会后约请陶行知共赴晚餐。

⑰“汀”，指贺绿汀。

⑱“养秋”，指徐则陵，字养秋；他曾与陶行知在南京高师、东南大学、中华教育改进社共事。

⑲“叶”，指叶兆林。

一九四一年

一　月

（重庆）

1月1日　早，昌书来，托其立约未成。

程〔陈〕贻鑫、翟淑霞、杜明星来。午后买笔记簿、果品送学生。

地毯之角仍未折。一个合理之建议出入校长之口，入于指导、负责人之耳，一次、两次而不发生效力，实在令人难解。

写字送音乐组学生：

——音乐是世界语，学会之后，便能与人类谈心。

——留心不要把艺术当嫁妆。

——有陪笑之音乐，有哭丧之音乐，有助消化之音乐；我们的音乐，是战斗之音乐、创造之音乐。

——什么是革命的音乐？阔老〔佬〕的跟班变成大众的号兵。

——把音乐之神从大出丧、大结婚、大宴会中迎出来，送到巷头，送到乡村，送上战场上。

蔡承新被捕，想是囤积之连累或嫌疑。涵真不信其犯罪。

闻重远事，盛世才有电致冯。孙荪荃捐谭平山先生100元与育才，由冯先生转。

1月2日　中午，育才音乐组对美国播音。

1月3日　早晨，对南洋华侨（育才音乐组）播送音乐。

1月4日　总司令部所在地：(1)政治摩擦多；(2)管的人多。军部：见难。师部向前方，教育较易办。后方拉锯地点，难。前方拉锯地点：(1)绝无学校；(2)老百姓见敌，惯；来则走；去则回；(3)五六岁孩子挑担，(4)逃，年一两次；(5)物价：Jndss①，每令，70，米30元一石；(6)9元一月；(7)青年智〔知〕识分子太少；(8)师部政工二人，团部十人分到营。

敌耳：(1)敌、伪、游击；(2)钱多；(3)米10余元一石；(4)学校无；(5)知识分子在民间少；(6)游击队知识分子多；(7)教育当政治做；(8)老百姓灵活行止，在山上看敌人行止。

保育会欢迎缅甸记者团，育才学校音乐组唱歌、弹风琴。

文化工作委员会研究古戏。

1月5日 晚与桑谈[②]，许帮忙一星期。接静桐信，十月份捐育才款伍佰已到。李润田、虞兆兴、姚俊之由李芝岭来信捐育才900，存"新银"。

请昌书与彭之一约明早8时开车接送学生。

文华带兔来。徐多骑来。

音乐组餐费561.00，吴勃〔渤〕带来300，船90，印刷费100。

1月6日 桑先生失约。

音乐组坐政治部卡车去。指委会[③]东西借不来。

致今吾、吴瀚、陶宏、白桃书，寄研究所调查表。

琴与音乐组同去。戏剧组来，自挑水烧饭。

晚，沈、王请客。黄齐生及谢先生来，说竹因不久要来。

昌书去请新华银行代取斐〔菲〕款[④]，并问得900元已存入育才户。

郭瓦烈夫（Eugen Kovalleff）、邵林（No Shorin）、米克拉舍夫斯基（Leonid Miklashevsky）[⑤]。

1月7日 王子若先生从大竹来。新生印刷社。十二月卅一日动身，起早。五号到。每市斗9.5元，每大斗19元，每大斗＝两市斗。军谷去了90 000石。徐先生用板车，每市介，100用八元四角，33.6允运，一老石400斤。

陪沈先生看房子。会冯先生，问捐款人姓名为孙荪荃。见盛复电（二次）[⑥]。晚访韬奋兄。见张似旅，他在民生服务，朝天门。

章泯等来，会商雾季修学课程。

1月8日 印名片。帅去武汉疗养院带学生看病。

写信证明育才到平价处购买。帅去访问卡芬克。致电卢区长，请马肖生派厨师来。18师政治部到黎继光处查马先生。

今天查账：育才存"新华"21 335.15；"研所"存"新华"9 075.77。

本月底决定炼钢炉审查结果，秦毅修说。赈济会，据张经武说，追加米贴30 000元。访陶桂林兄，他允许年关补助育才。帅昌书访刘院长结果：（1）挂号费拆〔折〕半；（2）复诊拆〔折〕半；（3）住院再商。

王儒堂现在斐〔菲〕律宾，任交通银行董事长。六河沟董事长（组绅）。

任之谈话态度令人不快，也许是他太忙了，无暇也不耐听取意见。

写信给陈辞修，送药两瓶。

1月9日 吴涵真谈到观音岩。写字送卡芬克。

帅去保育会接洽，结果是由学校根据情况请求增加学生用品费。文华至乙生处取洋80。

公朴来谈，请胡敦元翻译调查资料。子英到，详谈北碚近况：(1)二日委员长⑦巡视北碚，问民间甘苦；(2)视察演讲；(3)李华借谷；(4)合川财务委员会收庙产⑧。

1月10日 俞文华至市民医院调查治疾病价目、时间。帅昌书分配介绍防空洞。

见米代表，邵林译。潘大使改期见。

张文白允加研究所200元，连前500元。介绍朱启贤于邹秉文。见黄齐生，他说俊侯卖友。见王昆仑，接洽画展；公开给画组同学。金陵加入戏组，与舒非谈。

周申府点画，50 000点一百点钟，万有图片100 000片，中国图片馆，18年，10万元。

晚宴合川县长袁雪崖。公朴来，索美国通讯处。

1月11日 开支票1 000元给宜天、亦伦，存中国银行备校旅用。托昌书提500元，付他100，付宜天100，备校用。

看庸之，请将补助中华经济研究社款直寄胡敦元。见陈立夫部长，请补助育才科学仪器与乐器。

买到磁石一块。一个月的搜索，竟买不到一块，今晚无意中得之，我如何毕竟得到，就在抱着一个目的，到处随时留意，终于达到。

协会电影挤不进去，折而访乃器，适吃稀饭，一个月未曾尝此。

1月12日 到米店学盛米，三石米来，大费踌躇。

五吨煤运输：借篓挑运，冯宅及民生公司无。得宝航介绍，再去一试。

从米店学盛米成功。帅到米店子买得工具，费洋25元。可装五担米。篓不必借，铁铲可借。船到，张望来，舒非未来。学生抬米，半天抬三担(老)。慰劳。

徐立人、王瑞符、方竹因到。瑞符身带3 000元来往桂渝，大不妥。我嘱其明早第一事为送钱存银行。

帅主持渝校。

(1)卖米赚米吃；(2)卖炭赚炭烧——这恐怕是解决育才难童经济难关之两条路。

1月13日 与张望、张宜天、帅昌书谈治校方针。

运煤上岸。致函社会局卫戍司令部请备案(来渝见习)。致函王儒堂、陈诚、胡敦元、宋子文、胡适、杨静桐。

竹因报告桂、皖事。

李任之任《战时教育》经理。“中央”“新华”广告:“战教”出版。《战时教育》:排字 4.5—6 元 1 000 字;八开纸土报一令,1 000 张;20 元印 21 令=1 200份;另加色,1 000.5 元;一令土报纸 55 元;算 6 页,3 万字=150;稿费照《生活》打八折;装订费,线加 5 元。

1月14日 徐立人谈:大竹米旧斗一斗=2 市斗;37.2 石=6 456 元;运费 1 400 元;麻袋(135 个)300 元;旅费 200 元;共 8 356 元。加利 120 元,汇水 245 元。37×2=74 石(市),74×150=11 100 元,8 356+120+245=8 721元,11 100 元-8 721 元=2 379 元(此次学校得)。下次:旅费可省 100,汇水因平兑可省 245,麻袋可省 300,共省 645;学校可得 2 379+645=3 024。运来两星期,一个月等于 6 024〔6 048〕[9]。

1月15日 朱子老 13 逝世,消息传到。沈宅会谈。

1月16日 重庆米;山米上等,44.5 一老斗(40 市斤);中等 43.7。□米上等 $38.5。煤粒子:118=1 000 公斤;99=1 000 公斤。块炭:188=1 000 公斤;150=1 000 公斤。岚炭:242=1 000 公斤,195=1 000 公斤。二岩合记粒子 118;吴栗溪大成粒子 113;夏溪口正板 111;白庙子天府泡子 108;金钢碑豫莲子 111—108;麻柳萍大享 108;黄桷树王尔昌料 99;大河嘉阳大块 188;二岩合记大块 156;吴栗溪大块 156;吴栗溪大成小块 150;南川东林岚 242;白庙子中兴岚炭 200;天府岚炭 202;夏溪口宝璋岚炭 195。

1月17日 大竹印刷资产:(1)四开机 10 000、6 000,(2)四开机(旧)8 000、5 000;(3)小名片机 1 200、1 000;(4)石印机(四架)6 000、3 000;(5)铅字 2 500(磅)7 000、6 000。322 000、210 000。出卖:(2)四开机卖 6 000;(4)石印机卖二部 2 000。又买进:(5)大二号圆盘 4 000;(6)零什 1 000。股买旧股 10 000;流动资金 10 000;生财 5 000。

与学生谈话。

1月18日 “工合”:(1)7 人;(2)二十倍之贷款;(3)印刷可以办。

解散新四军。

10 时与谭先生谈。8 时介绍任子与竹因见涵[10]。11 时与老大谈,同去吃毛肚,买书。

下午见董老。晚写信七封与文华带。

1月19日 文华去碚,带致琴、宏、肖、勋、维、桃[11]信去。

广东大酒楼,清华吃早餐,见真如。买书。公朴来谈。

米代表[12]送《普希金纪念册》。

1月20日 12:30,徐寓。2:00,沈宅。5:00,学校。

南京十七日广播:中国派遣军报导部发表:自一月十一日来至本日为止,中国事变情势如左;"各方面自年初起,我(敌)精锐各部队冒酷寒扫灭山西省连枝山脉之共产军一万五千名。各方面国共两军之冲突至最近已大规模地展开,扬子江下流江南地区之共产军,重庆方面虽已严命其在12月26日以前移住黄河以北,但在本年尚不肯移驻。顾祝同遂在东流附近对南方地区之新四军及共产系各军队开始猛攻,共产军之一部于十日由荻港附近开始向江北溃走,由宣城附近窜至我占领区之金坛、句容方面败走,我(敌)各部队乘此好机于十四日以来在各处捕捉该敌予以歼灭,绥靖部队亦予协助……为了和平反共建国大事攻击。"亲痛仇快!

晤焕公,谈中国如何渡此难关[13]。

1月21日 今天最伤心之事是晓庄以来的通信被业余学校校友会之工人拿去换钱用了。前年我托宗麟运港,宗麟托竹因保管,竹因托校友会保管,校友会大概是把它们当做废纸看待,于是十余年来,乡村教育运动、普及教育运动、国难教育运动、科学教育运动之史料一扫而空。竹因的学生有负所托矣!我为之不悦者竟日。这真是值得我们哀悼的。

树琴、肖生有电话来。

1月22日 空袭警报。

11时接树琴,未到。写信介绍周申甫与庸之,请其提倡"万有图片"。程鹄来,嘱其接树琴,亦未接着。树琴晚坐木船到,洞若亦来。知道肖生等用我私章发证明书,不同意,电撤证明书[14]。

1月23日 定:决不租"夜上海"房;印刷所事以助成,大竹移渝不主办。

决定生产事业物色专人负责,我不过问细则。

1月24日 草成《清水沙盘》,以"行知衙谈"发表于"战教"六卷二期。

开始自己烧饭。修理房子估价:(1)石灰每石10元;(2)泥水工每人每日10元。

1月25日 代替奎宁。陆病愈。桂林电:达之病危。21发25到。三夫人行。送阎[15]宅年礼。与徐必来谈。

1月26日 早访校中诸友。张、王、帅、方来谈。请方到碚报告，买过年物。写信给肖生、力行、城。

大洗，中央饭店。阎宅除夕晚餐。

赈委会来信，本年经费不增加。致阆中县长信；致方芝岭，谢代转育才900元捐款。

知道昨夜宜天喝酒，喝得大醉。宜令其转换环境。

1月27日 早写信与肖生，主裁工人并节流。

蒋清华来，托向王雪生取墨。送竹因返碚，彼四时即去，候车至7时半买到车票。

阎宅早餐。访沈老、章泯。

1月28日 为琴修改《小孩比大人聪明》。王、书来谈。

看《卡列尼娜》。

1月29日 新旅21日信来报告达之病稍愈，于21日入广西省立医院。

邦[16]到。致电桂林邮箱180号，慰问达之病；主健康第一，莫惜钱，莫忧虑。

1月30日 邦来。吴先生还款150元，这是有信用之表现，我甚重其人。

1月31日 访徐，谈。见司徒电。沈宅商尽言责，请邹起草。尚文早来。

确知尘[17]处，孚公[18]已发旅费请来服务。

【注释】

①原稿如此，未能译出。

②“桑”，指桑文澜，他当时要求辞去育才学校的任职。

③“指委会”，指当时设于重庆的妇女工作指导委员会。

④指代取菲律宾侨胞汇来的捐款。

⑤所列为苏联友人的名字。

⑥指在冯玉祥处见到盛世才有关杜重远问题的复电。

⑦“委员长”，指蒋介石，他当时担任国民政府军事委员会委员长。

⑧育才学校的校舍亦属庙产，且在合川县境内；卢子英及时知照，以便陶行知对庙产纠纷作好思想准备。

⑨一个月约等于四星期，既然两星期可得“3 024”元，那么一个月即为

6 048元，原稿计算疑有误。

⑩指介绍《战时教育》经理李任子和编辑方与严会见吴涵真。

⑪“琴”，指吴树琴；“宏”，指陶宏；“肖”，指马侣贤（肖生）；“勋”，指孙铭勋；“维”，指陆维特；“桃”，指戴伯韬（白桃）。

⑫“米代表”，指苏联驻中国大使馆的米克拉舍夫斯基。

⑬指与冯玉祥交换对“皖南事变”后中国时局的看法。

⑭1940 年底，陶行知次子陶晓光在成都谋职；无线电专业厂家要求检验学历证明书；陶晓光苦于无正式学历，于是求助于育才学校副校长马侣贤（肖生）；马未经请示，便函寄晓庄学校毕业证明书一纸与晓光。陶行知是日闻知此事后，当日便电告晓光，要他把证明书立即寄回；后来，又专函说明了为什么要这样做的道理。

⑮“阎”，指阎宝航。

⑯“邦”，指吴晓邦。

⑰“尘”，指潘一尘，他当时在安徽任职。

⑱“孚公”，指卢作孚，他当时任民生公司总经理。

二　月

（重庆）

2月1日　写信与孙荪荃，致谢转捐吊礼100元。

尚文赴校。森[1]来。取款。

致蒋委员长缄，沈、陶、邹、史[2]签名，请纠正暗中捕人，以保人权而重法治。

派瑞符学成本会计。请竹因为见习团副主任。

访焕公并晚餐。知道敌占确山，进攻襄樊，孙连仲、冯治安苦战，汤恩伯军东移，敌乘隙而入。陪都近有精兵开来，一团经过学校，值开“新年同乐”，参加会。团长说，系来保卫首都，闻川军有不稳消息，恐与此有关。

叫帅辞宜天[3]。琴忠告我，处事无计划，当痛改。决定明日起清理信件，分别缓急，迅速治事。

李任子的小孩害肺炎，所付40元，酬其为“战教”服务，坚不肯收，勉其买账为小朋友避风，始勉强收下。

2月2日　李华来，付200元。

2月5日　写信与晓光：我瘦如梅，骨子里有力量。

竹因起草复桂林总社[4]。

2月6日　早托赵吉士督学带材料及100元与晓光。

2月7日　裴功森来谈，他在政治部三厅三科服务文化。

2月8日　查勉仲晚来谈至12时，他明天去白沙，后到叙永，再去昆明西南联大。

送药与庸之。瑞符与静霞[5]结婚，在“魁顺”聚餐。

送呈与经济部。

2月9日　早至车站，不遇立人。

写信与王云五，介绍陶宏所译《生物化学》。

今天米48元一斗，鸡蛋每10个3元。

2月10日　卢子英派卢云高看碉堡。付碉堡看守农人10元，付洗被

5元交云高。

华西大药房买 Adexolin[⑥]，$73。

与卢谈地方赞助学校事。

2月11日 早和章谈戏剧组丰富学生学习事。介绍张骏祥。吴涵真谈“西北工合”事。买《离骚》。

访刘大姊，知道四人信有些效力[⑦]。

2月12日 整天未出。

看《鲁迅选集》。友光、富民辞行。钦宏来领稿费。

2月13日 星期四，晚与绿汀谈音乐家赞助育才。

肖生来信说，音乐组、社会组自习成绩甚好。治疟特效药报告改好。

早，友光、富友、淑琴辞行。

2月14日 见沈，次见吴，主展期。

买《人文地理图书年报》。鲁同赴碚。

2月15日 程来。嘱宜天住天官府。

瑞符担任所驻渝干事，出席三厅茶会。

2月16日 宴贺绿汀、胡然、黎国全〔荃〕、巫一舟、夏之秋于“魁顺”。组织育才音乐组指导委员会兼育才儿童音乐院筹备员。巫为召集人。

今天上午谈桂社务。编《知行诗歌集》第六集。宏来信买仪器用品。琴报告写就！

2月17日 编《知行诗歌集》第六集。

2月18日 访沈、李；矛〔茅〕盾去渝。

闻毛[⑧]致汤恩伯、卫立煌、胡宗南等电，放心抗敌，决不进占一寸土。居里得委员长许可，与周恩来谈2小时。敌以南进之姿态积极西进。汉口调兵忙。

刘良模在美参加全美青年大会。

与新华银行算账，访兆林于大兴别墅。

2月19日 叶兆林来说，房子已打扫。

编诗。汪亦伦生活态度要改。

2月20日 “新华”账目清算。

邹曦来讨贝多芬唱片。鲁同来。力行来。集体写作《生活教育史话》。江淑芳请假。安娥、上官[⑨]来，托介绍田大畏[⑩]入巴属〔蜀〕小学。

编诗。

2 月 25 日 发现报账原理。亦伦代抄诗。

2 月 26 日 搬入叶[11]宅。

2 月 27 日 收政治部 60 000。

黄任之、王家贞请胡文虎、邝炳舜;奚东曙请参政员。

2 月 28 日 肖生来,我付 330 元。学校每人吃 2 斗米。

叶请午饭。付尹来弟 10 元。劝鲁同勿到蓉。沈宅会谈。

【注释】

①指政治部三厅三科的裴功森。

②"沈",即沈钧儒;"陶",即陶行知;"邹",即邹韬奋;"史",即史良。

③指示帅昌书辞退张宜天在育才学校所任之职,张曾酗酒误事。

④指由方与严起草致生活教育总社的复函,总社及干事会当时均设在桂林。

⑤"瑞符",指王瑞符,当时任育才学校驻渝办事处负责人;"静霞",指陆静霞,陆静山之妹。

⑥外文为西药名。

⑦指 2 月 1 日沈、陶、邹、史四人致蒋介石的信"有些效力"。

⑧"毛",指毛泽东。

⑨"上官",即上官云珠,著名电影演员。

⑩"田大畏",即田汉之子。

⑪"叶",即叶兆林。

三　月

（重庆）

3月1日　参政会开幕[①]，张百苓致词。

（参政会开幕。早9，张致词。）

谢仁钊，两路口4号，2491。

3月2日　举主席团[②]，早8。

3月4日　蒋、孔[③]公债，下午4.5。

邝[④]讲金山农人故事，1 100美金捐出，留10元。

蒋讲不必担忧。

3月6日　蒋代表政府答复毛文[⑤]。

3月7日　诗歌第六集编好。蒋委员长官邸，午12。

3月8日　诗歌第六集修正。

约会表：3.8，孔，会场，下午4。

3.9，王立明、刘新，晚7。

3.10，吴忠信，重庆村24，午12。

3.10，许世英，振〔赈〕会，下午4。

3.10，阚覃宋，“广东”，晚6。3.10，皖同乡会青年，晚6。

3.11，孔，炮台街7号，晚7。

3.12，邝〔炳〕舜，酒家“广东”，午12。

3.12，良庄，晚6。

3.13，中国饭店2—8，查，晚8。

3.15，张治中，桂园，午12。

3.18，巫，午2。

3.31，张家花园公债会，晚5。

3.31，徐公馆，晚6：30。

4.8，七星岗天津馆，“北平”旁，6：00。

4.14，沈宅，3：00；

4.14，中大梁子实验剧院吴晓邦结婚，4:00。

4.14，中英庚款会宴卫司令官，6:30。

4.15，卫，12:00。4.16，沈宅，2:00。

4.20，裴功森，8:30。

3月9日 这几天我不断的在找救国的真理。今天到读〔读到〕《登山训》，另有一种感想，比少年时读这篇训词深刻得多："你们听见有对对〔?〕古人说的话，说：'你不可杀人。'又说：'凡杀人的，难免受审判。'只是我告诉你们，凡人向弟兄动怒，难免受审判。……所以，你们在祭坛上献礼物的时候，若想起你弟兄向你怀怨，就把礼物留在坛前，先去同弟兄和好，然后来献你的礼物。……""你们听见有话说：'当爱你的邻舍，恨你的仇敌。'只是我告诉你们，要爱你们的仇敌，要为那逼迫你们的祷告。这样，就可以作你们在天上的父的儿子。因为他叫他的日头照好人，也照歹人；降雨给义人，也给不义人。……"[6]

3月10日 闭会[7]。

午，吴忠信请客。晚，安徽同乡及省政府请客。

米价，五、十五、廿五日，地方政府证明。粮食收支审查委员会五至七人。次月五日内报：数量、担单位价、补助人数、购米发票、儿童增减名册、教职员工。专户存入国立银行或地银字号，报会，非补助购米不得提用。

3月12日 午与黄夫人[8]宴邝炳舜，并以本校照片送他。到起孟[9]、涵真、衡老。

3月15日 早送治疟报告与孔。午赴张治中宴。

2时，生教社14周纪念。我说以创造纪念以往。来戴九峰（前凤阳县长）、涵真、汪子、承勋、清华。4时到沈宅赴会。

买纸将《复活吧，小孩》付印，并将《治疟报告》[10]……

3月16日 写信约巫一舟、黎国全〔荃〕、夏之秋、胡然为音乐指导委员会委员。

看《文学大纲》。明日小孩们去南温泉。晚在外晚餐，并到"欣欣"看旧书。树琴代李华抄报告付印。

聘臧长庚为育才之友。

3月17日 周、董、邓[11]宴参政员于冠生园，并未谈什么。左舜生说，张君劢不上台任主席，系因不愿读遗嘱，因他以遗嘱是汪写的。我有怀疑，不敢信。

3月18日 蒋先生于十四日叫张淮南约周谈[12]。周签呈八事。蒋谓呈来批准。国事有望好转。

见陈嘉庚电，闻他有辞职说。

胡然、巫一舟、夏之秋谈儿童音乐院事。周贵德热心，为捐二万。

改写《统治波浪》，成[13]。

3月19日 约音乐组小朋友于巫寓谈话，决停止开音乐演奏会，即日全体回校，请人赴校教导。

3月20日 见邝炳舜，约为育才之友。并请其代约美国侨领钟高厚、司徒美堂、阮本万、李瑞门、谭赞、梅友卓、许成皿、曾云峰为育才之友。他答应。

3月21日 送邝不遇，"欧亚"机今不飞。

3月22日 倦极，未去送邝。

3月24日 陶桂林捐育才1 000元，上海银行支票。

草所《卅年度计划》[14]。

3月25日 政治部补助费500元拨下。

孩子剧团预演《乐园进行曲》。沈宅谈话。

3月26日 辞保育会"四四"播音。

见陈辞修，伤风。晤西曼、风[15]。看托尔斯泰照相，时间已过。竹、远谈"战教"[16]。

3月27日 请"新行"诸友看戏。

3月28日 全日预备育才之友聘书，航空挂号寄给：李瑞门、司徒美堂、梅友卓、谭赞、阮本万。

3月29日 黄花岗纪念。柏烈武讲黄花岗运军火之黄克强夫人，现与彼与〔为〕邻居——陋室中，为世所忘。

3月30日 送展览品与教育部，参加儿童节美展，发现标签上伍必端十四岁又十三岁，余新十四岁又十五岁，写信劝告亦伦，一个字不能如此草率，要认真的干。

3月31日 涵真、刚侯请柏烈武。邓参政[17]请客。我皆因病未能到。全日全夜发热。

【注释】

①指国民参政会第二届第一次会议开幕。

②指推举国民参政会二届一次会议的主席团成员。

③“蒋”，指蒋介石；“孔”，指孔祥熙。

④“邝”，指邝炳舜，美国华侨领袖。

⑤由于发生“皖南事变”等反共事件，以毛泽东为首的中共方面的七位参政员，于1941年2月15日致函国民参政会，指出在反共事件未能妥善处理前，中共方面碍难出席参政会。在这次参政会会议上，蒋介石针对此函进行“答复”。

⑥引文皆出自《圣经》。

⑦指国民参政会二届一次会议闭会。

⑧“黄夫人”，指黄兴夫人徐宗汉。

⑨“起孟”，指孙起孟。

⑩此处原文如此，似脱漏“付印”二字。

⑪“周”，指周恩来；“董”，指董必武；“邓”，指邓颖超。

⑫指约周恩来商谈皖南事变后国共合作的问题。

⑬该诗原用英文写成，现已译成中文收入全集，题为波涛。

⑭指起草晓庄研究所1941年的“年度计划”。

⑮“风”，指胡风。

⑯指与方与严、宁远谈有关《战时教育》的工作。

⑰“邓参政”，指邓颖超，当时代表中共方面任参政员。

四　月

（重庆）

4月1日　挂号寄斐友信三封：王振水，附收据贰百元；杨静桐，附寄十一、十月收据各五佰；怡朗华侨妇女救国协会，内附收据贰仟元。

又寄曹叔平、陶刚航空信挂号一封，附汇条一纸，计详贰佰元，另附作之信一封。

张军光信一封致谢。古兆鹏信一封，告收到：怡朗华侨妇女救国协会捐款收到。

4月2日　(1)与杨槐书（宁）；(2)与有光书（自写）；(3)与曹寿昌信（宁）；(4)送校样《疟药报告》，琴校。

《海德公园》诗完成。病退。

4月3日　洗澡，把一身污垢及病气尽洗光。

向赈委会请发布。

4月4日　儿童节。将草率之“小文艺”取回[①]。

寄信如下：(1)李秋生，求学。(2)秉农山，关于方炳文流落法国。(3)孙敦乐。(4)邝炳舜四人。

4月5日　致：(1)曾俊侯信，附收据，(2)吴研因，挂号，$150元；(3)孙多〔敦〕乐信。

今日物价：蛋2.5元十个；肉，纯精，$4；腰子一付〔副〕，6元；鸡，3.6一斤。

冯夫人[②]告诉我，去年儿童节我所写给她们“提倡儿童之家”，今天她们议决要进行了。

4月6日　我将以武训精神来创造育才：(1)自食其力；(2)叫化兴学。

从今天起，每天平均要找人担任五个小孩之教养费。到五月六日全部经济解决，决心必以武训精神贯彻之。

大水可把学校淹没，大火可把学校烧毁，强盗可把学校抢掉，政府可把学校封掉，我自动把学校解散，决是不可思议。

4月7日　3时，刘湛恩先生三周纪念[③]。12时，请涵真便餐。

4月8日 6时见张文白，说："新旅"是优秀儿童集团。

7时赴昆仑、沫若晚餐，商量焕章先生六旬写书画祝寿。

介绍吴晓邦、盛婕去借刘庄。

今日发出之信：(1)孙越崎；(2)郑朝；(3)王儒堂；(4)黄齐生；(5)陈双玉；(6)陆有琴；(7)编译馆；(8)操震球；(9)汪达之；(10)陆静山；(11)寿毅成；(12)梅贻琦；(13)林云侠；(14)陈鹤琴；(15)刘琼瑶；(16)顾大使；(17)教育部。

4月9日 军光自昆来，约他为育才之友。

4月10日 冯焕章请客，捐十人吃米，自四月起。

与军光谈。会见徐佩镕。涵真赴桂。巫一舟允。

访柏烈武先生、黄克强夫人于保节院街60号。

访黄次咸。访孔庸之，不晤。寄信与吴研因转陶城。

与琴看《金锁匙》。

访王儒堂，允六月在斐捐五学额；并访组绅。

4月12日 寄毅成介绍信于曹，胡介绍中国茶叶公司陈公亮。

近日要看之人：(1)卫立煌；(2)熊天一；(3)顾季高；(4)卢作孚；(5)孔庸之；(6)王炳南；(7)王昆仑；(8)徐佩镕；(9)胡子昂；(10)奚东曙。

今日收古兆鹏转来妇慰会斐利滨〔菲律宾〕分会1 059.53。

4月14日 杭立武等宴卫君儒。

3时，在沈宅谈"日苏协定"。

斐利滨〔菲律宾〕妇慰会捐款"扩水"$164.33，一并存"新行"。

柏烈武先生捐学额一名，四月份起收70元存"新行"。

4月16日 介绍范继生到校，并预付旅费50。

访陈光甫未遇。

4月17日 访陈光甫。访东曙。

4月20日 裴功森来，请他写信约育才之友。

"致苏书"我不签字[④]。

4月21日 意林[⑤]21来信。宁远来。

4月22日 访孟禄不遇，见司徒。蒋清华来。

4月23日 见孟禄、司徒雷登。司徒介绍傅泾波。请我早餐。顾季高访王立明，她指示盐务局有办法。

4月24日 孟禄请早餐，看育才照片。

致各省主席书，请补助。农民银行开董事会。

4月25日 送研究所4、3〔3、4〕月请款书。

送孟禄。访薛明剑。

4月26日 今日寄信：(1)梅贻琦、沈刚如，报告高士其住址。复1,31信：(2)静桐，寄幼集〔《幼苗集》〕。(3)妇慰会斐利滨分会寄收据1 095.53及《幼苗集》。

瑞符赴育才教会计。收中国农民银行5 000.00，存"聚兴城"。

4月27日 寄信：(1)新华银行研究所二四月领款书；(2)柏烈武四月份收据；(3)汉中女师13周祝词，熊文涛；(4)郭嫂50寿词；(5)高士其、杨槐。

草《育才之友简则》及斐〔菲〕友[6]信。请振〔赈〕委会增款。

4月28日 余心清允增2 500。

4月29日 成志学社宴，寄梅到。

4月30日 送寄梅过江，他允帮忙。访李杜于松园，他允帮忙。

1940年11月—1941年4月记事

育才之友：冯焕章(2)；王昆仑(2)；王炳南夫人(2+2)；沈钧儒；巫一舟；黄次咸(2+2+2+2+2)；卢子英；赵士松；陶对廷；邹秉文(2)；陶行知；吴涵真；杨槐；陈双玉；奚东曙；陈彬和；张表方；范旭东；丁次鹤太太(秦玉生，宋大夫)；楚图南；刘大作；游泓；陈真如(2)；胡文澜(劝工局街260)；陈渠珍(玉婺南汀土桥)；杨子惠；(江西黄坊143军邮局)；朱木君；(湖北巴东湖北职业中学)胡兰畦；李济深；李组绅(2+2+2)；薛明剑；陈光甫(12+12)；陈翰笙(香港坚尼地道134三楼)；熊式一(英国爱尔兰)；卫立煌；杨虎(啸天)；吴忠信；耿丽淑(美国纽约)；史良；杨赓陶；王云五；张一麐；何艾龄；杨静桐；洪敏乔；怡郎华侨妇女救国协会；吴文炳；陈淑谦；尤玉英；王振水；宿务中华中学附属小学；张克我；施守璧；许敬堂；纳卯中华学校；纳卯华侨妇女慰劳会；陈清泉；纳卯华侨抗敌后援会；烈山五姓联宗；杨肇根；洪光学校；黄鼎铭；秦枬；陈曲水；中国妇女慰劳会斐利滨分会；程伯庐；伍展空；王儒堂(2+2)；张骏贤；王志莘(2)；顾执中；卢作孚；鲁佩璋；缪秋杰；杨德昭；周寄梅；孙哲生；于右任；李公朴；李葆和；杜月笙；陶桂林(2)；康心之、康心如；胡兆祥；穆藕初；王立明(2)；谭平山；孙瑞璜；邹作华；鹿瑞伯(歌乐山大木鱼1号)；柏烈武(保节院街60)；阎刚侯(2)；李瑞门；邝炳腕(12)；司徒美堂；梅友卓；谭赞；阮本万；钟高厚；许成皿；曾云峰；陈嘉庚；胡文虎；侯西反；张军光(6)；吴文举；

姚俊之；许善明；虞兆兴；张永福；李润田；李文珍；邱新样；张瑞芝；陈真如夫人；李信慧；（香港雪厂街十号三楼 23 号转）；裴功森；桂华岳（马尼拉桂华生信箱）；桂昆生（陕西路灯笼巷 69 号协兴公司）；顾季高（6）；蒋清华（来福巷 36）；廖勋结（温哥华）；蒋绪烈（乐梅，加拿大多伦多）；蒋北什（古巴）；孟禄（9）；于峻吉（学校＋社会）；傅泾波（燕大）；程海峰；孙越琦；李杜（储奇门海棠溪南山新村，14）；万福林；刘哲。

渝友：侯霭昌：复兴公司，生生花园　梁漱溟：中四路 28 号"鲜"　陈谋源：江北潮音寺妇女慰劳分会张时勤转　李德全：陈家桥白鹤场 5 号　于右任：领事巷 16 号　陈赓雅：中一路保节院街 60 号　程耀庭：海棠溪向家坡陈寓　张禹平：开县东街王永兴转　李华：北碚夏溪口运河街 31 号　赵吉士：川东部后楼 14　尹来弟：兴隆场四中山中学　张骏祥：青年剧社　熊佛西：同上　黄钰生、查勉钟：昆明西南联大师范学院　杜琴远：洛阳东大街"义和隆"谢老太太转　吴钦宏：广东兴宁县北门外佛祖岭田心大屋　叶兆林：上清寺大兴别墅 3 号　王瑞符：两路口大田湾寒衣总会，政治部前坎下芦棚　寿毅成：中华路 121 号，或戴家巷 2 号　中国茶叶公司：下黎阳财神庙中 1　陈公亮：屯溪中国茶叶公司办事处主任　张军光：临江门蹇家桥中央储蓄会三楼　李济汶：巴中党政委员会　徐佩镕：冠生园重庆支店经理，民权路 14 号　古兆鹏：曾家岩侍从室第二处第四组　孟禄：嘉陵宾馆，2296　郑石均：重庆七星岗，新民报旁边瑞城商行　邹曦：九道门 18 号杨伯熙　胡子昂：重庆村 23 号　贺绿汀：七星岗天官府街 7 号（英领事馆附近）　文化工作委员会：同上　陈木华（渥丹）：犹庄 25　郑西林：纪阳洞 40 号电影总队部　孔庸之：炮台街 7 号，"小什子"左边　黄琪翔：两路口金城墅 7 号　帅昌书：下南区马路 94 号，竟成化学厂杨同然　卢作孚：重庆村 3 号二楼，电话 2067　朱树屏：同上　胡兆祥：山洞虎标永安堂，重庆莲花池正街 10　白健生：国府路 282 附 1 号　刘仲容：同上　李桐华：南岸海关重庆关　邹秉文：大溪别墅 3 号，2690、3078　沈宗瀚：李子坝三江查来　徐立人：大竹县南门内蒋仲翔先生转（四川省银行汇）　沙千里：菜园坝丝厂，老建国机器厂　四川省银行：朝天门接圣街　顾执中：国府路 311 号　林仲明：国际广播无线电台（埃及的朋友）　章克安：北碚江苏医学院　沈志远；崔华玉　安徽省地方银行：南岸施家坡 42，朝天门过江至野猫溪西溪码头　刘正勋、周仁贵：重庆村 3 号二楼，2067　陈辞修：湖北恩施 38 军邮，重庆求精中学　左其鹏（巽云）：经济部工业司第一科　范鹤言、陈炳章：中央银行秘书处研究处　阚宗骅（怀固）：

中四路90号附3，第五战区司令长官部驻京办事处中将处长　程鹄：黄沙溪民新街80　陆晶清：罗家湾12号　林崇墉　杨伯宏：湖南洪江，大对河滩头邮政代办所转（湖南省银行洪江）　第5军骑兵团团部：石碾槽　陈家欢　华方增：李子坝正街17号　张文白：2635

港友：陈翰笙："工合"，香港222邮政信箱　杨槐：香港九龙城学佬村132号，1=111，赖汉芬转　高士其：广华医院，港

戴有光：香港永和街28号赵晚思

牛教社同志：陈沦、朱秉瑜：浙江永康高镇81号高园，高园小学　张崇甫：陕西治川旧县邮局转屈家塬农场　程本海，皖南绩溪六仁里　宋承勋：林森路381号　朱炳山：兼任研究员，新安　胡同炳：浙江丽水碧湖第一保育院　沈林宝：广东始兴邮局政字第一号信箱

沪：上海英商电气音乐实业公司：上海支康威路1099，R. 德格伊（Degoy）董事。

张治平、袁文殊：广安戴吴　戴九峰：临江门外红十字街48号楼上　新安学校：桂林致和村　陈双玉：广西龙州海关　曹寿昌：林森路21号，大川银行四楼153号，高友　林栋：政治部第三厅　葛林（业余同学，能译英文）：歌罗〔乐〕山八块田中国合作社协会　林云峡：南宁邕武区训练班

赖清源：福建长汀东门外惠百巷2号　陈鹤琴：江西泰和文江村

科学：周亚武：重庆林森路三牌坊双巷子15号附1号，新机电公司　罗大章：北碚北温泉上去五六里，北泉酒精厂　陈树功：白碚白庙子矿冶研究所

绘画：李桦：长沙彩字78号信箱　臧长庚：中国电影制片厂电影教育股

音乐：黎国全〔荃〕：小提琴，上清寺火烧坡国立音乐院实验管弦乐团　吴伯超：团长，同上　巫一舟：钢琴，同上　夏之秋：浮园关，中央训练团音乐班　胡然：同上　黄源伊：声音

范继森：琴

友族：台湾先锋社：金华邮箱30号　陈辅南：重庆良庄，长江转

写字：岳荣烈：新旅小朋友，武穆后裔，写文件最好

戏剧：吴光华：桂林广西银行谭贤才转　张骏祥：青年剧社

新闻：重庆化龙桥对岸猫儿石鹅项颈李庄，香港邮箱1629号　李敷仁：咸阳北杜镇邮柜转渭南□市中学

运输：J. L. 波克（J. L. Buck）：成都金陵大学农业经济系（华西坝），写信

介绍复兴公司　袁仲逵：贸易委员会，由重庆储奇门过江至海棠溪坐滑竿问向家坡（五里）　刘守南：中国运输公司渝筑运输处，海棠溪　曾涤文：西南运输处重庆分处，黄山路口

冯希勒（比友）：聚兴村3号　童秘书：政治部，2629　汪曼雯：安徽徽州绩溪孔灵村汪时春堂　V. 克尔冯克尔（V. Karfunkel）：重庆龙门浩万国饭店转　方芝岭、李润田、虞兆联、姚俊之：重庆保安路133号，上海新星西药行　胡春霖：新开市中央银行经济研究处，大树湾12号　方作、赵少文：重庆聚兴村19号，文110　M. F. 雅克沙米奇（M. F. Yakshamin）：2481，塔斯社副经理　L. 米克拉谢夫斯基（Miklashevskg）：苏联对外文化关系协会驻华代表　N. 邵林（N. Shorin）：一等编译　尤金·郭瓦列夫（Eugene Koreleff）：二等秘书　钮长耀：南纪门社会部　秦宏济（毅修）：经济部工业司第二科　陈翰笙：香港222号邮政信箱　胡敦元：美国华盛顿15大街1322号　袁雪崖：合川县长　复兴号：中二路130，磁石，旧物　阎宝航、孙慕坚、孙占一：通远门协和里保节院84接谈组　李葆和：贵州中国机械厂　陈鉴光：安南南圻西贡冰罗兰街1号巷内第二间，张广标转　陶晓光：成都武字98号信箱，马镇街6号　薛明剑：下南区马路94，复兴铁工厂　胡文辉：都邮街国茶公司　张表方：中四路特园28，特字28　新旅：桂林邮箱180号　杨静桐："洪光"，菲律宾马尼拉522号邮政信箱

【注释】

①指将自己写作的不成熟的稿件索回。

②"冯夫人"，指冯玉祥夫人李德全。

③指参加教育家刘湛恩殉国三周年纪念会。

④1941年4月13日，《苏日中立条约》签字，中国文化界部分人士对此不满，曾联名致信给苏联政府表示抗议，陶行知未签名于公开信。

⑤"意林"，指廖意林，当时在育才学校任职。

⑥"斐友"，指菲律宾的华侨友人。

五　月

（重庆·北碚·古圣寺）

5月1日　寄斐利滨〔菲律宾〕育才之友信十七件，共装九封，寄去聘书。夜下大雨，人心稍安。整理通信处，加拿大各地将完成。

5月2日　访鲁佩璋于重庆村，他对育才很同情。允向缪剑霜总办介绍，并约期相见。

访卢作孚，他允写信三封介绍捐款。佩璋来，说剑霜允帮忙，约明日3时谈。访王炳南夫人及沈先生。

草《募捐缘起》及《计划》。

访孙瑞璜于交通旅馆，他允主持上海捐款，并指示虞洽卿向同业公会介绍最有效。

5月3日　大轰炸。两路口、观音岩、学田湾、国府路住宅顶被炸破。

3时，访缪剑霜。他允补助每月6 000于育才。

赴费吴生约，十日他到育才拍有色电影。访张军光，他的朋友汪达人，愿以劝募公债手续费600元捐育才。

卢作孚写信介绍去见：电力公司，刘航琛；“金城”，戴自牧；“美丰”，康心如。

中山装旧衣翻新改学生装费4.5元。付中国制片厂250元为放照用。付宁远2 000元带往“育校”。

5月4日　整理日记。

送宁远赴碚，托带100元与宏为醉霞养鸡用。请瑞符每晚来。

今日准备明发各信与加拿大诸友。12封：李大卫夫人、谭昌贺、温瑞鸿、杨继吾、盘棠、余绪昌、黄宇富、麦传邦、陈运燕（Chen Kong Tong）、余荣润、黄盘运、李玛丽女士。

5月5日　访中国银行徐广迟，交涉：（1）免汇费汇款至碚，可减。（2）捐款与育才，写与宋子文。访美丰银行康心如，答应一年捐一次。访金城银行戴自牧，未晤。访大陆银行，吴恒勤知道行长为胡登尊，系胡子靖先生次子。

访王儒堂，他不久赴港转斐。

公共汽车晚，因卫戍部把卖票人捉去，车子不开，不能赴军光约。程鹄来，我和她谈，一个人票〔要〕有：(1)专门本领。(2)副本领：甲、文书；乙、会计、丙、卫生。每人都得懂一点。

《陆静山编〈战〔时〕国民读本〉呈部审查文》及《〈育才雏燕(草)〉呈局审查文》及原稿，交瑞符明日送审。

5月6日 送军光不遇。

文华来领冯宅800斤米。草街子米涨至每斗80元(老斗)。

寄出：(1)研究所5月份请款书22号；(2)研究所5月份领款书交新行。

余心清允许增加补助费自四月份起，公事于三日内办出。

中国银行徐广迟由新行转知我：育才汇款每月在一万以内免费；一万以外，每千5元。

军光下午2时去滇。

5月7日 访金城银行戴自牧，不晤。

访刘航琛于川康银行，彼极愿帮助，拟于银行界商在六月底结账时设法。托新行从"晓研"提出9 000，由"中国"汇育才账户，免费。在交通遇缪剑霜，知彼拟即批准每月补助费至图书、仪器，拟派员参观决定。

致函孙瑞璜，交捐款文件。致函缪剑霜，托欢迎派员视察并告以路线。托"新行"寄航挂信五封于加拿大侨胞。

晤黄次咸，聘彼为育才之友；交照相一套与彼，托其募捐学额，彼将对——(1)郑石均；(2)康心元——进行。

悟胡惇五，约于十五日以前告我补助儿童费用。

付李任子聚兴城银行支票1 000元。

育才、晓研、生教驻〔渝〕办事处：主任，王瑞符；秘书，蒋清华；出版，李任子。

5月8日 请粮食管理局程副局长、谢明霄代卢写信与大竹徐晶岩县长。

访沈先生。访巫一舟，他答应找学额。发信20封，航挂，包括墨西哥诸友。整理通信处。

丁先生来取4 000元，为自然组买物，玻璃瓶。

5月9日 早，瑞符送我们来碚。丁先生5时起早步行。至碚警报。匆匆见区长一面，彼允星期三(14)与我谈。在金刚碚候警报。苏局长。

来碚旅费:汽车,17.6;挑东西,碚至金刚碚,3.0;船钱,碚至北沙沱,1.0(每人);船钱,沱至草街子,1.0(每人);挑东西,草街子至校,2.0。

失夹子。6时到校。

晚饭后,约马、方、程、廖、刘、邹[1]诸同志谈费吴生来校摄取有色电影及盐务局派员来视察。

5月10日 早看学校。

优点:(1)做到了团结自动;(2)门户、壁报、绘画教室、木工室、自然组教室均好。改良之处:(1)建立西达琴室、绿汀琴室;(2)卫生室里不住人;(3)琴必拭;(4)图书室里;(5)油印纸不可贴在墙上。

公推邹绿芷去碚欢迎费吴生。因轰炸,费先生未到。

午后4时,又看一周[2]。

晚会。说:(1)婆罗门之三神;(2)国际形势与中国;(3)学校打破难关;(4)学生本身问题;(5)团结自动为创校方针,加强团结自动以救国。

夜半大雨。

5月11日 致函歇马场刘家院子翦伯赞先生,同意约请杨荣国先生讲课。

告诉陈贻鑫,建立绿汀、任光、黄自琴室,并创造儿童音乐院之基础。拟订晓庄研究所预算。

拍影主持人会餐。谈《战时教育》集稿问题,决分三种(文每千,诗每首,画每幅):(1)创意稿,10元;(2)特约稿,6元;(3)普通稿,3元;长篇诗另订。

朱德君代表盐务局来视察,午刻到。陪看各地。晚开会欢迎。准备表册预算。

瑞符有信来。寄出:(1)致许代委员长[3]信,请发2 500(四、五月);(2)致"新华"信,请代领2 500(四、五月);(3)致瑞符信。

5月13日 早,写《节略》[4]与朱德君。

知道周之廉任盐务局公益事业总干事。

欢迎盐务局选学生来。

下午开校务会议。北泉小学王先生来。

人不舒服,有疟疾复发之势。

发表《课程改革大意》。

造鸡舍——宁远、侣贤、文华养鸡而无所,鸡舍任其流浪,甚为感慨。

5月14日 琴上街赶场。

李华来说，澄江镇米跌至每斗 75；草街子米跌至 80。

与宁远、竹因、宏、侣贤谈课程改革。

工具科目（普修课）
- 国　文——每周 4 小时（通顺者免）
- 算　学——每周 4 小时（新学、难深造者免）
- 外国文——每周 4 小时（难深造者免）

集体探讨（包含博学，审问，慎思，明辨，笃行）
- 社会科学
- 自然科学
- 文　学
- 艺　术
  - (1)预发纲要
  - (2)依程度阅读
  - (3)主讲
  - (4)讨论
  - (5)笔记
  - (6)考核
  - (7)性情不合者免

集体创造
- 学习工具
- 学习环境
- 直接生产
- 社会服务
- 改善生活

范继森来谈；刘铁华来谈；邹绿芷来谈。

中午第一次吃干饭，并且琴姑买来的菜也弄得不错。

黄次咸来信说，郑石均捐 1 200 元。

5 月 15 日　地方关系改善上层。医药为民众服务。

廖来谈学校、生教社。约邹、刘、谭谈。

发动“战教”四、五期（六卷）编辑。并以战时生活教育为主题，请绘画组作木刻。

下午与琴、清赴碚。经过温泉，洗澡。遇曼筠。洗澡每人 1 元。

肖生与易先生赴合川买米。肖生十六赴渝。

晚访卢区长，他捐安哥拉免一双。米可迟还。李华款，一部分可设法，育才四月后可大帮忙。晚餐。

5 月 16 日　承卢云高帮助，姜维清苦干，将书籍及药料一大部分运校。船钱 24 元，酒钱 1 元；挑力 10 人，每人 2.5，共 25 元。

理发，在“兼善”午餐。临时云高设法，将“安歌拉”一双用铁笼装来。走到金刚碚才赶上船，到草街子已 6 时。

连夜书籍及药运到校中。

5 月 17 日　早，请邹绿芷赴碚接费吴生。请丁先生带桔〔橘〕子饼干来。早，维清独自将书架两个从草街子挑来；城、文华理书。

发现学生读《石头记》。看学校卫生室，建议数点。

早，参加学生朝会，介绍费吴生之为人。但今天犹未到。

晚，琴误用桐油炒菜，我吐泻二十次；琴则大泻，只吐一次，城与维清吐而不泻。到半夜，怕是霍乱，派人请宏及屠先生来，过一些时才熟睡。章克安来。

5 月 18 日　早请琴代写信与晓光。疲倦睡到 11 时才起。看“战教”编排。看《鲁迅选集》。留克安午饭，给他 20 元零用，并托他带 20 元与“复旦”汪沦。

晚改《新武训》，改《合作壁报》，并写《从一个学校想到别的学校》。

易必光说，合川买米十一石抵此。地斗九石九斗，花钱 7 000 有零。

5 月 19 日　接巫一舟信说，他愿意长期帮助两个最好学生之学额。接张军光信，知道张瑞芝愿意帮助五位姓张的学生的学额。

到明家院子认定制药室，预备造炉。

清理“生教社”文件及“战教社”文稿。

夜约邹、徐、谭商恢复《合作壁报》。并决以一半篇幅登载翻译稿。约屠公博谈实验止疟丸之预防作用：奎宁每天每人吃 0.4 公分；止疟丸每天每人吃 3 粒、5 粒，分两组试。

5 月 20 日　邹来借《普希金》《世界文库》第十二册。

约易必光谈造制药炉。约丁先藩制物价伙食表。

拟好：(1)《约制止疟丸办法》；(2)《研究所四月份报告》。

写信如下：(1)潘一尘，发动约制止疟丸。(2)政治部第三厅，送四月份工作报告。

马肖生回来。剑霜、心清、惇五、次咸及郑石均诸君皆未见到，嘱他再去。政局好转。

5 月 21 日　写信与：(1)吴涵真，寄照片、《止疟丸报告》，约制。(2)汪达之，介绍港友。(3)陶对廷，约制止疟丸。(4)黄元汉，介绍朱友谦。(5)张瑞芝，谢捐五学额，欢迎来校。(6)巫一舟，再与周苍白〔柏〕商捐学额。(7)卫俊如，请捐助育才。(8)陈辞修，请捐助育才。(9)缪剑霜，商领款手续。(10)陶刚，寄书。(11)曹子云，商改机械的生活态度。(12)潘百里，请开银行董事长名单。

晚，示肖生进行办法。今日牙祭。

5月22日 早，肖生带昨日所写信及可利市致公堂、墨：李伟栋；卡吉利：林寰举；温尼皮克：王益；圣马利诺之甄祥伟、李猷舜信；并佘儿岗敦甫基金折赴渝[5]。

5月23日 看《诗的学校》，艾丽丝·门诺尔(A. Meynell)著。

写信与王云五，商订《研究所丛书》契约，收入宏译稿。

派余〔俞〕文华、姜维清等至碚取卷宗，送学生去割盲肠炎〔?〕。刘铁华来。寄往海外朋友信被扣。

合川来调查粮食，不签名。

5月24日 费吴生未到。

寄信与肖生，将致海外朋友信尽带回来。雨。

5月25日 寄函与陆静山，要《战时儿童国语读本》副稿。

雨。"谈天会"：陶宏讲，到者不齐，宜加图。

发动绘画组来看生活照片刻版画、文学组来看生活照片写题词，发动图书馆之改造。

5月26日 寄信与肖生，将育才之友聘书空格带来。

整理研究所图书。陶城一天把印敲好。汪沦来。托带二书还初大告。

生产工作买得：山芋藤 3 600；蕨 210；芋头 120。

生产检讨：(1)讲解要更具体、更清楚。a. 山芋苗头尾认识，头上小苗朝向为头；b. 卧栽，朝同一方向；c. 包谷之间只可种两行。(2)人数动员太多，手忙脚乱。(3)易、黄二先生会商。(4)指定地点。(5)跟农人学。(6)运用小先生。(7)田兆发一人挖 500 洞。(8)孙传华(绘画组)筑堤种椒。(9)王金陵：有一小朋友说："我找着一块肥土，大家来种吧。"金陵说："好，把你这个小胖子栽下去。"那位小朋友因此便灰心了。(10)辣椒要三棵合栽。(11)芋头要每行离开三尺，各自离开一尺。

杨静桐汇洋 1 000 元与育才。马厂长说标本有四十套，可呈部分配。大竹粮管局不允米出口。

5月27日 集体创造历：

(1)创造健康的堡垒

①肃清寄生物
- (1)肃清臭虫(5.28—30)
- (2)肃清苍蝇(捕蝇拍子)
- (3)肃清蚊子
- (4)肃清虱子
- (5)肃清耗子
- (5)肃清跳蚤

②整理生活环境
- (1)整理厨房
- (2)整理茅厕
- (3)整理饭厅
- (4)整理卧室
- (5)整理水井
- (6)整理卫生室
- (7)整理病房
- (8)整理盥洗室

③预防治疗
- (1)打预防针(5.27—6.3)
- (2)充实卫生设备
- (3)增加药品
- (4)演讲生理卫生

④体育运动

(2)创造学问的气候

①建立图书馆
- 训练(5.29)
- 整书(5.27—)

②建立社会科学馆
- 生活陈列
- 清水沙盘
- 历史陈列
- 史、地图

③建立自然科学馆
- 仪器制造所
- 生物室
- 化学室
- 物理室

④建立艺术馆
- (1)建立音乐馆
- (2)建立绘画馆
- (3)建立戏剧馆
- (4)建立文学馆

⑤建立动物园
- 兔舍
- 鸡舍
- 羊舍
- 猪舍
- 鱼池
- 虫笼
- 鸟笼

⑥建立植物园
- 菜园
- 作物园
- 荷塘
- 农具室
- 苗圃
- 寸土运动

(3)创造新型的人格

①爱惜公物,自食其力,不贪小利。

②自觉的守纪律。

③虚心追求真理。

④热忱,即知即传。

⑤精诚团结。

⑥集体创造。

⑦待人有礼貌。

⑧保卫健康。

⑨负责任,守岗位。

今天开始整理图书室。□人工作,运用“云五分类法”[⑥]。

一切排队:(1)草鞋排队;(2)手巾排队;(3)脸盆排队;(4)锄头排队;(5)椅子排队;(6)桌子排队;(7)床排队;(8)被排队;(9)挂衣排队;(10)帽子排队;(11)笔墨排队;(12)图书排队;(13)头发排队;(14)扫帚排队;(15)撮箕排队。

听刘铁华讲：(1)速写——动态；(2)素描——静态、光、线条；(3)创作——速写、素描打成一片。

邓少琴来谈。肖生托程鹄寄来：(1)火腿；(2)宣纸；(3)治疟药研究刊；(4)信八封，信纸900张。

黄元汉来信，允许卓明芳去，并嘱介绍教员。

5月28日 屠大哥来谈：(1)减少社会组工作；(2)请李九皋先生定期来校；(3)卫生、生理陈列室；(4)问药(卫生署治疗药品经理处)，并写信与马先生；(5)克安来；(6)培养小护士。

研究王云五图书分类法。琴试验桐、菜油比较：(1)两盏灯：菜油5钱、桐油5钱；(2)各灯灯心〔芯〕3根；(3)菜油燃烧，7时至9.15=2.15；桐油燃烧，7时至10.05=3.05；(4)菜油每斤$3.40，桐油每斤2.00。结论：桐油是2元买16两(可点32个185分钟)；菜油2元买9两4钱(可点18.8个135分钟)。

$$\therefore \frac{5\ 920}{2\ 540}=2.33 \quad \text{又:}\frac{185}{135}\times\frac{34}{20}=\frac{629}{270}=2.33$$

寄信：(1)大竹粮食局，请发运米证；(2)郑石均谢捐款，同意两批5月底12月底付新行；(3)托新行代收“洪光”付“交通”1 000元。

5月29日 邹惠珍带海丽来。

寄信：(1)致李九皋，请每周来。(2)致秦沛南，请示大沱口木料。(3)三桃寄书。(4)肖生至新桥取药。(5)吴珊。

约宏、远召集训练图书馆员。李九皋不能来，温泉可看病。大沱口木料有四根。凤翔来谈。寿龄来。

节约历：灯油；煤炭；食粮配给；盐；米汤；猪羹；草鞋改木鞋；肥皂改草皂；饭碗；筷子；手巾；剪发；针线；洗盥。自觉集体：运用废物；适时适地；经济采办；肃清寄生；实验研究；科学管理；培养公德；调整人才；争取时间。

5月30日 端午，五月初五。杀猪过节。

说演竞赛：22人，伍必端讲得好。午后，农友及煤矿工友来的很多，打秋千，玩球。妇女们，我们请看兔子。晚间学生演戏给农友看。

新年及端午为乡人两大节，每年必须把握这社会教育机会。新年是一晌〔向〕注意，端午则忽略了。

整理图书，分次序。一切图书先上架，再从容编号。

托刘先生设法移音乐院于民房。

5月31日 讲节约运动及原理，始用桐油点灯。

星期六，费吴生未来。大整洁。

保育会派五通桥院长章汶来视察。开欢迎会。晚上节目有三民主义舞及音乐。陪看：(1)壁报；(2)图书馆；(3)卫生室；(4)各教室；(5)寝室；(6)厨房；(7)毛〔茅〕厕。在毛厕上发现马桶盖未盖好，并在寝室前发现臭味（临时码〔马〕桶无盖）。

纠正肃清臭虫办法：(1)两头入深锅煮(4/5)；(2)中段用滚水泡(1/5)[⑦]。

早，向卢先生借洋500元。派船及王治平赴大沱口取木料4根。开始造炉。

4月—5月记事

4.10，冯焕章先生每月捐米400斤，自四月份起。4.11，王儒堂先生认捐学额五名，从斐利滨〔菲律宾〕，自六月起，成志学社捐来。4.12，妇女慰劳会斐利滨〔菲律宾〕分会捐1 095.53及香港汇渝升水164.33。4.14，柏烈武先生捐学额一名，每月70元，自四月份起。4.26，中国农民银行捐5 000.00，顾季高先生认捐学额两名。5.3，汪达人先生认捐公债手续费600.00。5.6，赈济会批准每月增加补助费2 500.00，从四月份起。5.6，中国银行徐广迟行长允许本校免费汇款，每月在一万元以内完全免费，在一万元以外，每千收五元，如此，本校可省汇费每月125.00。5.7，保育会允于十五日后决定增加学生用费，数目未定。5.14，黄次咸先生来信说，郑石均先生认捐1 200.00。5.19，巫一舟先生来信说，周苍白〔柏〕认捐学额两名，音乐高材生。5.19，张军光先生来信说，张瑞芝认捐学额5名（姓张的同学）。5.26，洪光学校捐十二、一月份到1 000元。5.26，高祖源嫁女、高秀治节省妆奁费认捐（将由蒋夫人转）：1 000元。5，盐务总局捐助6 000元、郑石均捐助600元。

【注释】

①“马”，即马侣贤；“方”，即方与严；“程”，即程鹄；“廖”，即廖意林；“刘”，即刘铁华；“邹”，即邹绿芷。

②指巡视育才学校一周。

③“许代委员长”，指许世英，时任全国赈灾委员会代委员长。

④《节略》，指《育才学校节略》。

⑤“佘儿岗”，即南京晓庄佘儿岗自动小学；“敦甫”，指原上海银行经理

杨敦甫。1935 年 5 月,杨去世,他的家属与朋友将节省的丧葬费 6 千余元捐给余儿岗小学作为办学基金。

⑥“云五分类法”,指王云五所创立的图书分类方法。

⑦指藏有臭虫的床板中段“用滚水泡”。

六 月

（古圣寺）

6月1日 研究所收回育才200元，存在我处。付李华30元。

章先生去，全体欢送。朝会讲：排起队伍来，一切排队。草鞋排队，码〔马〕桶盖排队，锄头排队，图书排队，动的排队，静的排队，整的排队，散的排队，排队而进，排队而退。

商议人事调整。绿芷荐李秉忱自代，许之。

晚见大门乱排床铺、杂物，与李冬、李道逵肃清之。不盖桶盖的罚倒码〔马〕桶（为病人）。

寄药品通知单与宋承勋（新桥小学）。黄乾健来说，树根荐他人自代。

6月2日 朝会讲校容：阵有阵容，校有校容；不是化钱做门面给人看，乃是有诸内必形诸外；内心要求真善美，则此真善美必定要求集体的表现。中国海军的故事。

复黎继光，五月初十日6时参加音乐节目。

发现图书馆纸片满地，文学组的书堆在地上。召集图书干事及指导员会商解决。

昨晚庄严病，霍乱（轻）；今日汪风翔也病。

木料抬来。前天买桐油每斤2.2元。马侣〔贤〕平定每斤2元，105斤＝200元。

6月3日 昨日澄江镇米每斗120元，今早草街子米每斗130元。发现方纱罩在圆饭桶上，里面苍蝇很多飞出。与张亚生谈，请他担任环境卫生。

看《17世纪南洋》。见“纪律周”标语。姜维清“收复”失帽。

小雨而风。久未吃饼，今天琴做葱油饼，如赴盛宴。

6月4日 早讲卫生环境。

朝会教师会议：（1）教师排成八字形。（2）朝会15分。甲、精神讲话，5分；乙、突击讲话，3分；丙、报告，不使超过。（3）椅凳一律化。

丁先藩来：（1）科学管理簿审查合用，并改变用法。（2）请他调查，米可供三天用，仍恢复三餐稀饭，至米来止。(3)请他至“全记”电重庆村转嘱肖生来校。(4)请他至“全记”约借米，以解青黄不接。颜志达允。

马肖生回校：(1)赈委会款未领；不日可领。(2)保育会补助小孩零用6元及5.91。(3)周苍柏说，季锐可帮忙。

斐利滨〔菲律宾〕《战时店员》寄到。

晚，集体探讨。刘铁华主讲《艺术与人生》。露天，月亮东上，五盏桐油灯，场面甚可观。

6月5日　集体探讨“九·一八”，宁远主持。

6月6日　新安学校立校纪念；文渼12周忌辰。

朝会我哀之至，由竹因讲。我最后讲：把眼泪变为力量；汪母牺牲精神；文渼在实验《平民千字课》及“工学处”之贡献①。

晚，竹因讲《一个学校之创造》。我主缩食助“新安”②。

6月7日　毛〔茅〕厕水多，蛆上浮，可捞以喂鸭，并以此法肃清之。

晚，同乐会。李秉忱来。同乐会：文学组演《月下》，此戏系本爱尔兰剧情，甚佳。

6月8日　请庄、谭、汪、朱处理募捐信。谭、庄最负责。

张亚生在小山头与工友谈话，甚好。

晚，“谈天会”③。我主先讲地球，在荫里看。

煤渣做三合土水池养鸭，可推行于澡盆。

6月9日　开始修井。动员五学生写信，陈复生最佳。

卢区长介绍周先生之女来学，允其加入试学一月。

合川只买到三斗米。

廖校长带学生来，送《民众抗战文库》与该校。昆仑来信，允借苏联教科书翻译。四季豆做饼味似南瓜，甚好。

6月10日　动员学生20人写信，将每人写的名字开下，以便考核。

昆仑、孟君、得先来。江西熊式辉主席介绍张学铭来参观。晚食〔宴〕欢迎五先生。参观图画组，整理得很好。普式庚林须整理，指路牌颠倒。

6月11日　继续校正写信。

下午开生活教育讨论会，宁远讲。我说：(1)生活教育运动之经济基础；(2)教育改造与社会改造不可分；(3)评“平教会”之四目标(放走了一个大妖精)④；(4)“生教”之远景——大同世界、天下为公；(5)“生教”之近景——打倒日本帝国主义。

6月12日 监督写信。谭先生、庄严很负责。

6月13日 继续校正写信。汪凤翔来：他只写了一封信便数日不见。我责其不守岗位，他不同意。我说客观上只有一封信为你辩护。

6月14日 早，魏雨修来哭诉昨晚集体检讨。

召集马、方、程、屠、廖[5]合商改正检讨会：(1)以教育手段纠正学生过失；(2)订立犯错改正方法；(3)成立考核委员会为最高审判；(4)处罚：同学互劝，劝告，警告，反省，记大过，短期试学，开除；(5)记大过以下由考核会审判；(6)开除由校长最后决定。

宁远昨晚亲见检讨经过，觉其不妥。得先[6]看检讨一半，不忍再看下去。这是孙铭勋的错误之惰性，我们必须根本纠正之。儿童乐园对儿童地狱。

瑞符来。托他带去：西信140件，封入138封；中信116件，封入113封。这些日子共写信：瑞符带渝西信138、中信112；已寄西信2、中信1；保留中信17；未写信，西信10，中信14；北碚寄送中信10；一封信内所加信件：赵士松1，楚图南2，陶对廷1，程海峰1。

6月15日 与丁、王[7]勘定剧台、钢琴地点。与戏剧组谈话：同意上述地点，并任以拟图之责。即日移木挖土造台。

图书馆整理甚佳，可算达到标准。

曼筠来，托带：159、160、161、162号捐册。于原等三位代表来谈，承示露天舞台之装置及建设。李携其子来，约秋季来学，他家有《合川志》，查古圣寺小史。

晚会，请于原等讲，并演《钱》同未定稿《枪》。

水成问题：大家各少挑一点，各家少挑一点；有水大家喝，水少大家省。

6月16日 朝会讲用水之道。浪用者至少记大过。

《全国地理杂志》(英文)丰富，用以补充史地教学最佳：(1)共十四合订本。(2)请谭、邹、徐、吴、陶分译，每人三册。(3)每册外封面贴目录。(4)每册内容：①地理；②生物；③美术。(5)每张图画题词完全翻译，楷书写在图边，指导写好字之同学用楷书写。(6)每篇专论提要，提要注重精彩部分，数字正确，图画幅数。(7)人名、地名、学名，须依辞典标准字汇。(8)效用：①丰富学生读物；②充实史地及自然科学馆陈列；③日后增加新材料出版。

6月17日 星期二。教部派阮视察来校，似对音乐组很满意，并主全国采用本校办法。

6月18日 校务会议决定：6.20—7.20为集体创造月。

6月19日 易、琴[8]反对沿路造舞台,觉得有理。

夜集诸友重勘,定在和尚坟前建造。

6月20日 集体创造月开始。一队造台,一队造池。

讲写家信——孝。农友来说,四季豆种子不急取,则下雨必发芽而被毁。姜维清淘大井,自动甚好。吴乐善挖地造台,一人抵数人,我称之为英雄。动员十五人赶在雨前淘外井。

夜果然大雨,二井皆清,农友与维清先觉之功也。

6月21日 继续下雨。

讲事,"必有事焉"上下功夫:(1)这事与彼事之联系;(2)事之发展。看井,甚佳。

井边澡盆造成——省人工挑水;屋檐取水。发现九个石架可作露天凳用。编成《地理杂志》目录。夜阅五月份三部报告。

文华去碚,拍电大竹买米三十石,并拿书。

6月22日 星期日。请马先生到温泉与少琴商议,并带170号捐册托其代募。

再阅五月份校务报告。请再为[9]起稿:(1)粮食部请拨采粮证。(2)新华借款书。(3)李组绅担保信。(4)顾季高托借款书。(5)谢明霄托帮忙信。

6月23日 准备肖生进城文件。

朝会竹因讲《创造与创作》。屠先生宣布,因昨日打针,停止集体创造一天。这事宜事先商量,手痛者酌免,不痛者自能工作。创造月已去10分之1,所成几何?

运用"战教"封面画做请柬。继续昨日工作,整理育才创造史料。晚写信与孔庸之、顾季高、李组绅、新华银行、巫一舟。陶刚电汇500元。新华提500元。

写名片介绍肖生见余心清、康心如、康心之、刘航琛、缪剑霜。

6月24日 黎明写信与许静仁、黄任之,托介绍孙瑞璜为育才捐款。关炯之、闻兰亭,给改五月份报告书及学生名册。

大雨,肖生赴渝。

6月25日 早,引导造舞台地基。事务部调查家具。指示露天课室三个地点。

派王治平赴碚,写信给区长,托加紧捐款并为李华说明炼钢炉之效用,烧化之火砖也带去给他看。治平晚带两包旧日信件来。菊花,南瓜,一包字帖。

劝杂声社不出壁报而照原坚持。

6月26日 早上讲：两个肚，两种粮食，两个厨房，两种烧饭菜的大司务。讲学校的膳食跟图〔书〕馆学。领导造地基。

22日报来：德国三路进攻苏联，三千架飞机攻莫斯科，局势严重。此地离渝只半日路程，报纸要走五天才到我们手里，而且零落的来，可见邮政之迂缓急待改革，否则难以负起文化使者之任务。

今晚吃饭预备40斤肉。

潘一尘来信：一万元制药。生教社有些成绩。

6月28日 唐必直来参观。完成鸡窠分居。

6月29日 俞文华赴渝，托带致"新华"书借16 000元，支票取研究所款，信取111号账户款。

鸡病试医。

6月30日 打预防针。汪品三来。

4月—6月记事

通信处：顾执中：中国红十字会仰光办事处，缅甸仰光贝勒街36号 贺抱真：香港九龙太子道368号三楼 全国青年会军人服务部：长沙大四方塘青年会 杨槐：香港九龙城学佬村123号赖汉芬 陈心波：白洁轩，熊文涛校长，陕西汉中女子师范 陶晓光：成都武字第98号信箱 张瑞芝：重庆南岸瓦厂湾3号，中和运输公司 汪达之：香港九龙花园街174号四楼□蓝亚战时店员：菲律宾马尼拉阿瓦德斯街527号，华侨店员救亡协会，"店救会"沓模拉区分会、仙彬安洛分会

李锐：周苍柏介绍 王尚文：昆明邮箱73号

本月人名录

4日：颜志达 陈在富

【注释】

①"汪母"，即汪达之之母。汪达之在新安学校任职时，其寡母安贫守困，支持达之工作。"文渼"，即陶行知的胞妹。在平民教育运动中，她组织平民读书处实验《平民千字课》；在乡村教育运动中，她在晓庄学校组织妇女

工学处，对陶行知的事业和家庭支持颇多。

②“新安”，指新安旅行团。

③“谈天会”，指谈天文学的会。

④中华平民教育促进会的四大目标是：以文艺教育培养“知识力”；以卫生教育培养“健康力”；以生计教育培养“生产力”；以公民教育培养“团结力”。所谓“放走了一个大妖精”，是指这四大目标忽视了帝国主义（大妖精）侵略的问题。

⑤“马”，即马侣贤；“方”，即方与严；“程”，即程鹄；“屠”，即屠公博；“廖”，即廖意林。

⑥“得先”，即罗得先。

⑦“丁”，即丁赞先；“王”，即王治平。

⑧“易”，即易必光；“琴”，即吴树琴。

⑨“再为”，即张再为。

七 月

（古圣寺）

7月1日 李华来领200元。区署派人来视察。

43师262团团长彭俊德、政治〔部〕主任侯瑞桓来。师长金德洋现在湖南澧县任88(43?)师师长。

7月2日 写信致楚珍；费吴生、吴珊信，托其约制止疟丸。

小孩偷农家玉米杆〔秆〕者30余人。捉臭虫。

7月3日 付易必光200元。《二周岁之前夜》完稿。

学生挑石灰20篓。范继增去，托带致：许静老信及捐册；关炯之、闻兰亭捐册及信；刘良模信。

古圣寺小学放假。讲：《暑期生活及本校为农友服务之方针》，力辟井门之谣，并说明处置学生偷玉米事，俾老百姓知道我们之来。是为老百姓服务。

肖生来，盐务局又捐6 000元。

7月4日 要办的公事：(1)致教育部，送审《战时儿童国语读本》。(2)致侍从室，送"战教"名册。(3)致政治部，送五、六两月份工作报告。(4)致社会部，报告分社。

生教社、研究所六月份工作报告：

(1)治疟丸之预防作用继续试验：改造实验制药炉；送《研究报告》及药样于卫生署请其化验；浙江同志筹足万元试制，由伍展空、潘一尘先生主持。

(2)小单位炼钢炉第四次试验：改进构造及方法，发出热度，竟将火砖烧化，可见热度之高。

(3)《战时教育》六卷六期、七期合刊编成。

(4)《战时儿童国语读本》修改完毕，准备副本。

(5)承社会部民众训练科之约，担任《战时童谣》及《村姑曲》之编写。

(6)生教社生产方面参加：江南出版合作社、樟脑油生产合作社、药水棉花厂及水泥试制四种事业。

(7)《雏燕草》被炸毁，重排[①]。

俞文华来，冯宅米及史家家俱〔具〕带来，失去照片。

7月5日 李葆和来信，捐认1 000元。

7月7日 晚会讲：集体创造＝学生、师、工；加油＝增加资养＝精神动员＝保重身体。这台未成＝代表正在完成之中国抗战。

7月8日 接文白信，捐育才1 000元，迳交新行。

宁远赴碚，寄"战教"稿六卷6、7、8。寄海外友人通信处与刘良模，托其想法随地接洽。

7月9日 写字之指导：

(1)看人写。

(2)看字帖(爱护法)。

(3)自己写：①拿笔；②运笔：笔在纸上跳舞，有节奏而有意义，用美术字写有意义之文。③笔法：软笔法、转笔法(骨断筋连)、逆笔法、蹲笔法、一笔法、立笔法、回笔法、摆笔法。④笔诀：如锥画沙，如印印泥，如屋漏痕，如悬针，如玉筋，如川江摇橹，如公孙大娘、斐旻将军舞剑。

(4)字体发展之历史：①古文；②大篆；③籀文；④小篆；⑤隶；⑥八分；⑦飞白；⑧章草；⑨行；⑩草。

今天，《书家年表》造成。朝会讲：夏令卫生原则。不遵守者，害病自己出钱。无故而大声哭吵者，照坏钢琴之待遇：请他出去。

写《二周岁请客简》。今日又买十斤肉。劝肖生实验吃玉米。勘定羊舍地点。

金陵女大吴贻芳来信，把育才捐簿退回。记得晓庄封闭时，有冒充我子者谎言我死，她曾慨捐五十元作棺材费。一个死的陶行知比一百五十个活的难童还要紧吗？

7月10日 寄发"育才二周岁请柬"。

贴法，帖〔贴〕标签。教小孩写字。大热，竹床半夜未凉。

7月11日 今天寄信如下：(1)"新行"，请寄六月底账单及米贴领取。(2)教育部，呈报本年计划及去年工作报告。(3)教育部送审《战时儿童国语读本》及审查费36元。(4)社会部呈复分会情形。

7月12日 俞文华带信致张光宇募捐。

分配整理图片25套。琴缝外国硬币。大雨半夜。

7月13日 宁远去渝带致：蒋夫人[②]信、照片全套、募捐启、请柬、最近状况节略；古兆鹏，询斐菲捐款二笔、请柬。

邹秉权恶疟身故，回校入殓安葬。发动肃清三害。

7 月 18 日 准备《地理杂志》展览。

魏雨修、陈复君写。写逸少斋、悲〔贝〕多芬、弥凯兰基罗〔米开朗基罗〕匾。

7 月 19 日 汪品三来。安排抵〔托〕尔斯泰展览及《书家年表》。

7 月 20 日 两年前，育才在温泉开校。我讲“正确的数月为治学之根本法”。

早 6 时，行纪念式[③]。我讲《育才与抗战与坚〔艰〕苦奋斗之奇迹》：(1)正确认识客观需要；(2)坚持到底之决心；(3)团结一切力量奋斗创造；(4)劳谦君子为集体创造之引导。

复旦姚先生及曲仲湘，孩子剧团及志达中学代表讲。

晚，演剧。金开煤矿工友十余人彩送煤炭。费吴生、罗迪维奇(Rodivitch)及费子[④]来，摄活动影片。宁远回来。

7 月 21 日 我主张展览尽其可能延长。使一组之研究成果，丰富其他各组之教育。

检讨谈话会开于逸少斋。介绍汪品三于温泉。邢舜田来。孙谈赴赣抑赴兰。吴晓邦及盛婕来。

7 月 22 日 见朱振华，自说石碑上可以找出古圣寺史；特派他调查古圣寺史，并指示其找硬证据。同时，田兆法担任调查学校创造史。各与簿一本以便记载。

7 月 23 日 写信与晓光及宝航，附捐助。

写稿致谢捐款人。改捐款簿为九月卅号及十一月十号结束。甘烈君负责。

晚宴吴晓邦夫妇、李秉忱及邢舜田，邢患疟未到。

朱振华来，调查材料几乎成册，彼一日之功较诸徐珩一星期之半页错误材料，益使我〔感到〕培养小研究员之必要。人才教育不是由小学而中学而大学而研究所，及〔乃〕是从中小学而跳入研究所。在学阶段是赘疣，是阴消研究力。我们当立即开始培养研究小助理或小研究员。倘能在我们没有饿死之前培养成 20 位小研究员，则育才两年来之心血不白费了。

7 月 24 日 雨。

7 月 25 日 清理生活教育社账目。

嘱文华登记。制文卷袋，治平制 40 只。写信给姚文采，寄捐册。写寿诗送冯先生[⑤]。

7 月 26 日　写育才之友聘书给陈道桢先生，由静桐转。写信与静桐。写信给美丰银行问存款。写寿诗送冯先生。

梁漱溟先生有职员来，知道勉仁已搬来金刚碚，在北碚西部科学院办公，并要办勉仁书院。

88 师现住云门镇。彭副师长派陆科长来，托介绍艺术、宣传人才，并嘱本校参加“8 · 13”大会。

晚，蔬饼宴陆、刘、邢[⑥]。午约竹因餐叙。

7 月 27 日　同学 20 人由谭、俞领导至碚[⑦]。

看实验剧院演戏，临行我讲：(1)艺术家之严肃态度。(2)礼貌(待人、饮食)。(3)步行至温泉，过渡沿大路走。(4)过渡不得玩耍。(5)有肺病、心病及不健康者不得去。

康熙五十年，楚僧到了合川，找着明月里、沙坪、凤凰山(普善、通桂)。雍正七年立殿。楚僧发现大明、庆字及古圣寺模糊字迹。

晚，集议雷厉风行肃清臭虫，维持校容，继续展览，招待振〔赈〕会。

晚，接杨静桐来信：(1)谓静桐夫人努力向斐〔菲〕妇慰会陈说本校情形，该会议决捐高中基金 1 万元，由蒋夫人转。(2)小朋友龚诗章节省其祖母治丧费国币 1 000 元捐育才，托妇慰会转蒋夫人代交。(3)介绍：①李清泉夫人(D. C. Chuan)；②杨启泰夫人；③薛敏老夫人(A. Sysip)；④姚贻恩夫人(Y. E. Yao)；⑤吴半生夫人(Go Pun Seng)；⑥马济候夫人(C. H. Ma)。

7 月 28 日　看戏诸生回校。王万恩晚报告戏情。

7 月 30 日　写字 14 种送江西诸友：送陈鹤琴“劳谦君子”；邢舜田“兼览群艺”；幼师“宇宙为学校，真理是吾师；人类皆同学，学写创造诗”。

邢代幼师借所 1 200 元付讫。

7 月 31 日　邢回赣。

本月记事

育才问题：(1)民主相对于集中；(2)集体制裁相对于集体裁判；(3)治学相对于治事，学术相对于事务；(4)普通相对于特殊；(5)个人主义相对于公德；(6)笼统；(7)随便；(8)无计划；(9)吃零嘴；(10)用水相对于饮水；(11)节约相对于浪用，桐油相对于菜油，洗手相对于手洗，吃饱；(12)卫生相对于勇敢;(13)性早熟;(14)家属轻视戏剧;(15)精神食粮相对于物质食粮(与米赛跑);(16)新武训;(17)亲爱精诚;(18)团结自动。

育才使我回忆:(1)小孩穿上大人衣(28.9.20,寒);(2)驻渝见习团;(3)音乐组播音;(4)校徽;(5)十字诀;(6)培养小干部:图书馆、文书、会计、卫生、生产、烹饪。

育才诞生之背景:(1)国内:南岳会议之后,汪逆精卫,保育院兴起,汉口、广东。(2)国际:《近卫声明书》(27.12.31)被各国谴责,(英 28.1.14),美国宣告对日废止商约(28.7.26 至 29.1.26 该约失效),29.7.18. 缅甸路封锁(10.17 止)。

【注释】

①《雏燕草》是育才学校编写的散文集。排好的版样送厂付印后,被日机炸毁,因而须"重排"。

②"蒋夫人",指蒋介石夫人宋美龄。

③指育才学校举行建校两周年的纪念活动。

④"费子",指费吴生之子。

⑤"冯先生",指冯玉祥。

⑥"陆",指 88 师的陆科长;"刘",指梁漱溟派来的职员刘某;"邢",指江西幼儿师范邢舜田。

⑦"谭",指谭得先;"俞",指俞文华。

八　月

（古圣寺）

8月1日　致书新华银行，托领参政会款[①]。给王瑞符我之私章领局款[②]。寄李任子支票两张：公费160元、出版费500元，附程信内寄去。

致书社会部，改期送稿。“社会”来函，催分社报告；查明7.11日已寄，但表未附去。

夜，戏剧组送别袁明仁，悲。我劝大家收泪，把眼泪变成力量，创造的力量。

朝会讲创造年，“宇宙……创造诗”。同学的第三家庭。

整理育才账目完毕。

8月2日　韩克林、袁明仁来辞行，上最后一课。韩说，育才精神是为大家，不为自己。袁说，即知即传。我加重创造精神，要贯彻创造精神，必须有劳谦君子的人格。

晓光来信（廿七号），廿七日成都大轰炸，100多架，死1 000人。

8月3日　致函社会部，报告分社无有[③]。如成立，随时报告。

8月4日　致函“美丰”催报账。

8月5日　卢子英为周人举之妹退学，免其一月费用。

8月6日　楚材、动生[④]来，晓庄老同志招待之。

8月7日　中苏文化协会征求签名，致函苏联同情予德法西斯之痛击。

8月8日　致“新旅”函，告其张文白先生允发去年应补之款千余元。函参政会。函“新行”，托领五月以后之款。函瑞符，望寄杂志。

8月10日　震球五号信、叔平三号信到，谓刚已到桂。

8月11日　致潘一尘信，允付1 000元，并谓五省（东南）之止疟药归浙办，但每半年看成绩一次再决。吴珊征求在碚合资经营。允之《新童谣》校完。程大哥去渝，托带冯寿词[⑤]。

8月12日　60余人赴云门镇88师表演，庆“8・13”。

早讲：队伍不整齐者不能去；服务〔从〕领队；对人有礼；避空袭。开始

《村姑曲》校阅。

8 月 13 日 讲：青吉思汗为太子时，脱端火儿真欲去，太子泣哭之。脱端说，深池已枯干矣，坚石已碎矣，留复何为？竟率众去。宣懿太后与太子率众追击，散之。我说："挖更深之池，开更坚之石。"创造新学校、新国家、新世界者，不可无此精神！

8 月 14 日 与自然组讲《怎样做一个科学的孩子》。

8 月 16 日 托瑞符带信与侯霭昌，介绍帅之子（女生）；催缴捐。新行八月领款书。赈会八月请款书并请发布。

少琴来。郑礼晟来。写"岳母教子"。学生自云门镇来。

8 月 17 日 白云。

8 月 18 日 写《妇女节》。《村姑曲》完全校成。尹来弟来。

8 月 19 日 朝会讲吃饭之道，吃之礼貌，快吃之害。

衡山先生到。少年创家，老年看家，不愿创家，看家者出家。

为学生改致胡惇五信；为学生改致全国艺术家信。

晚，绿豆汤会。

8 月 20 日 晚，谈话会。午后游艺会。

8 月 21 日 任子来。拓林来，决定去兰[6]。拓林已意带小女去，而留妻在此。

8 月 22 日 与戏剧组谈话：(1)碚公宴；(2)《爱在人间》决排；(3)约李维时、郑君里、辛汉文、张超群、张……；(4)严肃生活，虚心学习。

方、马[7]赴碚。

早告拓林，应征求其妻本人意见，我才好写信介绍职务。果不出我所料，其妻愿同去。

8 月 23 日 李华又无米，来领 100。本月已拿去 600 了。

写信与辛汉文等，欢迎他们来。嵇钰信到，"新小"停办[8]。

8 月 24 日 致函：安娥，不能接受大畏[9]；昆仑，谢绝介绍学生；翦伯赞，欢迎讲学。

《扬州十日记》（英汉对照），小册卖 7 元。读毕。又读毕古文小品。

陶刚来信，二舅母来信。饭里有仓〔苍〕蝇，粥里也有，找廖、丁[10]，分别训练工友、学生盖盖。

8 月 25 日 饭盖：教师席未盖，厨房中未盖；数先生（丁先生在内）未见纠正；学生席都已照盖。

致函:周瑞章为城[11]报名;黄次咸谢绝新生。

8月26日 肖生拟稿,致楚珍、谢俞先生捐款,并寄收据。

8月27日 写《文化锁匙——外国文》。

8月28日 读日文、法文。看《三国记〔志?〕》。

8月29日 午宴吴晓邦夫妇、何其熏、李任子。

草拟《创造年计划大纲》。下午在林间开校务会议。晚在小山头开。通过《计划大纲》并组织伙食委员会。精神甚好。决明晚招待工友,精神动员。

上午看《爱在人间》。写字送董修乾结婚。

8月30日 寄《今年之日全蚀》与教育机关13处。

派马、宁[12]赴碚,取《图书集成》。写信与晓光及杨静桐。晚,工友娱乐会,我讲:《现代工人及苍蝇》。晚请铁与江叙餐。校晓编外国文[13]。

8月31日 88师过兵,宁虎营长和士兵十余人住本校。

检查时佩甲、郭璞、卫道静、周寿年工作。

读《卡利浦之用》。金陵来,知道歇马场冯家洋房子学术空气甚佳。确定各组生活指导员。

【注释】

①指国民参政会发给每位参政员的补助款项。

②指盐务总局捐助给育才学校的款项。

③指生活教育社尚未在各地成立分社。

④"楚材",即李楚材;"动生",即白动生,均为晓庄学校毕业生。

⑤指托带陶行知为祝贺冯玉祥寿辰所写的贺词。

⑥"兰",即甘肃兰州。

⑦"方",即方与严;"马",即马侣贤。

⑧指抗战时期在桂林致和村复办的新安小学停办。

⑨"大畏",即田大畏,田汉、安娥之子。

⑩"廖",即廖意林;"丁",即丁赞先。

⑪"城",即陶行知幼子陶城。

⑫"马",即马侣贤;"宁",即宁远。

⑬指校阅陶晓光编译的外文资料。

九 月

（古圣寺·北碚）

9月1日 纪念周[1]，开学礼，讲《幼年研究生之培养》。

付李华200元。

9月2日 写信与吴研因，托向南洋朋友致谢并报告。

9月3日 写信与卢子英商借《万有文库》。

肖生赴渝，研因信请其带去。

9月4日 丁先藩来。宁已得卢允可[2]，明日护送《万有文库》来。方竹因午赴草街子，欢迎王校长，宴，顺购火炮以便欢迎《万有文库》。

改写信稿八份，致各友募捐，于五日后完成。散课集教师于逸少斋，商开名单及学习外国文。教琴日文。

9月5日 书标语欢迎《万有文库》及《图书集成》。拿集体探讨、集体创作答谢《图书集成》；以万分努力、万分爱护欢迎《万有文库》。

汉英对照文稿，张贴史地馆以便学习。

10时，派学生五十人至草街子抬《万有文库》。

9月6日 派丁赞先赴碚察看书为何未到。丁晚回校，知道宁有小病，书要每本签字，准次日可到。

教师会，我讲一个外语，一个题目。

9月7日 《万有文库》到，3 400余册。派五十余人去抬，放鞭炮欢迎。看卡片，这部书代表民族资本家的文化观。

读日文《一月通》及《日语会话》。

送工友挂画，布置工友学室。

9月8日 整理《万有文库》，动员七位同学。我与宁远指导连夜排列成功。

9月9日 许静仁先生七旬寿诗写成。写信介绍，推宁远代表祝寿。审查《万有文库》。

9月10日 宁远带信、诗、画、300元去歌，转渝买物。

丁出席欢迎新镇长[3]。寄德华、淑彝捐册。恒智来信,有文采去世耗。送400克药与陶寿洪(三圣庙)。

草《文语小组办法》。

9月11日 肖生回:赈委会布已送渝市民,无着。补助费领到7月份。渝"大兴"修好,只要家具修好即可住。

城决今年不入学,在家学习治学、治事法,讲"铁饭碗"。

修改《创造年诗》。华赴渝取书。早讲"万里眼"。

9月12日 讲荀子《劝学篇》。

9月13日 早讲《万有文库》办法。

易、甘[4]两镇长来商校舍。张、马口角[5]。李秉忱昨日来,今早谈。陈赓雅也传谣。晚,马、方来商让屋限度。

9月14日 杨保长来,商借两大课堂为"古小"[6]用,允以深湾对调。王校长亦来,罗主任提出商借前排十三间大小房为最合。此非商借,而是并吞之野心,此与张某之口气相似,严词拒绝而打消之。

戏剧组谈:站戏剧岗位;放弃明星主义;以热忱吸引导师。

9月15日 戏台盖顶。商造夹壁,隔成四小房。

范继增先生来,请其晚餐,约修钢琴之友来。

蔡葵来信,拟来参观。致函:鲁佩璋、徐堪,请平价米;赈委会,请九月款;"新华",托领九月款;蔡葵,请"九·一八"来;王昆仑,约《普式庚纪念册》出版。

晚,宁、竹会商研究生。外语小组报名廿九名。

昨商:(1)初中英文丙丁二组不许选第二外语。(2)甲乙英文,身健、功课及格可选。(3)小学英文在丙丁者可停。

今晚:研究生以汉文通顺、聪明而坚定者为上选。

9月16日 带信四十四封,寄捐册及快信五封,系昨备者。赴碚。

选购图书,得《故事的坛子》及《影绘》与《中国诗集精华》《中德文学之研究》。为育才买字典。

晚过碉堡。山芋发藤,须将叶下根尽除,留一根则能长。每一叶为一厨房,众厨养一人则肥,一厨养十人则不能活。

9月17日 清理碉堡,焕然一新。

子英来信,不忍再至碉堡,约我们午餐。我讲,出麻疹可用父母血预防及预防疲劳之休息。琴爱其鱼,我爱其芋。午后1时半,半走半乘船至温泉。

宿温泉学校。草《九·一八之夜》。

9月18日 知道汪品三更多一点，他为人年轻，指示他办学必须以三民主义及抗战建国纲领为最高原则。洗澡。

下山见邓少琴先生，借得《清史》四册及萧捐得萧一山著《清朝通史》二册。他向研究所借《四川贵州经济调查》，约星期派人送书、取书。

坐小船来白沙沱，5元；改大船到草街，4元。

温泉遇赵院长、朱医士（到西安者）、田女士。

晚4时半到校，知道朗诵会昨晚已举行。

陶城二学友来，约其入“钟南”。未许，留宿。

发信谢顾季高、周寄梅等。

9月19日 铁华来，绘画队对所存书有主分、主存两派，得画报若干。《美术全集》可得，分者也可酌赠。艺专捐石膏模型三件，可再代翻三件。他并带来《日本辞典》一册、《经济辞典》一册。可谓不虚此一行。

文华要研究蔬菜种植法、中国农业问题、农业史，我介绍他一些书。戏剧组推代表明天参加剧界抗敌协会。文华要带学生去复旦参观。

要写的信：兆林，托修房、床；写信与新新买《高等天文》；戏剧组买书；再致蔡书。

9月20日 文华赴复旦，托致书于葵望。致书江毅远托捐、杨静桐说明高款。

9月21日 汪伦来，害痢疾。

复大：(1)学生见校长要上呈文；(2)图书移至乡下，学生要借须时一月；(3)赈委会捐复大50 000元助学生，校扣不发；(4)贷金要保证人函托，导师申请。

日食10至9时，走出门外，看见日影满地，自密叶细孔射下；后以手指造小孔，亦有此现象。每影呈蛾眉月之形，但与日形相反。此为小孔反影，食时四周散光，不足以盖，故见之。

品山等来借乐谱，送《活捉日本鬼》一册。

研究法之研究开始，搜集参考书，城为助理。

9月22日 继续搜集参考书，研究研究法。

梁启超说，研究文化史要用直觉，不能用科学方法，这是知其一而不知其二之说。

译苏联儿歌。派王治平去借《清朝全史》（四册）、《中华》（日本稻叶君山著,但焘译);并取萧一山著《清朝通史》上中卷,商务。《通史》为邓少琴先生所捐,《全史》系他所借。我同时借与他四川、贵州《经济调查报告》各一册。

9月23日 向赈委会寄:春季、四、五、六、七、八陆份报告。

肖生至易镇长处探取张登年〔廉〕挖育才意见。

写信与:鲁佩璋;叶兆林;许静老,请介绍虞洽卿。

指导、研究两部联席会议通过:《创造年研究、指导部计划大纲》。我讲:幼年研究生之培养,不在其真正能够有多大贡献,而在其在探讨上取得探讨之方法。

9月24日 肖生去渝。今日雾重。

偕城在史地室寻参考书、抄材料。

致快信马,携函至妇慰会领11 848.11元,王尚文(查转)。

9月25日 起草《荷叶舞歌》。

9月26日 晓邦来。完成《荷叶舞歌》,即交音乐组谱曲,戏剧组编舞。

9月27日 晚会讲应付张登廉方针:顾全两校学生需要。

9月28日 星期日。宏进城买书。

9月29日 星期一。周、潘⑦二先生来商共同抵抗强暴。

9月30日 今日早晨。周先生等来调解校舍纠纷。

午,约周、潘、伍、刘⑧餐叙,王秀峰及罗教导都到。举杯为两校小朋友庆贺。

夜听音乐组谱《荷叶舞歌》。下午,教德文。指导自然组选择研究题目。次早向学生讲和解情形,并说建立分校。

本月30日记事

雷文光:草街子善堂　刘华安:江北土主场;通信处,中街刘叙益茶社　伍纯仁:合川姿凤场"协兴祥"　潘明夫:合川官渡镇辑瑞祥　周棫森:字书,江北人;通信处,江北清丰乡联保办公处或邮局　陈鑫泉:濂溪,合川县政府县政指导员⑨

【注释】

①纪念周,国民政府成立后规定。所有机关、学校等行政事业单位,均须于每周一举行专门仪式,背读孙中山遗嘱等。这种活动形式,称纪念周。

②"宁",指宁远;"卢",指卢子英。

③指丁赞先代表育才学校出席欢迎草街子镇镇长易某的会议。

④“易”，指草街子镇新任镇长易某；“甘”指甘必光（秉田），该镇原镇长。

⑤指草街子乡中心小学筹备长张敦廉与马侣贤为育才校舍事发生口角。

⑧“古小”，指古圣寺小学。

⑦“周”，指周棫森；“潘”，指潘明夫。

⑧“伍”，指伍纯仁；“刘”，指刘华安。

⑨此段非陶行知手迹，系来者自录；他们均是为解决育才学校与古圣寺小学的校舍纠纷而来。

十　月

（古圣寺·北碚·重庆）

10月1日　周先生约谈，张敦廉翻悔和解。偕朱振华访周先生。将卅日和解纪录写成，请周、潘二先生签字①。

晚，音乐、戏剧组通过《荷叶舞》曲谱，公推庄严整理。

上午，教自然组选择题目研究。下午，教德文。晚，开会商对付方针②。决定陈延庆、赵国英赴渝助瑞符。

10月2日　准备赴渝，偕张再为走，吴思溪乘船。

访太虚于缙云山，商定保护庙产。嘱琴、城来碚住。

夜访子英，商请赵璧光先生。知悉校〔?〕。

10月3日　陶宏自渝回。嘱写和解笔录、致袁县长书、契约。

起草与：(1)璧光先生信；(2)县长呈，乡长、保长公函；(3)肖生信，指示方针；(4)董事会致马副校长信。

再为来，说易来表示调解无效。维清去校取书、物。

派宏、城重访太虚。请宏准备自然组见习。

10月4日　维清昨未来，疑被拉去当兵，近来拉兵甚盛，故为其担心。今早抵碚，知道一切事。

商指导德文及自然组学习。

10月5日　中秋。

歌乐山。王牧师出示焕公所读诗及其译稿③：

> 保持我的健康，尽我的本份〔分〕，求生存。要看出我的长进来，要得，要给；何必白费光荫〔阴〕回头去看。等待就是软弱，权力不会自来。总要向着光明前进，面向正义，不断的继续的向前去干。倒霉，受饿，失败，倒下；打到一边去了，仍向前进。我还有余力前进（百折不回，勇往直前），回到正义的路上。

屈、黄、余、陈访，先来即以古圣寺事告之。映光先生说，这事好办，你可说已有大土豪在，此小土豪不必来了。我说，大土豪的领导者是屈先生。

起草致施则凡、经扶司令、委座[4]信。韩安来。

夜，冯宅人士赏月，唱三歌，柿一，月饼一，梨子一。竹平说：梨、苹〔苹〕果不能相接，乡人话不可信。王牧师说，晓庄事发，彼在南京，人问他我何以脱，王说，他知道，所以行了。我说，不然，我是行了是〔才〕知道的啊！

鹿、薛来拜节：谈长沙大捷，所毁皆敌人精锐；郑州宋将孙桐萱弱，倘汤恩伯、卫立煌迅来赴援，则日人或再败。

10月6日 起草与赈委会信。

空袭时如何爱护汽油。新来飞机之办法。空军节慰劳会情形。九月四、五、六、七炸磁器口，兵工厂爆炸竟日两次。

> （嘉庆）五年，白莲教匪过嘉陵江，将犯重庆。石韫玉严兵防守，常率精兵击贼，土沱诛其渠。（《巴县志》卷九下，七页；石韫玉为重庆知府护川东道）

昨晚伤风，一直到现在未愈。缮写致蒋委员长信。

看《孔子家语》。"先生""陛下"，王肃伪造拖狐狸尾巴。

郑州城内肉搏退出。孔德成在山上。王固磐之矛盾。

10月7日 赵副官带信去合川见施则凡。

致函委员长，已写就。晤鹿瑞伯，他欢喜白杏山诗。谈游击队，他说点名则毁。晤韩竹平，谈办杂志；我告以送许静老诗："百年树人十年木，护林更比造林难。"他颇以为然。

午刻到渝。先到"大兴"，肖生十三号信已到。至新华银行取500元(111号)，发现存款：研究所3 600；学校8 500，提汇8 000；本人1 700，提500。

持沈先生片见陈汉清律师，允任法律顾问，起草登报，付250元报费。晚，叶宅备冬瓜、腊肉请我吃饭。代为缝被，安睡一晚。

10月8日 早，楼下炊烟上升，窒息不能睡，5时即赴史宅。候大姊起床，读俄文。商量之下，史大姊不必列名法律顾问。

写信与保育会，报告侵占校舍，并请求保育生米贴。

起稿代致胡司令、袁县长函[5]。

访沈：倦极，睡一小时，起则广告已由沈老写好四份，盖章。沈宅午餐，冯子刚在。

买柿，蝇争食，我战不胜，吃一口即弃之，易以桔。

见陈律师，商登报使醒目[6]。

宜昌克复消息确否不可知，市民大放鞭炮，挂国旗，可见人民望胜之殷，而急欲破此沉闷也。

10月9日 叶太太煮三蛋。见冯夫夫〔人〕于康庄，早餐。

早，赴沈，谈登报。转史良处谈。在史宅午餐。

冯宅米炸毁4 000斤，育才牺牲10人3月粮。

与沈老访徐堪不遇，见刘秘书长，须教部提；走访陈部长不遇，见彭百川，允设法。

公博访胡佛未晤，留太虚信。决公博明早回碚。陶宏来，女病肺炎。见董老[7]，甚健谈。

10月10日 接肖生七日快信，知道斐菲岛万元、千元捐款均到。公博去碚，宏送。

见焕公，止住致蒋书[8]。见张志让（政法）。约复旦陈子展（国文）、林一民（化学）、伍蠡甫（英文学）、初大告（英文学）、陈望道（语文）、潘震亚（法）来育演讲。

大雨。沈宅谈。宜昌克复。

10月11日 访陈纪彝、史良、李德全诸先生，为育才请米。布亚（法）来育演讲。

大雨。沈宅谈。宜昌克复。

10月11日 访陈纪彝、史良、李德全诸先生，为育才请米。布未到。

身体不好。“新行”午餐。恒勤处小睡。

宜昌昨轰炸，敌用毒气。

夜早睡，吐两次。取500元。

日有食之。

10月12日 寄：寿画与吴灿翁；“达夫物理”与恒智[9]。派宏参观国防科学与妇女展览。

10月13日 看鹤[10]。见着“俾斯麦”[11]。访赈济会南朗西。布已分完，第二批未到。安蛾、屈武来。瑞符来，送书至焕公，并托领政治部款。

买玉版宣[12]15张，每张8元；墨一锭35元，印泥45元，以备写纪念状。

访得先，借宿舍为戏剧组代表住，并备照相。访西曼，劝其托人接老母，不要自己去。夜在“良三友”买得德文《诗经》、尼采《超人》、英文《水浒》、《四国会话》、《俄、英文法》，只费了79.9元。

俞文华，明天候一日，再回。

10月14日 早上会范鹤言未晤。下午领得3 000元，登入育才账户。

买得德文《资本论》，费 30 元。

今早冻了，买被两张，季龙等谈。

文华来，将要校中做之事一一请他记下。宁先生送图章及呈文来。

早闻一谣言，即去陈纪彝处询问，她说并无其事。

10 月 15 日 文华赴碚，宏送到站。金钟鸣来，他在剧艺社管道具。会陈延祚。托约见孔时间。查：11 时见客，告史良。在炳南处见着杜先生[13]。晚在沈宅谈参政会。孟君说平价米有法可想。会西曼不晤。托宁带药与陶寿淇。

10 月 16 日 瑞符来谈灾童收容所。(1)有人做所长，信用你，可副之；否则辞掉。(2)要育才小朋友服务，须由赈委会来信。(3)废除打骂高压，实施创造乐园：①健康第一；②文字；③科学；④生产；⑤艺术；⑥史地；⑦团体自治。(4)常派公正而爱护儿童之人来视察，作积极的指示。(5)随时可以交代。只服务而不争地盘。

昆仑宅晚餐。贡献“儿童之家”。访书及设立科学环境意见。

10 月 17 日 宋先生答应创造儿童乐园条件电。

马带人来。戏剧组学生到。王遂安来，信未带，粗心。派赵国英赴万岁剧团接洽见习。

访冯，见治理从德国来[14]。希[15]叫外人做工，本国人当兵。

《送洋〈水浒〉给焕章先生》[16]。

10 月 18 日 写信与保育会整理委员会，请平价米。

派宏教戏剧组英、算。电校[17]：纠纷俟董事长来解决，并写信。沈宅谈提案。史宅午餐。

冯宅晚餐。冯夫人为子生日整天要乘汽车(公共)去陈家桥，不得。晚出小孩生辰糖果款客。母爱伟哉！令我想念地下之老母。

晚读俄文五课及《心的跳动》：第 137 页，《我决定》，C. P. 斯特森(C. P. Stetcon)；第 47 页，《美丽的双手》，艾伦. M. H. 盖茨夫人(Ellen M. H. Gases)，令我思母手；第 89 页，《1862 年之白宫厨房》，维德 · 艾维克(Wide Awake)；第 69 页，《致丈夫及妻子》；第 41 页，《偿还不完的第一次轮船旅行费》；第 47 页，《阿布 · 本 · 阿第亨》，L. 亨特(L. Hunt)[18]。

10 月 19 日 访郭沫若，谈中国古代史。他对于《诗经》《书经》《易经》都觉得比从前估计得近。他约我讲一回，我愿准备讲“创造的教育”。路遇郑君里，请他对戏剧组讲。

与来渝学生约：(1)慎言；(2)集团行动，不许私访友；(3)女子因公出外，须二人同走；(4)见习之闲，即在"文化之家"等候特约教师并自习；(5)我随时路过即来点名，并考核成绩。

王庆余带文、社、自组[19]七代表来。晤璀[20]之姑。读俄文一课。

鲁迅五周忌辰，太倦不能去。夜 2 时，睡不〔着〕觉，起来译成《1862 年之白宫厨房》，并写信与陈纪彝。3 时半再睡，梦里做诗几句，醒来觉得不错，题为《谷子在仓里叫》。

10 月 20 日　早叫宏抄"白宫厨房"及致陈信带去投递。会张纯之，领得被套、棉花 15 床。约好明天领 12 200 元为学生做衣服。张女士颇有慈母心。

延庆来(陆女士音干班可取)。钢琴问王泊生借用，写信介绍王泊生。陈来访，劝其先派女考国师。

完成《谷〔子〕在仓里叫》三首。

马肖生来，知道：斐妇慰会 10 000 元已到，龚诗砖〔章〕1 038 元已到？

访冯，请治理讲德国风土人情。会见陶希亮？焕公介绍。

文、社代表领被 11 条。读《心的跳动》：第 119 页，歌德著：《真实的休息》。良模来信，已代募捐，大为可喜。

10 月 21 日　早译成斯特森著《我决定》；给宏教渝〔育〕小孩，并寄琴、城。

写信介绍肖生去见彭石川、吴闻天、秦景阳、陈纪彝。肖生见张纯之，衣被可发。

见孔庸之。约好 11 时见面，候二小时，客人很多，最后在会客室里相见。他说，好久不见了。我说，敝校二周年，承您捐三千，谢谢您。小朋友作品三册，请您指教。米又涨了，怕小孩们营养不够，请您再捐一万。他说，我再捐一点。这是捐簿，请您写。他写下："孔祥熙五千元。"并说，叫我的秘书付。门口遇见陈延祚，我把簿子交他看。他说，我代你领，后天有。这是最快的募捐，一分钟便完成了一切，我要为育才筹定半年粮再回校——好，就这样办吧！

任老谈："光明"[21]：(1)漱溟主观深。(2)曾慕韩荐了总经理来，不用，大怒。(3)徐傅霖见"光明"大放光明，不高兴；因为压倒了他办的报。(4)基辅陷落，迟登一天。(5)称国父，保皇党反对。(6)漱溟每日自作文三篇，反对者以为出风头。(7)曾将渝寄款扣下不发。(8)俞颂华见曾徐伍条子雪片飞来，要辞职。(9)漱溟[22]说，要走一起走。(10)大概月底要黑暗了。呜呼书生！

朱振华要研究苏德战争，为找材料，弄到全报一份。

交《谷子在仓里叫》给明星作曲。谭得先许别的同学去洗澡，但无热水。

领得保育会制衣费 12 200 元。

10 月 22 日 偕冯洪志去 CC 协会讲德国战时生活。路遇段超然。路遇郑葆常（健峰），介绍买棉花，约明晚谈。

冯交施则凡信及卫戍部告示。

介绍学生去见张骏祥，请予见习《北京人》之机会。

10 月 23 日 从陈延祚处领得孔庸之捐育才 5 000 元。

会冯夫人，报告《1862 年之白宫厨房》。

参观灾童教养所，与教职员谈话，告以教育上之经验：(1)发展师生之同情心、同学间之友谊。(2)予以有意义之工作。(3)予以丰富之教育。(4)进行团体自治。该所教师尚好。

郑健峰谈治痢疾单方：当归一两，白芍一两，只〔枳〕壳一钱，槟榔一钱，炒菜服子二钱，车前子一钱，甘草一钱。

肖生与王庆权分头买布及棉花。

10 月 24 日 早到中苏协会。小孩们桌未抹。

卓明芬病牙，大家太忽略。张侠珍代收 30 元，开收条，不写用途，不写为谁用，不写付款人，不写年。教大家开收条。

琴来信，附来其寿亲诗，甚好，略改数字寄回。

早起，草《对灾童教养所之建议》。晤翦伯赞，允不久即去碚讲学。晤谭得先，谈协会拟请育才孩子演戏(11 月 7 日)。

10 月 25 日 王庆权押运布、棉、被赴碚。

10 月 26 日 僧晓书来，坏和尚倒〔捣〕乱。

学生请西曼讲苏联。西曼立志译儿歌及儿童剧本。

大冷。向张纯之借大衣 6 件、棉袄 10 件，送与见习生。刘维炽请客，同席有何东子、刘成禹父子、地政局萧局长。

10 月 27 日 介绍冯先生、史律师与僧晓书，以安其心。史允为常年法律顾问。

保育会开常务理事会，通过保育生发米办法。此皆冯、史、安[23]及吴市长夫人力主之效。孟君未出席。

安娥与冯夫人夜里来，告诉好消息，真人间观音大士也。

晤胡然，彼有修琴师介绍。

10月28日 马肖生中午去。朱振华、舒元玺来。

介绍朱振华访问冯先生，请指教苏德战争。

买《自然创造史》，11元，比稿纸还便宜。

冯夫人谈为保育会捐款。李秉忱介绍赵光民相见。

10月29日 李秉忱辞，我要他告诉高就性质，以便权衡轻重。他为一图书馆服务，允为见习生教英文。我许之。

会丁总干事。

10月30日 函请财政部盐务公益费管理处分发十月补助费。

沈宅谈后至上清寺，遇徐鉴平(她说最后一天，否则十月份米去了)。请徐即至保育会开条与刘全英，请其拨米。

学生代表来诉苦，费时甚久。至刘处，彼已派人取消十月份米。请徐追去挽回，我则去"新行"取款。我到恰巧。在取消前挽回。赶至陈纪彝，请其通知。

倦极，睡至12时。写：(1)《白宫之厨房》；(2)《谷〔子〕在仓里叫》。编好六卷十至十一期。

10月31日 写呈文将《刃锋木刻选》付审。

将"战教"六、10与11与任子付审。

访刘全英，未晤。留字托其存米。访黄次咸，存物。

提所款1 000带碚。提己款500。立案五万元。照相16元。

朱振华允早回，竟未回。

2时，雨中偕醉、黑[24]回碚。晚八时到碚。

宏早去校，晚9时又至碚找字条。

本月记事

行知衙谈题目：(1)成吉思汗之所以兴。(2)蜀、吴之所以亡。(3)黑石头可烧。(4)文化锁匙(等不及渡〔镀〕金)。(5)择一而一之；中心问题。(6)休息；治疗与预防。(7)铁饭碗。(8)万里眼。(9)万年眼。(10)创造年诗。

陈汉伟女：燕兰，13岁；杨兴勤先生介绍。

领得保育会制衣费12 200元(马手)。

曹子云：贵阳中山路中南汽车材料行　王尚文：昆明邮箱73号　"新行"：电话642　陈汉清大律师：美丰大楼二楼23号　何惧、千里：蔡园坝丝厂巷，建国机器厂　周钦岳(若)：白象街《新蜀报》　王芸生：《大公报》，李子

坝 陈博生:《中央日报》 郭春涛:南纪门韩家巷20号转冯耿光,中国电影制片厂

【注释】

①所记均为解决育才校舍纠纷的活动;“周”,指周棫森;“潘”,指潘明夫;二人系调解的“中人”。

②指商讨对付校舍纠纷的“方针”。

③英文诗稿从略。此诗后由陶行知重译。

④“委座”,指蒋介石。

⑤“胡司令”,指胡经扶;“袁县长”,指合川县县长袁雪崖,均为育才校舍纠纷事;所代为起草者不详。

⑥指敦聘陈汉清律师为育才学校法律顾问一事的登报事宜。

⑦“董老”,指董必武,当时任国民参政员,在重庆。

⑧指冯玉祥劝阻陶行知:致蒋介石的信不宜寄出。

⑨“吴灿翁”,指吴树琴之父。陶行知岳父;“恒智”,即吴树琴之弟。

⑩“鹤”,即陶鹤,乳名小黑,陶行知长孙女,当时患肺炎来重庆治疗。

⑪“俾斯麦”,疑为书名,俾斯麦为德国著名的“铁血首相”。

⑫“宣”,指宣纸。

⑬指在王炳南处见杜月笙。

⑭指访冯玉祥时恰逢其女冯治理从德国留学归来,陶行知访德时,曾在柏林会见冯治理。

⑮“希”,指德国法西斯头目希特勒。

⑯“洋水浒”,指英文《水浒传》。题诗为中文。

⑰指致电育才学校。

⑱所列书目、篇目及作者,均用英文写成。

⑲“文”,指育才学校文学组;“社”,指育才学校社会组;“自”,指育才学校自然科学组。

⑳“璀”,指陆璀。

㉑“光明”,指民主政团同盟当时所主办的《光明日报》。

㉒“漱溟”,指梁漱溟,时任光明报社社长。

㉓“冯、史、安”,指冯夫人、史良与安娥。

㉔“醉”,指王醉霞,陶行知儿媳;“黑”,指陶鹤(小黑),陶行知的长孙女。

十一月

（北碚·古圣寺·重庆）

11月1日 星期六。与子英谈中学校址。

询问张博和立案手续，托抄文件。遇宝航于途，请吃午饭。1时坐大船赴校，5时到澄[①]。走，7时到校。晚餐后与同志们在小山头谈。

武胜简易师范十余人来校参观，领导人杨先生住研究所。

11月2日 早与同学讲与米赛跑——努到最后一斤力，动员一切朋友，说服一切朋友及力量。

向武胜简师参观团讲《育才十字诀》及《怎样做小学教师》；并写《诗之学校》送他们。发歌与音乐组郭惠英、陈贻鑫。

晚，会商防备土匪办法，即日实行戒备。

11月3日 早，观察学校，甚好。音乐组负责洒扫之地，不行。讲《无声之乐》。

11月4日 买湖笔46支，甚佳。

11月5日 开会商议冬防，当晚组织。

11月6日 城来信，草率。去信纠正。

善堂请全体教师。晚，本校请善堂，演《活捉日本鬼》。三小时准备即演出，打倒明星主义之效也。

勘定碉堡地址。写"育才之友状"。

11月7日 三事与善堂商议：(1)借房一间，以备了望；(2)后门草房拆一间；(3)捐建碉堡。

写"育才纪念状"。

11月8日 早会讲明星与签字(参也鲁)，无笔之画。

俞文华赴渝取米。东阳镇国民小学参观，四川省辅导团参观，讲《育才十字诀》。各部主任谈话。

赵璧光先生来，请其主持公道。

11月9日 早讲四度创造、保存新衣、待人礼貌。

致函袁县长，请其另创新校，许育才依法独在古圣寺。胡世珍等二人赴渝，排“为了大家”。伙食委员会开临时会；前月每天 4 斗 3 升，现 3 斗 8 升，月省 1 500。除去预留客饭，每月省 300。

菊花已开十八天。

夜，各部主任开会，绿芷供给许多事实。卢厂来谈。

11 月 10 日 与李道逵谈立志；与陈文达谈立志。

偕琴赴碚。访子英、璧光、博和皆不晤。

11 月 11 日 写信与赵璧光，申述一庙两校之非计。

看“兼善”[②]芭蕉分栽，甚佳。写信 12 条与肖生转学校。

偕琴赴渝，带鸡去。路遇杨瑾瑜。

写信托振华带教养所同志，嘱其交所借棉衣，记名还。

11 月 12 日 早，张旭东送衣服来，只有燕昭华一人无问题，余发还重补整。

写信与见习团二封：一促其整理归还所借衣服；一促其保护“新水”。

代宏寄信与晓光、郑先生。代宁远寄社会部，问稿费。

见史良，她发晓、育法律顾问证书。见炳南，谈时事三则。

参观教养[③]，成〔绩〕甚好。我讲：三民主义中融会贯通与双手万能。访次咸不晤；见鲜先生，知道物在。访辛汉文、许裴，参加排戏。访刘全英，借与 400 元。

11 月 13 日 早，写信与保育会借万寿宫。陈纪彝说，要请命王夫人。我问王夫人为谁，她说就是张蔼真。再定是否提出，常务会决定。

为吴、王谋妥协。与宋先生商见习生何时可出教养所。

在万寿宫与见习生谈话。访仲老未晤。付张旭东 50 元。送晓研十、十一月领款书于“新行”。

11 月 14 日 早至冯公馆，鹿瑞伯见客，冯先生避寿，不知何处去。他问我是否在我家，我说不知。他说去年是在我家避寿。我始悉：去年今日，冯先生忽至我家送菊花。乃避寿也。

见屈武，在冯宅。他说朱振华和他谈了 2 时半，奖许为“新教育成功之证”。

送“晓研”十月与十一月请款书及工作报告于赈委会。

杨瑾瑜来，请其早餐，与一募捐册。

访沈，访史，托说服借万寿宫。

广西灰布要过些日子才有。访赈委会南处长，布可担保而米则不成。途遇赵肖梅及“志达”张校长，张校长说，粮食部可批官价买米。访教部，彭、陈都不在，吴司长说无望。访粮部，二部长不在，刘秘书长允呈部长批准官价采粮。明日备文去。

付中苏协会伙食费360元，收谭得先捐款150，所垫210元。

闵冈侯宴黄夫人④，我陪。请黄夫人与汉留主持人予育才以相当之协助，以解决校址。

肖生来信，中央银行汇到：阮晋经募之1 093元港币，计国币5 962元，甚喜。他已寄“新行”代取。

11月15日 晚访张仲老于交通大楼，沈老也在，请其出名致电合川县长。

早，在史公馆商提案，决《经济案》以平定物价为中心，《民主案》以言论自由为中心。

马肖生抄县长训令来，雪崖以命令代法律，实治丝纷而乱之。持训令与沈、史二律师商对策，忙而无结果。下午访陈汉清律师，不遇。遇其弟陈嗣麟，查得《监督寺庙条例》第六条。

访张仲老后。即请仲老委托沈老起草致电合川县长。

与沈老同访周恩来、董必武，劝中共出席⑤。延安来电，参政员因事请假。

与沈老起草电报，当晚拍与袁县长。

11月16日 民主政团大同盟张君劢、张澜、左舜生请客50人于俄国餐厅。报告大同盟经过。日前他们已在驻会委员会公开，今日则向各党各派公开了。国民党有王世杰等，中共有周恩来等，救国会有沈衡山等，职教社有黄炎培等被邀出席。

黄氏有一卖油条及文言、白话之笑话，形容彼所发之文章：“卖油条吧！”“兄弟亦然。”说文言者，油条卖不掉。

2时，赴沫若创作二十五周年及五旬大寿纪念，焕公出席。会后，我请焕公派手枪队四人到校保护，他允派郭允照先生即去。

我今日送郭沫若诗四首（见《赠郭沫若》）。

于彦胜、洪传启结婚，国府路129大观园（行政院秘书处）。

11月17日 第二届第二次参政会开幕。

委员长主：民主国家解决日本，寸土不失。张仲仁致答辞中有：“满清末年，多磕头少说话；我们宜多讲话，不可沉默。”

中共得张岳军、王世杰先生释放叶挺之保证，由董、邓[⑥]出席。团结有加，全体为国家庆幸。

下午，郭部长报告外交，甚好。

夜访黄夫人，彼纵谈辛亥革命及如何救国。诚一奇女子！

史公馆，十七日 4 时，黄太太。

11 月 18 日 早，财政部报告。俞次长说话不慎，引起许多质问：(1)他说现在中国系货币增加而非膨胀；(2)又说市场尚常见不着钞票；(3)米之指数为 23 倍；(4)亏 60 万万如何补充，未说明。

范旭东允为育才捐款。

下午睡以解倦。琴去接洽买布，并询刘全英要借若干。取得研究所 1 050元支票，付刘 700 元。

晚宴辛汉文、张立德、周峰、苏丹、章超群、孙建白、姚宗汉、张尧等十三人，祝戏剧指导委员会成立并商日程。后，吴晓邦、施宜、石凌鹤加入讨论，组织儿童剧本编译委员会：孙施宜、石凌鹤、尹伯林、赵慧深、安娥、陈白尘、刘念渠、徐昌霖、戈金、江印、张骏祥、石志祥、杨村彬、阳翰笙、陈鲤庭、贺孟蓉、张西曼、曹静〔靖〕华、王语今、李嘉、孩剧团、《儿童月刊》、农宣队、育才学校、陶行知。

向参政会提《儿童之宫案》[⑦]。儿童之宫包括：(1)剧场(2 000 人)；(2)展览厅；(3)图书馆；(4)宿舍；(5)音乐馆；(6)俱乐部；(7)科学实验馆；(8)工艺室；(9)电影馆；(10)美术馆；(11)体育场；(12)史地馆。于 11 月 21 日前提出，征求 100 人副署。

11 月 19 日 买中、苏、英、德对照书 7 册。

11 月 20 日 写《中央儿童学园》及《化除青年烦闷》[⑧]提案，夜 2 时写成。

11 月 21 日 征求签名[⑨]。

11 月 22 日 卢前送中兴，鼓吹。

11 月 23 日 中午，南高、东大、中央同学宴七参政于“卡尔登”[⑩]。会见傅、李琢仁、胡梦华、薛钟泰、相菊潭、吴淑贞。

买《简爱自传》。

11 月 24 日 王云五先生允印“普式庚”[⑪]。

11 月 25 日 下午 3 时，选举驻会委员。陈其采先生坐在我旁边，接到一张条子，他看不清楚，托我代看，是党团要选的名单，我把自己机械的做成有声电视，读给他听。

张澜等提《实现民主以加强抗战力量树立建国基础案》，主席团保留，代以四项。

保育会允借宿舍，以五十人为限。

11 月 26 日 休会。老百姓生活比战前好些——议长说。

张仲老之子结婚于“加〔嘉〕陵”，一贺。

杨耿光宴客于“永美厚”——晤汤午桥。

11 月 28 日 代育才买药。

11 月 29 日 白健生宴客于加〔嘉〕陵新村——安徽同乡。

11 月 30 日 交通银行聚餐会。

晚，周、董、邓[12]宴参政员于广东酒楼。

12，李子坝交通银行。主席，国际赈委会，贵阳，为医疗用品事：夸脱，阿司匹林、红药水、脱脂棉、专用服、胶布、过氧化氢[13]。

星期日：王光法、吴闽午、杨修范、李国富、谢光弼、何惧、曹松林、谢霜、吴隆治、沈毅。

本月记事

本月知道收捐：孔庸之，3 000.00；臧其吉，1 000.00；包鸿赓，200.00；纳卯中华学校，897.06；麦邦信，90.00（港）；斐利滨妇慰，10 000.00；龚诗砖，1 038.177？阮晋经手，1 008.40（港），308 次，11.17 到；赣教育厅，100.00，未到；美致公堂，3 000.00？未到，□学都未；孔庸之，10.23，5 000.000，文□存“新华”；黄连光，28 110.00（港），汇“新华”。

陆晶清：下罗家湾 12 号　白健生：铜梁汤峡口白公馆（长途电话：接璧山军训部总机转）；李子坝嘉陵新村八号白公馆　林鹏侠：米花街 191 号　刘全英、秦克泉、甘守镛　于彦胜、洪传启结婚：国府路 129 大观园，30.11.16（行政院秘书处）

杨谨珣：成都凤凰山滑翔训练班，重庆社会公寓 222 号，贵阳普空路 60 号邓盛芬转　陈彬：九龙河内道 38　李大超：广东曲江电政局长　刘公潜：粮食部秘书长，康宁路 1 号；上石板坡鱼鳅石（社会局旁下坡），公主药房防空洞

工人歇工之时，农人牵牛回家之时，他们都需要音乐。[14]

【注释】

①“澄”，指澄江镇，在北碚和古圣寺之间。

②“兼善”，指北碚的兼善中学。

③指参观重庆市教养院。

④“黄夫人”，指黄兴夫人徐宗汉。

⑤指劝解中共方面的参政员出席二届二次国民参政会。

⑥“董”，指董必武；“邓”，指邓颖超。

⑦此案全名为《设立中央儿童学园以倡导社会教育案》。

⑧此案全名《化除青年烦闷，发挥青年精神，以保全民族元气而增加抗战建国力量案》。

⑨指为自己的两个提案征求副署人签字。

⑩“南高”，指南京高师；“东大”，指东南大学；“中央”，指中央大学，这是同一所学校在不同时期的名称。是日中午，三校的校友在卡尔登饭店宴请任职或毕业于该校的国民参政员。

⑪指王云五负责的商务印书馆允印育才学校编写的《普希金纪念册》。

⑫“周”，指周恩来；“董”指董必武；“邓”，指邓颖超。

⑬此段录于笔记本最后的“约会表”。

⑭此段题写于陶行知1941年11月—1942年1月记事笔记本的扉页。

十二月

（重庆）

12月1日　访兆棠于“青干班”，并见秀瑞。在班午餐，询得合川县党部书记长为陈季质。请李琢仁致电陈季质，请协助育才校舍。

琴自歌〔乐〕山回。见程署长。

12月3日　访谭赞、拉铁摩尔（Latimore）、陶桂林。

12月5日　整理账目。决定四学生见习办法。

12月6日　田绍英自告奋勇向中国国货银行托捐。完成三千之数。

整理账目。张仲老对学生讲话于万寿宫。

12月7日　再晤云五。

承阎宝航介绍，借阎明远房，管家巷28号，今日去看，知道是财政部向盐务局所借。

12月8日　日、美开战[①]。

早访鲁佩璋，托代借28号房[②]。

12月10日　搬入28号。鲁佩璋来信，28号已还盐务局。

12月11日　会丁干事，托交信与缪总办，请借28号。

郑用之允借抗战堂及导〔道〕具。讲太平洋战地图。

12月12日　会缪剑霜，面请借28号。缪即嘱郭耀宗（季屏）庶务主任问28号事。郭答：“管家巷无人管。”我说：“让我们代管也好。”

12月13日　致肖生、宏、绿芷、乐组[③]、赵璧光信。前四人信由汪亦伦带去，后一信由邮（快）寄一至合川，一至三汇坝。

子英午刻来谈。

12月18日　冯夫人来，谈沈骊英追悼。介绍她明日去“巴小”演讲。

写《麦之女神》，写《育才自然组挽诗》。

12月19日　写《吴致挽诗》。

冯夫人早晨派人拿她写的挽骊英诗来。甚佳。

生教社的程方郭谈设驻渝办事处及明年方针。

12月20日 将三诗用宣纸〔写〕好[4]，送冯夫人转去。

12月21日 赴沈女士追悼会。

约朝鲜临时政府金九先生茶会于广东酒楼。胡秋原致欢迎词，金致答词。

参观吴麟若画展，见许士骐及其夫人。麟若以一体育学家而从事国画，成了画迷；迷则专，专则有成。他所画之牛及新篁，无人能及。

东大、南高同学中，张宗麟之教育、卢前之文学、张其昀之地学、吴麟若之画，可算是有成绩了。

12月22日 晤汤壶峤〔午桥〕，请其援助育才。晤缪剑霜，请其加育才每月三千。

写信辞《反侵略歌》之撰作。

肖生来信，附来县令要育才拨校舍。袁雪崖糊涂如此！

史公载明日飞腊戌，托带捐册。

濮纯（精一）来谈朝鲜民族内幕。

12月23日 沈宗汉茶会于中苏协会。

今天要做的事（三日内必须完成）：(1)访国库司长李倜之。(2)访张岳军。(3)访黄夫人。(4)访谭赞。(5)访李琢仁。(6)9时访沈老。(7)访康心如。(8)访刘航琛。(9)访朱体仁。(10)函社会局。(11)函警局。(12)函盐务重庆分局。(13)函呈袁县长。(14)函赵璧光。(15)函沈之万。(16)草《生教社卅一年计划》。(17)整理账目，写总报告。(18)整理出版物。(19)访诸老，促成韩国承认。(20)访杨耿光。(21)访杨桀三。(22)访陈纪彝、张纯之（得被20床）。(23)访安娥。(24)访程海峰，买物。(25)写反侵略歌。(26)写“战教”文。

领被20条，张纯之先生真是观世音菩萨。

政治部抗敌歌咏团，胡然；中国制片厂合唱团，华用之；孩子剧团；育才学校；中华实验歌剧团，王沛伦；实验剧院；青年剧团；中华剧社；中央摄影厂，南岸，潘子惠；国立音乐院，李抱忱；妇女指委会，史大姐；中苏文协妇委，谭得先；中大，重大，南开，巴小，德精。

12月24日 早晤杨大使[5]，彼愿尽全力助建经济基础。

九时开会，讨政〔论〕国际局势。

晤鲁佩璋，彼愿与李署长、马司长谈，助成增款三千。

张主席[6]岳军、李琢仁、黄仲翔诸委员，致函县长及合川书记长。快函寄去。

田绍英允助销票。晚谈“生教社”工作计划。

12月25日 写信送捐册、旨趣、节略[7]，找宁远送与杨使。

《阿义都奴小姐列传》《媒歌》。

章育才，大理中央政治学校分校、边疆博物馆研究室，遗嘱。

《花苗新约全书》，英国3164版，外国圣经出版协会；上海，1936。

12月26日 汽车人挤，下车推，坐〔座〕位让人。车行，上车无坐〔座〕位。安娥点名。儿童之家。

俞文华昨来，未打招呼。马信今天看到，知明日县府有人来；来已来不及[8]。

还母与曹。陈光甫与孔夫人飞来，黄夫人说。

找名册不着。

12月27日 文华去校，带文件、方针去。

晤鲁佩璋，谈甚快，彼已与秋述谈。晤郑用之、史东山，请为《表》之演出。

主持：(27)会马司长。(28)催出版物。(29)送画与杨。(30)立租约。(31)装28号电表[9]。(32)自来水。(33)写信与张瑞芝、曾俊侯、吴珊。(34)催赈委会款。(35)函朱庭祺。(36)函陈光甫。(37)韩国宴会。(38)访周苍白〔柏〕夫人。(39)访吴国桢夫人。(40)访顾季高先生。(41)研究所请款呈文、计划。(42)生教社送慰劳品[10]。

晚，韩国宴会，到金九、濮、李、赵、严诸先生，黄任之、褚辅成、郭春涛、冷御秋、沈钧儒、王炳南到。

金九，新丰园菜社，新生路45号，廿七号下午6时。

李范爽(光复军参谋长)说，缴械于朱将军事。我说，不久中国将以一万倍之枪械还与光复军，共同保卫东亚和平。

承赠《韩民及韩国的愤怒》。赵琬九、严大卫。

12月28日 文华来，知道县府未于27日派人来。

陪丁先生看电灯装置，预算7盏，1 500元。

赴李、蔡结婚礼。

李保谦(男)、蔡子固(女)；黄太太，百龄餐厅，廿八号下午2时。

12月29日 苏丹、史东山、郑用之、程宁远、刘厚生谈演出具体办法，推苏丹起草预算。

12 月 30 日 催苏丹预算于明日寄来。

晤于去疾，甚爽快，答应租与（管家巷房）。

音乐组、绘画组、刘铁华、庄严等来。

12 月 31 日 早，草拟《31 年度生教社计划预算书》。早，作九、十、十一月报告。

《刃锋版画》出版。与郑用之立约公演《表》。

鲁佩璋致函李倜君。致函康心如、刘航深、社会局与警察局。

【注释】

①指日本偷袭珍珠港后，美国对日本宣战。

②指托请代借重庆和平路管家巷 28 号的空房。

③“乐组”，指育才学校音乐组。

④指将挽沈骊英的诗用宣纸写好。

⑤“杨大使”，指杨杰。

⑥“张主席”，指张群。

⑦旨趣、节略，指《育才学校创办旨趣》《育才学校节略》。

⑧指陶行知回校主持接待工作已来不及。

⑨指安装管家巷 28 号育才学校驻渝办事处的电表。

⑩本段的序号系接本月 23 日所列事项。

一九四二年

一　月

（重庆）

1月1日　早派郭弼昌代表社送慰劳品手巾100。

拟营养券推销名单。晤胡秋原，允销票。

午，偕琴看28号。徐让房一间，我为他隔房两间。

勘定必须修之处，订立合同，交梁老板办。看慰劳。晤刘全英，彼愿在海关方面劝销。蒋清华十一日下午来，在广东朋友方面劝销。

五时，请管家巷朋友于至圣宫。

1月2日　竹因回校。

10时，"抗战堂"会商演出，到郑、程、刘、苏[①]。12时，与辛汉文会商演出。1时，演〔宴〕，程、程、陈、朱于至圣宫。

下午，监视修梁，晤丁慕韩，彼愿以书面征求三常委同意。晚，恒勤来。

《表》。冯先生。(1)赵国英，衣破；清，扣。(2)七，外表已好，内心愧。(3)心中泰然。(4)师生关系。(5)七，问要书时，先生莅；分付〔吩咐〕几句话。(6)七补钉，江太新；(7)师教，友教，自觉改过；(8)爱国，爱民，爱己，爱友邦。

10时，"抗战堂"会刘厚生、郑用之、程宁远。12时，与辛江文谈。1时，宴程、程、陈、朱于至圣宫。[②]

1月3日　11时，抗建堂会商。午刻，宴巫、夏、黎、范、胡[③]。4时，胡骧文宴于中苏协会。

1月4日　金九茶会于中苏文协。午刻，"新味腴"(国泰隔壁)。

1月7日　2时，鲜公馆。

1941年11月—1942年1月记事

安徽公学渝校友：常任侠：中央大学或音干班22581号　潘伦(习常)：军需署，林森路东华观，电话2876号　王叔澜：重庆马蹄街106号　潘达夫：南岸皇经庙重庆市立女中　林典仪(式如)：行政院经济会议秘书处　胡骧文：

川盐三楼"中农"渝行 丁相灵:国府路 247 号 杨中明:林森路 50 号,河南农工银行 胡秉正:两路口"五洲别业" 何心智:中正路中央银行秘书处 王保元:两路口中央社 何荫椿:商船学校 彭樟年:两路口"五洲别业" 程闻迟:郭家沱第五十兵工厂事业科 王汇百:黄桷垭堡上元 18 号,重庆邮箱 91 号 黄元权:上南区马路 195 号 张宗良:重庆李子坝半出新村 1 号 陈东林:上清寺范庄 吴迪:张家花园 64 号 张立钧:曾家岩桂园 张企文:中央信托局人事处文书主任 薛子良:半村 2 号

刘竹青(秘书):平价处,江家巷,41393 万寿宫:萧庆云,过街楼利民工厂;伍骅伯,中陕西街,善成堂书局;陈芸茜,冷水场赣江中学校 王葆斋:陈家桥禁烟委员会,油市街金陵旅馆 傅光培:歌乐山,赈委会会计 林炳炎:香港,云五先生介绍 程本海:浙江方岩建设厅办事处 杨毅如(程惠华之父):上饶盈字 80 号信箱附 19 号信箱 李璞:昆明南屏街劝业大楼 308 号赵深工程师转 张凤芝:巴县冷水场半山小学 潘小萼:夫子池"新运"模范区,中国红十字会"新运"诊疗所 濮纯(精一):住和平路吴师爷巷 1 号 吴耀宗:弹子石中学街 28 号,青年会 孙师毅:通远门协合里 1 号,电 2447

李秉忱:沙坪坝重庆大学周敏转 江毅远:P.J. 雷特中华学校 文工委:25600,鱼鳅石 16 号公生药房防空洞,社会局靠左转,第三条山坡路 黄老太太:张家花园 52 号附 2 号

电话:商务(白象街):666 新行:41642 妇指委:2038.2304 教育部:2017,2769 张文白:2635,2610 国参会:2205,2921 贸易委员会:93078,2690 青年会:1225 兵役署:2010 财政部:2288 财政部秘书处:2846 馥记:2534 盐分局:41260 赈济会:2328,2270 苏大使馆:2834 吴市长:2023 临时保育院:42235 史大姐:2960

【注释】

①"郑",指郑用之;"程",指程宁远;"刘",指刘厚生;"苏",指苏丹。均为文艺工作者。

②此段记于该本笔记的最后。

③"巫",指巫一舟;"夏",指夏之秋;"黎",指黎国荃;"范",指范长江;"胡"指胡然。

一九四三年

三　月

（重庆）

3月3日　柏烈武捐100;存“新”47[①]:100。

3月6日　“盐”[②]三月捐9 000;存“新”47:9 000。

3月11日　乐颂云捐20 000;存“新”47:20 000。

3月13日　张文白[③]捐5 000;存“新”47:5 000。

3月23日　4时,北平食堂,戏剧。

3月24日　星三。九一十,夏若愚,在管家巷28号见。

3月26日　毛士松捐200;存“新行”200。

3月30日　李义斋10 000;存“新行”10 000。

孙□钧500元,收据未写。问马。

【注释】

①指存入重庆新华银行第47号账户。

②“盐”,指四川省盐务局。该局总办缪剑霜、公益事业总干事周之廉,对育才学校的难童教育事业很关心;1941年5月派朱德君赴育才学校考察后,决定捐给补助图书、仪器的费用每月6 000元;后因物价飞涨,增至每月9 000元。

③“张文白”,即张治中。

五 月

（重庆·合川·古圣寺·北碚）

5月1日 政治部音乐会。

5月3日 来合[①]。住水电厂。

5月4日 会县长、施则凡、胡瑞芝。

5月5日 五，施舍宴，县长宴。

5月6日 一，赵璧光宴。三，联溪中学。五·卅，潘明甫，实业研究社，文明十号。六，瑞山儿童剧团、合川儿童剧团。五·卅，潘明甫，实业研究社，文明十号。

5月7日 早八，张敦廉，瑞山公园。特训班演〔讲〕。

5月8日 八，合川县中，龙游寺。

5月9日 九，瑞山公园，四川大学。

5月10日 三·卅，“金大”[②]。

5月15日 (1)美账整理[③]。(2)薪金标准。(3)砍树调查。(4)四月节约献金。(5)社会教育学院演讲。(6)业余工艺。(7)夏先生。(8)田先生万国币。(9)手巾、扇子。(10)琴所需书，包好。(11)调查树木。(12)收据本子。(13)皮大衣、樟脑丸。(14)表。(15)领款。(16)音乐审定。(17)戏剧检讨。(18)教师会议。(19)廖意林谈。(20)邹先生。

5月19日 北碚来渝，102元。

枕头二个失，被一张失。

睡到夜11时半，才去访辛汉文。约明早见王晋笙。

5月20日 早警报。偕许士骐至永安。

8时，约许、辛、王晋笙于“大三元”早点，用50元。

王晋笙交一万元存“新华”。访银界友及冀朝鼎，知美金1 500不能取美金。会胥仰南于“新华”。送外币于田绍英。取68号1 000元；为梅仙取300元（必端）。

伍必端代清房间，发现枕头中木棉满地，套子四个不见。

5 月 21 日 47 号支票 3 000，付武汉院[④]。雨，未出。

致张、许、李、马、方[⑤]函，推举许士骐、沈天灵为校董。

预备信件收画款，13 信，致李华书。接琴信，谓铺盖到。陶刚出院，尚健。政治部一、二、三、四、五月补助费收据。整理信件。为沈庆鑫换票。淑蕙为做枕套。

要做之事：

(1)征集社员。○

(2)收画款。○

(3)收音乐款。○

(4)送沈庆鑫(5.22 去)。○

(5)接陶刚(5.21 来)。○

(6)推董事(5.21 齐)。○

(7)粮食部四个月米。○

(8)胡振文代生产(5.26 五万)。○

(9)刘太太(5.22，不来了)。○

(10)见王晋笙(5.22，7 日内去)。○

(11)见孙麟方。○

(12)“汇丰”蒋廷黻 1 500 金。○

(13)艾德敷。○

(14)周先生。○

(15)陈、缪二先生。○

(16)刘锡卿(中工，重庆分厂)。○

(17)黎、范合奏。○

(18)淑蕙字：①吴母潘太夫人六旬；②汪柏振、徐太夫人六旬双庆。○

(19)王云五编书。○

(20)诊。

(21)买平价布、物。○

(22)寄信及宣传品于 price。

(23)招呼美友寄款方法。

(24)捐地为工艺组、农艺组。○

(25)函社会教育学院，约讲。

(26)天中节在碚。×

(27)卖文献金。

(28)“战教”筹如期。

(29)函陶宏、晓光(5.23)。〇

(30)筹设历史研究所。

(31)领政治部一、二、三、四、五月经费(5.22)。〇

(32)付陶城款200元(5.22)。〇

(33)整理屋漏。〇

(34)见王儒堂,向胡好捐。

(35)买戏票(5.22)。〇

(36)寄美堂翁信。

(37)为陈志中作序。

(38)周季平1 000,萧若诚4 000,樊立之1 400,是否送行。〇

(39)沈衡老戏收1 000,音收1 900,画2 000退。〇

(40)李岳阳音4 000,画2 500;收2 500,退3 300。〇

(41)程海峰一千(5.22后付)。〇

(42)张树声9 450,收7 158。〇

(43)买弦两付〔副〕。

(44)星期,五月卅日,“新行”,5时。〇

(45)生活社工作报社会部(5.25)。〇

(46)函尹伯休。

(47)《真理之歌者》作曲

(48)收款:胡心惠、天府、殷。〇

(49)函夏之秋、巫一舟。

(50)函胡然。〇

(51)晓研请赈委会五、六月款。〇

(52)儿美馆请赈委会五、六月款。〇

(53)五六月晓研、儿美领款托张主任。〇

(54)找尹任先、花纱布专卖局;李子坝的关系介绍任子。

(55)港币求兑:①沙斯卡顿(Saskatoon),NoC21421,1991年9月5日,中国银行,90港元;②卡吉利(Calgary),No32486,1941年10月7日,美国快递有限公司252港元。卡吉利致公堂,胡维赞、黄宝林,加拿大阿尔达省卡吉利第2大街东107号致公堂。

(56)发 5 人鞋钱(6.14)。

(57)四川省银行,定字 638,号 43 982.23(六月廿六至十月廿六)[6]。

冯先生,成都,齐鲁大学医学院侯宝章医士转:冯弗矜,华西大学。

5 月 25 日 陶刚去渔洞溪。

派人送信与俞文华,招之来。生活教育社第一期工作报告送社会部。收沈等款送"新华"。

浓缩鱼肝油胶囊,1 000;"帕克·戴维斯"(Park Daivis)。

5 月 28 日 "中大"[7]画展。郭:竹林梅雀,1 500 元,100;韩:水仙,1 500 元,33;郭:山茶梅花,1 000 元,75;苏:百合水鸟,1 200 元,61;郭:水仙梅花,1 500 元,70;芩:夔门夕照,700 元;苏:柳燕,800 元,60;岑:秋意,1 200 元,10;韩:小山水,1 200 元。27;郭:双雁,1 500 元,76;郭:暗香,1 000 元,82。

3 月—5 月记事

画展:第一路:于去疾　张军光　黎彭寿　杜月笙　张峻洁　邓劼刚　李岳阳　张木森　寿元璋　余文翰　黄次咸　薛志伊　金山　傅况麟　蔡承新　胡文澜　程海峰　潘习常　徐佩熔　杨耿光　卢作孚　陈汉清　杨经才　卢绪章　陈真如　韩卓如　缪剑霜　陈方修　谢正宽　高惜冰　袁兴业(白象街 1 号,2AG)　孙维钧　冯先生(2378)

第一路:丁次鹤(和成)　曾民魂(都邮街 33)　王政平　贺若　樊立之　石荣廷(民族路 176)　熊仲伦　朱子武(中正路 140)　乐作霖(打铜街 29)　吴晋航(和成)　潘宜之　钱新之　周文达(曹家巷 15)　苏汰余　冼冠生　龚华卿(陕西街大厦银行华丰)　胡心惠　李泰初　金九　胡西园(白象街 116)　孙越琦　沈青章(京华)　张树霖　庄怡　章映芬

第二路:史良　李荐廷(神仙洞街 108)　沈衡山　姜兆祥　张晓梅　程希孟(枣子岚垭 86 号开源公司)　饶国模　沙子里　臧其吉　孔庸之　白健生　徐可亭　鲁佩璋　孙哲生　张文白　陶桂林　唐瑞伯　冯子源　刘经扶　鲜伯良　鲜特生　顾季高

第三路:酆云鹤(林森路下□学巷 15)　杨桀三　臧其吉(林森路储奇门□□)　潘习常(东华街军需处)

杨海怀:盐业溪马道子七保七甲,女三岁送　刘主任太太黄氏:教师,暂住张家沱公□　乐颂堂:中正路美丰大楼,建华电器厂　贺若:会府复兴里四号　李惟果;上清寺春森路 13 号,电话 2987;民生,42342　闻化成:温泉

后山诚实别墅 陶宏:成都望江楼,川大理学院化学系 龚华卿:陕西路义丰钱庄内华丰字号 蓝泽惠:领事巷13号 刘伯良:牛角沱复兴面粉 王局长(明智):重庆盐务分局,朝天门大河顺城街 李桐村:太华楼17号 陈次铮、萧芳诚:嘉陵江煤矿业公会,打铜街19号 何鼎三:商会 黄浚明:木业工会,北门外,亚美木器行 《合川日报》:柏树街 赵浩然:华银公司,高只坎 胡维民:濂溪白麓山(过清江小河) 左树屏:县立初中,龙游寺 郝立仁:交通银行 施则凡:营盘街 李佐成:三汇坝90 李云根:大昌冶铁厂,南仁街 耿布诚:民生会计处 陈雨生:川康平民银行主任 叶家碧:瑞山 杨俊香、潘棣华:三青 雷叔联:电水厂 徐明:县秘书,孟明 刘明宽:电水厂 李永厚:民生办事处 刘绍曾:中国银行 潘文名:合川陆军召生材料厂 丁铭礼老先生:登象街21号 白兆南:新光明剧院经理 王仲元:民众电影院 胡瑞芝:中国银行主任

赠送戏票:孙福元,2;范鹤言,2;杨耿光,2;陈真如,2;王政平,2;姜兆祥,2;老车站已戍师〔司〕令部稽查所汪自成,3;宪兵队,3;军警座10座。

收胡允甫:精一科学机械制造厂捐助圆规、仪器。收据。

3月—5月人名录

李叔明 汪达人 锡庆祥 黄澄农 陆崇仁(子安) 马晋三(崇六) 储晶如 刘泽沛 耿布诚 李佐成 李云根 胡南成 周季平 孙麟芳 唐宝坤 孙惠培 姜惠周 吕凤子 赵世盛 金海观 顾翊群 刘航琛 杨啸天 范旭东 吴晋航 孔庸之 陈延祚 沈衡山 唐性天 罗茂先 方学武 丁次鹤 奚致和 许世骐 邓劼刚 马叙伦 李仲伦 刘永志 刘少章 徐孟明 刘必茂 杨连庆 刘德耀 胡静愚 凌焕枢 管叔然 罗慈 刘茗彦 王澜 谢庆巽 卿步元 张联级 何士元 蒋立峰 王楚生 张廉 宋良田 熊仲则 朱楚辛 胡奇 康世光 李雨田 吴子铁 邓德光 卢伟 张志扬 汪志成 杜召棠 李大镛 董生禧 赵璧光 李佐成 施则凡 张敦廉 王民斋 周德福 郑凤琦 黄海清 王子静 孙宝琳 王积亮 王子晋 杨翰卿 苟屏邦 周纯钦 陈伯为 周尚琼 胡伯雄 王元枢 胡南先 王显明 向鼎三 刘锡先 万玉光 严立扬 钱钟祥 孙宝琳 薛礼恭 殷涤生 詹寿山 孙毓骅 王敏时 王绍林 吕炳祥 劳启华 田绍英 陶栽良 郑石均 沈天灵 杨啸天 陈□镐 马雄冠 王元成 邹宝章 吴定一 徐可亭 李景熙 王云五 薛志伊

王政平　龚华卿　康心如　陈海秋　荆有岩　范鹤言　鲜伯良　樊立元　胡万里　奚东曙　周季平　杨缦华　张骏闲　田绍英　缪子中　徐炳昶　李剑华　陈汉清　冉琎　冉璞　余玠　王坚　张珏　柏烈武　施隆炳　卿德徕　李林心　秦济民　汤继顼　刘天德　卿平章　余麟　牟羊　蒙泽震　潘仰山　郑彦之

【注释】

①指来到合川县。主要是为了解决校舍纠纷事。

②指午后3时30分与金陵大学有约。抗战时,南京金陵大学迁至合川县。该校是陶行知的母校。

③指美国华侨和驻华机构捐款的账目整理工作。

④指将一笔指定接收单位的捐款拨付武汉保育院。

⑤"张",指张仲仁;"许",指许英;"李",指李济深;"马",指马侣贤;"方",指方与严。

⑥以上打"〇"者,表示已完成之事。

⑦"中大",指中央大学。当时校址在重庆沙坪坝。

六 月

（重 庆）

6月3日 (1)调查港币已不能兑现[①]，要到战后解决，可送还原捐人。(2)陈次铮交戏券(嘉陵江煤业)4 000元。(3)五月份新华银行结算已对：(5.1)650；(5.5)10 350；(5.18)500。

6月5日 管家巷失火[②]。

6月7日 端午劳军捐一万元。

6月14日 寄：吴树琴第三篇文；吴梅仙信；李华信；操震球信；马称德信。

6月15日 陈真如请客，为其干女宴客。

杨耿光拟捐汉瓶两只，如有人要，卖价20万，捐助育才。

6月19日 在极困难中肃清育才债务。

6月20日 偕李组绅访孔庸之，为育才筹款，要各省名册。

6月21日 送名册与孔院长[③]。

6月22日 为冯焕章写信致杜月笙，为育才捐款，送杨啸天转致。冯允写信致范旭东、康心如、刘航琛、杨粲三，为育才捐款。

6月23日 今日范敏言信，知道张平、张杰被敌掳杀，岳荣烈害伤寒死，哀哉！

6月25日 收美国援华会美会1 500；托汇丰电存美国纽约"中国""中央"[④]1 500。

6月26日 收美国援华会43 902.43；存入四川省银行43 902.43。

本月记事

(1)外国史地、化学、物理。(2)中三同学是否出去。(3)内部单一。(4)加强同学政治教育。(5)个别同学，行动观点，随时注意；免课(随时)。(6)请医生。(7)上期甄别委员会促进。(8)绘画组学习。(9)卫生科主持人。(10)病为什么多。(11)生病者单独烧；病者住、食。(12)6节课，灯油。

(13)开学开始。(14)加工节约。(15)大衣穿不得。(16)大衣不收。(17)纸。(18)病人:完全休养,送入医院。(19)检查。(20)锄草。

育才普通参考书:(1)《现代外国人名辞典》。(2)《辞海》。(3)《中华百科辞典》。(4)《现代智识大辞典》。(5)《历代名人生卒年表》。(6)《新文化丛书》。

经济部日用必需品管理处:肥皂、牙刷、手巾、牙粉、硫化蓝、洋经士伟白布、加〔嘉〕乐纸、土报纸。

马文辉:夫子池"新运"第一宿舍321号　工克生:社会服务周刊社,孚园　张大千:兰州七里河鲁公馆,成都骆公祠街严谷声公馆　翟道刚:朝天门民教馆

新育才之友:高鉴冰,通讯处:江安;接洽者:吴祖光。

云南:龙志舟;陆崇仁(号子安),民政厅长;盛恩颐(苹臣),中兴区□□理事,中信大厦;孔庸之、刘季生(维炽)——缪秋杰——华侨;李泰初(中茶)。

本月人名录

戴溶江　黄孝宜　张彬如　熊观民　梁福文　冯兆异　陆绍云　朱崇志　刘汉坤　胡元佑　屠镨　陈次铮　向景云　厉无咎　章映芬　周联华　冯传枢　屈可风　杨典章　古耕雨　范崇实　柯愈明　杨培春　董询谋　刘之常

【注释】

①因日本已占领香港,因而港币不能兑现。

②指管家巷28号育才学校驻渝办事处失火。

③"孔院长",指孔祥熙。

④"中国""中央"均为中国的银行名称;在美均设有分行。

十一月

（重庆·北碚）

11月12日 张轸，200元自用。

邹集诗付审。力扬，矛盾。

11月13日 北碚地籍管理处。

7月—11月记事

7月29日 收政治部六、七，1 000元。

陈崇寿、王敏仪：小龙坎去高滩岩红十字会医院。

蔡英德：副秘书长，南开对角红十字会。

曾继灵：处长，四十五补训处，澄江，马家沱　辛汉文：成都航委神鹰剧团万籁天先生转　陈崇寿、王敏仪：小龙坎去高滩岩红十字会医院　蔡英德：副秘书长，"南开"对角红十字会　吴耀宗：成都华西坝28号　财政部：2094　民生：42324　胥仰南：鸿新染织公司，陕西路218号　王晋笙：新生路32号四楼（合兴祥楼上），中一货业公司□胜东　陈永林：立侯训练班副主任　杨国树：会计主任，北碚北平路，电话7358　张文才：江津柑桔实验场　邵昌汉：油洞溪，中国民生建设实验院　张齐鲲：天官府4号　周炽：交通银行　殷厉成：江北华中化工厂，周寄5 000元　冯公馆：2378　李祖光：42353

7月—11月人名录

孙中岳　李绍铭　傅斯年　郭可诠

十二月

（重　庆）

12月7日　晚，青年会。

12月8日　校董会[①]。

12月9日　晚六时，“凯歌归”，“皖公”[②]。

12月10日　晚五时，广播大厦，音乐组[③]，或当天上午派人取票。

12月11日　八时半，“大东”，陈鹤琴。

12月12日　八时，“乐露春”，刘代芹。

12月13日　四时，刘，管家巷。

12月14日　星期二，临江门16B，徐宅。

12月21日　六，棉花街58号附1，“庆记”李先生。

【注释】

①指育才学校校董会。

②“皖公”，指“安徽公学”在渝的同学。

③“音乐组”，指育才学校音乐组。

一九四四年

一　月

（重　庆）

1月5日　2，“管”[①]，候朱、陈[②]。

1月8日　12，朱先生府上。

1月10日　9，“乐露春”[③]。

1月14日　会杨天铎。

1月21日　10时，炮台街，古耕雨、畜辛。

1月23日　早8时，臧[④]在“管”。

1月29日　3:30—4:00，“管”，尼的汉（Needham）[⑤]。

【注释】

①指重庆和平路28号育才学校驻重庆办事处。

②疑为朱骏声、陈光甫。

③“乐露春”，重庆一家餐馆名。

④“臧”，指臧其吉，“育才之友”。

⑤“尼的汉”系采用陶行知的译法，通译尼德哈姆；即《中国科学技术史》的作者李约瑟博士，当时是英国科学委员会驻华代表团成员。

二 月

（重 庆）

2月4日 9，百龄餐厅，“奎杓”[①]。

2月8日 3，青年会，沈父追悼。

2月9日 8，“三万昌”。

2月10日 2，“管”，乔。

2月12日 收政治部1 600元；收王淑蕙1 600元。

2月18日 收沈天灵先生5 000元。

2月20日 7：30，张专员早茶。9：00，“江山一临轩”，吴。

2月21日 10，管家巷28号，候周先生谈。12，社交会堂。“利他”。

2月23日 12，“凯歌归”。

2月24日 8，广东酒楼，利、任。10，励志社。12，白象街、华生、周信、陆诒。6：30，领事巷英国大使馆。

2月25日 1，邹趋陶，管家巷。

2月26日 新餐室，文珍、韩结婚

2月27日 8：30，“三万昌”。2，沈宅。

【注释】

①“奎杓”，指沈奎杓；其子沈天灵为“育才之友”。

三　月

（重庆·北碚·古圣寺）

3月1日　午刻请王尔昌。

3月10日　3,沈老先生[①]追悼会谱曲。6,“凯歌归”,施先生[②]。

3月11日　要做的事:(1)电田嘉谷(23,6:30)。(2)汇2万元至校(李秀珍[③]手)。(3)致各县县长、士绅稿(方手[④])。(4)海报付印(朱手)。12:30,宴尼的汉夫妇。(6)打听赵璧光,13在碚开会。(7)7—8,广东酒家见余文翰。

12:30,“凯歌归”,尼的汉。

3月12日　(1)黄齐生约8时前见。(2)2时,良庄。

3月13日　送岳阳之弟李铁钧《育才手册》100本。

3月14日　会尹任光。

(1)日用必需品管理处。(2)在李绍涵处见何文干。(3)加购12令熟料报纸,准。(4)加购菜油50斤,准。(5)黄克强夫人火化。(6)中学委员会15 000元在魏璐诗(Weiss)[⑤]领。

3月15日　(三)[⑥]。(1)青年会,晚叙餐。(2)臧其吉交两本,15 000元。(3)谢家菘经捐5 000元(561)。

3月16日　(四)。《农贷计划》草拟[⑦]。

3月17日　(五)。收程海峰经捐5 000元。

(1)草拟《农场计划》。(2)印《致生教社社员征特别捐》信。(3)收集捐款;朱学范认2万,周信介绍王广非。(3)《致聘育才之友书》,屠子全夫妇出洋要金。(5)将印《英国捐物品单》(打字)。(6)买纸,买米,买油。(7)访康心如(不见)、宁芷卿、杨虎、古耕虞(卅一)、吴晋航(陈诗可见)、刘铁夫、范崇实(罗)、李景熙、王政平、江昌绪、金华隆、李九皋、张绣文、程海峰、施则凡、李云根、何元干、董子均、张树声、张清源。(8)函陆绍云、颜耀秋、董述九、何兆衡、王晋笙、合川诸友、储晶如。(9)“金大”茶会[⑧]。

3月18日　(六)。(1)吴晋航,22日开会决定,可望二万,月底交“新行”。(2)范众渠,22 日决定川康。

3 月 19 日 (日)。(1)12 时,青年会宴音乐组教师。(2)结本月账,张濂明。(3)收款一文未得。

3 月 20 日 (一)。(1)8 时半,“滋美”早点。(2)12 时,向丝会范崇实领款。(3)买米,买油,提纸。(4)收款:范(罗)、乐、王、朱、阎、黄[9]。(5)晚收李铁钧捐 5 000 元,米。(6)领得范崇实四川丝业公司 5 000,下次请钱新之、顾季高说,可以多得。(7)领得龚华卿 4 000 元。(8)取出儿童美术馆 3 000 元;取出“生教”基金 1 000 元。(9)收民生院 22 200 元。

3 月 21 日 (二)。午,宝元渝。收贺若经捐 5 000 元。

3 月 22 日 (1)赴碚。(2)付陈元直 500。(3)付王协堂 500(晓)。(4)付晓光备 2 000。(5)付晓“47”支票一本,9 400。(6)付晓取岳阳款信 5 000。(7)与开荒同志讲话[10]:甲、休息合理化;乙、加油。

“胜利餐馆”一周纪念。

3 月 23 日 印《武训先生画传》(60 双张):

(1)二元纸(土沱)每挑 4 000 元;4 000 张,8 开,32 000 双张,533 本,每本 7.5。

(2)广安纸每挑 5 000 元,36 000 张,12 开,43 200 双张,720 本,每本费 6.94。

(3)熟料报纸每令 1 200,1 000 张,16 开,16 000 长,266 本,费 4.5。

总数,$22 798。①排工每面,55.8×118=6 584.4。②装版每面,30×118=3 541。③印工,2 866 本×3.54=11 115。④封面排印,1 558。⑤合法利润免,8 071.28。⑥装订,5 158.80。利润免,每本 8.30。

(4)漂贡每刀 200 元,90 张×11 刀=2 200 元,90×12 开=1 080×11 刀=12 000,200 本,$2 200。图书馆,30 156.84;纸,熟料报纸,24 000;重纸二把 1 600;共 55 756.84;成本每本,$20。

(1)送熟料报纸二令,北泉。(2)送重纸二把,图书。(3)出版,收回成本 30 元。(4)供图者:王;出版者:生活教育社;印刷者:北泉图书馆印行部。(5)出版日:五月十二日。(6)3.30 号汇 15 000 至杨家骆。(7)5.5 付 15 156。(8)付审查。

3 月 24 日 返校。授权小学组清洁突击队。

3 月 25 日 晚 7 时,良庄有约。

(1)召李天演,告以须拿出学得本领交工友。(2)召刘卯钊:①向夏道歉；②保证以后不再犯。(3)告诉夏、杨：授权于夏，限十个半小时，倘刘卯钊不悔悟，即送保育会。(4)船中看见光铁坡上之开荒大队。(5)病时在古圣寺觉得不适合，决移至温泉。周鸿顺逃避，甘新顺与胡焕云助我至白沙沱。(6)昨夜发热，今夜又发热。

3月26日 吕长春等持开荒大队慰问书及刘卯钊悔过书至。

3月27日 (1)晤王固槃，他住中山路81号。(2)发热停止。(3)廖[11]来谈校务。

3月28日 (1)为俞文华改《含羞草说明书》。(2)病将愈。(3)竺可桢住聚兴村22号。

3月29日 (1)蔡家巷或英年大楼12或6。(2)捐款情形：①徐佩镕老太太去世纪念捐；②华西要我去。③虞洽卿2 500元，改收据四月六日；④张哲民日内支；⑤童子均已回澄；⑥华生二万(同信手)；⑦何元干，可；⑧江昌绪，难；⑨谭南阳，可；⑩李云根，热心；⑪胡元佐，热心；⑫刘铁夫，热心；⑬刘缙笙，四拜；⑭乔雨亭，沈已；⑮王毓英，沈已。

收到徐佩镕先生为其太夫人慈幼基金十万元。

3月30日 (1)访张军光。(2)访胡光彪，未晤。(3)乐颂云款须查。

3月31日 (1)向古耕虞领款。(2)向吴晋航领款。(3)向宁芷卿领款。(4)向康心如领款。

杨清源宅，冉家巷12号，12。

1943年12月—1944年3月记事

武训纪念献金：程海峰；退1—10，5 000　程浦云：11—40，4 500　郜爽秋：41—50　王醉霞、邵仲：51—70，2 100

陈□□：71—100，10 000　吴恒勤：101—110　沈天灵：111—210，111号1 600，121号4 450，123号1 000，171号2 500　屠云甫：211—220，中信局(42106)　王炳南：221—230　韩卓儒：231—240，7 000　郭春涛：241—250，2 000　张晓梅：251—270，3 000　邓初民：271—280　沈衡山：281—290，1 300　朱启贤：291—300　查济同：301—310　庞曾漱：311—320，2 000　陈元直：321—330，3 500　张哲民：331—340，4 300　张大久：收回341—350，200　樊陶啸：361捐款，351退，351—370，4 000　唐永焘：退371—380，5 000　李任子：381—390，1 500　刘锡卿、邢葆棠：591—640，10 000　任周：641—650，10 000　贺若：401—420，5 000，晓　李岳阳：421—

430、451—460，晓 熊仲伦：471—480、461—470，400，晓 汪达人：431—440、441—450，4 000，晓 张大森：391—400，1 700，晓 吴骐：551—560，3 000，退，徐 张企文：581—590，200，徐 杨缦华：571—580，1 500，徐 杨经才：561—570，5 000，徐 朱树屏：511—520，徐 卢绪章：501—510，10 000，徐 是光荣：退 541—550，1 000，1 000，1 000，徐 陆亮华：651—660，晓 吕维馨：661—670，380，晓 沈天灵：671—710 龚华卿：711—730，4 000 陈汉清：731—740，6 500 张树声：741—790、791—820(退 811、743、751)，全退，4 800，又 6 320 蔡慕晖：821—830(80Re)，汇来 960 元 王敏仪：831—840，1 040 伍必端：971—990、1 011—1 020，交 徐仲迪：841—850 谢正贾：851—860，2 500 李组绅：861—870，10 000 朱亚强：871—880；陈之一：881—890，10 000 唐子清：891—900 朱子武：491—500，2 000，徐 秦元宝：481—490，晓 康选宜：退 521—530，1 500，500，徐 潘晋常：退 531—540，5 000，徐 傅学文：退 911—920，收 2 000，6 500 曹述唐：921—930，2 100 刘厚生：931—940，退1 131—1 140，1 141—1 150，100，800 陈剑星：941—950 谭得先：1 001—1 010，700，1 000，2 380 伍必端：交 1 021—1 030，700，1 600 王大硕：951—960 陆云樵：退 961—970，1 000，退 1 081—1 090，1 200，1 061—1 070，5 800 姜兆祥：1 071—1 080

郭福田：351—360，1 300 伍必端：1 091—1 130，1 000，1 090，交 王京后、黄士俊：1 151—1 160，9 000 乐颂云：退 1 161—1 170，3 500，500 鲜特生：退 1 171—1 180，7 000 刘汉坤：1 181—1 190，2 000，钱钟易 郭庆通：1 191—1 210 伍必端：1 031—1 050，交退 曾民魂：1 211—1 240 许寅宾、黄兴文：1 241—1 280 周容舫：1 281—1 290，200(6.22)，打铜街中信局信托处 徐家涵：退 1 291—1 300，910 张军光：1 431—1 440，退 杨开道、袁仲逵：1 451—1 460 退，1 441—1 450 退，850 卫士生：1 471—1 480、1 481—1 490 王局长智明：1 491—1 500，10 000 杨铎：1 501—1 510 陆诒：1 511—1 520 退，10 000 董述九：1 521—1 540 杜君慧：1 421—1 430，3 000 刘方矩、王武：1 231—1 340，军令部二厂二处(42186)、军令部二厂一处(41029) 孙毓华：1 311—1 320 刘代芹：1 341—1 360 朱子武：1 361—1 370，退：2 500，5 000 乐春霖：1 371—1 380 邓朝阳：1 381—1 390 陆诒(马文辉)：1 391—1 400，退 500 元，周信 10 000 阎宝航：1 401—1 401，10 000 韩卓如：1 411—1 420，5 000 李景熙：1 461—1 470；王儒堂：1 541—1 550 退，5 900 陈维姜：1 551—1 560，2 000，临江路 8 附 4 闵刚

侯:1 561—1 570　杨毓杨、王齐贤:1 611—1 620、1 581—1 590,1 650 元　陈荣贵:1 541—1 600,11 000　毛士松、马容冠:退 1 601—1 610　李德全:1 621—1 670,退 1 651,5 000 元,又交 802.50,退 1 641,3 000,退 1 631,1 700(王敏经手),申新,10 000　林鹏侠:1 671—1 680,为福建用 1 681—1 690　陶行知、乐作霖:1 691—1 700,10 000,8 000　黄树芬:1 701—1 710 退 3 000　是光荣:退 1 711—1 720,4 000　高昌瑞:1 721—1 730　赵棣华:1 731—1 740,10 000　范崇实、唐迷百:1 751—1 760,5 000;俞大维:1 761—1 770　朱宝粹(市民医院卫生局产妇科医院院长):退 1 771—1 780　徐授平(南岸下浩门朝街 13 号):1 781—1 790,退 1 200　赵郁仙院长:退 1 791—1 800,10 000　刘院长全英:1 801—1 810,退 2 550　王之浩(林森路571 号,大同营造厂):1 811—1 820　徐佩镕:退 1 821—1 830,6 100　袁乐烈:退 1 831—1 840　曹天铎:1 861—1 870,退 5 000　王回波:1 851—1 860　刘井西:1 871—1 880,10 000;胡万里:1 881—1 890　胡秋原:1 891—1 900;罗伟:1 901—1 910、1 911—1 920　古耕禹:1 931—1 940　周建侯:1 841—1 850,10 000,10 000　李剑慧:退 1 921—1 930,20 000　高秉坊:1 941—1 970

信捐:杨子惠夫人捐(李寰经手):2 000　罗叔瑜:1 000　裴功森:100　杨守清(75 号尽头)　黄次咸:1 500　毕云程:500　杜先生国庠:1 000　杨毓杨、王齐贤(李家沱中国粮食公司面粉工厂):豫丰,收 20 000　冯先生经捐:陈振亚、陈佩元、李震廉、吴俊杰各一千元,4 000

认捐:顾耀秋认捐:10 000　乐作霖认捐:10 000　刘文辉:晓研 20 000,育才 30 000、50 000 元　赈济会:20 000 元　苏太余(裕华):5 000　收青年会四个月 7 200 利捐　收王儒堂自捐 500 元(2.2)　聚兴诚:收 10 000(2.7)王尔昌认捐 10 000 元(2.9)　民生实业院:育才 15 000,晓研 5 000

“天”字收簿:臧其吉:天字 1—50;1—10,2 600,退;21—30,1 500,退;31—40,5 000,退;41—50,5 000,退　谭得先:天字 51—60,5 500;退　张绣文:天字 61—150,退(8.14)　任锡鹏:天字 161—170　杜彦桐:天字 171—180,南川直七院　陶行知,天字 151—160,退,43 000　乔树人:天字 181—190,枝材　李九□:退天字 191—210,8 000,2 000　金牵隆:天字 211—220,1 000(四.廿)　李绍涵:天字 221—230,5 000　郑用之:天字 241—250、天字 231—240,10 000(4.15)　刘全英:天字 251—270　刘成立:退天字 271—280,2 000　樊立之:天字 281—290,20 000　张敏之:天字 291—300,退,20

000 王香普:天字 301—310,退 北泉中国旅行社王经理:天字 311—320 周还甫(二岩):天字 321—330 杨质彬:天字 331—340 王思九:天字 341—350 储善如、陆四宝:天字 351—370 孙中兵:天字 371—380,15 000,退 陆云樵:天字 381—390 乌和风:天字 391—400,5 000,2 000 何北衡:天字 401—410 卢作孚:天字 411—420 马肖生(姜维清):天字 421—520 陈汉清:天字 521—530 陆绍云:天字 531—540 臧其吉:天字 541—550,10 500,退 张似旅:天字 551—560,中信,8 000,退 谢玉珂:天字 561—580;571,3 500;577,2 000 王政平:天字 581—590,1 000 陈椿蔚:天字 601—620 陶行知:天字 591—600,350,621 施则凡:退天字 621—640,合 10 000 胡伯雄:退天字 641—650,10 000 郝霭如:天字 651—670,退,12 500 张敦廉:天字 671—680,3 000 王县长:天字 701—720,退 720—730,7 000 康、胡、朱:天字 731—740,12 000 胡伯雄:天字 741—750 潘棣华:天字 751—760 王止敬:天字 761—770 左勋猷:天字 771—780 刘必茂:天字 781—830,6 300,5 000,1 300,20 000,退 赵璧光:天字 681—690 李佐敖:天字 691—700 赵力钧:天字 1 001—1 110(陈灿) 刘成立:天字 831—840,2 600,退 饶国模:退天字 841—850,20 000 高秉坊:天字 851—870(王手) 杨明远、方竹因:天字 871—880,900. 25 000 白育五:退天字 881—890 陆云樵:天字 891—900、天字 901—910 汪达人:天字 911—920 李铁钧:天字 921—930。张清源:天字 931—960 王国栋局长:天字 961—1 000,巴县 高昌瑞:天字 1 121—1 130,2 400,1 000 杜维藩:1 111—1 120,7 000,退 庞曾漱、程志潜:天字 1 221—1 230,9 500,退;缺 1 228号 陈鸿韬:天字 1 151—1 350(20 册) 杜维藩:天字 1 131—1 140,8 000,退 张哲民:天字 1 140—1 150 高昌瑞:天字 1 351—1 360,10 000 颜耀秋:天字 1 361—1 370,17 000 朱宝粹:天字 1 371—1 380 成都陶晓光:天字 1 381—1 390 巴县:天字 1 391—1 400,8 000 元 江津:天字 1 401—1 430,18 000 元 白沙曾圣堤:天字 1 431—1 440,江安王就兴:1 441—1 500 合江陈元直:天字 1 501—1 510,汇 20 000 泸县:1 511 宜宾:1 521 犍为:1 531 五通桥陈根度:1 541 乐山胡元佐:1 551—1 560,5 530,退 峨嵋〔眉〕胡元佐:1 561,退,10 000 成都,江昌绪:1 571,退 灌县:1 581、1 591、1 601、1 611 京华印书馆:1 621,3 000,退 下游—长寿,陈根度:1 641,方 涪陵,陈根度:1 651,方 丰都,陈根度、吴蕴初:1 661,退,方 万县,陈根度、盛苹丞:1 671—1 680,10 000 元、方 陆路—陈根度:

1 681,方　简阳,陈根度、陶桂林:1 691—1 700,方。资中,卢厂:1 701—1 710　内江,王齐兴:1 711—1 760　富顺,王以敦,天敏手:1 761—1 810　自贡,方竹因:1 811—1 820　隆昌,徐树人:1 821—1 830　荣昌,陶晓光:1 831—1 840,退　永川,马侣贤:1 841—2 000、璧山

"地"字收据簿:金秀堤:地 1—60;11,1 200;41,1 200　陶宏(陈芳允手):地 61—210　新华银行:地 211—230　卡福克:地 231—240　陶宏(□裕老带):地 241—340(十册)　陈根度:地 341—440(十册);退 381,4 000元;351,2 400　刘仁庵(自贡市长):地 441—540(十册)　曾锡柏(璧山县长):地 541—590(五册)　杨子寿(永川县长):地 591—640(五册)　张会鑫(铜梁县长):地 641—670(三册)　黄炽(綦江县长):地 671—700(三册)　廖育群(荣昌县长):地 701—750(五册)　郭(大足县长):地 751—780(三册)　郑石均(陈东湖手):退地 781—820(四册);781,8 000 元;791,2 000 元　刘一鸥(王):地 821—840(二册)　方竹因(五):地 841—890(五册)　陈根度;地 891—1 690(80);1 281、1 211、1 231、4 700 元;1 411,7 000 元;1 571,23 000 元;1 071,20 000 元;1 031,29 000 元;退　赵玉峰:地 1 691—1 700(1)　赵玉峰:地 1 701—1 740(4)　徐树人:地 1 741—2 000(26);元 1—100(10)　赵玉峰:元 101—120(2)　陆云樵:元 121—130(1)　张友松:元 131—140(1),13 800 元,退　史东山:元 141—150(1)　张亚生:元 151—250(10)　金秀堤:元 251—300(5)　夏志成:元 301—900(60);481—491,退,4 000 元;671—680,退,51 400 元;12 000 元,13 000 元;651,5 000 元;451,3 000;661,5 000 元　王全彰:元 901—1 400(50)　谭坤珩:元 1 401—1 410(1)　邱晓崧:元 1 413—1 430(2)　王全彰(寒松):元 1 431—1 730(30)　夏志成:元 551—560,3 500 元,退;561—570,2 000 元,退;571—581,7 600元,退;811,4 900 元,退;821,4 300 元,退;831,1 700 元,退;861,2 300 元,退;851,300 元,退;841,4 400 元,退　王全彰(寒松):1 151,4 000,退;981,1 000 元,退;1 011,5 300 元;1 021,9 100 元,退;1 071,1 800 元,退;1 091,20 000 元,退;1 001,5 000 元,退　陈根度:地 351—360,1 400 元,退　曹康辛:地 1 071—1 080,20 000 元,退　杨介臣、樊模:地 1 081—1 090,29 000元,退　陈明锐:地 1 211—1 220,7 000 元,退;地 1 231—1 240,1 000 元,退;地 1 281—1 290,3 000 元,退　朱耀庭:地 1 411—1 420,7 000 元退　伯永据、张圣满:地 1 571—1 580,23 000,退

陪一卜河:柏条,磁器口。陪州方改楼板:幅楼,陪州方,二丈四,丈六;

楼板杉木，陪陵。人和木厂：蔡园坝，徐；柏条，木条，楼板。归大业公司管。上海银行，陈光甫。董明臧，大业经理；李（倪）桐生总经理。赵，上海银行。利川木厂，菜园坝。陪都锯木厂（菜园坝）。

中学收费："东方"，初：74 500"志达"，高中：4 950；初中：4 750。首都：7 010。适存：6 800。萃文：6 300。

义大南门龙门浩，"煤炭"可捐汇票。实业公司，中华实业信托公司，林森路；杨管兆，总经理；杜月笙，董事长。蔡园坝，木。

丛书：(1)四号字，注解用五号字；(2)排工；每千字 150 元；(3)印工：每千张 130 元；(4)纸张（广贡）：每张 12 开。(5)装订：每本 1 元（线）；(6)装版：不用框 30 元；用框 2 页 70 元；(7)封面（纸）。3 000 元一挑＝400 刀＝3 600 张；每本 5 张，等于 700 本；费 6 000 元，1 400 本；13 500，4 挑半＝300 本。60 页一个月，120 页用不了，加倍二个半月。先付 1/3，草街子里面有纸

第二次捐簿：天壹一天肆零零，舒之玺　天肆零壹一天，捌零零，余新天捌零壹一本，壹贰零零，马国璋　天壹贰零壹一天，壹陆零零，李康□　天堂陆零壹一天，贰零零，朱祥　邓初民经手：邹趋陶交 2 000 元（杨家桢捐，271—280），神仙洞 250 号，川康边防军主任。

张疆庭：巴县专员公署秘书科　张清源：专会，青年会　张家花园 52 号：附黄宗汉先生治丧办事处　刘士坤：2236　蓝治侣：庆云西街，成都，2995，42388　何毅五：魏王庙街，泰裕银行　郑曼青：来龙巷　刘清源：河南驻马店豫南挺进军特训班政治部主任　"七三三"纪念堂：合川学昌门内　T. T. 顾：印度中华杂志，加尔各答　段夫人：北碚牌坊湾 20 号　刘缙笏：泰丰陕西街火麻巷 53　骆传杰：北印专员，中宣部　徐继庄：邮政储金汇业局，上清寺，承兑问题　杜月笙：中国通商银行　王志莘：新华银行　顾望群：农民银行，康宁路；□政部　钱新之、赵棣华：交通银行　萧振瀛：大同银行　胡叔潜（光麃）：华西公司，牛角沱，2618，中国兴业公司嘉华水泥厂　柯嘉兆县长：铜梁，写信与代芹　王元枢：龙王庙街"新中"　江之蓄：政治部沙坪坝飞机修造所　杜君慧：南岸弹石大佛殿 57　刘玉洁：女青年会　王浡：九龙坡"交大"　陈荣贵：93068　姜兆祥；电话 2567　吴羹梅：中国铅笔厂，蔡园坝　段兰荪：盐井巷 32　郑栋国：驻印军长　江昌绪：神仙洞顺康兴业公司　陈祖光：纪职洞 22 号　劭力子：社费 20 元　孙曙光：交通部　白沙：修平小学，2 天钢琴　江津县立中学　向毅吾：丝业公司，陕西街　和利监号（过街楼）：46058　粟云卿：500 亩，光铁坡山下　蓝绍信：重庆 9119，领事巷　蓝昆玉、

周还甫：复兴隆二岩　李华：软底木板鞋，经济部奖励工业技术审查总会
陆绍云　维昌纺织厂，化龙桥对西岸　豫丰渝办事处　王子彭、郑光业：林森路、临江门　何北衡：2654　盛□泉：打铁街204，华福烟公司　沈衡山：41927，林森路172号，太平门桐房间，中正事务所；宅，2894　黄澄宇：聚兴诚
刘铁夫：永和化工厂，林森路59附3号　罗协理：四川丝业公会，承烈　童子钧：朝天门，大河顺城街七　沙千里：机房街通信大楼209，建成　朱传钧：东水门石门街50号，开源公司　庞曾漱：上清寺美专街76号交通部铁路标准委员会　谢子贤：行街，大庆油业公司　汤克成：经济部□业司　刘志南：道门口，中央信托局；2.9，任务；二月廿四，到江津；三月廿七，返渝　何惠明：南纪门社会部统计处宿舍，邮局巷25号　俞大维：观音岩卫戍部对门兵工署
王□澜：马蹄街第一被服厂　许德毅（寅富）：泸县大河街，蜀昌字号转；民生招待所，陕西街过街楼　董泳鎏：林森路社会部　潘宗政：化龙桥嘉庐，军政部燃料试验所　朱显微：化龙桥43号，炮兵45团2营　李裕德：重庆川东师范中央党部　林式如：中国茶叶公司　刘成咏：牛角沱26号，甘肃油矿局秘书处　宋辉颐：同上　王光□：重庆中正路中国银行　何明经：玄坛庙家园
黄云均：两路口金城银行　黄言亮：安徽桐城，皖中廿二年毕业，现在交通部綦江铁路工程处工作　周建侯：金川公司，大梁子　徐岚：南岸大兴群字第77号信箱，程兰珏收转　陈宗襄：经济部会计处（川盐一楼）　黄兴文：泸县大河街，蜀昌字号；国民酒家侧的旅社　胡光慈：五四路特1号；11时半新生市场百老汇茶馆　王伯衡：五四路特19号，41098　王英保：化龙桥中国农民银行　王省平、谢淇如、戴升贤：同上　陈尧圣：外交部情报司，42283　林益山：重庆张家花园门书局转　林典仪：药王庙街特37号　顾颉刚：北碚黑龙江路8号，中国史地园　杨铎：林森路华记五金行　缪秋杰：春森路4号　张竹君：大梁子百龄餐厅　章世垣："乐露春"，保安路114号　冯公馆：3378
美援华会：2523　储晶如：中正路103号，裕康炼油厂　刘德崇（文白813副处长）：重庆弹子石杨华农场　曾民魂：南温泉柏庐口68号，即中央银行隔壁
金华隆：林森路2号，工矿银行　大东：沈俊声、邢逸梅（总经理）　郭树权：望龙门4号《复苏》月刊社　王振宇（戊恒）：昆明崇仁街　臧其吉：林森路378楼　上盛苹臣：华福烟公司，鲁佩章介绍，五四路　高鉴冰：江安　郑彦之：合川豫丰　潘仰山：土湾豫丰　周信：华生电器厂，白象街　李国安（皖中）：北碚社会科科长　杨家骀：北碚北泉图书馆　王衍康：南泉界首　葛苕藜（浦笙）：山东□县，绵阳国立六中校长　王光仁：重庆中正路中国银行会计

股账务组　郭子通、朱骏声:江北人和镇,老牌坊布厂经理　傅汉麟:临江路3号,100本　乔树人:三台师管区　李卓才:赈济委员会审计室,渝张家花园　黄诚辉:重庆市民权路77号,广东大酒家　杨啸天:2339　新行:41642　陈光甫:嘉陵新村5号　吕维馨:曾家岩中四路112,重庆市公共汽车总经理处　黄国耀:一元,陕西路。

【注释】

①"沈老先生",指沈奎杓;其子沈天灵为"育才之友",其孙就读于育才学校。

②"施先生",指施则凡。

③李秀珍,育才学校会计。

④"方手",指由方与严起草、经办。

⑤魏璐诗,女,奥地利人。陶行知访美时与她结识,她来华后,在新闻宣传处任职,关心支持中国的抗日斗争和人民教育运动。新中国成立后,加入中国籍,后为全国政协委员。

⑥"(三)"。指是日为星期三,以下依此类推。

⑦指草拟创立农艺组和农场的贷款计划。

⑧指金陵大学同学会所举行的茶会。

⑨"范",指范崇实;"乐",指乐颂云;"王",指王政平;"朱",指朱树屏;"阎",指阎宝航;"黄",指黄诚辉。

⑩指与育才学校在光铁坡开荒自救的师生讲话。

⑪"廖",指廖意林。

四　月

（重　庆）

4月2日　星期二，午后2时，良庄，茶。

4月3日　(1)王有德收张木森1 700元。陈手稿明天10时有。胡秋原、李九皋。郃爽秋赊200万。20以后才活动。高秉坊说，交与“金大”[①]负责。(2)张旭东：康选宜六日下午3时再去，自捐五百元。杨经才许10日前送五千来。徐家涵明日下午3时拿。屠云浦月中送来。林鹏侠已去昆明。

4月4日　(1)庞先生[②]会杜维范，月底派人取款。(2)庞先生见月笙先生，允为校捐。(3)王有德取陈丰镐经捐一万元；乌和周；“新华”“交通”1 000元取不了钱。(4)张旭东：徐家涵910，二册退；黄树芬15日去拿；是光荣可捐满；杨铎已去湘，不回；王政平6号下午2时；朱树屏，信后日送来，月中取款；刘全英，6日下午1时取；唐永焘赴合，三日内来；储善如日内可取。(5)庄茂如(李更生)家庭工业社。

4月5日　(1)收到高昌瑞捐荣尔仁一万元，准备15号画展。(2)朱宝粹再送捐簿。(3)王有德：收郑用之$10 000；朱宝粹日后取。(4)张旭东：邓朝阳10日前；李绍涵不能定期，储善如十日；金华隆十日前；陈汉清15日前。

4月6日　(1)早8时广东酒家，军光。(2)毛啸岑，“交通”，二月廿四，912 420。(3)康选宜今收1 500，退册。

4月7日　星期五，晚，八时，史公馆英记者[③]。

4月8日　12，中苏文化协会。

4月9日　9:30，海棠溪车站，意利诺同学会[④]。

4月11日　(1)元益付20 000。(2)音乐晚会欣赏证及简则印成，装好。(3)请竹因见圣提。

4月12日　(1)7时，国民酒家(沈介绍王效兴)。(2)12时，“金兰”，吴梅仙。

4月13日　(1)“聚兴诚”欢迎青年会干事音乐演奏。(2)田嘉谷付学校2 000元。

4月14日 (1)14,星期五,12,“凯歌归”。(2)13,星期四,葛石安,18梯永兴巷12号。(3)14晚,师管区司令,“凯歌”。(4)晚,青年会,6时;41,吴耀宗。

4月15日 (1)画展开幕。(2)挂画4人。(3)海报□人。(4)凳子是否够。(5)张旭东、王有德留。(6)新画先挂。(7)陈之一之尊翁塑像,托许先生捐助一万,阴历五月;六月初一,陈母邵太夫人八旬大寿。(8)斯坦因(Stein):①需要英汉翻译书,秋季;②低层绅士与新县政。

4月16日 8时“三六九”,吴泽、臧其吉、刘清扬。

4月17日 (1)改《含羞草说明书》。(2)请李绿永、陈贻鑫、黄晓庄来吃晚饭。(3)推销国画。(4)推销音乐晚会。(5)与孙振侠、裴未如谈。(6)与庄严谈。(7)寄二万元与马家沱。(8)20号“12中全会”[5],下月。省主席刘文辉。(9)18日,黄晓庄背英文,每天五句。

4月18日 (1)拟音乐晚会通知、请柬。(2)四月音会节目付印。(3)约景熙观画。

4月19日 午刻,“凯歌归”,熊克武弟。

4月20日 (1)午后2时,胜利饭店,冯子源、舒继渝女士结婚。(2)晚,朱亚强晚餐。

4月21日 (1)10时,任家花园11号,方竹因参加,1号先托任先生。(2)6时30分,“聚兴诚”,“金大”同学会[6]。

4月22日 星期六。晚餐:6时半青年会请王以敦、王齐兴、海维德、黄次咸。

4月23日 (1)2时,学习,良庄。(2)刘、邢结婚,4时。(3)1时,“中法比瑞”。

4月24日 (1)7:30—8:00,“大三元”,军光。(2)今日体重114市斤,133磅[7]。

4月25日 (1)青年会,12时,交谊厅,郭、邓。(2)马母谈太夫人追悼会10时半举行。(3)广东大酒家,8:00—8:30,杜君慧。

4月26日 晚,5时,青年会。8时,音乐会。

官全斌;张丕贵,军政部汽油厂;余国民,军政部汽油厂;刘兴汉,军政部汽油厂;杭凯,中工厅;钟茂良,大业;施晋陶,西南麻织厂;黄野耕,宋萍机电厂。——五号定留7位。

4月27日 7时,良庄。

本月记事

徐母吴太夫人事迹:(1)父死时母只38岁,大儿16岁,二儿12,佩5岁,姊18,妹2岁。(2)80岁,去岁。(3)8孙儿女。(4)南京、皖、武汉、长沙、宜昌、渝,8.13后来渝,佩。(5)到叔去,叔去世,卅岁母。

某先生传:(1)不为天下先,坐后让前坐,看电影。(2)不与人争,吃小馆,付钱决不争。(3)己所不欲,勿施于人;鸡蛋不与人吃。

北碚:(1)中央银行(董);(2)郑局长、雷鸣蛰,度量衡局;(3)张和春,黄桷树,平平煤炭;(4)蔡子尧,金刚新村,中福公司;(5)施杰,管理局军事课。

育才最苦学生:方清远、赵家平、周竟、程延庆。

劳动英雄:(1)王治平;(2)郑仁;(3)章静;(4)赵以〔义〕熙。

吴蕴初:30箱×二万可得60万;陈根度,冯信与吴谈。

吴树琴牙刷在合作社买。朱子武,灭臭虫机。鱼苗与水池。艾德敷,援华款。含羞草种子。

"伊利诺"同学:李德明:民族路英年大楼新华制□公司　孙光裕:交通部(中大,非"依")　李炳焕:复旦商学院院长　张仲申:大川公司,民族路3号　毋本敏:上清寺公路总局台长(电讯台长)　周焕章:重大化工系主任　凌舒谟:中政学校

胡文淑:复旦大学女生宿舍　黄湘:龙凤沱　章效厂:国立编译馆　吴药师:573号证书　易位之:澄江镇"义瑞"隔壁松林碉堡　徐继庄:邮汇局总经理　徐青甫:农行常董　陆根泉:云南昆明南屏街益华大楼四楼,云南地产公司(川沙)　张肖〔晓〕梅:2677　陈伟岭:永安堂　张大千:桂王桥西街47号(成都)　刘克成:"凯歌归"主　李组绅:42353　林涤非:石灰市39号　黄□虞:山洞碑湾5号,小梅子民族路353　韩幽桐:冉家巷13附6号　严宽(宏基);金汤街78号　郭树藩:皖中,歌乐山新甸子农林部经济农场　罗士林:米花街建中旅社　李鉴波:陕西街四川兴业银公司　周景康(季钊):第9集团军办事处长,重庆中一支路17号　李青(竹村):小龙坎红糖坊　王伯骧:字东青,河南禹县,潼蓬师管区司令　孙从贞:平凉36军罗历宝转　高歌:生生花园,四川粮储运局会计科　朱亚强:新生社保安路16(3时);黄家垭口德新村(上午)　冯子源;民族路特62号　朱文锡:介福公司,都邮街　石指挥俊人:介梅　宋子文:化龙桥红岩村　吴南如:外交部交际司　王齐兴:昆明青年会　海维德(Vaitor Hagwoud):贵阳,英国人　符昭骞(孟腾):

广东文昌;地址,泸州泸永区司令部　汪家球(贡先):婺源人,军政部　周迅如:泸州稽查处　刘家鸾(幼生):第33集团军办事处长　韩方正(生衡):第28集团军办事处长　李印泉:化龙山村特5号　艾德敷:218,2523　王就兴:曲江青年会总干事　王柏身:科长　吴道一:处长　陈纪署:组长　广播大厦:2977—2796　杨经才:罗汉寺街46号,民安保险公司隔壁是"福诠";"中兴",黄伯度、许世英;"民安",卢作孚　章乃器:上川,临江路16　太实丰,李启宇:卢作孚介绍　精益眼镜公司王常欣:保安路;老太爷追悼;张树声提署名沈、马　安娥:广西宜山九龙岩农场曾场长转　何葆仁:华侨建设公司总经理,七星岗　吴瀚涛:监察院　程道生:民权路,冠生园　万行成:军政部秘书　唐纵(乃建):待〔侍〕从室第六组　朱文铭:都邮街,介福公司　薛世平:小梁子花纱布管制局重庆办事处长;胡家健介绍,可捐　廖梦醒:学田湾21号附2号;李湄,十二岁　左舜生:信义街39号　张裕良:机房街良厦,上海公司　黄天任:桂花街,花纱管制局　曾扩清:"凯旋楼"　干纯一:储奇门口新新水厂　韩云程:文华街23号　曾学鲁:夫子池军令部　赵冠先:重庆市国民兵团　李承绪:綦江万盛场;李铁夫介绍　马鹤天:林森路社会部公务惩戒会　吴景洲、高鉴冰:枣子岚垭63号和园对面　吴祖光:中青　吴建勋:内江糖业公会主席　葛天豪:内江中国农民银行　侯策名:自流井达记钱庄　黄象权:贡井场联处　胡铁华:同上　金家骧:自流井农民银行,湖南馆街　刘辑仁:成都四川省合作社物品供销处　伍蠡甫:两浮支路42号　杨磺生:"泰记",陕西路邮局旁　黄时进:井口,大新农场　闵道笙:董介绍,华府公司　潘铭新、霍亚民:上清寺中国银行　许士骐:小龙坎汉渝公路,市立中学左近,柏村村20号,中大教授家属宿舍20号　史良:2960　曾民魂:南泉路68,中央银行隔壁　张大千:成都□王桥西街47号　李育灵:沪县小市(对岸),画　荣尔仁:都邮街小什子,仁济医院对面,蓝家巷申新办事处钱钟汉　董霖:意利诺同学会,大田湾45号　王固槃:中山路81号,"兼善"对角大楼　范敏言:南宁民生路207号　李云根:42345　于去疾:陕西街162,"安华"　高惜冰:新街口美丰大楼中棉公司　笪移今:中国工业经济研究所,江家巷15　杜维范:林森路中华实业公司　唐永泰:昌裕商行,"新世界"对角　华晋吉:允利面粉厂,万县大桥溪　李约瑟博士(Needham):丹□,重庆领事巷大英大使馆　王永模:36集团军驻渝办事处　王益辉:涪陵　谭南阳:丰都,重庆行街4号,永通字号　钟伯谦:同　蔡润岚:必需品管理处业务组第四课;皖中,1935,油　兰叔禹、周景文:金马寺国民学校　白育五:宝源会计长，民族路120号，4128　章元玮：化龙桥，农业推广，农民银行总管理处　朱学范：中国劳工协会，林森，中大街3号　丁皓民：16，常，高二上，通修　郭树干、李叔明：中华书局，都邮街　陈诗可：新街口，和成银行　水祥云：林森路中大街3号，中国劳动协会　周云浦：蔡家巷，“国泰”对面周公馆　黎山甫：英年大楼三楼，杨子营业公司　孔德成：上清寺中央银行　陈贝勋：江北观音桥新村89号　范孟桓：江北观音桥新村，中华交响乐　林声翁：同上　姚震中：平正事务所，41927　凌显杨：中信印制厂经理，打铁街

“聚兴诚”：41159，杨粲山、李维诚、田嘉谷　陆诒：张家花园65号附2号三楼　胡叙臣：杜介绍，公园路31号（朱亚强）　吕若谦：日用品管理处　军械部：2837　朱：新绥汽车公司溪棠溪二六里　孙瑞麟：新华牙刷公司，英年会；古耕禹熟，上海银行熟　夏：国泰戏院　刘清扬：南岸海棠溪敦源中段29，婉如　何元矜：丰都，陕西街130，同美，恒春永（丰都）　吉星文：通远门外，临江门外，新生寄宿舍，胜利大厦209，刘振三军长　汪大之：江苏，阜宁县童营镇“新丰”号转　吴羹梅先生、高静宜夫人：蔡园坝中国铅笔厂　刘玉洁：金汤街女青年会　沙千里：机房街信通大楼209号　王夫西：印度加尔各答　朱宝粹：金汤街93号产妇医院　沈万山，中国出版公司，加尔各答王子大街27号，电话6913　援华会：美国纽约布鲁德威1790号713室

【注释】

①“金大”，指金陵大学。

②“庞先生”，指育才学校教师庞曾漱。

③指在史良的寓所会见英国记者一事。

④“意利诺”，通译伊利诺伊，指美国伊利诺伊大学；毕业于该校的中国留学生组成同学会；陶行知在该校获得政治学硕士学位，是同学会中较有影响者。此处指同学会的聚会。

⑤指国民党五届十二中全会。此次会议1944年5月20日—26日在重庆召开。

⑥指金陵大学同学会于聚兴诚饭庄聚会。早年，陶行知曾任金陵大学同学会会长。

⑦指陶行知自己的体重。

五 月

（古圣寺·北碚·重庆）

5月3日 杨经才:96—100[①]。何葆仁,要二张[③]。王智明,推盐行。于去疾:91—95;退92,收4 800。

5月11日 早起赴碚转渝。

(1)《武训画传》样本取来。(2)《再版跋》取50份。(3)前几天读《萧伯纳传》,知《康蒂妲》剧本甚佳。校中没有,在北新书店旧书堆中觅得。(4)车站遇戴爱莲,赠提琴弦。(5)遇严力扬,副食月人125,除炭每人每天2元。(6)夜访张军光,托进行滇款。(7)读毕《康蒂妲》。(8)陈根度来处谈制伞,我主张荣军72行一一办起。

5月12日 (1)派徐往美援会查数字。(2)知道姜维清于10日运米50余石至校,未保险,一失便是35万。可虑!指示主任注意。(3)派李康将取弦,并约白育五查账。(4)音乐组女生仍独自进城。(5)写信与黎、李。(6)卢厂来信,甚喜!(7)斯威克特(Swect)25日到校。

1,高滩岩,荣誉军人协导会(职业训练所)四周年纪念;段先生[③]纪念碑揭幕谱曲。

5月13日 (1)借孙铭勋一万旅费。(2)汇校二万。(3)候白育五9时来。(4)1时赴李景熙宴。

5月14日 星期日。(1)整理《育才投资一览》。(2)整理材料,做统计,报美援。(3)托沈领"新生社"款。(4)托徐领"民生社"款(未)。

5月15日 星期一。(1)请海丽、小黑早点,协陪。(2)派张旭东送信、书至校,交嘱马肖生来。(3)创办一新学院,请箫伯纳做教授,指导某夫人(Madamx)去教育小孩甲与小孩乙,教本用的是《康蒂妲》。赶二百里路,送一本书,教育与灾难赛跑。这是我的新教育法。

5月16日 (1)整理收音乐证清单。(2)令裴未如缮音乐目录。(3)马肖生到,令其补记账目,完成查账手续。(4)姜维清来,知道50石米已运到;这次50石米倘若沉掉,买平常米吃是要值40万。(5)请庄严完成校歌之谱。

(6)请各组写创作统计。

5月17日 (1)马肖生回碚,嘱其注意:①卫生;②自然;③账目清到四月底。(2)音乐组创作统计交来,甚佳。

5月18日 (1)9时晤艾德敷,知9 000金元有恢复希望。(2)办公室全部布置变更,焕然一新。

理发。书架顶不放书。

5月19日 9时半派人至上南区马路218,引导江文汉、甘先生参观。

5月20日 (1)中午,社交会堂,子武请客欢迎焕公[④]。(2)付节约献金总会办公费1 000元。

5月21日 (1)9月战后儿童福利计划。(2)以“纽约儿童福利会议”为题目而写作(2星期)。

5月22日 沈信卿[⑤]先生3时追悼会。“新运会”。

沈信公绝笔:“道自飞潜滥杀人,远悲故鬼近悲新。老来耳目都非我,劫后江山又是春。圣仗大公公货力,伟标平等等冤亲。未妨落落真千古,已分悠悠了此身。”

5月23日 (1)收卢绪章$12 000。(2)收曼龄专修班捐1 000。(3)曼龄退初证:106—110;101—105。(4)徐继庄推11证。(5)胡先彪推5证。

5月24日 (1)写青年生活稿。(2)与成先生谈科学运动。(3)来碚。(4)参观重庆印刷所。(5)岳阳托借1 000与子。(6)沈天灵托带1 000与妹。(7)屠、龚300。

5月25日 (1)到碚自泉接(斯威克特)(Swect)。(2)参观慈幼院,蚊帐每人一顶,保持五年之久,雪白如新;被已〔亦〕雪白如新,令人起敬。(3)晚偕甘、江到校,晚餐吃的是炒硬饭,谷及稗都有,事务员之不负责,可见一斑。(4)晚会:张惠宜英文欢迎词;吴知芳朗诵英文诗;小学武训乐团;叠罗汉;农村舞;张振侠之钢琴,甚佳。

5月26日 (1)朝会:章静评郁封《遥远的爱》,甚好。(2)我被她的“让前进的落后下去”一语所引动,而想到我们有些时候让落后的更落后下去,又想到我们应该使落后者前进,前进者更前进。(3)勉励大家学慈幼院的整洁。金刚碚到北碚必须步行。科学奠基运动。(4)领甘看马家沱地。(5)为甘在碚找到旅馆再回泉。

5月27日 (1)晚6时,鲜宅(不能赴约)。(2)早发寒,继发热,像疟又像感冒,但当疟疾医。(3)晚,退热止咳。(4)姜维清来,只取得100本《武训传》。(5)杨家骆来谈《战时教育》估价及《武训画传》三版纸。

5 月 28 日 (1)热退咳止,三日大便始通,有愈意,但胃中不适舒。(2)记账。

5 月 29 日 (1)收冯子源五证支票 6 000 元。(2)付黎国全〔荃〕4 000 元(支)。(3)音乐组在广东酒楼晚餐,1 517 元支票。

《送某某归国》。

本月记事

潘先生介绍:张以藩,青年会,英;朱世铭,中合,英。

熟料报纸 12 令,20 400 元(326);嘉乐改良纸,□金,徐(1464)。

痢疾:磺胺噻唑、磺胺咣啶。

曾史琴:加尔各答;庄学本,加尔各答;俞履基,工业合作社,加尔各答。

【注释】

①所列数字指册簿的编号。

②指推销二张演出或展览的纪念券。

③"段先生",指段绳武,原系军人,后学习武训,创立伤兵招待所、伤兵实验医院、伤兵教育委员会,并出版《武训画传》和发起成立了荣誉军人协导会,1940 年逝世。

④指朱子武宴请欢迎冯玉祥。

⑤沈信卿,即沈恩孚,实业家、职业教育家,中华职业教育社的创始人之一。

六　月

（重　庆）

6月2日　(1)10时动身到郑石均宅(龙门浩望云山33郑石均公馆)。(2)见叶实夫,蒙允改限价米,每月节省:25.7×700＝17 990元。(3)见杨啸天未晤,留□。

6月3日　(1)下午8时,社交会堂:《新闻事业与教育》。(2)接洽纸。50熟料;30夹运。(3)储蓄汇业局捐款。

夹运435(每刀)、4 350(一令)。

6月4日　树琴来。

6月6日　(1)新安学校及文渼纪念日。(2)秋瑾殉国纪念。(3)大禹生日。(4)盟军入罗马[①]。

6月7日　(1)警告王士毅。(2)警告裴未如。(3)音乐晚会。

6月8日　(1)四时候邓、陈、刘,商《老少通》[②]。(2)《拉丁文法字典》,景熙借。(3)冯子源,“泰裕”6 000;毛啸岑,“交通”1 000。

6月11日　(1)收韩幽桐经手乐$1 200。(2)刘清扬有2 400在申府处。(3)收李岳阳先生$1 000。(4)赴沈宅约。(5)高昌瑞与马肖生来信说,高、庞和好如初[③]。《康蒂妲》竟有如此效力,我们这一胜仗,不亚于亚历山大进罗马也。高、庞皆为忠诚之同志,他们之事,我甚挂念,今得此喜讯,可惜手边无好酒,不然,我当浮一大白。

6月12日　(1)裤两条360。(2)毯滚〔绲〕边40。(3)洗呢衣80。裁缝铺:和平路七星岗;洗染铺:“亚华”,中兴路55。(4)收“新行”欣赏证$2 400。

6月13日　晚8时,良庄。

6月15日　6时,“中法比瑞”,施。

6月16日　(1)晚8时,沈宅。(2)刘清扬(倪裴君二证)收2 400元。

6月17日　(1)收卢绪章五证$6 000。(2)育才47号,74 900元。(3)二十二号行政会议。张岳军,神仙洞,川康兴业公司,发动捐款,田赋管理处处长(副)。

6月18日 亚强议筹款事。

6月19日 星期一。(1)张福生。(2)熊总干事:①奎宁1 000粒;②英援华款(全预算),信——郭景坤;③音乐会请蒋夫人、华莱士(Wallace)④;④世界儿童福利;⑤美国预算每月递增10%;⑥谢$9 000美金。(3)收胡文金交出版社股本2 200元。

英国援华会名誉会长蒋夫人;秘书V.谢蒙德女士。

6月20日 星期二。(1)3时交谊厅候田先生。(2)中午,"利他会"。(3)请醉霞管伙食分配。(4)每月调查菜单。(5)田贵鸾在青年会与我会商战后儿童福利计划。(6)王云五先生破戒应聘到"利他会"讲演,我甚感激。(7)陈容贵与我同为主人,彼独要出钱,我实在钱少,也甚感。(8)遇陈崇寿,代筹取药。(9)孙哲生退欣赏证⑤,连这一点小忙也不肯助;大人者,不失其赤子之心者也;若哲生是已失赤子之心者,呜呼,我为之三惜!

6月21日 (1)2时,陈根度之友来。(2)7时,广东酒家,王壮飞。

《让我们与民主结婚》。

6月22日 苏联抗战三周。

(1)收金九先生退证两张,款七月付。(2)存"新生",育才10万。(3)收援华会5万。(4)读国民教育材料:《教育英雄》《娃娃群众》,到12时25分读完。

6月25日 川康:胡厅长次咸、刘处长云亭、黄处长仲翔。四川请托:陈处长怀先、尤会计长光豪、沈委员之万、郭厅长子杰、何厅长北衡、康局长心之(神仙洞街杨厂长公馆,领事巷五号)、石厅长体元(曾家岩诚实山庄)、黄季陆。

6月27日 收据册:地441—590(朱亚强)。

6月28日 致尼的汉(Needham)信完成。

6月29日 一九四四年下半年预算成。

6月30日 致英援华会申请书成。

【注释】

①盟军(美军)进入罗马的确切时间应为1944年6月4日,此处所言,系指此消息在中国见报的时间。

②《老少通》。全名《老少通千字课》,全四册,是陶行知于20世纪30年代早中期编写的普及教育教材。此时的会商,似系洽谈重印或修订再版

事宜。

③“高”，指高昌瑞；“庞”，指庞曾漱，二人系夫妇，但关系长期不好。陶行知及育才学校的同事们为此做了不少工作，此时才能和好如初。

④“蒋夫人”，指蒋介石夫人宋美龄；“华莱士”，指美国副总统。1944 年 6 月 20 日，华莱士抵重庆访问。陶行知计划邀请他们出席育才学校举办的音乐会，是否出席未详。

⑤“孙哲生”，即孙科，当时任国民政府立法院院长。陶行知与他在美国伊利诺伊大学同学。“欣赏证”，指参观育才学校音乐会、戏剧或画展的请柬；每证须捐纳一定款项，以助育才学校办学。

七　月

（北碚·古圣寺·重庆）

7 月 1 日　(1)到泉。车 368,竿 300。(2)电普里斯(Price)。(3)英援华会申请书。(4)致尼的汉仪器书。

7 月 2 日　在泉休息——健康第一次。

7 月 3 日　(1)教导会议。(2)到校,工友面 70,渡 15。

7 月 4 日　(1)晚指导会议,通过预算。(2)毕业生升学补助。(3)陈文达人生观以个人利益为本位,开除之。(4)修理软椅。

7 月 5 日　(1)早会说:军训雪耻。(2)自然组说团结。(3)小学改革宿舍生活。(4)留庞在寺。(5)返泉,船钱 80,工友面 100。

7 月 6 日　返渝,滑竿 240,车 368。

7 月 7 日　献金 2 400。买纸 12 令,又"嘉乐"[①] 2 令。

7 月 8 日　朱达刚自告奋勇代捐。

7 月 9 日　(1)李景熙捐地 100 亩。(2)呈文。(3)函饶国模借农组地、房。(4)函周苍白〔柏〕借钢琴。

7 月 10 日　(1)李景熙借 30 万。(2)存入"交通"30 万。(3)照相。(4)罗匡时带黄宽和来。(5)江卫青〔姜维清〕早赴校。(6)赴〔复〕派陈根度赴沙化区。(7)听说张西曼在"利他会"讲得好。(8)早,"民主政治与教育"。

"米单":战时儿童保育会训练班,共字 0087 号。北碚站,47,4,8。

7 月 11 日　(1)早,顾同学来。(2)7 时,过江讲《民主教育》。(3)冯同学,教育系。

7 月 13 日　(1)赴高滩岩,见陈院长。(2)赴段绳武先生逝世四周年会。萧亦武、王赓尧。

7 月 14 日　(1)段夫人[②]来渝,请其演讲段先生生平及其逝世后之家境。(2)刘厚生来,请与张骏祥商戏剧学院卅年计划。

7 月 15 日　(1)泯来[③]。(2)修改致英美友人函,由晓打。(3)拟《谢育才之友办法》,印 1 500。(4)再印五周信 1 200[④]。(5)买《四川地图》分配。

(6)派江渭〔姜维〕清送米、纸、油。(7)印武训像及传。(8)陈根度路程:(a)璧山;(b)铜梁;(c)永川。

7月17日 王宣彰来说,熊旭东允捐地。

7月18日 (1)写"五周一五十周"⑤。(2)赵玉峰早餐。(3)王宣彰允捐一万每年。

7月19日 (1)饶国模代表杨子贤送2万。(2)磁器口田可行。(3)图章成。(4)谢仲谋画展。

本月记事

舞蹈组:(1)体格检查:肺、心脏。(2)钢琴伴奏:庄、章。(3)解剖课程:新教员。(4)舞蹈时间:舞蹈组每天2小时,戏剧组每天1小时。(5)从9月12日起,派人去中央大学学习两个月,用"育才"名义,请一位小提琴家、一位钢琴家。(6)彭隆,助理教师;吴、周,学生;黄子龙,亦学生。(7)新生注册:招收新生20名,年龄要求12—14岁,小学6年级毕业生;举行舞蹈测验,时间、材料另行通知。(8)修整教室:修理屋顶,粉刷墙壁。(9)11月12日,委;11月10日,沙;11月11日,乐;8—10:合唱、插曲1小时⑥。

【注释】

①"嘉乐",纸名;纸质较优而价格稍贵。

②"段夫人",即荣誉军人段绳武的未亡人。

③指章泯来谈。

④指加印纪念育才学校创办五周年并发起募捐活动的公开信。

⑤此文发表时题为《从五周年看五十周年》。

⑥本段记事系用英文写成。

八　月

（重　庆）

8 月 17 日　(1)“343”[①]，早餐。(2)收“文协”[②]2 000 元助书。

8 月 27 日　“孔子节”[③]。《万方画报》出武训专号。

5 月—8 月记事

备忘录：(1)5.30，刘自乾主席，函送《武训传》，请捐。

(2)推销《武训传》信稿及计划实现。

(3)推销含羞草计划实现。

(4)外县画展募捐计划实现。

(5)奎灼堂计划及实现。

(6)5.30，援华会 1944 年 10 月至 1945 年 9 月预算。

(7)鱼肝油优先内寄。

(8)卫生署药品奎宁速请。

(9)防疫针，全校。

(10)贺恒恩、考英结婚。

(11)清理经手账目。

(12)生教社第一期报告，本年。

(13)音乐组客厅设备。

(14)音乐组大水时期来渝办法(6.20)。

(15)介绍再征晚会后初基员。

(16)建立成都筹款组织。

(17)建立桂林筹款组织。

(18)建立昆明筹款组织。

(19)5.30，本月请客帖。

(20)收集捐款计划与组织。

(21)发动五周年捐款计划,实物。
(22)诗集付审。
(23)美款 9 000 金恢复,计划,6.10。
(24)恢复健康计划。
(25)会计师审查全校账目。
(26)招生计划,答客问。
(27)7.20 前,集中科学仪器。
(28)整顿事务科,米,水。
(29)三处肃清臭虫。
(30)整顿五四餐馆。
(31)高昌瑞同志详谈庞父。
(32)5.30,约李景熙看画。
(33)王京后委托志铭完成。
(34)委托写字完成。
(35)音乐组服装。
(36)5.30,请纸印《武训画传》及诗集。
(37)5.30,请各省主席听乐。
(38)向英尼的汉(Needham)募仪器。
(39)寄育才资料于庄泽宣(6.9)。
(40)集中收政治部款。
(41)收赈委员会款。
(42)农场立案贷款。
(43)提美金储蓄。
(44)发展新朋友。
(45)请陈根度任难童福利干事。
(46)周苍柏商学额。
(47)陈光甫商学额。
(48)张岳军商学额。
(49)宋子文商学额。
(50)向英援华会捐款。
(51)编《老少通》。

(52)教育怎么办。

(53)贷金米加价追交,撤销申请。

(54)马雄冠、成善谋之登报。

(55)7.13,时事、青光,段先生逝世四周。

(56)7.11,博学中学,青年大学生会。

(57)张治中任基金主席及介绍信。

(58)聘基金委员。

(59)电 C.A.C。

(60)加速招生基金完成。

(61)加购《武训传》纸十二令、二令。

(62)张峻洁介绍。

(63)朱启贤夫人汇款五千。

(64)取成善谋捐物。

(65)吕凤子先生画册二万,校捐一万。

(66)招待刘仁庵。

(67)为成善谋借法拉第实验。

(68)七月份保育会米单。

(69)致书王齐兴。

(70)发“五周纪念信”。

(71)平衡副食费。

五周年纪念④:(1)专员、县长、省主席、田赋管理处副处长。(2)20据点集团集款。(3)散发“五周年信”。(4)农场贷款。(5)捐实物。(6)低利贷款。(7)造房。(8)书展、画展。(9)音乐演奏。(10)演戏。(11)出书。(12)农产。(13)工艺。(14)援华会捐物。(15)英国援华会申请。(16)每友担任一人运动,每人一孩。(17)每人一友运动。

据点:(1)杜月笙。(2)张峻洁。(3)康心如。(4)卢作孚。(5)朱亚强。(6)何北衡。(7)杨耿光。(8)李景熙。(9)邵力子。(10)杨啸天。(11)沈衡山。(12)樊立之。(13)赵棣华、刘攻芸。(14)是光荣。(15)刘锡卿。(16)潘仰山。(17)胡光彪。(18)鲜伯良。(19)孙仲岳。(20)胡元佑。(21)陶桂林。(22)周信。(23)周苍柏。

【注释】

①“343”，餐馆门牌或代号。

②“文协”，全称为文化工作者协会。

③“孔子节”，孔丘诞辰纪念日。

④指育才创办五周年纪念活动所须做的事。育才学校于 1939 年 7 月 20 日开办。

九 月

（重 庆）

9月6日 《寿刘笏铭》。

9月 《民主第一》《武训赞》(原无题)。

5月—9月记事

皖中同学:胡秉正:两路口中英庚款董事会 方文修:林森路16号,工矿大楼新新茶叶公司 吴迪:张家花园,重庆市党部 胡骧文:茂华银行 徐能静:民权路,华丰地产公司

裴功森:中兴路韩家巷9号 朱国洪:航委会机械处18科,中四路142号 胡枢文:重庆中正路159号开源银行

陈舜五:隆昌,报恩寺下 李翠贞:南纪门,仁爱堂街7号

毛筠如:乐山上河街福边字号,现任和成银行 易民苏;住和成银行 刘仁庵:自贡市 劭力子先生:连瑞琦,沙坪坝,大杨公轩 施则凡:国府路学田湾四号楼 路明:民生路178 张老先生:华华公司;张瑞生,东水门铁工厂 查良鉴:2853,重庆地方法院院长 杨啸天:杨芷新,蔡园坝光明电灯泡 金江生,菜园坝陪都锯木厂;姚中堂,顺泰铁工厂,纪阳洞 王壮飞:正阳街9号 高昌瑞:南岸龙门浩电力公司办事处 王务安:国府路建设路6,钮公馆转 笪移今 保安路社交会堂,民治 郑振汉:字仰三,贵阳西南中学校长 卢绪章:42391 王同荣:赈委会,上南区马路195三楼 黄伯度:社会部 胡公馆:电话2612 广播大厦:2977 询问台:2500 报时:42345 任百鹏:人工,95026 长途台:42111;江北总机,95002 程海峰夫人:南岸立石沟20号 胡兰生:美国医药援华会 曾洛生:保育会医卫股 胡兰生:夫子池,三,上午,2,500 宋子文:红岩村19 刘自乾主席中央电工厂:四德里三民公司:打铜街,代李华买女皮鞋扣200 陈子敬:禹县教养院、孤儿院、慈幼院,住汇业大楼 陆之顺:陆大工厂经理,小龙坎 徐卓夫老:南温泉木桥新村25 中国国际□□委员会:马蹄街84,油运给托德·劳内(Todd

Laurie) 魏璐诗(Weiss):神仙洞街 97 号,2081 陈之一:民生路 151 号三楼 王佐清:中大理学院 邱镕(廷滋):中正路 229 宦世安:戴家巷口临江路 A. S. 萨福德(A. S. Suffiad)、R. R. 布月托(R. R. Brierih) 卡先生:中正路 438 魏璐诗:办公室 2089 王君韧:中国秘书长 徐广迟 胡子昂:重庆村23,0024,薛楼上 茅以升:中国桥梁公司,两路口 戴自牧:金城银行 程本戚:电力公司,大溪沟 庄泽宣:桂林良丰广西大学 张专员:2117,川康 李慕初:亚都布店二楼,民臣 白育五(庆兴):诚信会计师事务所;现在中二路 183 号;五月底,民国路 1 号(老机房街) 郁瘦梅:荣军协导会,中一路协和里后小归元寺 46 号 王持华:信义街 50 号,2 街 翟光炽:南岸玄坛庙友子里 39 号 金龙灵:信义街 30 号二楼 桑文澜:弹子石鸭儿蛋皂角湾寄庐 陈志远:小什子十字堂,川陕甘联运处 罗世宁:土桥实验卫生所 王协堂 孙铭勋:贵州平坝东门口,黄成俊先生转邹慧珍收 刘厚生:南岸玄坊庙中央电影厂 任德耀:重庆第 4 号信箱 刘攻芸:2893,下午,上清寺,2—3,储汇局 浦心雅:都邮街电力公司 杜维藩:望龙门中华实业公司 陶晓光:加尔各答中航公司 冯公馆:2398 谢司长作舟:龙洞湾,歌乐中医院边;东水门西江会馆 朱之洪(叔痴):参政会 温少鹤

十　月

（重　庆）

10月18日　周宗琼先生认新难童二人[①]。

(1)提琴小先生[②]。(2)江津合唱团。(3)科学研究社。

10月24日　王务安宴龚浦生、陈善祥、陈维姜于广东大酒家，淑芳[③]也在。

《送江淑芳赴滇》。

10月27日　廖先生(廷选)：麻布2 000匹，每匹\$600，3丈8尺×1.1尺，粮食部做7个，市袋可做13个(700—1 100)。六匹为一趸，\$3 600；2 000×600=1 200 000；青麻2 000斤(\$140，每斤)。

晚，开舞蹈、音乐会推票会议。

10月28日　(1)写请改外汇接受人。(2)买岚炭十吨。(3)写信请振〔赈〕委会证明育才买米无例可援。(4)圈育才之友。

8时，"三六九"。12，青年会。2时，保育会。6时，威宅[④]。

10月29日　收陈克平500、陈克林500，缴费；代收陈克平500、陈克林500，另用。

白云寺：金刚碑上五里一十里；复兴寺：何北衡写信与太虚。

《草叶集》(瓦尔特·惠特曼，1819年5月23日生，1892年3月26日卒，1855年版)，退申府[⑤]。

2时，管家巷茶点。

10月31日　早，朱振华[⑥]去世。

本月记事

(1)好人政府；(2)请客政府；(3)责任。骗，吓。

(1)一人产6石，450斤粮食。(2)敌后一半自给。(3)工业无税。(4)和平归农。(5)协：①承认"团""民"[⑦]；②不自，行16；③善动；④联合。(6)各党：①推动国党；②被压迫；③要求起。(7)党内部：瑞斯·台月姆(Rath

Trirne)，孙科答复：要变不要乱，变可不乱，变把戏要乱。

(1)欧登陆，二年准备，“斐”〔菲〕一年。(2)巴里〔黎〕和会，南北二代表。(3)国际：以政治为博。(4)外援：联合，改革；非助我不可，不帮助也不怕。

非利滨〔菲律宾〕尚要四个月，本土登陆至难。中国海登陆，必然，海岸线配合。史迪威尔，换人不换政策。两个宝(十月变态度)：(1)杜不选；斐不下。(2)不会背对中国。

英：英南，美中，苏北，美苏反对。纳尔生：厂无钱发。

米案：No43356，碚三甲。十月廿八日核，每月配171人，共34石2斗。每人月食2斗(未淘)。每册188人，核去17人，自九月十日起。暑假溢购(11.5)，10.3购10.0，10.12购23.0，共44.5；9.1—10，7.9，9.10—9.30，22.8，10.1—10.31，34.2，共64.9；可买：20.4。

【注释】

①指认捐两名难童在育才学校生活和教育的经费。

②指提琴教学采用“小先生制”，即用学习好的学生教普通学生。

③“淑芳”，指江淑芳，女，育才学校学生。

④指在臧其吉家。

⑤“申府”，指张申府。

⑥朱振华，育才学校高材生，曾研究古圣寺历史和苏德战争。他的经历和研究心得启发陶行知创立了“少年研究生制”。因病夭折。

⑦“团”指团结，“民”指民主。

十一月

（重 庆）

11月2日 （1）买药。（2）办米交涉。（3）申请赈济会冬赈。（4）申请援华会冬赈。（5）推票。（6）退票。（7）换票。（8）收款。（9）支款。（10）一个伤寒死了才葬①，又来一个伤寒。（11）一个白喉入院，又来一个白喉。（12）买经常药。（13）买急救药。（14）送儿子入校②。（15）大海报。（16）送票。（17）学生、工友打架。（18）买伞。（19）报生教社账。（20）发动武训节，建立奖金。（21）写亲笔信，金、曹、陈、杨、李，五。（22）发请柬十一套。（23）复请客帖一通。（24）处理方竹因报账。

11月3日 郭弼昌任留400券（抗）。鲁于道信，科学与民主介绍成。邓华友对联一幅〔副〕、中堂一幅〔副〕、《武训》③80面。倪斐君换四张，星期一。

11月4日 6时，良庄。

11月6日 早10:30分，生活书店。通过奖学金三百万。

《创造生活奖学金》④：

（1）本奖学金为纪念邹韬奋先生而设，定名为创造生活奖学金。

（2）创造生活奖学金，初期暂定为国币三百万元。

（3）创造生活奖学金，以资金方式生息、生利，按期拨发，但不得用本。

（4）创造生活奖学金，由韬奋先生纪念委员会推举三人至五人保管、处理之；其保管、处理情形，每半年报告纪念会。

（5）创造生活奖学金，以资助贫寒优秀学生为目的。

（6）创造生活奖学金名额如下：①小学程度五十名；②中学程度五十名；③大学以上程度五十名。

（7）创造生活奖学金之发给，依如下之根据：①小学程度学生，失学者须受非文字测验；在校者须受非文字测验，并受学业考试。②中学、大学程度学生，须经学科考试。③研究生须缴著作或研究报告，以备审查。④上列学生，均须是家境贫寒，有人证明，经保管委员会核定，方为合格。

(8)上列学生,得自行申请,或由认识之校长、教师保荐,或由保管委员会自动选拔。

(9)奖学金保管委员会得聘请专家评定、测验。

(10)创造生活奖学金每年发两次,于春秋二季始业前行之。

(11)创造生活奖学金,每名金额暂定为每人每年一万元。

(12)保管委员会得视学术研究需要,拨给特殊奖学金,其金额多少不定,资助专门学者从事专门学术之研究,以期促成学理之发现与技术之发明。

11月7日 收史东山经捐(元141—150)$10 000。收卢绪章券资$20 250。

朱熙莹先生说,九日上午9时来收税,每天票数分开。

收魏璐诗(Weiss)支票1 215。

早9时,广东大酒家。余心清。

11月8日 阎宝航2025,胡裴6400,乐颂云4050,杨缦华8100,杨啸天8100,王智明8100,程海峰4050,程浦云8100,田绍英4860,沈衡老7900。

胡朝容,7岁,健康,铜梁,饶先生[5]介绍。

磁器口,冯明吴一张儿根借住两个月;陈德三(科长)现有空房一间,两厢房,两间楼房,全院廿几间,住人除冯外皆为借。地:“梨子”要修理;小佃出(两石),已经收回;几十石(五十石谷)多是沙土,代表人。松林:100亩,牧羊;松树已卖,小树莫砍;共300亩。塘要修理,一亩大,养鱼。兵工厂24、25,请俞大卫保护竹笋、竹,猪圈十几个。兼爱:兼相利。

倪斐君:上清寺饶先生地,完租约手续,希望局长早日批下;照市价付租,300每方,40方;以前年照80,去年200。邵力子=两万一年,大小七栋,看生活高度调整,立了三年约,请主公道;100余间,照市打折,五万、六万。曾友三,49,麻柳平。

8:30,保安路,“滋美”。万世师表。

11月9日 考考武达,前十岁;校本部小学有李义重,似有音乐才,十一岁未满,回校考试之。

冬天每人一双鞋。魏璐诗(Weiss)要《陈贻鑫自传》。

12时,“中苏”[6]。5,清真馆。

11月10日 12,中国留德同学会。

11月11日 午后3时,保育会。

11月12日 蔡仪——艺术论;黄荣灿——工艺、木刻;万芸——图案;梅建鹰;许士骐。

11月13日 今天要办的事:

(1)致友人短信(成吉思汗)。

(2)取外汇。

(3)致晓光信。

(4)致教育厅函,声明全彰。

(5)买布交涉。

(6)致潘仰山信。

(7)民生公司运机器信。

(8)致保育会信。

(9)绘画组生活指导,开会。

(10)日校开会。

(11)第二次经济战会议⑦。

(12)清华大学同学会音乐演奏。

(13)抢救难童:育才成一单位。

(14)儿童福利社介绍社员。

(15)章:致诗。

(16)组《战时教育》编辑委员会。

(17)"武训"80幅、对联一幅〔副〕,送邓华友先生。

(18)杨友于书籍、行李交徐树人。

(19)托新行取昆明款。

(20)致布洛费尔德(Blobecd)信。

(21)与周景航谈新职。

(22)投资于卢绪章。

(23)报社会部马人松。

(24)谢印度诸友。

(25)整理生教社账目。

(26)修正《创造的儿童教育》。

(27)印《小主人》剧本。

(28)托朱树屏代运机器。

(29)推请《小主人》主持人:排演刘厚生;城中主持人苏丹。

(30)请苏丹、刘厚生开具预算。

(31)向民生建设院讨钱。

(32)录取舞蹈新生。

(33)向援华会领款。

(34)致书印度印中关系事务所。

(35)招待 Willmott(威尔蒙特)。

(36)向中学委员会领款[8]。

(37)复傅学文信。

11 月 14 日 早 8 时,“滋美”。3,江苏同乡会。

《送美国香烟与翦伯赞》。

11 月 15 日 威尔蒙特(Willmott),星期三,1 时,管家巷。5 时,生活。

11 月 16 日 3 时,江苏同乡会。

11 月 17 日 下午 4 时,玉波。下午 5 时半,“小洞天”。

11 月 18 日 “五四”,天林春,绘画组。6 时,生活店。

11 月 19 日 9 时,张家花园,王师长辅飞。

11 月 20 日 (1)中午,利他会。

(2)写信请熊芷发被套。

(3)写信请邵力子先生代借白云寺。

(4)马肖生向保育会领得大衣 50 件;棉袄、裤 26 套。

(5)教师讨论会:①欧洲战场:德国惊慌,希特勒喉开刀;银行二行长拒绝国库券,被捕,挤兑;德西线不可破而破了。加强法军,巴顿(Patten)将军破 200 军。日本外交中心从柏林移转于斯德哥尔摩“特庇兹”被 3 个 12 000 磅炸沉。包围的海军,可以腾出来加入印度、太平两洋。②太平洋之战,日集中 70 000,进行苦慢。③东欧之战,50 万红军“匈京”。④中国战场:湘桂 10 师团;打通东三省、安南,前两年修黄河桥。

11 月 21 日 (1)武训先生 106 周年纪念;为育才学校筹集紧急经费书。

(2)致克利普斯(Clipps)夫人书。

(3)致晓光书。

(4)写《育才通讯》(中文、英文)。

(5)造驻渝办事处;国府路之地,请圣尧捐。

(6)写信与饶国模先生,商订瓷〔磁〕器口租约。

(7)执行校务会议议决案。

(8)日校谈话。

(9)"儿童福利"介绍社员。

(10)致章伯钧诗。

(11)"战教"编委会。

(12)武训画第 80 幅,对联送邓华友(已托梅健芝)。

(13)报社会部马人松。

(14)谢印度诸友。

(15)整理"生教社"账目。

(16)向中学委员会领款。

(17)修广播大厦钢琴。

(18)任德耀化装布景要回。

(19)致冯托致邓鸣阶信。

(20)催洽老[9]捐款信。

(21)音乐组剪发。

(22)买鞋。

(23)捐药磺胺嘧啶 50 粒。

(24)买《大英百科全书》。

(25)王酌清十一月捐取。

(26)运景(《小主人》)。

(27)买麻布(3 丈×20)。

(28)捐钉、凡士林。

育才批准之米:(1)保育会,25.74(每人二斗二,117 人);(2)粮食部,34.20(每人二斗,171 人)。

"笔杆是我的老师,我不需临摹古人的字;每当心到、眼到、手到时,笔下自然有神又有势。"

《民主到哪里去?》

11 月 22 日 (1)齐先生:技术与演出。(2)"生活"要有专人。(3)事务碎琐整个家。(4)对外工作减少。(5)飞机胶。(6)提琴借。(7)胡然,教。

11 月 23 日 6 时,良庄。

《大英百科全书》:11.27,52 000;1.12,50 000;2.27,50 000。育才代表,保人。

普鲁卡因(Percain),以为 1%—5%,实 1‰。死了两个。

11 月 24 日 (1)5—6,下午,任德耀来。(2)半片磺胺+15 片苏打。(3)请邹阶平为小黑治疹。

11 月 25 日 早宴埃普斯汀(Epstein)、卡吉(Kagi)夫妇,两路口,"中缅甸"。5,"大都会"。

11 月 26 日 捐钉:三寸,20 斤;二寸半,10 斤;小钉,6 斤。早,保安路,"滋美",任、苏。

11 月 27 日 买"三友"《大英百科全书》。朱亚强兄首先响应认捐三万。

11 月 28 日 (1)收到美国援华会增加一百名难童开办费 1 440 000 元。(2)卢绪章兄认捐 5 万,赞助研究部买书。(3)李俊龙来信;张文白部长来信,等于让"抗建堂"自决⑩。(4)小黑完全战胜;邹阶平先生不愧名医。

11 月 29 日 "抗建堂":郁雷演至 12.10;业余剧社,12.12—19;《清宫外史》,12.20—1.30。

11 月 30 日 早 9 时,保育会。沙坪坝,"中大"舞蹈会。

独山:面粉 500 一斤,盐 300 一斤,菜〔柴〕炭 100 元一斤;睡床位 330 一位,水 80 一石,行李 2 万一件,人 1 万一个,桂—贵,30 万;开水 20 元一碗,木船 40 万一只,客饭 250 元(客意)。

郑森:东江,5 万人(难民),桂、柳未放。7 000 万,衡阳铁工厂老板,一家七人在金城江卖茶。

湘桂撞车八次,黔桂无数次。

乐山—五通桥。任宗德先生,乐山里仁街 67 号。五通桥对岸石麟乡,煤。箫凤来,煤矿厂:10 丈×12 丈,大厂。两幢宿舍,16 间。种菜。没有楼板。小河边(沫溪河)。水、田、土、山、水。20 石租。五通桥离 30 里。长江通沫溪,沟水不可行船四个月。五通桥:离重庆上水五天,450 公里;下水二天,汽车二天。离乐山:40 华里,水路、车路可通。离成都:200 公里。离西昌:600 公里。修学旅行⑪。

南充离重庆。

木船:(1)看船老板为人、水手品格。(2)看风色、天气。(3)看船本身。(4)加缠索,上水。(5)下水倒背。

收田大畏冬衣费 5 千元。

10 月—11 月记事

(1)抗。(2)①敌>国。②放扫。英美海战,和平攻势。③共同□□7 反

□＝50 000 000，军 30 万。④22 万民兵，60 万正规军，敌不能扫，修□□铁路，通平汉路，通安南。无准备，30 万汤军，被俘。8 万余部带枪回家。桂民团送掉，改保甲。王芸生说服说，260 万人，胡 5 千 5 一师，报 8 000。河南、湘损失 60 万，印 6 万，阎等 70 万。对共，十月廿九日，白说要拿就拿。胡佛对垒一夜。康泽与美立约，福州、温州失，消息资敌以 10 师团。金城江、独山可占。汤擂，胡可来。汤：川、湘、黔、贵。胡二次辞职。陈、胡不和。胡在豫 10 师失 6。保存实力向东退（薛）。谁靠海谁得外援。西孙连仲保卫渝。调印军用飞机，B24，50 人。担保贵、滇敌不来。日海军，陈公博、王克敏有线。华北委员会，陶希圣。阎锡山与日合作反共。把日本武器交伪反共。日本的出路——彻底消灭伪军。施等。

瓷〔磁〕器口农场在井口乡高峰寺。梁己怀：25 兵工厂厂长；杨示：24 兵工厂厂长；保长：樊方成。

二等兵多纳德·E. 威尔莫特(Donald E. Willmott)美军总部。云达乐，铭贤，坎〔加〕拿大。豫丰：厘斤局巷二号，41388。二等兵艾伯特·L. 西尼(Albert L. Seely)，美军总部，席恩伯。

陈德华、陈德光、陈宏秀（即陈贝勋）：纽约；澳大利亚墨尔本。陈根度、翦伯赞。陶晓光：重庆临江路 3 号附 1 号托交：加尔各答总领事馆，永利化学服务公司办事处周孟庵先生转。

《小主人》稿本：市党部社会局李蔚堂。

潘仰山：纺织业同业公会理事长　王文光：交通大学顾颉刚：成都齐鲁大学研究所　苏丹：纪阳洞 51 号　尼的汉(Needham)：嘉陵新村中英文化科学合作馆　安徽旅渝同乡会：中一路一德村 5 号　钟新民：沙坪坝中央工校

《社会科学百科全书》，1935 年版，15 卷；8 万，95 扣。《大英百科全书》，第 14 版，24 卷；16 万，95 扣。“25 史”，10 本，8 万。

周森镰：国际宣传处，2314　吴习斋：中一路 71 号　金涤寰：合川盐务局长　蒋清华：林森路 590 号，侨务委员会

郭琴舫：国际宣传处，两路口巴县中学内　麦烽：重庆黑石子公益机器厂　宦世安：戴家巷　刘育春：铜梁东山煤矿厂经理　王季华：临江路 3 号附 1 号，永利化学公司　中央社：宣文杰、顾廷鹏　叶浅予、戴爱莲、黄王光、王仙英　冯亦代：重庆印刷厂　“中制”：吴亮、盛特伟、姚宗汉、苏丹

本市记者：“新民”，高汾女士，七星。“新蜀”，黄冰女士，七星。“扫荡”，陆晶清女士、谢爽秋，上清寺。“中央社”，徐兆镛（英文），两路口。“中央日

报”，徐钟佩女士，黄家垭口。“新华”，石西民，民生。“大公”，彭子冈，良庄；陆诒，七星岗。“国民”，方地，民生。“时事新报”，毕群，新街口。

舒昌誉：新桥“药经会” 程海峰：陕西街179，安徽地方银行内三楼，国际劳工局，41703 王智明：金沙岗2号，川康区盐务局，41260 曾宪猷：飞来寺9号 叶期百：捍卫中学 张鼎丞：林森路415号 于去疾先生：保安路203号附5号 杨啸天：五四交通，信托三楼，肇和校友 马良骥(唐纳)：信通大楼三楼华盛企业 周瑞良：中一路238号 江完白：林森路468号 王川根：上清寺中央党部 傅铭丌：中国劳动协会 李惕：李子坝新油厂 丁庆生：上清寺考试院 吕水生：川盐银行七楼 高影仙：林森路574号 徐少清：中华路121号 吴敉：西安中正门外自强路革新街22号 臧其吉：林森，378，“联友” 孙中岳：3642，3760 王炳南：200，十张；400，五章 卢绪章：九龙坎12号 李少涵：棉花街58，孝友家风内 杨律师：民生路243，2647 朱锡裕：浙江义务〔乌〕，重庆市教育局督学 文经华：教局第二科科长 廖海涛：上清寺，侍从室 杨筱波 刘夔堂：中华书局 施则凡：韩家巷7号 黄竞武：中正路377号，电话42496 刘子周：朝天门民生公司总务处，电话42125接转 金元泽：金汤街女青年会 埃尔西·乔尔姆利(Elsie Cholrneley)：报业会馆 格拉迪斯·程、顾纪美：女青年会 哈鲁尔特·卢富克(Harold Rosec)：美国大使馆 于桐：美国海军 魏璐诗(Weiss)：邮件请交R. E. 林斯利(R. E. Linsley)先生 郭凤鸣：成都文庙后街38号 孙铭勋：贵州平坝东山黄成俊转槎头钟伯林校长 戴爱莲：下罗家湾38号冯亦代夫人转 朱健飞：耿光侄女婿，昆明裕滇纱厂总经理 饶国模：和平路13号锡昌布店陈树生、陈登瀛转 廖梦醒：学田湾106号 刘泗英：沧白纪念堂 陈兰亭：会府，兰庐，范绍曾 李鸿仪：沙坪坝女子职业校长 章枚夫：中四路31，“中央”对角，2554 魏璐诗：南岸友于里9号附1号，联合国影闻宣传处

【注释】

①指育才学校的少年研究生朱振华因伤寒于1944年10月31日去世这件事。

②指陶行知送幼子陶城入中学。

③“武训”指育才学校专门印制的武训画像。

④本“奖学金”在笔记本中的位置，稍后于11月6日，但可以肯定的是。它的起草稍早于11月6日。

⑤“饶先生”,指饶国模。

⑥“中苏”,指中苏友好协会;陶行知为成员之一。

⑦指育才学校因办学经费再次陷于困境而发动的开源节流运动。

⑧指向美国援华会下属的中学委员会领款。

⑨“洽老”,指虞洽卿,民族资本家。

⑩“抗建堂”,全称抗战建国会堂,是专门集会演出的场馆。当时,育才学校因演出须场所,陶行知曾求助于李俊龙、张治中,但他们的回信中却未置可否。

⑪1944 年 8 月 23 日“湘桂战争”开始后,国民党的军队节节败退,柳州、南宁、独山相继沦陷,重庆动摇。在此情况下,重庆的党政事业机关纷纷考虑退路。乐山五通桥及南充,便是陶行知为育才学校所考虑的两个疏散地点。

十二月

（重庆·古圣寺）

12 月 1 日 沙坪坝，24.7—9。

(29)草《武训诞辰请帖》[①]。

(30)印《武训先生颂》。

(31)托郃爽秋致书哥伦比亚大学，证明晓光研究能力。

(32)向中等学校救济委员会请款。

(33)向美国援华会请疏散费[②]。

(34)发《〈大英百科全书〉筹款信》19 信。

(35)赴冯宴。

(36)推动潘家寅在五通桥或乐山设厂。

(37)推动朱亚强、万芸将事业中心移至五通桥。

(38)推动“新亚”[③]移厂。

(39)改章伯钧诗。

(40)寄张丁健贺程信。

(41)登广告约友参加武训纪念会。

(42)约陈根度先生演讲武训事迹。

(43)托张震请“中航”[④]经理予晓光以较轻之工作。

(44)约请雪密笃(Shimidu)、华特马尔(Watamale)、张文白部长，至少三个月。

(45)相片：育才。

宣沈文杰：“中央社”，下午。

12 月 3 日 (1)罗叔章叫陈文达明早去看“割鼻子”。(2)南充之路：重庆汽车到遂宁一天，再有 210 华〔里〕到南充；合川到南充 270 华里，水路湾〔弯〕曲，500 里，一星期。

南充：米价较廉；肉、菜、烧料贵，二倍于米；水源好，矿源，开矿。

龙门场：离城 30 里，有庙。李渡，南充下游 80 里。奚政和。

10时,管家巷,“救”[5],星期。

12月4日 武训纪念前夕:(1)致记者函。(2)赶写信封。(3)分送“金城”信。(4)借钢琴。(5)取印刷品,8时。(6)写海报四张。(7)剪布幕。(8)准备画展。(9)准备灯光。(10)练习唱歌。(11)写节目单。

12月5日 曾贵谦领收据簿十本,“黄”91—191。

12月7日 沈天灵托卖书。收书50套,付梅健鹰1套。

12月8日 星期四,毛士松,管家巷。

12月13日 (1)与郃爽秋接洽煤运销额(徐);预备公函请。

(2)与郃爽秋商还借款(徐),20日付3万,月底5万。

(3)收卢绪章款(徐),收到。

(4)送邓鸣阶信。

(5)写信与甘霖椿,领12月“新生”款。

(6)致晓光信。

(7)领赈委会款(晓,美)。

(8)领政治部款(晓)。

(9)向中等学校委员会询问补助,批准5万。

12月14日 (10)送黄次咸2千元会费,3千元难民捐。

(11)审查《小主人》,送审。

(12)交钱涧石管账。

(13)买油。

(14)汇校本部40 007(14、17日)。

(15)请财政部,盐务局捐地。

(16)与赈委会商考难童。

(17)与中华慈幼会商难童。

(18)与保育会商难童。

(19)与章牧夫商买花布。

(20)买纸。

(21)印报账单。

(22)印:《信》《“武纪金”[6]用途》《节略》。

(23)会布能特(Blunt)。

(24)会鲁佩璋。

(25)黄荣灿,南岸难童报名。

9 时，保育会。

12 月 15 日 儿童福利会成立。民立。下午 1 时，“新运”。

12 月 16 日 “救”，3 时。

12 月 17 日 (1)盖新墙。(2)致各会[⑦]招生信。(3)致花纱布局。

12 月 18 日 中山文化教育馆：(1)日报索引，每月一册；(2)期刊索引，每月一册；共 60—70 册，自民 19—26 春[⑧]。北碚民众图书馆有。岭南大学，中文期刊索引两大册。蟾秋图书馆、巴县图书馆、中央图书馆。

晓庄研究所应作索引。

12 月 19 日 (1)回来谈全体教师。(2)夏先生减轻工作(福)，增加营养。(3)薪水二次发，2 500—3 000(1/3)。(4)过年加给一月。(5)医病路费。(6)薪水增物价增。以上照教师会提。

(1)伙食费整发。(2)教师薪水(分二次发)。

指导会议：(1)各部科会，总管各院。(2)进可以发展，退可以疏散(南充、五通)。(3)经济第二次战。(4)把握着现实。进行各种学习。(5)社会教育之方针。

(1)恋爱风气。(2)任性(年羹尧)。(3)贪小便宜。(4)乡村服务工作。(5)烤火(门闩)。(6)教师十二月双薪。(7)滴点工作。

12 月 20 日 (1)朝会讲“乡工”[⑨]。(2)全体谈话：①国际局势、国内局势。②校务报告：经济战，增加难童，质之发展。③恋爱问题。检讨：贪小、烧火，节流，任性与尽性，不安中求进，向小学看齐。(3)琴、峰[⑩]。

12 月 21 日 乘轮来渝。候船成“生教歌”三首。(2)子英谈博物馆，我主：要有创造性。(3)周宅请客，四样鱼。(4)闻《民主到哪里去?》已登，初老、伯老[⑪]均恭维。(5)郑石均捐 4 万买《大英百科全书》。

12 月 22 日 (1)令余新、陈之清写“生教歌”，《民族妈妈歌》给音乐组。(2)发小提琴谱与较音器。(3)晚 2 时，写向援华会追加预算及创农、工二组请款，半夜成，再睡。

奎杓堂：筹现金 100 万，分 20 单位：(1)沈老先生追思会 5 万；(2)冯子源先生认 5 万；(3)宝源源；(4)刘汉坤；(5)葛天豪。

12 月 23 日 (1)早 6 时起，再草致援华会信。(2)请谭坤珩打字。(3)见甘霖林，彼予我最大之鼓励，允补充之款二百万即可发，农、工两组一千万俟款到设法，在经济战上此为平生最大胜利。倘完全实现，则育才大学之初基已立，是不仅教师待遇改、营养增加而已。昨夜本想速成信稿，而理智不许，指导我先睡而后动笔。半夜，精神得到纯粹休息，睡醒腹稿已成，再行动笔。(4)鲁佩璋会见，谈管家巷捐地，不可能。(5)艾沙、伊敏请客于新疆会馆。(6)第一次选拔新生于南岸观音阁。

12时，两浮支路，新疆同乡会。6时半，音乐会急救。6时半，临江路1，民生寄宿舍，电：41482。

12月24日 (1)早5时为晓庄研究所捐二百万元。(2)9时，赴急救灾童会。(3)下午"利他会"，天灵倡捐三十万元。(4)冯夫人要创苦儿福利社。

12月25日 (1)早5时，写《迎民主年》一篇。(2)要做之事：①领棉花300斤；②写英文说明书；③为晓光领款；④电话沈老，定期年会；⑤准备致克里普斯(Cripps)信；⑥音乐会请客；⑦清华送书；⑧草卖冯书信；⑨发武训纪念金函；⑩致陈根度信；⑪定杨若愚学额。

12月26日 下午3时，熊芷来。

12月27日 请青年会代估造房价。请刘厚生、李乃忱制舞台图。赈委会批准寒衣费十万元。

12月28日 (1)买纸。(2)为校、所、馆[12]请34年款。(3)再请潘仰山捐棉花。(4)请冯先生写信捐木料，捐砖，捐奎杓堂款。(4)草卖字书。(5)致郭有守信。(6)致陶宏信。(7)借保[13]米。(8)约任叔永、任宗德。(9)为"北"买书。

12月29日 学术讨论会，邓。

12月30日 调解周、甘冲突。发动管家巷"民教"。琴、峰。

12月31日 午请士绅，张到。夜看王万恩导演之戏。

【注释】

①武训诞辰为1838年12月5日。每逢武训诞辰，育才学校均举办纪念、募捐活动。所草请帖，即为此举。

②指将育才学校疏散至乐山五通桥或南充所需的费用。

③"新亚"，指新亚制药厂；陶行知夫人吴树琴曾在该厂任职。

④"中航"，全称中国航空公司；当时陶晓光任职于此。

⑤"教"，指此期恢复活动的"中国人民救国会"。

⑥"武纪金"，指武训诞辰纪念所募得的基金。

⑦"各会"，指全国赈灾委员会、中华慈幼会、保育会等福利和妇幼保健团体。

⑧指 1930 年—1937 年春。
⑨“乡工”指乡村工作。
⑩“琴”，指吴树琴；“峰”，指程海峰。
⑪“初老”，指邓初民；“伯老”，指章伯钧。
⑫“校”，指育才学校；“所”，指晓庄研究所；“馆”，指儿童美术馆。
⑬“保”，指保育院。

一九四五年

一　月

（重　庆）

1月1日　(1)国民民团会操，演讲《军民合一》。(2)草街乡代表会议，谢望。(3)朝会讲诵《迎接民主年》。(4)晚，分组同乐：a. 小学组诵《迎接民主》；b. 五班，讲“傻瓜”；c. 社会组，讲《元旦一日我之乡教工作》；d. 文学组，谈学习文学；e. 戏剧组，“万思”路线；f. 自然组，讲科学计划；g. 与周、雷、颜三先生谈。

甘侠贞，18，璧山人，父甘佩生，初中毕业，愿学机械，隆树法师介绍。杨明理，平武，外役监。西亚银行陈总经理敦甫。谦泰银行陈总经理炎辉，杨经理镇华。胜利银行王总经理正平、蜀大公司翁总经理济刚；刘耀文，曹家庵16号，41256。方体华，□容路7号。3，16，鲜宅，招待外记，晚。14，文委会。

1月2日　约《星报》[①]记者谈新闻政策。

指导会议决一年计划30条。教师同乐会。

1月3日　朝会，讲：朝会改革；戏剧组发展新剧运动。讲育才新闻政策。

午在“蓉香”午餐。参观西部博物馆。

四报只一报登载：赛珍珠著：《在中国最后的一瞥》(1944年8月)——在民族主义国家与共产主义国家之间，他们(中国人)认为，国家是中国人的国家，与外国列强无关。他们还感到，尚存若干希望去纠正政府的错误，这是他们自己的事。并且无论如何，绝无一个外国人能够纠正(中国政府的)错误。(1)忽略了印度、中国和第三次世界大战。(2)对中国，从偶像化到欺侮。(3)尚未定型，因而有时间去改正。(4)中国将不会走向法西斯主义。陈氏兄弟[②]、戴笠不比马丁·戴斯对民主更危险。(5)中国能在蒋的统领下取得民主。(6)中国将不会走向共产主义。(7)中国共产党比美国共产党更占优势的地方在于，中共拥有一支军队。美共在相同的条件下，也将采用同样的做法。(8)中国的宣传无力。(9)对中国的贷款及租约少。(10)军人专横跋扈。(11)美国的一系列错误。

(1)文艺:①为大众。②在普及中提高。③丰衣足食后,大众需要文化生活。④1 000 秧歌队。⑤改造旧的,创造新的。⑥工作者在生活中加入,丁玲加入难民工厂。⑦剧团下乡,教人民自己干。⑧发动自己起来开展文艺。⑨加入民众队伍,改变民众。⑩每乡一秧歌队,每区一中心队。⑪两种:民众自己集体创造;知识分子与民众共同创造。⑫减租:减,免,无私。⑬秧歌、话剧结合:新秧歌剧。⑭改造秦腔"难民被抽壮丁"。⑮改平剧"林冲逼上梁山":主人公为民众,王小二为主人公;高俅为小丑。⑯改傀儡戏、皮影戏。⑰改造旧艺人。倪璞为公众服务,什么角色都干。

(2)教育:

1931—1943,正规化,教条;大后方移植,重质不重量。

内容:不是百姓所需要,动员学生而不来。

1943 年以后,群众路线:

民办{生产基础,1941—1942;
买卖需要识字;
整风需要。

500 多"劳英"。合作社、变工队也办学校。生产核心。开学田,砍柴,合作交股。

类型:①自己办,自己教。米脂、高怀,只要队长因不识字,而全队去受训。②公助民办,杨家湾。③成百上千,男女老少。④巡回学校。邻近老师;每村校董一人,主管召集,学生不脱离生产,衣服不必换,无须拿粮出,可减少教员。

流弊:官逼民反;放任,有等于无。

学制:打破旧制,以能看群众报为毕业。放忙假。城市可多正规化。认字,算数。认字由近及远。开路条、写契约、写信。思想重视劳动,动手生产。传说"二流子培养所"。帮助家庭,影响家庭。绥德,小孩的父母少报粮。

方法:先生教学生——集体之外各别因材施教。毛家湾,每生一表,教字使易记,告咬着牛尾巴,说服感化。杨家湾,陶端予:"我一天只喝几碗水,怎么为大家挑水?"看见其姊做衣,其母烧饭,改之。学生教学生——小先生。学生自治——分成几组。民主作风——安寨校失一支笔,检讨后,一女孩招出,大家高兴。学校与社会结合;识字与卫生推动——绥德,刘佩珍感化嫂嫂。50 人,15 岁,学校帮助,50 识字组。乌镇:小孩办学校,又成合作社。社会教育——识字组,三千多,冬学。老太婆十二天认一字,结果廿天认六字。老头唱,老婆唱,青年唱,小孩唱,大合唱。不但闲时学,而且忙时学。生产时是变工组,回家时是识字组。依对象分小组。运书〔输〕者在路在家皆学。民教民——夫妻比赛:生产比赛;学习比赛。改造私塾——150 万人,90%文盲。自动改良,鼓励良。李良英,教学模范,改良落后私塾。天主堂——弥撒时教学。改造教师——小陶,陶端予小姐成功,受特等奖。老百姓一切,编教材——安寨,知识分子先去变工队,依据生活需要。要读报—成识字组—办学校。见小女孩念书,想大女孩而哭。王云、田心(男),教师,保姆。

(3)报纸:

铅印:"解放"(全国性)。

铅印:全边区报。

石印、铅印:分区报。

油印:十一县有报。

"解放"通信员 1 000 多,7 000 份;"群众"报更多,10 000 份。

代表群众而为群众服务。大家办报,大家看报(要对吴满有助其识字)。

黑板报 600 多。绥德、米脂最多,群众选主笔。有不识字之主笔与不识字之投稿员。表扬,批评,监督政府。女干事知登上黑板报,爬(怕)黑板报。

读报纸 10 000 人。"解放"分到区;"群众"发到乡。识字组与读报会;读报与生产会。教师、乡文书不愿落后,推动发运动。

林涵默、周而复、陶端予。

肺结核药。七叶草(一名"七叶一枝花");百日咳药。竹沥。

1 月 9 日 8:30,"滋美"。10:30,龙门浩候田先生。2,下午□逵科,伍必端。3,徐□姊、鲜先生。

1 月 10 日 8:30,"滋美"。派人到新桥买药。

1 月 17 日 6:00,任宅。

1 月 22 日 6:00,金山。

(1)申请外汇:RS64。(2)收美援 404 800 元("新生"十一、十二);(3)存入"中国"404 800 元。(4)汇校本部 100 000 元。(5)买棉花 169 440 元。(6)十月十二日买米 23 石,已付 25 300,补付 43 700。(7)买一月米,222×3 000=66 600+43 700=110 300。

1月23日 8:30,“滋美”。中午,“巷”[3]。2,陈,“巷”。5:00—7:00,任宅。

1月25日 陆绍云前捐二万,收据要寄。维昌纺织公司陈容贵,要收据。领款:秦家漠1 000元收。辅民煤矿,涧山收。

罗曼·罗兰著《古代音乐家》和《今日音乐家》。《伟大的贝多芬》(罗曼·罗兰)、《贝多芬》(埃尔米·路德维希)。

加尔各答,牛津大学图书部有一部《莫扎特传》四大本。

1月27日 在吕凤子先生书斋。

《创造的社会教育》:

(1)社会教育以社会为大学。

(2)社会大学以全社会人为先生、同学、学生。

(3)社会大学之道,在明大德,在亲民众,在止于大众之幸福。

(4)社会大学有群众;并为群众所有。

(5)一般民众教育,没有民众,也不为民众所有;一般平民教育,没有平民,也不为平民所有。

(6)创造的社会教育,是社会所有,社会所办,社会所需的教育。

(7)下下人有上上智。

(8)每一个人都有或多或少之创造力。

(9)最初发现“北京人”之工人,最初发现山下“黑石头”之工人。

(10)社会教育要开发人矿,开发人之创造力。

(11)创造的社会教育之特点:

①承认民众有力量,且有创造力。

②解放民众的创造力。

③怎样解放——

民主{
①解放他们的头脑;
②解放他们的口;
③解放他们的眼睛;
④解放他们的空间;
⑤解放他们的时间。
}

④跟民众学:——和民众站在一条战线;——改造民众,改造自己,改造世界。

⑤穷办法:招牌当课本;树枝当笔;脉膊〔搏〕当马表;日光当做灯;此地

风光，民众形式，服务至乐。

⑥“舘”→“馆”，文化餐馆。

⑦幸福：福——和平，安全，乐业，自由，兼相爱，学习机会平等；禄——吃得饱，穿得暖。寿——健康，长寿。喜——娶媳妇，生儿子，生孙儿。

⑦社会教育改革：封锁→四通八达；衙门（馆）→“大事”；单思病→交流，彼此教学；干腌菜→精华；优越→平等；腰斩→全体；杀脑壳→全体；短命→活到老，学到老；尾巴→领头；“新民”→“亲民”；官办→民办。

⑧下凡——亲民：

文化下凡{教育下凡；艺术下凡；科学下凡；哲学下凡。

下凡四部曲——

同时{①加入老百姓的队伍；②跟老百姓学，改造自己；③产出老百姓需要之教育，改造老百姓；④引导老百姓自己办教育，共同创造。

下凡——不是下乡，也要进城。使……

(12)创造的民主，民主的创造。

天——解放头脑：——内面解放：死生有命，富贵在天；迷信；成见；幻想；优越；自卑。——外面解放：麻醉→养料，假→真；裹头布→还原。

地——教材：枯燥→有味；琐碎→大体；单调→多样；贫乏→丰富。

方法：主观→启发；填鸭→自动；一粒一粒→整口；教授→自学。

释名：创造＞改造、翻造；社会＞课堂；教育＞大清帝国＞□□□，社会教育化——同化。

本着大百姓的需要：——各教所知；——各学所好；——各尽所能；——与老百姓共同创造。

“创造的社会教育”释名：——创造：改造，翻造；——社会：乡村，世界；——教育，政治：教人，治人；以人教人，教成好学的人；以人化人，化成好学的人。

学做什么人？中华民国的主人、小主人。

本月记事

话剧《同志走错了路》:演员、编剧、导演、观众、戏中人集体创作。《抢粮》:编剧与戏中人合作。六幕戏可由六个人导演:思想统一。北平话不一定用。不避地方语。

23.10.10:宪政开始;24.4:开国民大会,开始宪政;25.11—12:开国民大会(至迟);26.11:召开国民大会;29.11—12:召集国民大会。抗战结束后一年,召开国民大会,制颁宪法④。

卢干道:二月十日9时,接于科学社。星期一晚7时,在管家巷28。星期一、二早9时,在中国文化服务社。

本月人名录

李华　曾庆叶　杨明理　陈敦甫　陈炎辉　杨镇华　王正平　翁济刚　刘耀文　艾毅根　李星可　梁纪本　乔木　周竹安　叶和中　莫千成　黄万程　王福德　袁德怀　熊式如　陆诒

【注释】

①即《星岛日报》(新加坡)。

②即陈立夫、陈果夫。

③即管家巷28号,育才学校驻渝办事处。

④各项的第一位数目为民国纪年,第二位为月份。

二 月

（重 庆）

2月6日 杨培春30 000元。胡心惠捐款一次。

2月7日 老同和要酱酒20瓶。11,“新生”。3,“临江”。7,任宅。

陈坤杰,华昌上海路。中炳成,中心茶社,上海路。刘树勋,中心茶社。刘锡丰,乐天茶旅社,嘉陵码头。

2月10日 3,魏璐诗在廖女士处。

2月11日 (1)写信与许静仁先生,报告“乐”。(2)写信与布洛基尔德和晓光,要一系列的东西。(3)写特信与马雄冠、颜耀秋、胡允甫等。(4)写信与周宗琼。(5)看卢绪章、施则凡、樊立之。(6)写信与保育会。(7)看《新教育》。(8)写字与信。

6:30,在莫斯科馆见W。

任觉五、胡然熟,教育局长。刘如松、胡然熟,工务局长。张延哲、宋崇熟,财政局长。

2月12日 魏在宽仁医院俞思梅大夫家。在三六九[①]相见。每早8时,每晚10时。李景文、李宝有(典章、耕虞)。

要票,申府。章伯钧、沈钧儒。陈应元,道门口山西裕华银行,10 000元。马鹿祥24,25,文化会堂,“中政”同学会。贾德超,会府街41256。

荣誉券40张。王敏仪:张渊泉,3;翁维章,2。裴功森,5。弗悦曼(Fremom),1。钟心民,25。

2月14日 3,乔纪侃,管家巷。

2月19日 政权之源泉,在党>在民。不变应万变。

2月25日 11:30,“广东”,陈清马。

1944年11月—1945年2月记事

荣誉券分配:已卖张渊泉:学额,14晚,3张。浩克尼(Hawkine),15晚,10张。帕腾森(Pattenson),$2 500收,14晚,1张。多德(Drrothy),13、14、

15,各 1 张。支弗勒曼(Freeman),13 晚 1 张。明天,若森(Rosen),15(5 张)、16(3 张)。

2,14:收时佩甲,15,4 张。收,16,4 张。收李信慧,15,4 张。

付但公泽,15,4 张;16,1 张。

付金秀堤,15,4 张。

收储万如,14,4 张。

付金秀堤 14,4 张。

付张渊泉,14,3 张。

请柬:魏璐诗(Weilss),13、14、15、16,各 10 张。退 28 张。裴功森,13,各 10 张。多尔德(Dorothy),13、14、15、16,各 4 张,退 10 张。哈根斯(Hankins),15。陈天直,13,5 张,14,9 张,15,8 张,全退。陈经畬,14 晚,4 张。张渊泉,黄桷垭崇文路 65 号邮政储汇局。

尖头蛮,累得死。

埃弗雷索·卡斯特罗·瓦列(Mr Erereh Hawrins),美国战时新闻处,重庆梁夫子路。

大川,41833。张雪流,沙平坝庙湾特 3 号,田家出版社。

乔纪侃,十五半,初中二完,因沦陷耽误,天资不错。工艺、细工、数学、理化感到兴趣。英文会话,国文 80 分。爱写艺术字,正楷不喜,会画,喜发明。江北观音桥岳子丘杨宅。冯子源,民族路小什子,2 万,瑞华玻璃厂门市部。卜逸尘,民国路邹容路口,2 万,震科电料行内大陆电泡厂(三万器对面)。董志卿,五四路"大光明"隔壁永安电厂(全部电磁)。萧亦五,国立编译馆;包谓世,后勤政治部。

奎杓堂:舍亦犹,遵姜街 19 号二楼永建公司,10 万元葛天豪,大川银行,林矗楼 21,4 万 曾艮祀,南泉路 68,2 万。 陈容贵,弹子石南弹公司,2 万 陈丰镐,民主路(中法),2 万 吕中柱,民权路康乐园,1 万 周书元,陕西街宝元渝,4 万 罗时惠,邹容路,42 号,3 万(信记钢铁号) 朱亚强,大梁子新生实业社,2 万 已收陆绍云维昌纺织厂,2 万 陈祖光,纯阳洞 22 号,中国建设工程公司,2 万 钱仲展,重庆中华路 4 号,开来兴业公司,北桥中山路 34 号 叶世挺(冯学生),钟声电化厂,国府路 秦秉常,华中化工厂,江北董家溪 倪光友,赴美 4 号。庄金(Chang L Quan),关中来,白市驿,转来何值分,捐美金 200,等于法币 100 000 曾宪猷,达县,渠江矿业公司,江边(28 日动身) 刘纪元,储奇门,林森路段牌坊 344 号 樊庆斌,荣荣制伞社,荣园坝,铁路坝街 86 号　董时进,南代门马蹄街 5 号　马思聪,观音岩文艺社　王友健　李保永,相国寺江北新村 30 号　邱鼎伯,道门口工矿银行　马寅初,歌乐山木鱼堡 5 号　陈先生,国际救济会。

代存款:陆云樵买冯书 6 本,1 000。陆云樵给王尚文 2 000。郃爽秋买冯书 6 本,1 200。付王洞若 1 000。中央林业试验所 100(要发票)。4.4,收冯书二部(陈善谋)2 400。4.9,付冯天敏冯书五部款 5 000。2.5,唐康黄:461—70,471—80,451—490(雷恒),491—500(军委会办公厅)。2.5,收余亦龙 100 000。存新华 47,100 000。收盐务 8 月,6 000。存新行 47,6 000。陆之顺 2 万,陆大镇工厂,化龙口。陈一之 1 学额。任百鹏 1 学额。罗士惠,建筑 39 000。

中西医合作,交换秘方。59 巫神大会取消,世道变,神上山开荒。医生送医上门。模范家庭,小学生推动。大便填士〔土〕,窑洞开窗、开囱。助产训练班。各医院公开为老百姓看病,免费。羊一年死几十万。亡率:人 3‰;孩 60%。一产婆接 60 人,只 9 人存。巫神。人畜同居。医(西)1/7 000。工作:井,开水,人畜分居,捕蝇。干部:师,劳英,小学生,卫干,全体公〔民〕。

文教。十月十一日开始,30 天。土地革命时期;抗战革命时期;整风以后。450 人,工农兵生出来之文教工作人〔员〕。典型报告,各部总结。卫生,教育,艺术,新闻。(1)田二虎,五口,人不旺。(2)骡马死亡大。

(1)做到开步走:①文化人下乡。②文化人跟民众学。③文化人写民众文学。④文化人教导民众自己干。⑤文化人发现民众中之英雄。⑥文化人与民众共同创造。

(2)今后:①小英雄,女英雄。②文化人到儿童队里去。③国语未与木刻一体。④木刻印书重线条。⑤不能停止在秧歌,再进一步。⑥出版《民众万有文库》、《儿童万有文库》、看图识字、唱歌识字、做工抗战识字的综合课本。

本月人名录

7 日:陈坤杰　周炳成　刘树勋　刘锡丰　11 日:任觉五　刘如松　张延哲　12 日:陈应元　马彦祥　贾德超

1 月—2 月人名录

王敏仪　张雪岩　乔纪侃　钟心民　时佩甲　李信慧　但公泽　陈天

真 金亦龙 曾民 汪漫铎 靳克勤 黄业兴 邓克原 王鸿忠 沈沛滋 徐伟立 陈芳允 李裕德 王叔澜 黄似公 王景得 高世英 蔡其光 丘升元 胡经欧 钱允孚 陈宗襄 许哲 涂德修 罗庄吾 陈蒙典 沈济之 李景文 关山月 唐韵陶 金山 徐澍 姜希 陆培文 周文耕 陈克濂 陈强怒 谭平山 胡柏洲 朱树洪 陆云樵 郃爽秋 王洞若 沈天敏 茅以升 陆之顺 陈一元 任百鹏

【注释】

①即位于重庆市中心的“三六九汤团店”。

三　月

（重　庆）

3月4日　晚7时，任公馆。

3月5日　三，创造之新闻。

3月11日　8，“滋美”。

午，“天林春”。

3月14日　“文委会”。

3月15日　6，黄若敏，管家巷。

3月16日　(1)汇款十万与校本部(谭)。(2)取金城退票(朱亚强)。(3)保育会借米(王全彰)。(4)起草“国际难童学园”。(5)下午1时半，贺公馆。(6)下午3时，特园。(7)为江津周宗琼介绍音乐家。(8)写信与魏璐诗。(9)批准录取生。(10)自贡市盐商赠“武训”。(11)周盖季：保育会总务科：黄静；事务股干事；彭训：事务股股长。(12)八塘保育院杨本立(刘□)。

鲜宅，招待外记，晚。

3月24日　收中等学校委员会：“中国”支票A284952，$50 000 000。付曾贵谦带交方竹因。

(1)看北泉慈幼院测验。(2)夏、杨、吕、夏商议分赴各院。(3)“新亚”收条。(4)小孩用具。(5)收碚、澄学额。(6)许世英印、校印。(7)土主场、土沱、教养院归。(8)五年级级任，国语、算学。幼稚教师字。

3月27日　歌乐山。

3月29日　草成《乡下儿童节九项办法》，包含在《致育才之友书》内。

3月30日　(1)存入中国银行美款1 565 000。(2)汇校本部200 000(自“中国”提)。(3)存入“庆大”1 000 000(自“中国”提)。(4)卢绪章捐儿童节20 000。

本月记事

吴织仙，女，安徽，38，上海美专毕业，高中师范，安庆女中，国立九中，普通功课;保育路 17 号。

中央银行总务处:苏功弼。汉肯斯(Hankins),U. S2229。露丝(Roser),阿斯克思阿皮特 1076。

(1)收邓记者 1 000。(2)刘清扬 1 000。(3)沈衡老 3 000(垫)。(4)张幼卿 3 000。史良 5 000。

职业妇委托儿所,杆卫新村 135。甘先生 5 900。

蒋鹏,四年级、三年级;是光荣。

冼冠生母 80 大寿,谢正宾介绍。

本月人名录

27 日:王旭晨　刘力生　江又昭　覃晓晴　包世贤　周品英　安国琛　杨贤弟　林建美　柳惠　隗敏　林端芳　白桦　张慈云　黄学谟　黄定厚　赵宗智　曹朗宜　徐篆

四　月

（重　庆）

4月5日　晚7时，王炳南对育才办事处讲演。

4月9日　收张伯伦2 000（儿）；收沈天敏1 000（儿）。

4月11日　12，蓉香。2—3，中山文教馆（伯赞之妹十号结婚）。12时，"兼善"，象骏女士、联文先生结婚。

国济救济：(1)米哈·哈里斯，中国救济社审核委员会秘书。(2)中国救济联合会。(3)英国援华会，西蒙爵士。李德全（冯玉祥夫人），托管委员会主席；倪斐君（贺耀祖夫人）、主任。

付车费1 068，姜100，餐费800，滑竿800。

4月15日　(1)《战时教育》200本，学校定，北碚管理局。(2)《创造儿童教育》[①]提200本。(3)《育才手册》200本，管理局。(4)《史〔良〕言论选集》重版。

滑竿、午饭，500、390。陶刚2 000。

4月22日　北碚座谈。

《假使我重新做一个小孩》。

4月23日　杨笋1 000。

4月25日　到渝。

4月26日　一老石谷18 000，推5老斗米。三千六百一老斗米。买米，三千三一老斗。卖谷买米为善。

黄克奎，黄克琨。

4月28日　收入：借来沈天灵90 000；付：买米三十石90 000。

4月29日　收廖茂如先生捐1 000元。

4月30日　(1)写马贺联。(2)访哈里斯（Hanis）。(3)访甘霖林（Sweet）。(4)银行存美款。(5)汇校款。(6)访尼德汉。(7)银行签字改双行。(8)还琴款。(9)寄英信。(10)致刘市长函。(11)电毕莱士（Price）。(12)钱仲照访。(13)访赵之一。(14)结束四月账。(15)收朱亚强款。

(16)买鱼肝油。(17)陶城请假。(18)函贺夫人[②]。(19)函巴县学生救济会。(20)徐翁职务。(21)写朗诵诗《文化下凡》,祝新"五四"。(22)《新教育体系》广告文。(23)《廿万里诗歌集》[③]送审。(24)选《行知论文集》。(25)写《文化下凡》。

回校要办之事:(1)买苦竹五千。(2)木筏。(3)端阳。

本月人名录

11 日:费正清　沈其霞　吴修泉　29 日:叶武成

【注释】

①即《创造的儿童教育》。首次发表于《大公报》(重庆),后自刊单行本散发。

②即贺耀祖的夫人倪裴君。

③即陶行知作为国民外交使节,出访海外各国、宣传抗日救亡时所写的诗歌总集。

五　月

（重庆·北碚）

5月2日　(1)梁漻、庄锦珠在白杨湾"皮匠"；小先生因自然组搬家，大家哭；《国民公报》记者。(2)陈士一，12岁，教通湾，杨小娃代他攖[1]黄〔蝗〕虫、背柴。(3)全家沟欢迎。(4)杨保长太太请女先生，并请男先生作陪。(5)李嗣民，写课本自动插画。(6)吴吉林，自动天天去(本来三次)。

5月4日　晓研：(1)教育研究。(2)自然研究：(甲)西部科学院袁海洲；(乙)三化寺李家大院子黄桷树，李会极家。

5月5日　陈可忠，蔡锷路13号，编译馆(有电话)。

5月6日　"新亚"戏票款5 000元，吴瑞林收。

5月9日　来渝。农工41974，物产部42249，1287。椿翼。何北衡2654，2477。

5月10日　黄先生次咸托请蒯伯赞担任南泉讲习。钱心农、赤水邮政局转。

Y. S. 张(Y. S. Chang)2615；M. 哈里斯(M. Harris)41070，3512。

公谊救护队。基督教青年会(42225)、任宗德(41032)、援华会(2501，2523)、贺公馆(2942)、冯公馆(2378)、"新行"(41642)、沈老(41927，2894)、"广大"(41606)、"新生"(41071)、保育会(2304)、卫学仁(春森路)、程海峰(41703)、"中苏"(2820)、农林部(6646)。

冼母何太夫人[2]，五月廿九日，冠生园42103。

5月13日　唐汉圣，大明工厂。

5月16日　张照溪，三厂二科，鲁；游补钧，三厂一科，湘；贾福康，三厂三科，苏。

5月20日　碚会陈遇冬——以群。

5月23日　过称，117斤，合计156磅[3]。

5月26日　吴甲原源源捐稿费助绘画组，特写信致谢。由《中国儿童》转(此次转500元，问金秀堤)。

下午 6 时,艾根在任宅请客。

5 月 28 日 3,冯亦代、倪斐君在管家巷。

5 月 29 日 冼母何太夫人,冠生园,42103。

5 月 30 日 1 时,在"聚兴诚"。李道南,"交通"五楼。

5 月 31 日 10 时,邹守愚,陕西街 150 号,隔壁仁里 89,祥记盐号即德昌盐号。

本月记事

晓光 404 号,3 月 14 170;4 月 16 339。

蔡钱平,两路口 江鸿起,中央银行 刘常治,秘书处(新村 56)北碚度量衡 黄叙三(宗纶),中央庚款 68=25 000;47=40 000 高伦瑾、李述祖、晓宇,牛角沱资源工业处 刘秉彝,白象街重庆街 卢彬,狮子山,税务司 毛飞龙,五□五四路,交通邻南□厂

本月人名录

6 日:程宗阳 李约瑟·詹姆森 莱特 布罗费尔德 10 日:浅心农 哈里斯 马寅初 洪石琼 刘清源 袁吉安 尹树勋 吴子铁 陈振露 25 日:范鸿畴 26 日:李怀德 27 日:黄静之

【注释】

①"摆",地方方言,意为驱赶。

②即洪冠生之母何氏,适逢 80 大寿。

③系陶行知称量自己的体重。

六 月

（重庆·古圣寺）

6月2日 文化研究院成立。

6月3日 8时，“滋美”①，叶圣陶、郭任远（五十年代）。12时，广东酒家，邵力子。

6月6日 6魔肃清②：（1）主观、成见、独断；（2）教条；（3）形式；（4）拢〔笼〕统哥；（5）迷信；（6）尝试而止。

6月7日 9，领事巷16，康公馆（自来水公司对门，英大使馆隔壁），研究院第一届董事会。

6月13日 下乡③。

【注释】

①“滋美”，重庆市一家餐馆的名称。

②似为演讲题目，后文为演讲提纲。

③指赴合川县草街子乡古圣寺育才学校。

七 月

（重 庆）

7月1日 进城。

7月13日 (1)文化研究院收据第34册(共50页),研究632—681号,交与罗时惠先生。(2)第33册,研究字581—631,黄次咸先生。

7月16日 19日下午2时,在霍金斯(Howkins)处。罗伯特·沃伦(R. Warren)、威廉·A. 比德尔(W. A. Beadle)。

7月18日 过称:"乐露春"门口("国泰"隔壁),124斤,合计165磅。

7月31日 6,张之善。

黄澄宇书画展。画120(内字41件),瓷、铜54,玉器、砚石120。黄苗子,飞来寺特4号附1号,8时。

本月记事

田一平,成都《华西晚报》 潘光旦 罗涵光 潘大逵 张志和 曾昭抡 李公朴 李相符 马民哲

"月亮大如斗,赶快向西走,越走越见亮,越亮越想走。"

"巴蜀":七月廿七日报名至八月三日;八月五日考国、算、常、口;九月一日开学。

思克职业学校(农、木、机)校歌:工作为上,自力更生,新中国工业化。杜宾斯基(Dubinsky),杜思克。

星期六,3时,院研室周刊部,进士,钱鹤滩。

俞宗荫(陆云樵友),石桥铺中国银行,26团:夹衣8,皮夹3。

粮食部陪都民食供应处:1934年5月31日文,6月1日收。

本月人名录

菲利浦·波特(Philip Petter) 宋斐如 黄宗仪 胡文澜 刘润深 季献之 王竹尊 陈真如 杨耿光 张笃伦 伍培英

九　月

（重　庆）

9月18日

	校　数	人　数
留学		7 831(1918年—1929年)
大学	129＋113	52 376
中学	2 278	622 803
小学	218 758	12 669 976
社教	79 550	5 399 235
播音	125	
体育场	1 695	
博物馆	37	
科学馆	36	
民教馆	836	
图书馆	1 003	
民众阅报处	39 989	
通俗讲演厅	4 587	

9月　《民之所好》(中英对照,原无题)。

项目:普及民主教育:

主办单位:生活教育社。

(1)内容:①文化上须通晓:读、写、科学、艺术。②经济上须通晓:农业、手工业、新型工业。③政治上须通晓:民主。④身体上须通晓:健康。

(2)对象:对八千万有读写能力的人进行民主意识的再教育;对37万文盲进行民主意识的教育。

(3)活动:①研究机构须发现传播民主教育的最佳方法及组织形式。②为学校、工厂及各种组织编辑出版资料;③为有文化的人发行一种全国性的周刊;④为培训教师及有关热心人士设立假期培训中心;⑤在各省省会设立演示中心。

(4)组织:①一个研究所;②一个可提供资料的图书馆;③一个兼管出版、印刷的办公室;④三十个培训及演示中心;⑤一个总部;⑥若干个资助中心。

育才教师报告:

(1)国内:①毛来前后[①]。来前,来后,老百姓,民主朋友,好感与密,谣言,访客,印象。②军事:48 师与 12 师。陇海北 5 省与 3 省。联合政府与法院内任职。政治会议与对主席。③谈判中之变化:

"国"[②]——a. 接收城市,进展都市;b. 兵力分散;c. 武装增加;d. 工商不满意;e. 利用敌伪,人民不满。"共"[③]——a. 北方县城进展;b. 兵力未分散过甚;c. 武装亦增加;d. 名誉增加。预测——内战暂可免;"共"或有出人意外之行动;前途光明,道路迂回曲折。

(2)复员:①党官、特务及其有关,最初复员。②发胜利财,发复员财。③上海物价必将又涨,法币,伪币。④四月生活可,最费低。⑤京、沪、平不安定。⑥计划:第一年多数不动,少数乘机附去,进行待集中,在沪、京、平、港。

(3)事业:①育才发展维持;古圣寺民教民选;重庆找好房做据〔据点〕;瓷〔磁〕器口农场卖或合经营;化龙桥干。②450 万之民主教育[④]。

(4)"民主"征稿[⑤]。

王达非,节约街 35 号,姜宅(朝天驿)。

【注释】

①指毛泽东赴重庆谈判前后。

②"国",指国民党。

③"共",指共产党。

④即生活教育社及育才学校主持办理的《提倡民主教育的初步计划》。参见"普及民主教育"的内容。

⑤"民主",即《民主星期刊》,周刊。中国民主同盟主办,陶行知题写的刊名,并为负责人之一。

十　月

（重　庆）

10 月 7 日　九，"广东"，台湾"企公"[1]。三，青年馆。六，"三六九"，魏璐诗。

10 月 8 日　7 时 30 分，冠生园，李农廉。

10 月 10 日　早，青年会画展。午，"利他"（社交堂）。三，管家巷，"生活社"。

10 月 13 日　7:00，报社，利普曼（Libermein）。

10 月 14 日　2 时，管家巷。

10 月 15 日　广东酒家，4 时。

10 月 16 日　2:30 管家巷，等某女士。4:30，"美援"[2]。7:30，松鹤楼。

10 月 17 日　9，上午，良庄。12:30 青年会，英语演讲。2:00，管家巷。4，上午，"中法比"。

10 月 18 日　吴羹梅。

10 月 19 日　2，下午，鲁迅九周[3]。3，下午，鲜宅、常委[4]。

10 月 20 日　8，上午，冠生园。2，下午，胜利新厦。3，青年会。4，下午，谭云山先生（?）。8，下午，王师亮、管家巷。

10 月 21 日　12，鲜宅，邓老[5]生日。下午 4 时，舍作礼堂，张永婚。

10 月 22 日　7，早，何渝川（管）。午，青年大厦，"利他"。

10 月 23 日　8，早，吴研因。9，犹庄。2，下午，良庄。

10 月 25 日　8，早，冠生园。7，下午，公园路 6 号，主教先生。

10 月 26 日　6:30，中信大厦，史继美婚；"314"。

《原子弹・民主弹》（原无题）。

进步公司出版，约好。

10 月 27 日　星六，二，良庄。3 时，特园。6 时，住宅。

《实施军训质疑》（原无题）。

10 月 28 日　12 时，广东酒家。1，管家巷，郭思明，20 青年演说。4 时，

“中法比”，何德鹤；斯早、张□□，兵役部招待。

上海夜大学，李凌与我决定音乐系。

10月29日 8，早，张希陆，冠生园二楼。7时半，青年会“纪念周”。

10月30日 8时，广东大酒家。4时至5时，女青年会。

【注释】

①即企业公会。

②即美国援华会。

③即鲁迅逝世九周年纪念日。

④指中国人民救国会常委会议。

⑤即邓初民。

十一月

（重　庆）

11月1日　8时，荫庐五号。12:30，“胜利”，罗特里(Rotory)。2时，“中苏”，联合刊。

11月2日　9:30，“广东”。

11月3日　九，西南企业。二，管家巷。下午2至4时，金马寺警察分驻所演奏会。晚饭，史良。

11月4日　星日。11，上午，“求智聚餐会”，周信；小什子筷子街，“五信”二楼，“政治与教育”一小时。下午3时，中正路181附4，“老百姓文库”，工商联谊社，上海银行巷边。6，管家巷：原子弹，高君瑞；怎样改良棉、麦，陈志中；怎样看报，萨空了。

11月5日　十二，任宅，大公出版公司。

11月6日　八时半至九时，观音岩胜利小饭店。十，荫庐。十二前，英文告美国友人书①。

11月7日　十一，大使馆。七，胡宅，荫庐。

11月8日　11，帕蒂(Pattie)，沈。2，难童学校。

11月9日　北平见闻：(1)法币多＝伪3.5。(2)等欢迎。(3)报，30几种。(4)找房，汽车，表。(5)正报。(6)抓300人(买兑币)。(7)学校解散，甄别正伪。(8)治安，中央维持。(9)侮辱日人。(10)金206＝26。(11)有钱机关接收。

周——(1)“双十协定”，八号复谈。(2)前，局部；现，全体；敌人约束——全部。(3)让日本可有手枪使。(4)敌伪成国军。(5)美。(6)64 000 000金元。(7)美：输军受降，五万够集中受降。(8)200万日侨。(9)秦皇岛。(10)山海关，美5人参战，中队进攻，100人牺牲。(11)护路。(12)散发《剿匪手册》，“九一八”，十月八日。《剿匪手册》：太行——延〔延安〕。(13)13日通令剿匪，官僚主义。(14)绥靖会议，广州，新一军孙立人。(15)浙东、苏南，清剿30多民选县。(16)鄂东转枣阳、襄樊。(17)八区撤不出,只一支主力撤至苏北。(18)八条铁路进兵。(19)豫北四路清剿,两条用伪。(20)13条,“双十”,进兵,蒋必要时追,十月还击。(21)太行、晋冀察素归“八”。(22)傅作义攻察,回“平”。(23)40军,马法五。(24)邯郸。(25)山东北宁。(26)北宁大战:侦察站。胡宗南,继续前进;卢汉、孙立人,49军,170万人。(27)军事会议,胡宗南到。(28)“双十”前,摆在和平;“双十”后,摆在战。(29)进兵,进攻,进驻;停止进攻,各驻原地;友谊驻兵,交通考察;路局管理;津浦南段,北宁南路不协商;政治协商会议早开。(30)河北孙效如在北平受降。(31)地方军队,前线。(32)军队去则人民完。(33)停止进攻,退出解放区。(34)八路进攻,八区剿匪。(35)山海关、古北口,绥中。(36)山东。(37)飞机转华,坦克北上。(38)张家口无坦克、飞机,无红军。(39)总,停止内战。(40)70天疲劳谈判。(41)10军集中,兵连祸成。(42)政治攻势,军事守势。

国大召集会,事前协商:(1)一年以后“双十”节,各方来谈,五月五不能谈。(2)廿六日,先开政治会议,第一谈内战。

11月14日 下午3时,鲜宅,发起人会。

11月15日 9时,“江苏”。3时,“西南”。

11月17日 早6—7时,荫庐。7时,晚,荫庐。

11月18日 早,江苏同乡会,陈嘉庚、潘国渠,中华路185,援华接下。下午2时,沧白路大会。

11月19日 牛奶公司,魏璐诗。

9月—11月记事

黄任之:参政会反对内战。章伯钧:“同盟”约岳军谈内战[②],国大,政会,军政全盘解决,政治会议到国民代表大会。沈老:国外代表请愿;各界大会。左舜生:停止谈判,早开政会,决不要内战。政会:和建方案;国大有关问题;停止谈判以丰富政会;联合政府。郭沫若:民主反民主之战。美国之支持——对美。

民主推广队:一队,姜维清;二队,赵国栋(复旦)。

民主协进会:韩幽桐、邓初民、方与严、翁维章、张宗麟、翦伯赞。

中外文艺联谊社:(1)范朴斋:1张;(2)沈天灵:4张;(3)罗叔章:2张。

倪,一万收。十月五日。

广州海炮州,琼崖难童学校校长,何亮节。李农廉,中兴路下回水沟

13 号转。

九月廿日，500 进票。廿一日，1 000 澄至泉；廿一日，1 400 外宾送；廿日，1 000 泉至白；廿一日，200 渡；200 茶钱；廿四日，1 000 泉至沙，1 600 沙至泉，1 000 招待费。共 7 900。卅日，2 160、2 400。

中航公司于八月十一日，付陶晓光 17 303 元。毓材中学董事会在中国，银行统分布立账户 13 500，存 $ 800 000，中航公司于九月三日付陶晓光 20 130元。

麦勒·瑞德勒(Melg Ridelle)："为增进中美理解。"

吉瑞德·塔尼贝恩(Jerald Tainebionem)："祝您的工作取得更大的成就。"

但尼尔·汉弗瑞(Danml Hunphriy)："这是一次最令人高兴的访问。"

赫尔曼·波欣格尔(Herumem Peraiugh)："十分赞赏您的工作。"

9 月—11 月人名录

王建非　麦启泰　赵国栋　沈炎　徐波庐　陈兆龙　锦庸秦先生　叶文熹　高子鑫　赵熙岭　柳亚子　叶鸣远　孙颖川　吴昱恒　黄微　徐尚周　陆修涵　张法租　施明璋　周文锦　泰疏昶　庞雨膏　刘静波　吴藻溪　赵端　毅佛　赵福民　吴履绥　施仁夫　叶和中　甘祠森　文先俊　王易今　耿一民　李义林　杨守清　胡厥文　徐鑫　王寒松　黄其华　薛迪功　郭耀宗　高尚忠　梦醒　卢绪章　祝公健　徐焕　张文青　程海峰　金震一　H. U. 福莱斯(H. U. Fellth)　J. J. 奥克舍(J. J. Oclesulf)　孟受曾　陶泽恺　唐棣　王震海　王震欧　屈用中　冯子绥　黄秉礼　张志和　吴涵真　杰克·威勒克斯(Jack Wilkes)　J. 乔尔森(J. Joelson)　利普曼(Libenmain)　徐集荣　胡梦华　高谪生　王德馨　王务安　李蕴山　董云宾　夏尔康　陆钦墀　郑维辅

【注释】

①指陶行知起草《告美国友人书》(英文)。

②指中国民主政团同盟，即"民盟"。"岳军"，指国民党显要张群。

十二月

（重　庆）

12月1日　(1)字水船来渝。(2)今日发起人会改期,可叹。(3)救国会亦改期,可叹。(4)改《武训舞》。(5)吃桐油,吐到半夜。(6)腹稿《我们是武训的队伍》成在病床上。

12月2日　(1)致生活教育社同志书。(2)"培才"开学。(3)捐得棉衣十套。(4)发起人会,庆祝"武诞"①,推出〔主〕席团,推演说人,核定节目。

12月3日　今日要做之事:(1)致主席团函。(2)发致生活②同志、育才之友信。(3)市教、育才请各校代表信。(4)汇款校本部。(5)《民主》写文。(6)《武训纪念刊》写文;《武训之队武〔伍〕》。(7)请演讲员。(8)发稿与各报。(9)发《武训之队武〔伍〕。(10)义务广告。

12月4日　《叫千古奇冤昭雪》(原无题)。

12月9日　收邓老武训纪念筹借10 000元。追悼昆明烈士。武训纪念结束。

12月10日　公祭昆明烈士。送信与毕莱士,说明进行步趣。下午招待公祭。晚,讨论救国会。

12月11日　晚6时,冠生园二楼。早10时,救国会致祭。早5时,写祭文。早7时,派木匠修振新印刷所三楼,与王琦谈漆予园。请竹安与祭。借韦坝40为16早9时会。介绍周任为救国会会员。晚7时,亦代宅晚餐。请与严、维章赴祭,征求入救国会。

收郑玛利20 000,郑玛利7 000;叶浅予2 000+3 000;倪斐君3 000+2 000;陶行知3 000。

12月12日　十二,留俄同学会,姚大年、夏义筠。收李公朴致清杨5 000。

十二,民国路。

12月13日　今天要做的事:(1)为"四大金刚"筹股。(2)电毕莱士。(3)付杜君慧东方公司股。(4)付四公司章程与任周。(5)电函请小林回。

(6)请竹因与张雪门商分社。(7)函王少燕,请付本月款。(8)整理诗集(宋)。

高育英(廖先生之友,侣朋),兵工署。河南项城两大街,鲍德常酱园。普教讲习,父打报不来,被杀。何丕光,云南盐兴,元永井,盐场公署李郁堂转。张平,焕文,庆大经理。

八半,冠生园,张希陆。

12月14日　2时,管家巷,普教会。5时,胜利大厦,电影。

12月15日　七,沈宅。8:30,荫庐。10,49号,“二六九”,“兵所”。

12月16日　三,石龄、裴功森、夏惠芳。

讲演:(1)内战与反内战。(2)民主与反民主。(3)政治协商会议。(4)国民大会。(5)民主的联合政府。(6)美苏关系＞国共关系。

(1)救国会的历史。

(2)为何重组救国会:①内战;②反民主;③一个新国家的诞生。

(3)如何重组:①确定有关人士重新组织,对老会员进行再教育;②发展新会员;③强化组织。

(4)目标:①停止内战;②促进民主;③通过和平方式重建中国;

(5)与“民盟”及其他党派的关系:①集聚力量,我们的力量,“民盟”的力量;②我们的力量,朋友的力量;③民主派;④“民盟”等于一个(力量的)仓库、军需部。

(6)让我们记住:我们属于中国,而不属于一个小集团。

(7)时代的要求:①停止战争;②基本的权利;③民主联合政府。

(8)纲领:①创造性的民主;②动力:向社会主义前进;③培植自由;④目标:在臻于完善。

12月18日　收王葆桢先生捐1 000元,柳先生亚子经手。收朱启贤代卖木刻5金。

北碚:张孟开、马宗□、张明养、林仲达、萧亦五、陈望道。马,3。

12月19日　7,任宅,“救中”[③]。2,鲜宅,新世纪。

12月20日　四川省银行,64差,五年了。

纲领委员会议决:(1)大会化〔记〕录,关于纲领及主张移交陶行知。(2)议决请邓初民执笔整理(根据原意见)。(3)限于廿三日下午5时交陶。(4)定于廿四日,在下午2时,在荫广〔庐〕开纲领委员会。(5)卅日大会。

12月21日　9时半,良庄。3时,特园,中常。8时,卢子英。

12月23日 7,史良。早8时,高昌瑞。

12月24日 2,荫庐,纲领[4]。

12月25日 午后1时,中苏,荣。

12月26日 1时,志会[5](政治报告)。四,王达非,节约街35。

12月27日 收李公朴一万元;收史良一万元(民主)。

七,荫庐,常会。十二,"管",中大,教。

12月29日 2,同盟,西南大厦。《新华》要新年诗。

12月30日 2,中苏文化协会楼上。7,任宅。

12月31日 8,冠生园二楼。2,"广东"门口。

本月:《预祝政治会议》。

《为什么教师要民主》:

(1)吃不饱,饿不死。

(2)没有看书的自由,不能长进,以愚教愚以育才。

(3)对学生不能说真话。

(4)不能为老百姓服务。

(5)不能集会。因此,大乐变成大苦。不乐,不玩,不……。一条路:革命尚未成功,教师仍须努力——争取民主。

(6)教出的学生给人吃掉。

(7)做了反民主的工具。和当兵的一样,原为保国,现在是自杀自。

本月记事

六团体九日下午2时,西南大厦。文协、出版、学术研究会、戏剧团、杂志联谊社。

陪都文化界人士欢迎政治协商代表茶会,14人出席,主席团;李、陶、茅、洪、曹、□、邓、胡。

(1)戏剧:沈浮、翰笙;(2)文学:茅盾、叶圣陶;(3)妇女;(4)教授:初大告、杨晦;(5)律师:林享元;(6)医生:黄;(7)科学:任鸿;(8)绅:胡文澜;(9)杂志;(10)北碚;(11)沙坪坝;(12)工商;(13)农;(14)"民主"[5]出特刊;(19)各报。

报告摘要:1. 第一次(三年与一年)与第二次大战后,动乱的现象必然性。2. 政治协商会的功用,各党派的合法地位与教育民众。3. 停止内战:(1)休战第一;(2)逐渐根除内战。4. 联合政府,为纲领而斗争。勿踏抗战建国纲领覆辙。5. 国民大会——宪法原则,美法加中国化。

6. 国民党部计划:(1)铁路线进攻;(2)一军的训练。7. 考察团——各党派与老百姓见面。8. 结论:(1)民主自由是一滴一点完成的;(2)人民武力与民主。美对华政策:扶蒋,防苏,安定与民主的中国。

美学出版社沈安和,九尺坎铁板街2,中央印制厂周迅。

“民主”,1.5收史良十、十一、十二,30 000。收讫徐沃厂4,4 000。收讫张相英2,2 000;收场中葆先生5,10 000;1.28收高汾16 500。

陶宏,成都布后街中大医学院,杨胜转。张君藻,沙坪坝中大刘泽转。

本月人名录

27日:马歇尔　沈鸣和　本月:史良　何惧　黄乐丰　李公朴　钱斌　彦学武　庞姜青　高集　沈志远　欧阳执无　促秋元　宋雁冰　杨胜　徐邻真　周佩珩　沈老　杨兴荣　文宗书　赵云程　马万里　宋子扬　戴浩　刘厚生　徐和　周文敏　毕大夫　祝华　杨光义　李得恺　徐永龄　蒋士奇　章增扬　王性容　蒋若萍　毕章　曾敏之　徐建　张文纲　黄国栋　张相英　赵玉华　许天一　吴春选　萨本栋　沈有乾　史东山　华黛妮　邢文雄　杨子辉　李泰华　吴雪俦　刘柽年　罗蕴琦　刘志刚　顾韦如　傅导琛　罗昌道　宋云彬　庞荩青　华丁夷　邓初民　沈志远　秦柳方　胡文澜　曹克勋　王世英　李澄元　沈其震　齐燕铭　陆定一　李克诚　陈四维　洪恩溥　田其敏　严文祥　谢显光　胡乾善　汪曼铎　陶吉康　陈子明　任宗德　张琬　沙千里　冯和珐　宋琼友　张平　王达非　李农廉　张芳文　成善谋　杨必礼　陈莺乔　阎宝航　华罗庚　范鸿畴　胡子昂　朱天民　吴锋锐　龙圣夫　汤促明　潘菽　梁希　涂长望　金山　张瑞芳　于卓　郝郁飞　李敏予　陶胜百　吴永刚　施乐衢　施剑翘　陈一飞

【注释】

①即武训诞辰107周年。

②“生活”,指生活教育社。

③即中国人民救国会中央常委会会议。

④即救国会纲领委员会会商。

⑤即全国杂志联谊会(社)。

一九四六年

一　月

（重　庆）

1月4日　早10时，“151”。

1月6日　于怀。

1月9日　晚7时，“151”。

(1)兴衰关键：匹夫匹妇有责；代表责任尤重。(2)人民与代表联系密切。(3)党派立场与人民立场。(4)开会前应做之事：①停战；②释放政治犯；③基本自由；④取消特务；⑤共同纲领；⑥联合政府(临时)；⑦国民大会；⑧政党合法；⑨军队国家化；⑩科学、学术提高与普及。

文化教育界总要求：(1)学术研究自由。(2)教育机会均等。(3)文化工作者生活之保障与提高。(4)解除一切妨碍创造力发挥之束缚、摧残。(5)召集全国文化教育会议，根据民主联合原则改革一切。

文化界紧急要求：(1)废止出版法。(2)取消期刊登记法。(3)取消邮电非法扣留。(4)废止戏剧检查。(5)停止话剧、音乐捐。(6)广播电台公开。(7)取消通信〔讯〕社独占。

1月11日　《贺〈新华日报〉八周岁》。

《民主日刊》午刊。“益世”25日出版；6万元—4 000份(每天)；每增加1 000份，30 000元；8 000份纸〔报〕，70—90万元。

“世界”；每天一万份=70 000元。

“政协进”[①]成立。

1月12日　四，主席团，“迁川”。“政协进”二次会。6时，社大[②]口试。

1月13日　1时30分，朱子樵纪念。6时，社大教授聚餐。

1月17日　12，新闻处。2:30，“中苏”候。

收徐淡庆《郎格办》[③] $10 000。

1月18日　5:30，冠生园二楼。

1月19日　2时，合作会堂。2时，鲜宅。

1月20日　12时，生活教育社。

1月22日 12,“中俄”。3,周延信、蒯伯赞。7,“151”。

1月23日 12,冯宅。7,史宅。

1月24日 2,管家巷,文化界成立④。

1月25日 5,冠生园三楼。

1月26日 2时,“迁川”。

1月27日 1时,沧白堂。8时,“151”。

1月28日 9:30,冠生园二楼。

收王少燕100 000,“民主”;收高集10 000、高汾185 000。

1月29日 (1)印音乐会节目。(2)领科学捐款。(3)援华借款。(4)社会大学买书款。(5)电灯。(6)“历史”请客(星期四中午)。(7)写稿子。(8)请客过除夕。(9)百鸟合唱队。(10)助晓光、宏找事。(11)领布、寒衣。(12)造新预算。(13)育才故事。(14)领振〔赈〕款。(15)卢写信。(16)会瑞安(Ryan)。(17)借凳。(18)还“人文”款。(19)分捐礼。(20)告诉冯学生数。(21)借地方,下星一。(22)民主星〔星期〕刊。(23)送“位”字。(24)请石均。(25)函任潮。

1月30日 民盟(市)⑤开会,要把《民主星期刊》挂上市支部的招牌。这是有害的,要影响到远地的翻印。

本月记事

社会大学:华冈,中国近百年史;曹靖华;侯外庐,中国思想史;茅盾,文学谈话;郭沫若,临时演讲。

张市长3033宅、3053;大溪别墅8号。

【注释】

①全称为“政协会议陪都协进会”,陶行知是该会负责人之一。

②即重庆社会大学,系陶行知创办,校址在重庆市管家巷28号,是成人补习教育性质的学校。

③《郎格办》为四川方言剧。

④指陪都文化界联合会的成立。

⑤指中国民主政团同盟重庆市支部。

二　月

（重　庆）

2月3日　(1)报豆浆账。(2)造新预算。(3)育才故事。

2月4日　下午3时，冠生园二楼，庞薰琴、周轻晶。

2月5日　(1)和平革命，全盘停战，协商。(2)军队国家化：兵归田，官被裁(20军长)；"艰楚"——文化界，鼓楼。(3)政治民主化：50条纲领——宪草原则(审议)，五权分权。(4)改组政府。(5)国民大会，立宪。(6)政协前进(西安军官10 000人，十人说无前途)。

清高，怀疑，旁观，减弱□□。

2月7日　10时，"迁川"。

《出版界顶呱呱》(原无题)。

(1)扩大选科，做到自由选。

(2)减少、缩办必修。

(3)笔记委员会。

(4)丛书。

(5)检讨会。

(6)测验(学生自考)。

(7)宣传。

(8)文凭由教师签字。

(9)学生介绍学生。

教育系：

李公朴　陶行知　艾伟(Ryan)　萧孝嵘　孙起孟　黄炎培　孙铭勋　方与严　张友渔(民主文化)

新闻系：

浦熙修(采访)　章汉夫(美国新闻事业)　罗隆基　窦尔丁(Dalton，管理报馆)　于刚(发行)　高集(新闻经验谈)　费正清博士(Mr. Fairtauk)

宣谛之(中央社征集社论) 陈翰伯(新闻理论、编辑)

政治经济系:

张友渔(民主文化) 邓初民(政治问题) 许涤新(经济学) 王昆仑 华冈(中国近百年史) 侯外庐(中国思想史) 翦伯赞(中国通史) 马寅初 费正清先生 何思敬(宪法) 章乃器(当前经济)

文学系:

力扬(诗习作) 胡风(创作方法) 茅盾(文学讲话) 郭沫若 邵荃麟(文艺思潮) 骆宾基(作品选读、习作) 冯雪峰(民国后作家书评) 曹靖华(苏联文学) 宋云彬(中国文学史)

民间艺术系:

庄严 钱风 黄芝岗(理论、民间戏剧、花鼓、地方秧歌)郑君里 山药旦(富少舫,大鼓、相声)

本月记事

较场口:(1)梁漱溟、郭沫若、周宗琼三证人。(2)史良,4时①。

(1)80长凳×5=400。(2)桌100、凳100=200。(3)幕:36尺×16(高),3匹;3(匹)×10=30丈;3(匹)×3=30;300÷18。(4)"奎杓"20灯。(5)"利他"12灯。

1月—2月人名录

谢家钊 景霁 沈德炎 唐剑云 苏东 谢焕章 王心琨 叶桐 路荣晖 王鹿鸣 吴荣华 沈金绶 刘绍先 刘世龙 许彬 庞荩青 戴邦杰 闵刚侯 杨若愚 邹孟 谢鼐 田老大 贾起臣 戴树勋 冯畬辛 陈如玉 贺郁亭 曾倬甫 顾大汉 周鲛文 倪斐君 陈一飞 责正坤 廖健仁 廖湛莹 赵懿明 陈伦 章人钧 杜麦青 谭文山 潘剑初 卜逸尘 陈克文 史良 罗隆基 金仲华 周延信(迅) 陈汉清 白庆兴 林焕平 范云迁 于去疾 叶鸣远 金涤寰 沈志远 周公惠 洪诚 徐敏政 □守诚 吴涵真 翦伯赞 沈先觉 曾庆藻 雷见明 赵其文 陆芝平 杜重石 卢绪章 何廷光 陶晓光 郑石均 董志卿 孙渭波 房书培 李启明

【注释】

①1946年2月10日，重庆的民主党派在较场口举行庆祝政协成立大会，陶行知带领育才学校师生与会。国民党特务刘野樵等肆意捣乱，并打伤郭沫若、李公朴等多人。事后，特务反向法院控告陶及育才师生破坏、打人。后在史良、林亨元的据理力争下，法院被迫停止审判。

四 月

（南京·上海）

4月12日 到京住文彩〔采〕家[①]。

4月14日 到晓庄。

4月16日 晤周文敏、臧其吉、孙洪芬。

4月17日 到沪住许德臣宅。

4月18日 存$520（美金）于“广大”。访卢、俞、楚、倪、赵。

4月19日 8时，沙[②]。9时，陈。10时，陆[③]。11时，艾。12时，徐伯昕，爱文义路（卡德路口）672，广和居，后门在卡德路三慰一村二楼。

4月20日 9时半，亦代[④]。12时，天天饭店二楼，陈、许、李（新新公司对角）。3时，冠生园，同孚166（威海）。

4月21日 9时，教师会，山海关路，育才。12时，新重庆路。2时，亚尔培路，中国科学社。4时，一□。

4月22日 9时，闵、马[⑤]。5:30，候李剑芹、王娄兄。

4月23日 10时，山海诸友。6时，彤。8，愚园新村14号（750弄），陈。

4月24日 2时，“大世界”红棉酒家。6时，教育科。

4月25日 牛庄、“储能”[⑥]，6:30。3时，陈润荣。早饭后，李宏达（劳合路:新新公司后面）。

4月26日 7，汉密尔顿大厦1004，福州口，江西。4时，“中法”，北京路，西藏。10时，马。10时半，偕陈。

4月27日 下午2—4，生活教育座谈会，麦根路（淮安路）240号，大任小学。9时，“天天”，陈根度。

4月28日 新利查，广西，四马，12时，张一渠。金鸣歧，5:30。

4月29日 6:30，静安寺，新华银行楼上。2:00，静安寺路，卡德路口，绿杨村，追悼筹备会。

【注释】

①“京”，指中华民国国民政府首都南京。“文彩”，即姚文采，陶行知的

同乡、同学（崇一学堂、金陵大学）和同事（南京安徽公学）。

②即沙千里。

③即陆诒。

④即冯亦代。

⑤即闵刚侯、马叙伦。

⑥即上海市储能中学。

五 月

（上 海）

5月1日 7，育才中海〔学〕，山海关〔路〕，百货业工会600人。9，桑、陈。2，庆和。

5月2日 4〔时〕半，麦根，大任[①]。

5月3日 7:30，“民促”[②]。迈尔西爱路407。民半中学，辣斐德〔路〕。

5月5日 2时半，育才[③]。南阳女中，教师运动。

5月6日 9时，青年会“交谊”，美达、陈亚云女士结婚。9时，职社29周。

5月7日 6，来喜饭店宴司徒（×）。2，新闻专科，阿柏特（Albert），410。

5月8日 3，圣约翰，烛光团契[④]，交谊厅，85269，吴励理女士接洽。6，“来喜”，司徒美堂、杨天宇、朱公石、谢志如[⑤]。

5月9日 5，青年会，读者团契。

5月10日 7，晚饭，新出版业。

4—6，杨树浦军工路，3时来接，“沪江”[⑥]。

5月11日 7:15，八仙桥青年会交谊厅。

5—6:30，西摩路（新闸口）大同里崇德女学。之江大学教育系（由南京回沪日）。

5月12日 2，生教社上海分社成立，新闸小学。

4—6，成志社游园，圣约翰。

8，见漱溟。

5月13日 午，银行俱乐部公益委员会。潘承〔垂〕统接。

8:30—9:30，四川路老青年会中学。

4，翦先生[⑦]到。

5，诗歌、音乐工作者协会上海分会。宁波路130，神州报。9:30，威海别墅36号。

5月14日 6,孟邹[8]。9,田先生与我看山东同乡会。四,苏州路(北四川路)175号201室。

5月15日 5,东吴大学,慕尔堂。

5月16日 3,青年会,偷偷地秘密地教育。

5.30,在青年会候潘垂统。

5月17日 3,沪江大学来接。7,生活书店,新出版业联谊,"一家春",河南、四马。

5月18日 2,大任。7,"育才",银钱业(南京路慈淑大楼),91351,91881。

5月19日 8,民盟五分部,天主堂街民国元龙里5号二楼。3,福州、广西大利酒家,吕咏声、臧婉敏。11,丽华戏院。福煦(成都)业余图书馆。10,羊枣(杨潮),大西路72。

5月20日 6,欧伟国。2,亚尔培410(跑狗场,原中法),新闻。12,胡,万宜坊23。

5月21日 8,汉密尔顿大厦,福州路1004号。

5月22日 2:30,约翰大学,交谊前厅。

5月23日 10,苏州路。2,巨赖达(古巴),819弄5号,77503(西摩、福煦)。

11:30,英士路丰裕里中教道义会,黄。

5月24日 10,"储能",市政府。

5月25日 2,戈登路495,女青年会(康脑脱下)。3,海南。

5月26日 4,牛庄770弄3号,"储能",翁汉杰。

5月27日 3:20—4,茂名路315,省吾中学。7,亚子,拉斐德557(金神父)。

5月28日 6:30,"大世界锦江"宴毕莱士。

5月29日 7:30,福尸〔?〕里112,"祥记"。6,西爱咸斯(拉都口)383弄38号

5月30日 8,看《升官图》。10,马思聪。

本月记事

沪南华泾乡有空大屋数幢,可廉价出租(49)。洞庭西山有大宅及祠堂、庙宇多处可以租,用为育才学校水利、农田、蚕桑、果树最相宜。

每星期四晚7时至9时，圣母院74弄(浦石)106号C。

育才音乐院筹备委员会名单：马思聪(主任委员)、黎国荃、马孝骏、徐迟、端木洪〔蕻〕良、贺绿汀、吴晓邦、戴爱莲、陶夫尼(Oscar Dofny，管乐器兼指挥)、阿里克司(Rene Alicrs，作曲理论)、皮遥德(Fi Billote，提琴制造)。

4月—5月记事

许士骐，沙坪坝成渝路旁柏树村20号，中大教授房舍石麟，南京中山路薛家巷13号，重庆民生路190号　颜其鍌，陕西街924号　徐中文、四川丝茶公司　王泰，山东教育部资料室专员，广东中山大学政济系毕业；通讯处：教育部资料室　马思聪，中山路中国银行成渝招待所　彭敬夫，长沙霞凝巷邮局转霞凝乡中心小学　仲秋元，人民救国会四川分会　傅于琛，林森路66号　庞姜青，曾家岩102号求精商专　杨明　马寅初，民族路蓝家巷义生贸易公司　冯伯恒、陈树渠，陕西街华尔行三楼　沈天灵　汤宋朴　陈锡璋　吴让之　董志卿　陈文贵　冯子源　陈嗣庆　沈天敏　谢正宽　陈祖光　唐臣伟　朱宗培　枣子岚垭1号，电话2807　刘治州，观音岩义林医院　金绍贤，明德会计师务所主任会计师　郑石均，中山一路62号　周公惠，上海南京路166号，白广荣经理转　马思聪，上海敦信路106号　端木蕻良，香港干诺道212《华商报》，严人杰转

丘其昌：(1)民生路60号"凯旋"招待所后楼2号；(2)上海吴红路63号；(3)香港文成西街38号，侨通汇业公司陈其林□3楼。

陆若水，中大街劳动协会　卢伯衡、韩于芳：小龙坎汉渝路43号　黄秋池，中兴路113号二十梯2号　杨培春，民国路83号　连瑞琦，汉口胜利街(湖南街)81号　庞熏琴，上海白克路588号，金宅转；电话34825　庞熏琴，上清寺街45号三楼303号房间　张德府，《内江日报》社长，接圣街75号　王务安，上海乍浦路207，披亚司公寓53号　季平，淮阴城邮局信箱109号，或淮安河下镇新安学校　戴邦，淮阴城内新书店郑伟　维特，江苏《淮安报》闸苏皖教育学院　冯兰瑞，北平宣外大街方壶街9号，兰殷先生转　汪达之，江苏淮安河下新安学校　沈增善，大场中市沈隆兴鱼行　吴涵真，广州沙面珠江路40号陈宅　左林，江苏青江邮局105信箱　杨静尘(渭臣，谢翢先生介绍)，上海拉郁路敦和里32号　汉口星光街3号、重庆民国路43号、正大实业股份有限公司　许德臣，吕班路53号，蒲柏坊对面。80501　周方，湖南新化私立枫林中学　沈叔羊，愚园新村11号　周文敏，评事街29号，南京远

东印刷厂　于泫疾，中华路金沙井四圣堂 6 号　施荣庆、刘运元、臧其吉，南京中正路八条巷 14 号，第十进　李楚材，上海旧法租界拉都西爱咸斯路南面，私立位育中小学校　杨乃挺，上海打浦桥法政学校　吴子培，师管区 2 营 10 连　俞文华，吴淞路 450 号，43256，时代，吴江路斜桥弄 60，37511　洪念祖，大场余庆桥前江阴公所，英租爱产亚路东棋盘街元三街 32 号，大中华橡胶厂，电话 15606—8　郑石均，静安寺路 769 弄 10 号，31398　倪斐君，Scott 路 290　史东山，爱文义路胶州路(177)，34773　许广平，霞飞路，飞霞坊 64 号二楼　沈士华，上海市敌伪物资管理处，(王德馨学生)　刘攻芸，圆明园路外滩苏浙院　陆诒，北四川路底 1141 号 1 号，43059 宅　3.5287 时，10152 联(甲正路东 172 号)，戴副官树勋，上海马斯南路 125 号　孙晓村，横浜桥以南，北四川路　吴觉农，757 号，兴华制茶公司，电话 45978　吴大琨，白克路大通路同寿里 19 号。(电话:38611，卡德路爱文义路下车)　李湜，中州路(赫司克格)66 号，靶子路口，海军路下车，电话 40037(住施高塔路 77 号)　兴志远，迈尔西爱路馀庆里 1 号(霞飞路口金神路下车)70870　金仲华，江西路福城路口，汉弥尔登大厦 221 号房，电话 16859　胡取文，贵州——牛家 734，90980　吴羹梅，西爱威斯路　□一虹，愚园路 520 弄 25 号，24086　陈已生，82770，贝勒□□

4 月—5 月人名录

赵朴初　柳亚子　李敏叶　姚寿康　施高塔　余之仑　蔡悟　何公超　康若如　曹吉荪　陶宏　马叙伦　陈鹤琴　张一渠　许啸天　廖梦醒　程海峰　陈丰镐　浦亮畴　董土濂　李丽莲　李赣驹　马斯南　罗运年　黄彤麟　金鸣岐　曹孟君　朱学范　葛承训　秉志　左舜生　王治鳌　章乃器　周建人　林汉达　王安娜　潘抑强　张念祖　张绳祖　庞运公　倪文宙　雷震清　李丽连　王志莘　陈润荣　赵钰荪　陈波儿　刘仲芳　叶克平　陶德斌　黄警□　眭忠诠　林荣　宗志洪　沈子康　唐爱梅　戚逸影　陈国容　潘星南　卢绪章　陈鸣一　杨乃挺　李解　吴茂生　潘垂统　俞庆棠　汪令鹏　吴祖光　刘厚生　吴珊　黄钟　霍守华　蔡华　秋江　秦柳方　宋尔登　蔡斌夫　周志毅　吴励理　甘杏林　翁郁文　程贻泽　宋梦梅　任□永　秉志　廖感英　程振魁　吴越　徐伯昕　丁先藩　司待美堂　沙千里　邵琼　袁水拍　李捷才　李华　王文达　艾德敷　俞庆棠　陈鹤琴　胡子婴　蒋梦麟　曾大钧　邵力子　尹襄　李一帆

【注释】

①“麦根”，即麦根路。“大任”，即大任小学。

②全称为中国民主促进会，也称“民进”。

③指上海育才学校，以下皆同。

④“圣约翰”，即上海圣约翰大学。“团契”，基督教新教的宗教仪式，旨在加强教徒间的团结、契合力，有时也用作教徒组织的名称，如妇女团契、青年团契等。

⑤前日所记：“宴司徒”，未果。

⑥即沪江大学。

⑦即翦伯赞。

⑧即汪孟邹。

六　月

（上　海）

6月1日　9，马、陈、董、潘。5，“兰心”。

6月2日　9，“小教联”。1，搬。

6月3日　2，福尔柯勒。廖。

6月4日　12，许，午餐。

6月5日　4，青年会3楼。

6月6日　4，沙逊，256。

6月8日　6，新加坡小学，金宅候。

6月9日　2，青年会，八仙桥9楼46。2，住肖，拉都388。

6月10日　7，黄山路金谷村21号；刘紫垣。

6月11日　看“爱迪柯特”。

6月12日　7，候谈。

6月15日　10，“广大”，候根度。

6月21日　6，“锦江”，毕莱士。

6月23日　午11，威海王同宴新生活俱乐部袁健、富璨。3，学校教育民主化，“大任”。6:30，青年会二楼交谊厅，小教进修会。

6月24日　5，八仙桥青年会少年村。

6月25日　2，苏州路375—201室。

6月27日　4，王公馆。6，印度加厘鸡饭馆。

李楚材，73240；段先生。93490；吴锦章。

陈天保，蒲石路245弄613，71156。

王丕忠，愚园路668弄121号，直接税局20297。

包小宝、金神父路198类10号，39842。李组绅，环龙路517。

陈翰笙，纽约弗特尔阿乌，金德斯425号。

6月29日　苏州振华，9时，王泰玉、振华。

叶乐天、白克路宝隆医院对门聚兴功11号。

庞曾漱，愚园路 1407 弄 2 号，22993 转。杨天孚，四川北路，横浜桥，福德里 75 号。

吴晗，西康路 827 弄 6 号 32650。

刘仲超，广州文德东路槐花前街，新□第 5 号林俭馨转。

陈兆殷，昆明北门外南菁学校。

沈体兰，辣斐德(思南)辣斐坊 69。

吴□□，拉都路福□黑路安乐村 46 号，74170，12430，28 分托，徐树德转路永源，徐家汇路三角地汇南小学。

高昌瑞、庞曾漱，无锡欢喜巷 3 号。

七　月

（上　海）

7月1日　3,"红棉"。6:30,"新华""成志"。

7月3日　4,青年会十楼,招待外记者,发表和平方针[①]。致美独立贺电。

乔治·列昂诺夫(Joage Leenof)布尔德大街26号。李凌,杨愈,阎宝航,狄思威505-02-61785转,愚园520弄25号,24086。陈光甫、倪章述,宁波江西上海银行。罗隆基,祥生416,77088。

7月5日　6,狄思威路711刘宅(宝安)钱费夫人。7:30,"育才",新书业联谊会。

陈丰镐,92588。刘王立明,武定路890,吴。吴树琴,新闸。李凌,史高塔祥德村7号二楼。李丽莲。霞飞,上方花园62。王知,津感戈登495。

7月6日　"育才",新药业会。

教克威上尉,希腊大街1140。倪斐君,施高德290,02,62029。弗里德曼(Friedman),家1004,17025,办公室11199。卢绪章19929;浦亮畴,14453。余之介,小沙渡34,35075。卢绪章,愚园路579号44号,22058。印刷所,乃·曼森1409房,46260。曹为铭(五金),爱多亚路856,南洋汽车五金号,90664。索非亚(Sophia)。P.O.57信箱。

7月6日　"育才"新药业会。

曾昭抡,福煦成都妇孺医院,曾宝莲,38059。黄祖贻,上海青年会,84040。夏禹思,森林中路967弄24号。农8.30,前73720。天津河南西泰记□华商轮船,96992。袁祖年,迈尔西爱425,江西天津中航17249分32,蒯伯赞,愚园中宾新村28号,579弄,23564。

忠诠,"储能"(冯演讲),93490。

7月7日　2,愚园路404,上海幼师,女工600人。1,大东门内复兴东路大神庙漆业公所。9:30—10,愚园路404,幼师,400人。

胡子婴,19780—275,78379。范鹤言,新闻路32215。Y.T.英,博物院

路131号；愚园路新花园29号。熊娜亚，印刷所，百老汇大厦。张军光，18135，河南路348号，中农工银行四楼希利公司。

7月9日 9.30，"储能"毕业。12，戈登，"康脑"，"女青"[②]，午餐。

张〔章〕伯钧，环龙532弄，新明村6。商务印书馆92310，卫海威688，王云五，60766。女青年会，34924。青年协会，15248。戴爱莲，贝勒路709底幢，卢里共舜红楼，80274。张已振，西摩660弄11号，39793。冯少山，东方联合公司，博物院126，电12745，上海银行广□。冯焕章，霞飞1881（善钟一）、78265，79794。王造时，巨福路，永康新村，2弄83，79425。郑桐荪，育才校长。吴若安，南阳女中，开封路西藏路，45611。孙企明（书籍、黄铁箱、皮箱），民本，□联九号，六二到。史良，窦乐安202弄，东方林15号，02，62416。罗隆基，崇明路上海招待所406，40118。晓椿（马思南辣斐）107，71775。新华，南京西路587号201，32040。

7月10日 2，与李陶至"大任"。

欣尔德（E. Hinder）苏州，联合国救济总署370。马寅初，杭州法学院34，1093。闵刚侯，76175。沈志远，70870。汪孟邹，95310。马夷初，拉都383弄38，76513。林汉达，79368。鲑四川路底1081号，2118号。睦忠诠，"储能"（冯演讲），93490。

7月11日 6:30，青年会。4，卡德爱文丽都花园，歙同乡会[③]。7，路易斯·斯特朗。

7月12日 早至"沪江"。2—4，绍兴中学，爱尔琴。7时，王荆璞来。

秉志，康定路安东村7号。潘垂统，马当路80号13664、36045、19341、87873。罗子为，02，62245。林辅洲，71602。上海医院，祁齐路（福履里路）172，77006。赵朴初，418赫德路，33781。毕莱士，518圆明园169，14920。茅盾，史高塔大陆新村6号二楼。

7月13日 12，马宅。3，徐宅。

艾迪柯特（Endicott），联合国善后救济总署布朗（Browom）先生。黄钟，新加坡路40号（胶州路西），31046。廖梦醒，苏州路175号201室，15988。美国援华会，91734。毕莱士，汶林10A皮希布，福开飞，70466。马寅初，11690。任叔永，中基会，祁齐路，320，14925。顾梁，善救四川185，二楼202，13802。徐国懋，金城上海总行，12400。傅庚南（Falconen），北苏州路370号，电话46389，信箱20。陈根度（久华），93623。沙千里，山东路227弄底瑞泰，午，96022。李公朴，昆明北门街97号（朴如）。曹孟君，02—60588，大马外 24，中央经济研、地方经研。

7 月 15 日 2，"新光"联谊，山东同乡会。

胡洪开，吕班，万宜坊，23。孙宝毅，愚园路 749 弄 31，22054。任宗德，爱棠新村 13（贝当路），79907。霍守华，72794。欧伟国太古，82020。梁漱溟，74298。冼老，11A，20997。翁汉杰，文汇中正，172，10152。阎宝航，辣非德 1231，教养院姚 75127。杨良能。平济路口、黄河路（嵩山）广平坊 17 号（775 弄）。潘舍之、杨静尘，32 号，73614。陶晓光，龙华中航公司无线电部，打浦桥法政学院后面中航公司宿舍 315 号（17 路无轨电车到宿舍前）。陈家荫，北平西、平和里，21，35039，陈俭。涂羽卿，15248，家 72309。裴开，海会事丽园路。知方，王佛寺。法藏寺，吴慈。佛教书局，静安寺，太虚。欧阳执无，霞飞 1285 弄（上方花园）62 号 77970（麦阳口）。勇龙桂，国讯。

7 月 17 日 2，取祭公朴诗④。

张耀辰，亨利路 44 弄 8 号。姚俊之，派克路盐屋，电话 34108，37313。黄宣平，南京西路 985 号，电话 34350。丁佐成，博物院 131 号，电话 15692。黄嘉德，圣约翰大学，极司非而路 185 号，电话 23055。董冰如、高启杰，狄思威路 728。朱木君、树馨、重庆、江北，天主堂街天主堂。田汉，同孚路，大中里 102 号（威海卫路），31375。钱肇基，南市局门路龙华路 172 弄 5 号。陈德轩总干事，西门路山东同乡会，电话 84314。陈憬初，老青年会，施剑翘，南京大火巷紫金坊 3 号，电 22173。沙千里，97024，83340（午）。俞庆棠，80050。黄任之，84817。罗任一，75192。张云川，吴宫饭店，四马路、广西路。杨子恒，西藏路，爵禄饭店 3 号。冯乃超，施高塔恒丰里 77。杜国庠，拉都敦和里 32 号。葛祖饴，《民国日服》，河南北 59，46320，42639。韩蔚天，光厦中学，35443。孙阜民、谢云远，育英小学，新永安州龙安里 6 号，81282。姜建邦，缉榘中学，荆州路 42 号。52767。翦伯赞，北四川路，窦乐安路 202 弄 185 号 41 439，郑栋林宅。吕咏声，中央银行（外滩 24），商友 15573。章伯钧，亚尔培路，祥生饭店 401。费正清，汉弥敦大厂二楼 229。郭沫若，四川路史高塔恒丰里 77。夏宗禹，大陆商场三楼 333，95166。陈泉福，北京路 190 号楼，17184，北苏州 43 弄 7 号 133 室。蒋镛、张云祥，国联驳运公司，东自来火街 19 号四楼 30 室，85315；北京 104 号二楼 2 室，17184。徐之华，《前线日报》，四川路 215 号，13543—6。李凤棠，《神州日报》，宁波路 130 号，16040。民盟总部，南京蓝家巷庄 15 号。张渊泉、熊曜晖、白紫明，京新街口邮汇局储金处。唐振基。洪余礼，苏州转吴江公园内地方行政干部训练所。黄任之，华龙路职教社84817。祝世康，霞飞路霞飞坊57。汪启疆，亚尔培404楼上。张承苍，南通学院同学互助会。

【注释】

①1946年6月23日，南京下关车站发生国民党特务殴打马叙伦等11位和平请愿代表的事件。25日，陶行知代表上海54个群众团体举行中外记者招待会，痛斥CC特务暴行，并发表争取和平的方针大计。

②"女青"，指基督教女青年会。

③全称为安徽歙县旅沪同乡会。

④1946年7月11日，李公朴被国民党特务暗杀于昆明，7月12日因伤重牺牲；15日，闻一多又被暗杀。有传言说，陶行知被列为"黑榜探花"。陶行知的回答是："我等着第三枪。"他大义凛然地参加了公祭死难烈士的活动。